社会主义

在世界和中国的发展

许耀桐 等／著

人民出版社

目　　录

绪　　言

　　社会主义，是人类历史上最伟大的理论、最伟大的实践和最崇高的事业。

　　社会主义从何处来，又向何处去？社会主义在产生和发展的进程中经历了哪些阶段，又经历了哪些曲折？社会主义的历史必然性和当代中国的社会主义改革具有怎样的价值？

　　了解世界社会主义和中国特色社会主义，让我们先从这些问题开始。

一

　　原始社会，是人类的原生态。在原始社会里，人们共同劳动，共同生活，财产是共有的，分配是均等的，组成了共同体——氏族公社（氏族社会）。在氏族共同体中生活的人们，即作为公社的成员，彼此之间的关系是平等的、自由的、民主的、和谐融洽的，公社的事务完全由公社成员共同商量决定。

　　世界上的任何一个民族，还未发现没有经历过原始社会的。原始社会经历了旧石器时代、中石器时代、新石器时代，从距今 250 万年前直到公元前 1000 年左右的漫长岁月。自人类有文字记载以来，对原始社会的美好记忆，不断地呈现在历史典籍中。

　　公元前 10—前 8 世纪，古希腊的氏族社会逐渐解体，进入了奴隶社会。由于商品经济的发展、奴隶制度的形成，贵族与平民之间的矛盾越来越激烈，在古希腊贫苦农民中产生了平均财产的要求，因而产生了对人类初期幸福童年的向往。他们认为，在远古的氏族社会，一切都处于"自然状态"之中，地上物产丰富，不需要人们进行任何劳动，就能无忧无虑地生活着。由于一切皆很充足，因而不存在争夺、不存在政权、不存在私有制，世界对所有的人来说，都是一个光明快乐的天堂。古希腊贫苦农民的这些想法和愿望，被生活在公元前8世纪中叶的赫西俄德记录了，在其所著的《工作与时日·神谱》中这样写道："奥林波斯山上不朽的诸神创造了一个黄金种族的人类。""他们拥有一切美好的东西。肥沃的土地自动慷慨地出产吃不完的果实。他们和平轻松地生活在富有的土地上。羊群随处可见，幸福的神灵眷爱着他们。"① 土地公有，人人劳动，物品富足，精神愉悦，这就是赫西俄德笔下对原始社会的美妙世界的描写。尤其是他以黄金作为比喻，使原始社会获得了"黄金时代"的美誉。赫西俄德记叙的关于黄金时代的传说，正确地猜测到了原始社会是一个公有制的、平等的社会，尽管他大大地拔高和美化了原始社会的生产力水平以及人们的生活状况。

原始社会是"黄金时代"，这样的流传不胫而走、绵延不绝。后世的柏拉图、莫尔、康帕内拉、梅叶、摩莱里、马布利、圣西门等学者，都在他们的著述中盛赞并继承了"黄金时代"的传说。例如康帕内拉，他在《论最好的国家》中回答别人"从来没有过公有制的社会，将来也不可能指望能有这样的国家"的诘难时，说道："我们提出了一个力所能及的可以仿效的样榜"②，这就是早期基督教徒公社和"黄金时代"。康帕内拉坚信公有制一定会实现，既然过去存在过，以后就也会再现。他说："我深信，大家都热烈地希望有这样的国家，把它看作黄金时代的来临。"③ 康帕内拉还满怀信心，写诗抒发自己的壮志豪情："从前曾有过黄金世纪的时代，它是会回来的，而且不止一次。"④

如果说赫西俄德、柏拉图、莫尔、康帕内拉、圣西门等人使用文学的、理论性的文字来描写原始社会的"黄金时代"，那么，19世纪的人类学家摩

---

① ［古希腊］赫西俄德：《工作与时日·神谱》，张竹明、蒋平译，商务印书馆1991年版，第4—5页。

② ［意］康帕内拉：《太阳城》，陈大维、黎思复、黎廷弼译，商务印书馆1980年版，第67页。

③ ［意］康帕内拉：《太阳城》，陈大维、黎思复、黎廷弼译，商务印书馆1980年版，第70页。

④ ［意］康帕内拉：《太阳城》，陈大维、黎思复、黎廷弼译，商务印书馆1980年版，第87页。

尔根则以田野调查的事实，证明了原始社会公有制、均等分配、民主治理的存在。摩尔根指出，共同的生活劳动、共同的分享成果，使得"他们在财产上所保持的共有权是如此的牢固，以至于他们的生活方式不容许将财产让与别的氏族中人"①。"每个氏族所有的成员在人身方面都是自由的，都有互相保卫的义务；在个人权利方面平等，首领和酋帅都不能要求任何优越权；他们是靠血缘关系结合起来的同胞。自由、平等和博爱，虽然从来没有明确规定，却是氏族的根本原则。"② 特别是氏族的自由选举代表传统，"直到氏族组织把希腊人带进了文明之域以后，居然仍反映如此浓厚的原始特色。由此更可看出，民主政治的原则在氏族制度下深入人心，达到了何等的程度"③。

上述摩尔根的论述出自他的《古代社会》一书。摩尔根是和马克思同年出生的民族学家、原始社会史学家，也是美国人种学家和科学人类学的主要创始人。摩尔根于 1877 年出版了专著《古代社会》，书中提出家庭进化理论、全面阐述了人类社会从低级阶段发展到高级阶段的进化学说。《古代社会》得到了马克思的高度重视，马克思在阅读该书时曾写了详细的摘要，并向恩格斯推荐此书。恩格斯在其后所著的《家庭、私有制和国家的起源》一书中，也引用了摩尔根的研究成果。

摩尔根的这项研究工作，得到了恩格斯的高度评价。恩格斯在《共产党宣言》的注释里指出："摩尔根发现了氏族的真正本质及其对部落的关系，这一卓绝发现把这种原始共产主义社会的内部组织的典型形式揭示出来了。"④ 在这里，恩格斯把实行公有制、均等分配、社会民主的原始社会，直接地称为"原始共产主义社会"（社会主义社会）。这说明，社会主义和共产主义构成了人类最初的选择和实践。

二

社会主义成为一种自觉的理论和运动，是以 1516 年托马斯·莫尔写作

---

① ［美］摩尔根：《古代社会》上册，杨东莼、马雍、马巨译，商务印书馆 1981 年版，第 75 页。
② ［美］摩尔根：《古代社会》上册，杨东莼、马雍、马巨译，商务印书馆 1981 年版，第 82 页。
③ ［美］摩尔根：《古代社会》上册，杨东莼、马雍、马巨译，商务印书馆 1981 年版，第 139 页。
④ 《马克思恩格斯选集》第 1 卷，人民出版社 2012 年版，第 400 页脚注②。

并出版了《乌托邦》为标志的。500多年的社会主义历史，是人类处于资本主义的早期阶段就开始主动地、有意识地创造社会主义的历史，是社会主义理论和实践经历曲折、不断走向辉煌的历史。

社会主义学说和实践的最初阶段是空想社会主义学说和运动的出现。空想社会主义者愤怒地揭露、批判了资本主义，同时构想出一套新的理想社会的图景和制度，以此取代现实罪恶的资本主义，一批空想家还开展了英勇的斗争活动。因而，空想社会主义有着很大的启发意义和进步性质。但是，空想社会主义的历史观是唯心主义的，其根本缺陷在于，一是不认识资本主义制度的本质，不了解资本主义社会生产力和生产关系、经济基础和上层建筑之间矛盾运动的客观规律；二是不认识无产阶级的历史地位和历史使命，找不到能够埋葬资本主义、实现社会主义的社会力量。

为了使社会主义摆脱虚幻的性质，不是建立在空想的基础上，而是建立在科学的基础上，马克思、恩格斯通过发现唯物史观和剩余价值学说，为整个社会主义大厦奠定了坚如磐石的科学基础，实现了社会主义从空想到科学的发展，创立了科学社会主义。

唯物史观的伟大发现，揭示了社会发展的客观规律。唯物史观提出了社会存在决定社会意识这个最基本的观点，并在这一基本观点的基础上，阐述了生产力和生产关系的矛盾作用是社会发展的根本动力，生产方式的变革是社会发展的决定力量。唯物史观从社会生活的各个领域中划分出经济领域，从社会关系中划分出生产关系，并把它作为受生产力制约的社会一切关系中的最基本的关系，从而使人们在认识人类社会的发展、解释社会变迁和政治变革的终极原因时，摆脱了空想社会主义的唯心史观窠臼，掌握了科学的世界观、方法论，找到了科学的路径。社会发展不再像空想社会主义者那样，是主观臆断的、杂乱无章的，而是有客观依据的、有规律可循的。

剩余价值学说的伟大发现，揭示了资本主义生产方式的剥削秘密。它科学地论证了资本家付给工人的工资，形式上是偿付工人劳动所创造的全部价值，实际上只是工人劳动所创造的价值的一小部分，其余的部分就是剩余价值，却被资本家无偿占有了，这使资本家利用占有生产资料剥削工人的秘密暴露无遗。对于资本主义生产方式，空想社会主义者虽然知道它是坏东西，猛烈地批判它、诅咒它，却不能说明它坏在哪里，空想社会主义愈是义愤填膺地反对对工人阶级的剥削，就愈不能明白指出这种剥削从哪里产生和怎样产生。剩余价值学说通过阐述剩余价值的生产过程，剖析了资本主义生产方式的剥削事实，证明了现代资本家也像奴隶主、封建主一样，是靠占有他人无偿劳动而发财致富的。所谓"公道""正义""平等"，完全是虚伪的空话。因而，资本主义生产方式如同奴隶社会和封建社会的生产方式一样，有它产生、发展的必然性，也有它灭亡的必然性。

唯物史观和剩余价值学说具有划时代的功绩。首先，使社会主义驱散了空想的迷雾，揭示了社会主义代替资本主义的历史必然性。随着资本主义社会大工业的出现和发展，资本主义生产关系日益成为生产力发展的桎梏，资本主义社会并不是理性的王国、幸福的乐园，不过是和奴隶社会、封建社会形式不同的人剥削人、人压迫人的新的奴役制社会。用社会主义代替资本主义已成为必然的要求。其次，找到了无产阶级和资产阶级对立和斗争的经济根源，阐明了无产阶级人民群众是历史的创造者，是物质财富和精神财富的创造者，是实现社会变革、推动社会前进的决定力量。实现社会主义的希望，绝不可能寄托在个别"天才人物"身上，以为这种人物一旦出现，人类社会就会免除迷误、痛苦和灾难。只有无产阶级人民群众，才是推翻资本主义制度、建立社会主义制度的掘墓人和建设者。从此，唯物史观和剩余价值学说使社会主义由空想变成了科学，并迈开了前进发展的大步。

马克思、恩格斯的科学社会主义理论，进一步阐明了一系列科学社会主义基本原理。这些原理揭示了资本主义社会的一般规律和发展趋势，因而对于非典型资本主义的、生产力落后的国家和地区也具有指导意义。这些科学社会主义基本原理，也即社会主义必须具有的基本特征和本质：一是社会主义必须拥有发达的社会生产力。无产阶级夺取政权后，社会主义要使生产力获得更大的发展，经过这样的发展后，生产力将达到极高度发展的水平。二是社会主义必须建立生产资料的共同占有形式。消灭私有制，这是生产力发展的必然规律。作为与资本主义私有制对立的社会主义，将实现生产资料的共同占有，即建立社会公有制。三是社会主义必须实行个人消费品的按劳分配。在共产主义社会第一阶段即社会主义社会，实行按劳分配原则。而到了共产主义社会的高级阶段，生产力高度地发展了，所有的产品充分涌流，实行的则是按需分配原则。四是社会主义必须消灭阶级、阶级差别和阶级斗争。随着阶级斗争的停止，摆脱了阶级对立和阶级压迫，人与人之间的关系便发展成为互相合作的、友爱和谐的关系。五是社会主义必须使国家的政治职能消亡。无产阶级夺取政权后，必须利用民主共和国这种"现成的政治形式"，实现自己的政治领导，开创稳定的、民主的政治局面。六是社会主义必须大力发展科学教育事业。生产力中也包括科学，未来的教育对所有已满一定年龄的儿童来说，就是生产劳动同智育和体育相结合。大力发展工艺学校、农业学校和各种形式的职业学校。七是社会主义必须促进人的全面而自由的发展。社会主义和共产主义就是"自由人联合体"，人们获得了全面而自由的发展的条件和机会。当然，由于社会主义比起共产主义来说，还存在着差别，生产力还未高度发展，人们奴隶般地服从分工的情形还没有消失。在社会主义结成"自由人联合体"的人们，只有到了共产主义才会得到彻底的全面而自由的发展。

19 世纪是科学社会主义产生、发展和壮大的世纪。社会主义在当时的资本主义条件下，从空想思潮发展成为科学理论形态的马克思主义，并指导了 19 世纪后半期如火如荼的西欧工人运动，为无产阶级解放带来了新曙光。

三

马克思、恩格斯创立的科学社会主义理论，在 20 世纪初列宁领导的俄国十月革命胜利的凯歌声中得到辉煌的证实，社会主义由理论变成现实，建立起了第一个社会主义国家——苏联①，开辟了人类历史的新纪元。列宁作为马克思恩格斯科学社会主义理论的卓越继承者，实现了科学社会主义的两大创新。

第一，创新了社会主义革命道路。虽然马克思、恩格斯曾经探索了像俄国这样资本主义经济不发达的东方国家，在特定的历史环境下有可能超越完备的资本主义发展阶段，免除资本主义制度所必然带来的灾难而直接走向社会主义的问题，即认为东方落后的、不发达的国家可以根据本国具体情况，

---

①　1922 年 12 月 23—27 日，全俄苏维埃第十次代表大会在莫斯科举行，大会通过关于建立苏维埃社会主义共和国联盟（简称"苏联"）的决议。12 月 30 日，宣告苏联正式成立。

走出一条不同于西欧发达资本主义国家的社会主义道路，但是，马克思、恩格斯始终把实现社会主义的着眼点放在西欧发达的资本主义国家，坚持西方发达国家首先取得无产阶级革命胜利，然后在发达国家社会主义革命胜利的影响和带动下，扩展到其他国家进行社会主义革命。马克思、恩格斯之所以认为西方发达国家首先取得无产阶级革命胜利，是因为他们把资本主义在其发展过程中所创造的生产力，作为未来社会建立和发展的前提。从创立唯物史观之日起，他们就反复论述这个问题，实现社会主义必须"以生产力的巨大增长和高度发展为前提"①。马克思不仅论述了资本主义生产力的发展，为新的社会制度的建立准备了不可缺少的物质前提，而且还把这一观点用更高层次的理论形态加以表达，指出一种新的更高级的生产关系，只有在"解决它的物质条件已经存在或者至少是在生成过程中的时候，才会产生"②。在怎样辩证地看待马克思、恩格斯阐述的历史唯物主义原理的问题上，列宁有了全新的认识和突破。列宁创立了帝国主义时代无产阶级革命的理论。在资本主义世界最薄弱的环节，列宁领导俄国人民胜利地进行社会主义革命，建立了无产阶级国家政权，取得了社会主义首先在不发达国家的胜利。列宁面对着"俄国生产力还没有发展到可以实行社会主义的高度"的指责，指出了既然建立社会主义需要有一定的生产力和文化水平，"我们为什么不能首先用革命手段取得达到这个一定水平的前提，然后在工农政权和苏维埃制度的基础上赶上别国人民呢？"③很显然，列宁改变了原来的"生产力高度发展—发动社会主义革命—建立无产阶级国家政权"的顺序，把它变成了"发动社会主义革命—建立无产阶级国家政权—推进生产力高度发展"的次序。这样的改变，并没有违反历史唯物主义的基本原理，唯物史观在认定生产力和经济基础决定生产关系和上层建筑的同时，也认定上层建筑和生产关系可以反作用于经济基础和生产力。社会发展的一般规律丝毫也不排斥某些国家在个别发展阶段上所表现出的特殊性。列宁率先在不发达国家取得社会主义的胜利，恰恰是遵循和发展了历史唯物主义基本原理。

　　第二，创新了社会主义建设道路。第一个社会主义国家诞生后，俄国作

① 《马克思恩格斯全集》第 3 卷，人民出版社 1960 年版，第 39 页。
② 《马克思恩格斯选集》第 2 卷，人民出版社 2012 年版，第 3 页。
③ 《列宁选集》第 4 卷，人民出版社 2012 年版，第 777 页。

为东方经济文化落后的国家开始了社会主义建设，这是一项前所未有的伟大事业。列宁为此作出了艰辛的、英勇的探索，形成了崭新的关于社会主义建设的科学认识和正确思路。本来，按照马克思、恩格斯的设想，无产阶级在取得社会主义革命胜利之后，随即开始无产阶级专政的过渡时期，强力剥夺剥夺者，消灭资本主义私有制，建立社会主义公有制，然后，有计划地安排社会生产，实行按劳分配，进入没有商品、没有货币的社会。应该说，列宁原先也是遵照着这样的规定进行社会主义建设的。但是，他不久就发现行不通。列宁指出："我们计划（说我们计划欠周地设想也许较确切）用无产阶级国家直接下命令的办法在一个小农国家里按共产主义原则来调整国家的产品生产和分配。现实生活说明我们错了。"① 在总结经验教训的基础上，列宁转变了思路，实行了新经济政策。新经济政策主要有三个方面：一是以粮食税代替余粮收集制，大大减轻了农民的负担，并使农民获得了经营土地的充分自由；二是实行租让制、租赁制等国家资本主义形式；三是恢复商品货币关系和自由贸易。新经济政策的实质是通过商品交换的经济形式建立社会主义工业同农民小商品经济的经济联系，是不发达国家从资本主义向社会主义过渡时期的基本经济政策。列宁不再把商品生产和商品流通的组织看成是社会主义的异己之物，而是将其纳入社会主义经济结构之中；不再把商业、货币等同于资本主义，而要求建立和发展社会主义的商业经济并稳定货币。邓小平曾对列宁的新经济政策给予充分肯定，他指出，社会主义建设怎么搞，"列宁的思路比较好，搞了个新经济政策"②。即使在进入社会主义时期后，新经济政策仍有强烈的指导意义。

四

20 世纪 30 年代的苏联社会主义在斯大林领导下，提出并形成了"一国建成社会主义"的理论，实现了国家工业化和农业集体化，社会主义苏联从根本上改变了俄国的面貌。旧俄国是一个经济文化并不发达的国家，农奴

---

① 《列宁选集》第 4 卷，人民出版社 2012 年版，第 570 页。

② 《邓小平文选》第三卷，人民出版社 1993 年版，第 139 页。

制的残余严重地阻碍了社会的发展，阶级矛盾十分尖锐。十月社会主义革命使俄国彻底摆脱了封建农奴制的束缚，结束了地主资产阶级的统治，使俄国走上了社会主义的康庄大道。经过 20 年代经济的迅速恢复和 30 年代经济的高速发展，建立起了社会主义的经济制度、政治制度和文化制度，人民成为国家和社会的主人，过上了作为一个人应有的尊严的生活。苏联也由农业国一跃成为工业国、欧洲的第一强国和仅次于美国的世界第二强国。

但是，在社会主义建设中形成的苏联模式，是一套带有严重缺陷的体制机制。在苏联模式中，高度集中的指令性计划经济，权力集中于中央，党政不分，以党代政，高度的思想集中统一，强求一律，打击压制不同观点，构成根本的体制性弊端。由于苏联是世界上第一个社会主义国家，因此在社会主义由一国向多国发展的过程中，后来的东欧国家以及中国等国，仿照苏联模式进行社会主义建设，也都建立了高度集权的政治经济体制。苏联模式经过几十年的运转，已经越来越不适应社会主义的发展，酿成巨大危机，以至于造成 20 世纪八九十年代苏共垮台、苏联解体、东欧剧变的悲剧，世界社会主义陷入了低谷。

中国走上社会主义道路后，也深受苏联模式之害。幸运的是，在世界社会主义即将进入低潮时，中国提前 10 年奋起改革，成功地开辟了中国特色社会主义道路，避免了多米诺骨牌效应。邓小平作为中国改革开放的总设计师，曾大声疾呼"不改革开放，不发展经济，不改善人民生活，只能是死路一条"[1]，"坚持改革开放是决定中国命运的一招"[2]。改革不仅从根本上改变束缚生产力发展的经济体制，而且也从根本上改变原有的政治体制、文化体制和社会体制等体制，建立起具有中国特色、充满生机和活力的社会主义新体制。

当代中国的改革，起步于 1978 年党的十一届三中全会。经过 40 多年改革洗礼，中国大地上发生了翻天覆地的巨变。当代中国 40 多年改革集中体现的一个主题，就是"中国特色社会主义"，党的十九大报告指出，它是"改革开放以来党的全部理论和实践的主题"。改革开放以来的中国实践，创造出一

---

① 《邓小平文选》第三卷，人民出版社 1993 年版，第 370 页。
② 《邓小平文选》第三卷，人民出版社 1993 年版，第 368 页。

个全新的中国特色社会主义制度体系，坚决、全面地破除了苏联模式。

当代中国的改革，聚焦在以下五个方面：

——经济体制改革。改革单一公有制，建立以公有制为主体、多种所有制经济共同发展的基本经济制度；改革计划经济体制，建立社会主义市场经济体制，使市场在资源配置中起决定性作用，更好发挥政府作用；改革单一的按劳分配方式，实行以按劳分配为主体、多种分配方式并存的分配制度；推进国有企业改革、财税体制改革、金融体制改革、流通体制改革、投资体制改革、外贸体制改革等。经济体制改革始终是当代中国改革的"先锋"和"重头戏"，为整个改革奠定了坚实基础。

——政治体制改革。进行干部人事制度改革、选举制度改革、领导体制改革、权力运行制约和监督体制改革、决策体制改革、司法体制改革、监察体制改革、中央和地方关系改革、基层治理体制改革等。政治体制改革是经济体制改革成功的关键，为整个改革提供制度保障。

——文化体制改革。实行科技体制改革、教育体制改革、医药卫生体制改革、文化管理体制改革、建立健全现代文化市场体系、完善文化市场准入和退出机制、构建现代公共文化服务体系等。文化体制改革是为了坚持中国特色社会主义文化发展道路，培育和践行社会主义核心价值观，巩固马克思主义在意识形态领域的指导地位，巩固全党全国各族人民团结奋斗的共同思想基础。

——社会治理体制改革。建立健全基层群众自治体制机制、推进社会组织明确权责依法自治发挥作用、实行就业创业体制改革、推进社会保障制度改革、创新有效预防和化解社会矛盾体制等。社会治理体制改革着眼于维护最广大人民根本利益，最大限度增加和谐因素，增强社会发展活力，提高社会治理水平，全面推进平安中国建设，确保人民安居乐业、社会安定有序。

——生态文明体制改革。建立系统完整的生态文明制度体系，实行最严格的源头保护制度、损害赔偿制度、责任追究制度，完善环境治理和生态修复制度，健全自然资源资产产权制度和用途管制制度，实行资源有偿使用制度和生态补偿制度，改革生态环境保护管理体制等。生态文明体制改革着眼于建设美丽中国，推动形成人与自然和谐发展的现代化建设新格局。

当代中国的改革是新的伟大革命。中国共产党无疑是引领改革的擎旗者、弄潮儿，改革能够顺利进行，皆因党始终是改革的坚强领导力量，有着卓越的组织领导能力。中国共产党的坚强领导，是不断推进改革发展的根本保证。众所周知，改革是一项异常艰巨的事业，堪称伟大的创造性工程。它既不能从马克思主义书本中找到现成的答案，更不能照抄照搬别国的经验和模式，而只能把马克思主义的普遍原理同本国的实际结合起来，通过实践的检验，探索出适合本国国情的道路。为此，只有作为工人阶级、中国人民和中华民族先锋队的中国共产党来领导改革，才能全面认识改革的规律和趋势，制定正确的路线、方针和政策。而且，随着全面改革的深入发展，各种深层次的矛盾越来越突出，影响着社会的稳定，也只有在党的领导下，才能化解矛盾、扫除障碍，使改革不断地推进和深化。

改革开放是当代中国最显著的特点，是中国共产党最鲜明的旗帜。自改革开放以来，中国共产党带领人民在实践中开创了中国特色社会主义经济、政治、文化、社会、生态文明建设全面发展的崭新局面。习近平指出："今天，中国已经成为世界第二大经济体、第一大工业国、第一大货物贸易国、第一大外汇储备国。""改革开放这场中国的第二次革命，不仅深刻改变了中国，也深刻影响了世界！"①

本书论述的社会主义，就是历史长河中在世界和中国发展着的社会主义。社会主义是世界的，它表明，从原始社会开始，公有制、均等分配以及自由、公平、民主的治理制度就出现了，社会主义最符合人类的本性，最符合人类的生活。当社会主义成为科学的理论与实践后，必须时刻遵循着历史唯物主义的科学原理，时刻着眼于人的幸福和解放。苏联社会主义曾经的辉煌证明了，通过社会主义道路实现国家的工业化、现代化，比起资本主义来会更好，更能满足人民的需求。社会主义是中国的，它说明，要取得社会主义的成功，一定要勇于创新，敢于走前人没有走过的道路。当代社会主义在中国的发展，就是在坚持改革、坚持特色中前进。只有保持改革和特色，才能实现中华民族的伟大复兴，建成社会主义现代化强国，迈向更加辉煌的未来。

---

① 习近平：《开放共创繁荣　创新引领未来——在博鳌亚洲论坛 2018 年年会开幕式上的主旨演讲》，人民出版社 2018 年版，第 3、5 页。

第　一　章

空想社会主义从群星璀璨到黯然陨落

近代英国人文主义者托马斯·莫尔，于 1516 年撰写出版的《乌托邦》，描绘了在乌托邦小岛上实行财产公有制、人人劳动、产品丰富、按需分配等情况，标志着社会主义的诞生。"乌托邦"是希腊文，意指不存在的、子虚乌有的地方。虽然乌托邦并不存在，莫尔把它凭空设想出来了，但是它寄托了人类的美好理想。所以，乌托邦被称为空想社会主义。社会主义思想的历史进程分为六个时间段，开端就是"空想社会主义产生和发展"①。空想社会主义划分为早期（16—17 世纪）、中期（18 世纪）和晚期（19 世纪上半叶）三个阶段，前后经历了 330 多年，产生了 17 位著名的空想家，可谓群星璀璨、争奇斗艳。然而，由于空想社会主义背离了社会规律，跟不上时代发展的步伐，只能黯然陨落，寂寥退场。

第一节　对资本主义的揭露和批判

任何一种思潮和学说，都有其深刻的经济、政治、文化基础，都代表着一定的阶级倾向和阶级利益。犹如文学中尽管是描写神仙鬼怪的作品，实际上都是一定社会现象的反映。空想社会主义思想体系虽然根植于历史唯心主

---

① 习近平：《毫不动摇坚持和发展中国特色社会主义　在实践中不断有所发现有所创造有所前进》，《人民日报》2013 年 1 月 6 日。

义，具有虚幻错谬的性质，但不等于说，空想社会主义的全部学说和现实无关，都是臆造的、消极的。恰恰相反，在空想社会主义思想中也包含着一些科学的、合理的成分。空想社会主义富有的价值意义在于，对资本主义的罪恶作了无情的揭露和批判。

一、揭露和批判资本主义经济私有制

资本主义制度还在胚胎的时候，就已经孕育了各种罪恶和灾难。它是以剥夺劳动者的一切生产资料和一切生存保障起家的，"这种剥夺的历史是用血和火的文字载入人类编年史的"[1]。因此，"在每一个大的资产阶级运动中，都爆发过作为现代无产阶级的发展程度不同的先驱者的那个阶级的独立运动"[2]。而每一个代表先驱者阶级即早期无产阶级运动的空想家，都对资本主义的罪恶和弊端，进行了揭露和批判。把资本主义社会的一切不平等、不公正、不合理的现象归结到经济私有制这个根本原因的思想，是空想社会主义的一个显著特点。空想社会主义者历数私有制的恶果，对私有制发出了全面批判的檄文。

（一）私有制造成贫富悬殊

莫尔从事实出发指出，无论一个国家有多少财富，最后总是落在少数人手里，大多数人穷苦不堪，社会"将始终背上沉重而甩不掉的贫困灾难担子"[3]。康帕内拉指出，贫与富的对立使整个社会分成两个极端：一方面，富人由于掌握了大量物质财富，整日游手好闲，无所事事，过着淫逸放荡、腐化寄生的生活；另一方面，穷人由于丧失了生产及生活资料，为了糊口被迫出卖自己的劳动，任人宰割。他以那波利城为例，在该城 7 万居民中，仅有 1 万至 1.5 万人从事劳动，"这些人由于逐日从事力所不及的不间断的工作而精疲力竭，或濒于死亡"[4]。私有制社会"就好像一所培养罪恶的学校，培养出那样多的懒汉和恶棍，以致使国家濒于灭亡"[5]。摩莱里尖锐地指出：

---

① 《马克思恩格斯选集》第 2 卷，人民出版社 2012 年版，第 291 页。
② 《马克思恩格斯选集》第 3 卷，人民出版社 2012 年版，第 777 页。
③ ［英］莫尔：《乌托邦》，戴镏龄译，商务印书馆 1982 年版，第 44 页。
④ ［意］康帕内拉：《太阳城》，陈大维、黎思复、黎廷弼译，商务印书馆 1980 年版，第 23 页。
⑤ ［意］康帕内拉：《太阳城》，陈大维、黎思复、黎廷弼译，商务印书馆 1980 年版，第 12 页。

"私有制是世界的罪恶的渊薮"，"私有制是一切罪恶之母"。① 马布利说："这种不祥的私有制是财产和地位的不平等的起因，从而也是我们的一切罪恶的基本起因。"② 魏特林更指出："私有财产是一切罪恶的根源！"③ 不仅是以上这些空想家，绝大多数的空想社会主义者都描述了私有制必然产生贫富对立的事实。

（二）私有制造成剥削和奴役

贫富对立的现象反映的是剥削和奴役的关系。莫尔指出，在私有制下，有大批贵族，这些人像公蜂一样，一事不作，靠剥削他人劳动来养活自己。温斯坦莱认为，伴随着土地私有制的产生，人类社会就出现了剥削和奴役，从而破坏了人与人之间的平等关系。领主们迫使"贫农和兄弟"为自己工作，从他们的劳动中攫取大量的利润；或者利用买卖制度，在使别人破产中捞取好处；或者强迫人民为公益事业捐款，而他们却把其中的大部分中饱私囊。到了19世纪初，资本主义大机器生产确立后，欧文在管理工厂的活动中，初步发现了剥削的秘密，从而提出了"剩余产品"的概念。欧文指出，工人除了"生产出自己的生活资料，并尽自己的劳动，生产出剩余产品"④。欧文通过经营工厂的实践，"发现企业的货币收入大大超过任何人有权从别人的劳动中取得的收入"⑤。工厂主占有了工人劳动创造的利润（工人生产的剩余产品比他们消费的生活资料多，二者之间有一个差额，这个差额就是利润），因而利润是来自对工人的剥削，是资本家赖以生存的基础。虽然当时的空想社会主义者还不可能正确区分"劳动"和"劳动力"是两个不同的概念，还不可能像后来马克思主义创立的剩余价值学说那样科学地揭示出资本主义剥削的秘密，但是情况已经表明，空想社会主义者开始认识到资本家所出的劳动的价格和劳动创造的利润并不相等，资本家剥削了工人，从而初步触及资本主义剥削秘密的问题。

（三）私有制造成阶级划分和阶级斗争

一部分人对另一部分人的剥削和奴役，实际上就是阶级对阶级的剥削和

---

① ［法］摩莱里：《自然法典》，黄建华、姜亚洲译，商务印书馆1982年版，第163、171页。

② 《马布利选集》，何清新译，商务印书馆1960年版，第34页。

③ ［德］魏特林：《和谐与自由的保证》，孙则明译，商务印书馆1960年版，第74页。

④ 《欧文选集》第1卷，柯象峰、何光来、秦果显译，商务印书馆1979年版，第312页。

⑤ 《欧文选集》第2卷，柯象峰、何光来、秦果显译，商务印书馆1981年版，第100页。

压迫。马布利以世界上第一个建立起资本主义制度的英国为例，尖锐地指出，正是私有制"把我们分成了两个阶级：富人阶级和穷人阶级"①，各处的社会都把人分成了剥削者、压迫者与被剥削者、被压迫者。马布利还远见卓识地预见到英国社会孕育着无法克服的阶级矛盾和政治危机，英国社会的贫富两极分化势必激起人们之间的互相憎恨，促使阶级矛盾和阶级斗争不断尖锐化。巴贝夫从经济分析入手，把18世纪末的法国社会划分为四个等级，并由此归结为两个集团或两个阶级：少数人集团即资产阶级、统治阶级，多数人集团即下层阶级、生产阶级，② 揭示了他们之间在经济和政治上的对立和冲突。如果说19世纪以前的空想家阶级意识还未明显形成的话，那么到了圣西门、傅立叶、欧文三大空想家那里，却已经具有突出的阶级倾向。早在19世纪初，圣西门就"认识到法国革命是阶级斗争，并且不仅是贵族和资产阶级之间的，而且是贵族、资产阶级和无财产者之间的阶级斗争，这在1802年是极为天才的发现"③。晚年，圣西门更以"工人阶级代言人"的姿态出现，宣告他的最终目的是工人阶级的解放。

二、揭露和批判资产阶级国家政治制度

空想社会主义者是从社会不平等的事实，尤其是从经济上贫富悬殊、贫富对立的事实出发，接触到国家问题的。这种以经济基础为根据，探索上层建筑性质、作用的思路，具有自然、朴素的历史唯物主义的意识。私有制造成了资本主义可恶的政权和政治上的特权，极端腐败的现象笼罩着国家生活。在空想家看来，所谓的国王、贤人或圣者，都是一伙恶人，这些不学无术的暴君之所以能充任政府首脑，"只是因为出身于统治阶级，或者他们是统治集团中选出来的而已"④。资本主义国家也必然产生维持政治特权的法律。国家不过是君王可以任意拨弄的乐器，君主愿意听什么音就可以叫它发出什么音。国王拥有无限的特权，可以不受任何法律的约束。

---

① 《马布利选集》，何清新译，商务印书馆1960年版，第44页。
② 参见《巴贝夫文选》，梅溪译，商务印书馆1962年版，第27页。
③ 《马克思恩格斯选集》第3卷，人民出版社2012年版，第782—783页。
④ ［意］康帕内拉：《太阳城》，陈大维、黎思复、黎廷弼译，商务印书馆1980年版，第14页。

（一）资产阶级国家压迫奴役劳动人民

巴贝夫是比较早的以明确的认识阐述国家阶级性质的空想社会主义者。1790 年，巴贝夫鉴于资产阶级利用国家权力剥夺广大生产者政治权利的罪行，自由已成为幻影时指出，人民在自己的祖国里已成为"异邦人"，他们受到凌辱，被剥夺了政治权利；"祖国已经为少数统治者占有，人民既然失去了祖国，就不再对它怀有恩情，不再承担对它的义务"①。他还指出，只有在代表广大生产者利益的人民的共和国里，人民才得到了祖国，并且会不惜一切地保卫自己的祖国。这之后，巴贝夫还明确提出了两种共和国的观点：一种是剥削者的共和国；另一种是人民的共和国。这对于认清国家的阶级性面目有着重要意义。

巴贝夫之后的圣西门更前进了一步。他以萌芽状态表达了国家是阶级统治的工具的思想。圣西门经历过法国大革命，有了阶级和阶级斗争的思想。因此，圣西门能够着重揭露资本主义国家的阶级实质，认为法国革命后所建立的国家，绝非启蒙学者所鼓吹的那种理性王国，而是只对社会上一个阶级有好处的新的奴役组织。发动革命并使革命有利于自己的资产者，从自己人当中选出一个资产者当了国王，封给自己的主要伙伴各种爵位，从而使自己加入了统治阶级的行列。本来，一个民族发动革命，为的是减少政府的开支，然而依次更迭的政府无不把支配全民族的权力据为己有；因而民族仍然受着政府的压迫，而且更甚于革命前；而政府的开支也比革命前多得多了。相继掌握政权的人，并没有取消特权，而只是在不同的统治者之间重新分配特权。

欧文对资产阶级国家压迫奴役人民的性质，也进行了有力的揭露和批判。他指责资产阶级政府以牺牲广大人民群众的福利来满足少数人的金钱利益和偏见。政府认为人民处于奴隶地位对它有利，国家的法律"旨在维护不正义的行为，赋予压迫者和一班不本分、不诚实的人以额外的权力去欺负无辜和正直的人"②。总之，"各国政府都毫无合理目标地掠夺和折磨生产阶级，并为他们制造低劣、有害和罪恶的条件"③。这样，欧文揭露了资产阶

---

① 《巴贝夫文选》，梅溪译，商务印书馆 1962 年版，第 31 页。
② 《欧文选集》第 2 卷，柯象峰、何光来、秦果显译，商务印书馆 1981 年版，第 15 页。
③ 《欧文选集》第 2 卷，柯象峰、何光来、秦果显译，商务印书馆 1981 年版，第 106—107 页。

级国家压迫"生产阶级"的反动本质，尽管这还是一种直观的、感性的认识。欧文还明确地把资产阶级国家的统治与为全体人民谋幸福相对立，在他看来，实行阶级压迫奴役的国家不可能使全体人民幸福，为了使全体人民幸福，必须消除国家的阶级压迫性。

（二）资产阶级国家依靠暴力进行统治

对资产阶级国家依靠暴力进行统治的特征，很多空想家都作了深刻的论述。生活在资本主义原始积累时期的莫尔就指出，国家为了对农民进行掠夺，镇压农民的反抗，使用了常备军，把农民从自己的家园里赶出来，不服者就予以逮捕、监禁、判刑。莫尔提出了"兵匪一家"的观点。他指出，只要常备军存在，就会迫使人民当盗贼，盗匪就一定不会绝迹。"盗窃犯当兵，并非是最不活跃的；当兵的干盗窃，也并非是最缺乏劲头的。两者竟是如此巧妙地互通。"① 几乎一切国家都养活着难以计数的常备军，他们祸国殃民，不但毁坏了他们自己的帝国，甚至毁灭了自己的土地和城市。

随着资本主义的发展，社会矛盾越来越激烈，国家的暴力性质也就暴露得越来越彻底了。巴贝夫明确地指出，资产阶级国家是暴力统治的工具。资产阶级政府为了保住它那有主人也有奴隶的制度，"就要靠刺刀来保卫自己"②。可恨的雇佣军，是统治者手中的残酷的和盲目的工具。法国资产阶级督政府唯一的出路就在于这样的一句话："我们有我们的军队。"③ 巴贝夫还敏锐地预感到，随着阶级冲突的日益尖锐化，统治者的"目光就会转到军队上"④，会不断地加强暴力统治。督政府在尖锐的阶级对立面前，既害怕旧制度恢复，又害怕人民群众的革命行动，它可能要把希望寄托于一个军事专制的新王朝。巴贝夫的这些预言，不仅立即为当时不久后的法国资产阶级终于投到波拿巴军事独裁统治怀抱里的事实所应验，而且为以后法国历次资产阶级革命的进程所证实。巴贝夫实际揭示了这样一个规律，资产阶级在面临无产阶级的斗争面前，总是要施以残暴的武力。

圣西门更从法国的阶级斗争中，揭示出国家的暴力特征。统治阶级凭借

---

① ［英］莫尔：《乌托邦》，戴镏龄译，商务印书馆1982年版，第20页。
② 《巴贝夫文选》，梅溪译，商务印书馆1962年版，第49页。
③ 《巴贝夫文选》，梅溪译，商务印书馆1962年版，第37页。
④ 《巴贝夫文选》，梅溪译，商务印书馆1962年版，第48页。

什么样的力量来建立和巩固统治秩序呢？圣西门指出，从他们一开始当权，"就暴露出武力统治的特点和特性"，他们"是依靠宝剑来建立自己的一切权力的"①。暴力和欺骗，雇佣军和警察，这就是统治阶级活动时使用的主要手段。比起圣西门，欧文进一步指出了资产阶级政府是少数统治者依靠暴力和欺骗对大多数和平居民进行压迫、掠夺的机关。欧文指出，不列颠政府完全是依据最虚伪和最有害的原则行事，用暴力和欺骗来维持其统治。它经常宣称"保证人民得到持久的福利"，实际上为人民谋利的事一件也不肯做。欧文还揭露说，不列颠政府是一个地地道道的是非颠倒的政府，"它的所谓美德本身，就是严重的恶德。它的所谓善行，乃是粗暴的不义行为和欺骗行为"②。"它制造暴力、掠夺和屠杀，并把这种罪行当作高尚的美德来加以颂扬和给予奖赏"③。欧文还通过对资产阶级法律虚伪性的批判，进一步揭露了国家的强权本质。他斩钉截铁地说，资产阶级人为法律所创造出来的世界，"只是强力和欺骗：强者始终欺骗弱者，或用暴力压迫弱者"④。

卡贝认为，资产阶级国家在宪法里标榜什么主权属于人民，什么代议制政府，什么人民在法律面前一律平等，都是骗人的空话。实际上一切权力都掌握在资产阶级手里，他们是人民的专制独裁者。在标榜民主自由的代议制政府中，既没有人民自己真正的代表，也没有人民所享受的真正自由。他们从人民身上收取大量捐税，用来豢养统治和镇压人民的成千上万的官员和几十万军警，压迫在人民头上。卡贝对资产阶级国家的批判，也触及了暴力要害，并在一定程度上揭示了国家与暴力之间的内在关系。

三、揭露和批判资产阶级思想道德文化

资本主义私有制和资产阶级统治造成了整个社会思想文化和道德的堕落。康帕内拉指出，资产阶级崇尚私有制，形成利己主义。利己主义使人们道德沦丧，并且带来了诡辩、伪善和残暴行为这三大恶习。私有制和利己主义，驱使人们为使自己的儿子得到大批财富和光荣地位，总想把大批遗产留

---

① 《圣西门选集》第3卷，董果良、赵鸣远译，商务印书馆1985年版，第203、204页。
② 《欧文选集》第2卷，柯象峰、何光来、秦果显译，商务印书馆1981年版，第242页。
③ 《欧文选集》第2卷，柯象峰、何光来、秦果显译，商务印书馆1981年版，第242页。
④ 《欧文选集》第2卷，柯象峰、何光来、秦果显译，商务印书馆1981年版，第138页。

给自己的后代，于是产生了讼争、欺骗和伪造遗嘱等不道德甚至犯罪的行为；私有制和利己主义也使人们为了想成为富人或显贵，总是不顾一切地掠夺国家财产，从而成为社会的盗贼；私有制和利己主义还驱使人们为了达到可鄙的目的，而成为吝啬鬼、叛徒和伪君子。

摩莱里认为，在资本主义社会里，政治制度的弊病是同道德的败坏直接联系的，政治腐败与道德堕落同出一辙。他指出，凡是私有制和资产阶级存在的地方就有一种力量在统治，这就是个人利益。他说："请分析一下虚荣、自负、骄傲、野心、狡猾、伪善、邪恶；同样，请把我们的大多数假道德来一个分解，最终，你到处都会得到这个不可捉摸、有害的因素——贪欲。"[①] 个人利益是一种"普遍的瘟疫""慢性的热症""一切社会的痨病"，而私有制则是它存在的养料，是它蔓延的诱因。因而，在资本主义社会里，无论怎样改良政治、革新道德都无济于事，"政治和道德实在不足以医治我们的痼疾"[②]。

要清除现存社会的种种罪恶，就必须铲除资本主义。马布利控诉了资本主义私有制改变人类的自然本性，破坏人类善良、同情心和团结友爱的社会品质，使爱名誉、爱祖国、爱自由和爱法律的精神让位于卑贱的利益。马布利正确地指出，由资本主义私有制带来的财产和地位的不平等，是引起贪婪、虚荣等道德败坏的总根源。他认为，资本主义的出现，在人们的心里播下有害的欲念种子，拥有财富的好处引诱着人们去扩大财富，由此滋生了贪婪的心理。虚荣的发展经过也是这样的，虚荣以私有财产的不平等为前提，在追求虚荣的人出现以前，一定已经出现了享有特权的富人，他们的财产和地位同时就是羡慕和崇敬的对象。事实证明，"在一个国家内，平等越少，虚荣、卑鄙、残酷、贪婪和暴虐就越多"[③]。

第二节　为理想社会作出美好设计

空想社会主义者揭露、批判资本主义，为的是用正义、理性的标准来宣

---

①　［法］摩莱里：《自然法典》，黄建华、姜亚洲译，商务印书馆1982年版，第26页。
②　［法］摩莱里：《自然法典》，黄建华、姜亚洲译，商务印书馆1982年版，第27页。
③　《马布利选集》，何清新译，商务印书馆1960年版，第25页。

判它们存在的不合理性，予以彻底的否定。这样，他们很自然地就要构想出一套新的理想社会的图景和制度，以便取代现实罪恶的资本主义。对此，马克思主义给予了高度的评价。恩格斯称赞道："他们终究是属于一切时代最伟大的智士之列的，他们天才地预示了我们现在已经科学地证明了其正确性的无数真理。"① 并且他认为，空想社会主义学说代表着"刚刚萌生的共产主义思想"②。"这种思想经过了彻底的酝酿，就成为新世界秩序的思想。"③它是超出整个旧世界秩序的新世界思想。

一、关于社会主义社会经济制度的设想

空想社会主义者对未来理想社会经济制度的设想，集中体现为废除私有制、建立公有制。他们认为，只有这样才能消灭人对人的剥削和压迫，实现社会的公平和正义；消灭商品交换，实行计划生产；实行普遍的义务劳动制度，改变资本主义分配制度；消灭城乡差别、脑力劳动与体力劳动差别以及阶级差别。

（一）主张实行公有制

莫尔认为，乌托邦制度是好制度，因为人们很容易从自身理性得出判断，这是最明智、最恰当的制度。莫尔说："乌托邦人给至善下的定义是：符合于自然的生活。……一个人在追求什么和避免什么的问题上如果服从理性的吩咐，那就是遵循自然的指导。"④ 公有制消除了种种社会恶习和弊端，是善的集中体现，听从理性的召唤，就一定要实行公有制。

公有制同私有制相比，形成鲜明的对照，具有极大的优越性。莫尔在《乌托邦》里强调，"这些制度是优越的（不屑说是优越的）"⑤，因为"一切是公有的"⑥。在空想家看来，与私有制相联系，必产生罪恶；与公有制相联系，就将是美好。公有制给人类社会带来了自由、平等、幸福和高尚的道德。在空想家描绘的理想社会里，无论是"乌托邦"（莫尔）、"千载太平

① 《马克思恩格斯选集》第 3 卷，人民出版社 2012 年版，第 37 页。
② 《马克思恩格斯文集》第 2 卷，人民出版社 2009 年版，第 239 页。
③ 《马克思恩格斯文集》第 1 卷，人民出版社 2009 年版，第 320 页。
④ ［英］莫尔：《乌托邦》，戴镏龄译，商务印书馆 1982 年版，第 73 页。
⑤ ［英］莫尔：《乌托邦》，戴镏龄译，商务印书馆 1982 年版，第 42 页。
⑥ ［英］莫尔：《乌托邦》，戴镏龄译，商务印书馆 1982 年版，第 42 页。

之国"（闵采尔）、"太阳城"（康帕内拉）、"真正自由的共和国"（温斯坦莱）、"塞瓦兰"（维拉斯），还是"符合自然法则的理性社会"（摩莱里）、"完美的共和国"（马布利）、"平等的共和国"（巴贝夫）、"公社制度"（欧文）和"伊加利亚"（卡贝），都是在实行公有制的基础上实现了人们自由、平等、幸福的愿望，人人都有高尚的道德情操。因为公有制消灭了剥削、压迫和与之相联系的等级、阶层、阶级，人们可以尽情享受一切文明成果，并具备了极高的文明素质。

公有制使人人热心于公益事业。莫尔指出："在别的国家里，人们固然谈说公共福利，但所奔走打算的却只是私人的利益。在乌托邦，私有财产不存在，人们就认真关心公事。"① 莫尔认为，有一种观点主张私有制关心私人利益，才使国家繁荣。这虽然有一定道理，但是以私利为动力而造就的国家繁荣，只是少部分富人的天堂，而不能解决大部分人的饥饿、贫困。莫尔批驳的这种观点，实际上是奴隶主阶级思想家亚里士多德的观点。亚里士多德说："在一切归公了的城邦中，人们就没法做出一件慷慨的行为，谁都不再表现施济的善心。"② 对于这样的观点，莫尔当然不能赞成，他认为"乌托邦"社会的构想已经驳倒了这些说法。继莫尔之后的康帕内拉，也以其精心组织的"太阳城"，斥责了亚里士多德"每个人对私有财物要比公共财物更加关心"的论调。

公有制使人人都乐于参加劳动，消灭了游手好闲的现象。空想社会主义者认为，由于土地和其他财产都公有了，人们成为土地的主人，他们就不会无事可干而游手好闲，而会积极投身于生产劳动之中。对于公有制的这一显著优点，资产阶级学者竭力否认并进行诋毁。维护资本主义私有制的重农学派宣称："只有私有制带来的快感"才能激发人们劳动的兴趣，而财产公有制则会使人们懒惰，使社会发生衰退。对此，马布利严正地指出："给世界带来游手好闲和无所事事现象的正是私有财产。"③ 马布利承认私有制对劳动会产生一定的刺激，但是这种刺激只会把人的贪心发展到极点。所以他认为，为了耕种好土地，根本不需要这种私有制有害的贪欲，人们还有其他刺

---

① ［英］莫尔：《乌托邦》，戴镏龄译，商务印书馆1982年版，第115页。
② ［古希腊］亚里士多德：《政治学》，吴寿彭译，商务印书馆1965年版，第55—56页。
③ 《马布利选集》，何清新译，商务印书馆1960年版，第78页。

激劳动的因素。在公有制基础上，人们爱优良、爱光荣、爱敬重的作用就会大大超过私有欲念的作用。重农学派为了美化私有制，还宣扬资本主义制度是使人们生活在"最大快乐和幸福"环境中的制度。马布利戳穿了这种"花言巧语"和"玩弄辞令的把戏"。他诘问道，在土地私有、财产不平等、富人不劳动而只有穷人劳动的社会里，"怎么能够使农夫相信佃户和地主是同样好呢？……怎么能使一无所有的人，即绝大多数公民相信他们显然生活在可以使他们得到一切最大快乐和幸福的国家制度下呢？"①资产阶级学者想把谬见说成真理，但谬见总是站不住脚的，经不起历史检验的。

正因为公有制的社会是人人劳动，消灭了二流子、寄生虫的社会，所以新社会是一个富足、文明的社会。温斯坦莱认为，人人参加劳动，"这将使共和国得到丰富的食物和一切必要的东西"②。在充满丰裕产品的社会里，人人可以尽情地享受文明的成果。对于那些丧失了劳动能力的残疾人、老年人，新社会则提供良好的社会保障。摩莱里制定的《自然法典》指出，"每个公民都是依靠社会供养"③，"残废和老弱的人在公共房屋中得到舒适的住处、饮食和供养。……同样，一切病人都毫无例外地要送进为他们专设的公共房屋中，并且像在家里一样，获得周到的良好的护理，而且待遇相同，不分彼此。每个城市的参议会要特别关心养老院和医院的经营工作，务使其不缺乏任何必需品或娱乐物品，以使病人恢复健康和最快地复原，好让残疾之人不致失去生活的乐趣"④。新社会真正是少有所养、老有所终的社会。

（二）主张消灭商品交换、实行计划生产

商品和货币作为人们生产和交换的方式，并不是从来就有的，也不会永恒存在的。商品和货币出现后，造成了商品和货币拜物教，好像人被商品、货币所支配，商品、货币具有驾驭人的无上权威。商品货币使人的道德堕落，贪婪、残忍、尔虞我诈等恶习都随之出现，酿成了无数的人间悲剧。空想社会主义者由于不能理解商品货币的历史必然性，不能揭穿商品货币拜物教的秘密，因而他们只能义愤填膺地谴责商品货币的罪恶，并主张立即废除

---

① 《马布利选集》，何清新译，商务印书馆1960年版，第92页。
② 《温斯坦莱文选》，任国栋译，商务印书馆1965年版，第198页。
③ ［法］摩莱里：《自然法典》，黄建华、姜亚洲译，商务印书馆1982年版，第107页。
④ ［法］摩莱里：《自然法典》，黄建华、姜亚洲译，商务印书馆1982年版，第115页。

商品货币的交换关系。

商品货币关系在乌托邦社会里已经不存在了。乌托邦人生产的不是商品，而是直接满足社会全体成员需要的产品。没有商品生产，也就没有商品交换，因此，货币也就随之消失。太阳城承袭了乌托邦社会的做法，在太阳城里，也不存在商品交换和货币关系。太阳城人铸造货币只是供驻外使节、侦察人员和购买外国商品使用。温斯坦莱认为，金银在共和国中只限于制造盘子和装饰房屋所需要的其他必需品，即现在铜、锡、铁或其他某种金属做的东西，而不会作其他的用途。但是，在对外贸易活动中，如果共和国需要其货物的那些国家在不付给硬币的情况下就不与我们交换，那么我们可以把一部分金块、银块铸成刻有共和国国徽的硬币，除此之外，这些硬币再也没有其他的用途了。

废除商品货币关系在维拉斯那里，可以说表现得最为激进和彻底了。在塞瓦兰国家中，既没有商品生产，也不使用货币，使用黄金为国家的根本大法所禁止。因此，黄金只能用来装饰太阳神殿和塞瓦兰林德的宫殿。不仅如此，塞瓦兰还是一个闭关自守、自给自足的国家；塞瓦兰人根本不进行外贸活动，不同别的大陆上的任何民族来往，以免沾染上异民族的种种恶习。商品货币的关系在塞瓦兰被彻底地根绝了，人们连它的一点影子也看不到。

在消灭了商品生产、商品交换的基础上，莫尔指出，乌托邦的整个生产和消费都是根据需要在全国范围内有组织进行的。巴贝夫发展了莫尔的计划生产思想，提出应计算出社会的需要，并根据这些计算有计划地安排生产，整个社会的经济活动是有计划进行的。

商品生产和货币交换手段，有它产生、发展和消亡的历史。空想社会主义者否定商品生产和货币交换的永恒性，提倡计划经济和产品经济，具有一定的积极意义。但是，他们不懂得社会经济发展的客观规律，把自然经济当作理想，企图用自然经济代替资本主义商品经济，或者过早地取消商品生产和货币交换，并且实行严格的计划经济，这样的设想就失去了根据和进步性，只会严重阻碍社会经济的发展。

（三）主张实行按需分配

在空想社会主义学说中，主张在未来理想社会实行按需分配的空想家不少，有莫尔、闵采尔、康帕内拉、温斯坦莱、维拉斯、卡贝、德萨米等人。

　　乌托邦的城市中心是各种物资汇聚的市场。每个家庭把自己的劳动产品就近送到市场，分类归仓入库。乌托邦的按需分配，是以家庭为基本单位的现货供应，"每一户的房主来到仓库觅取他自己以及他家人所需要的物资，领回本户，不付现金"①。在闵采尔的"千载太平之国"里，一切都是按需免费供应的。每个人都可以自由地从公社那里领取自己所必需的东西：从面包店领取面包；从裁缝店领取衣服；从鞋店领取鞋子。

　　如果说莫尔和闵采尔设想的按需分配，是由每户户长或个人到市场自行领回所需物品的话，那么康帕内拉则认为，"一切产品和财富都由公职人员来进行分配"②，必须由"负责人员严密地监视着，不让任何人获取超过他所应得的东西，但也不会不给他所必需的东西"③。社会的分配任务由管理人员执行。在太阳城，分配工作并不是一件很难的事，因为大家可随时得到所需要的东西，"他们很少关心日用品和食品"④。他们所关心的是如何使自己承担的工作完成得尽善尽美，并为社会的公益作出更大的贡献。

　　和"乌托邦""太阳城"的情况一样，温斯坦莱制定的《自由法》也规定了按需分配的原则。《自由法》还在如何实施按需分配原则问题上，具体化了莫尔和康帕内拉的设想。它规定，为了便于储存和分配土地的全部果实和手工业者的产品，将在农村和城市到处兴建主要仓库和专门仓库。所有这些仓库都由专门选出的监督人负责，防止一些人浪费和糟蹋公共财物，"自由共和国的法律和忠实的公职人员将限制这类人的无理智的行为"⑤。在维拉斯描写的"塞瓦兰共和国"里，一切公民的生活必需品都由国家供应。"如果某个人需要什么生活上的必需品，他只要向行政官员提出申请，官员总是同意他的请求的。"⑥ 按照这样的按需分配原则，塞瓦兰人"一生都毋需为饮食、衣服、住房而操心，甚至毋需为赡养妻子、抚养儿女而操心"⑦。和温斯坦莱所设想的一样，塞瓦兰国为了供应众人生活的必需品，建立了一

① ［英］莫尔：《乌托邦》，戴镏龄译，商务印书馆1982年版，第62页。
② ［意］康帕内拉：《太阳城》，陈大维、黎思复、黎廷弼译，商务印书馆1980年版，第10页。
③ ［意］康帕内拉：《太阳城》，陈大维、黎思复、黎廷弼译，商务印书馆1980年版，第11页。
④ ［意］康帕内拉：《太阳城》，陈大维、黎思复、黎廷弼译，商务印书馆1980年版，第23页。
⑤ 《温斯坦莱文选》，任国栋译，商务印书馆1965年版，第185页。
⑥ ［法］维拉斯：《塞瓦兰人的历史》，黄建华、姜亚洲译，商务印书馆1986年版，第131页。
⑦ ［法］维拉斯：《塞瓦兰人的历史》，黄建华、姜亚洲译，商务印书馆1986年版，第131页。

个储存一切生活必需品和用品的公共仓库。除了这个总仓库外，各个社会基层组织也拥有自己的专用仓库。卡贝和前人一样，也主张建立一些大型的仓库，把所有的产品集中起来，分别储存进去，然后分配给劳动者。他说："凡是需要吃比别人加倍的食物才能饱肚的人，便有权领取比其他人多一倍的食物。"① 受到卡贝的影响，德萨米也认为应该按每个人的实际需要来分配消费品，他举例说："就让皮埃尔只吃一个鸡蛋，让保罗去吃一头公牛好了，（请原谅我过甚其词！）没有人会对此提出非议的，因为谁都不会对这种事情感兴趣。"② 他认为，这就是"量饥而食，量渴而饮"的原则。德萨米把自己设想的这种按需分配称为"按比例的平等"③。按需分配不是自然而然地可以得到实行的，而是需要具备一定的条件才能实现。对此，空想社会主义作了积极的探索，阐明了以下几方面的条件：第一，按需分配赖以存在的坚实基础，是实行财产的公有制度；第二，实行按需分配，社会必须具有充裕的物资；第三，实行按需分配，还要求人们具有高度的思想觉悟，社会有良好的组织机构和管理人员；第四，实行按需分配，也离不开人们艰辛勤奋的劳动。

　　大体上说，空想社会主义者设想的按需分配方式与科学社会主义的按需分配原则相接近，都认为按需分配的"需"，是每个人事实上的需要。实行按需分配，需要社会的发展和进步。

　　（四）主张消灭脑体、城乡、工农的三大差别

　　空想社会主义者从莫尔开始，就坚决主张消灭脑体分工和城乡分工。在乌托邦那里，作为行政管理员的摄护格朗特，虽然依法免除了体力劳动，但他们都不肯脱离生产劳动，而是以身作则，更乐意地带动别人劳动。在乌托邦，也没有专门从事农业的劳动者，农业劳动由全体公民轮流承担，虽然有人觉得农村有趣，可以请求多干几年农活，但一般是两年一换。人们的生活以城市为中心，农场只是他们临时劳动的场所，因此已没有原来意义上的农村。脑体差别、城乡差别（其中所包含的工农差别）都被莫尔消灭了。

---

　　① ［法］卡贝：《伊加利亚旅行记》第 2、3 卷，李雄飞译、余航校，商务印书馆 1978 年版，第 374 页。

　　② ［法］德萨米：《公有法典》，黄建华、姜亚洲译，商务印书馆 1982 年版，第 48 页。

　　③ ［法］德萨米：《公有法典》，黄建华、姜亚洲译，商务印书馆 1982 年版，第 47 页。

摩莱里关于脑力劳动、体力劳动，城市分工、乡村分工相融合的思想，主要体现在他所制定的《自然法典》中。怎样把脑力劳动和体力劳动相结合呢？他的看法是，脑力劳动者在从事科学艺术精神生产的同时，一定不能免除体力劳动。至于体力劳动者能否参加脑力劳动呢？摩莱里的回答是只能是其中的一小部分人。显然，摩莱里对体力劳动更为强调、重视。在城乡融合方面，摩莱里也偏向于农业、农村。与莫尔相比，摩莱里消灭三大差别的思想萌芽，带有明显的逆向运动倾向。巴贝夫及巴贝夫主义者较摩莱里来说，走得更远些。在巴贝夫的平等共和国里，消除城乡对立的途径是，以农村为中心，消灭城市，全体居民都迁往农村的国民公社居住。

消灭三大差别的思想，在傅立叶和欧文那里得到最为明确和系统的阐述。按照傅立叶的设想，在法朗吉中有工业、农业、商业，融城乡于一体。法朗吉的成员既要从事农业劳动，又要从事工业劳动，从而达到工农差别的消除。同时，不仅一般的劳动者参加生产劳动，而且所有的管理人员也是不脱产的，从而消灭了脑体差别。欧文的公社新村，"兼有大城市的一切便利条件，然而却没有大城市的无数祸害和不便。新村还将保持乡村的一切优点"①。公社布局合理，环境优美，绿树成荫，空气清新，既有现代化生产和生活设施，又有农村的自然风光，形成一个和谐完美的整体。公社消灭了脑力劳动和体力劳动的对立，使劳动阶级各个人的脑力与体力广泛地结合起来。欧文指出，旧社会压抑人们的才能是极其错误的，公社社员享有平等的权利和义务，担负与年龄和特长相应的工作，并尽可能地调换工种，从事艺术、科学和各种实践活动。

二、关于社会主义社会政治制度的设想

空想社会主义者在描绘新的国家制度时，揭示了新国家具有的一些重要职能，以及未来国家发展的趋势。

（一）新国家具有的基本职能

1. 巩固和发展生产资料公有制，消灭一切剥削现象和寄生虫

由于未来的新国家是建立在公有制的基础上，因而未来的国家是强盛

---

① 《欧文选集》第1卷，柯象峰、何光来、秦果显译，商务印书馆1979年版，第262—263页。

的、进步的。温斯坦莱指出："无论哪里的人民，只要他们被生活资料的公有制联合起来，那里就成了世界上最强大的国家，因为他们将会像一个人一样保卫自己的遗产。"① 未来的国家必然要维护公有制，把实行公有制作为第一条神圣不可侵犯的原则。巴贝夫和巴贝夫主义者主张在革命胜利后，立即推广国民公社，动员人们加入公社。尽管允许有人暂时不愿意加入而保存私有经济，但是，他们主张国家通过采取法律措施限制私有经济和支持国民公社公有经济的发展。卡贝也提出，在向共产主义转变的过渡期内，要充分运用共和国的力量，逐步用生产资料公有制代替生产资料私有制。

2. 担负起组织社会生产、分配、消费的任务

运用国家的权力来管理经济，是所有空想社会主义者的一致看法。他们主张，国家既要管好国内生产，又要管好对外贸易。要由国家最高权力机构本身或专门设立一个管理经济的委员会，来制定全社会的生产计划，国家每年要对全社会的必需品作出正确的估计，然后生产出比估计还要多一些的产品，以满足人们的需要。劳动力的配置和人口的增长，也应由国家纳入计划管理。国家要管理消费品的分配，要在国家公职人员的参与监督下实施合理、公正的分配方案。国家还要管理公民的消费。有很多的空想家都设想了创办公共食堂的消费方式，在国家官员的主持下组织人民集体消费。国家对产品进行统一调配，以多济少，保证城市和乡村之间公共生活的需要。

3. 管理社会的文化、科学、教育事业

国家要以极大的注意力组织文化、科学、教育的发展工作。在乌托邦里，国家组织好人民的教育和文化生活，定期开办讲座，请外来学者讲授外语，提高人民的外语水平和研究外国历史的能力，鼓励人们进行科研活动。在太阳城中，有一位专管"智慧"的领导人，负责掌握艺术、科学和教育等事务。而在巴贝夫的"平等的共和国"里，国家将给文化工作者、艺术工作者以更多的自由，让他们摆脱国家统治阶级的压力，扬眉吐气，挺直腰身，勤奋地工作着，教育、文化、科学将以前所未有的速度向前发展。

4. 保障人民享有各项民主自由的权利

要贯彻主权在民的原则，一切国家法律和大事要由人民决定。必须实行

---

① 《温斯坦莱文选》，任国栋译，商务印书馆1965年版，第18—19页。

国家官员的选举制度，由人民群众选举产生国家的各级公职人员，并由他们给予监督和必要时的撤换。此外，实行宗教信仰自由的政策。莫尔坚决反对当时英国迫害异教徒的做法。他指出，认为只有一个宗教是真理，其余的都是旁门左道，这是错误的。要保证言论和出版自由。巴贝夫主义者愤怒谴责资产阶级压制言论和出版自由的罪行，阐明了在未来国家里实行言论和出版自由的重要作用：它可以有效地揭露野心家的阴谋诡计，成为防止人民主权被篡夺的最好屏障；它可以使人民就国家所提出的法案充分发表自己的意见，就可以逐步地改进和完善社会制度。① 对于言论和出版自由，巴贝夫主义者还作了四条具体规定，其中强调言论与出版自由必须符合国家基本法律规定，不能发表与平等和人民享有最高权力的神圣原则直接抵触的观点，禁止发表任何无中生有的攻讦性作品。②

5. 抵御外来侵略

莫尔认为，在乌托邦社会完全不存在阶级统治和压迫，国家已经没有对内镇压职能，国家没有必要专设镇压机关。乌托邦唯一的有组织的暴力行动，只有对外战争。在太阳城里，进行军事训练，巩固国防，保卫国家安全、领土不受周围敌人侵犯，这是国家的一项主要任务。为了保卫自己的国家，太阳城人实行普遍的军事训练，参加军工生产，搞好军事建设。

（二）未来国家发展的基本趋势

未来国家的发展趋势将是走向消亡，这主要是由圣西门提出来的。圣西门在《给一个美国人的信》中对他的理想社会进行了一系列的论述后，作出了一个重要的论断："如用两三句话来概括，政治学就是关于生产的科学，也就是以建立最有利于各种生产的事物秩序为目的的科学。"③ 恩格斯认为，圣西门关于对人的政治统治应当变成对物的管理和对生产过程的领导这种思想，是"废除国家"④ 的思想。

圣西门提出"国家消亡"，主要有三个根据。一是未来理想社会的政治是以生产为目的的。圣西门把对人的统治和对物的管理，作为新旧制度的分

---

① 参见［法］邦纳罗蒂：《为平等而密谋》上卷，陈叔平译，商务印书馆1989年版，第226页。
② 参见［法］邦纳罗蒂：《为平等而密谋》上卷，陈叔平译，商务印书馆1989年版，第227页。
③ 《圣西门选集》第2卷，董果良译，商务印书馆1982年版，第169页。
④ 《马克思恩格斯选集》第3卷，人民出版社2012年版，第783页。

界线。他指出，"在旧体系下，社会实质上是受人的统治，而在新体系下，社会是受到原则的统治。"① 在新的制度下，"除了人作用于物这种活动之外，再也不存在什么人类的有益活动了"②。新制度的根本点就在于它把"人作用于物"，即把对人的统治变成对物的管理和对生产过程的领导。为此，整个社会将按照最有利于生产的方式组织起来。二是未来社会的经济为国家消亡准备了经济技术条件。圣西门认为，大生产的经济技术管理要求排除人为干扰而造福于人民，未来的政治组织应当如同大企业一样。三是人人都参加社会管理就不需要设置专门的社会管理机构了。圣西门把社会全体成员管理能力的提高，作为国家消亡的一个重要条件。他指出，当社会组织的大多数成员不能管理自己事务的时候，社会组织的机构就必然十分复杂，而当管理财产的能力已经十分普及，就是出身于无产阶级家庭的人，现在一般也有这种能力时，真正的管理活动可能容易变成几乎全体公民的共同职责。

圣西门关于国家消亡的思想，对国家消亡的经济基础、条件作了包含着唯物主义因素和辩证法思想的论述，为科学社会主义的国家消亡理论提供了思想材料。

三、关于社会主义社会思想文化的设想

在空想社会主义者迸发出来的思想火花中，有一簇耀眼的火焰，那就是他们关于新社会的思想文化和教育的理念。由于空想社会主义者在主观上要求建立一个比现实社会更加文明化、知识化的新社会，因而，他们对思想文化及教育的论述最能鲜明地体现这一点。

（一）新社会的道德思想

一是强调集体主义。空想社会主义者认为，集体主义是社会主义同资本主义的最大区别。因此，个人服从集体，个人具有集体生活的习惯，具有集体主义的意识是十分重要的。正如巴贝夫主义者所指出的："让青年人从幼年起就懂得把所有的人都看作自己的同胞，懂得跟别人同甘共苦，并且仅仅

---

① 《圣西门选集》第 1 卷，王燕生、徐仲年、徐基恩等译，董果良校，商务印书馆 1979 年版，第 245 页。

② 《圣西门选集》第 1 卷，王燕生、徐仲年、徐基恩等译，董果良校，商务印书馆 1979 年版，第 243 页。

以他人的幸福为幸福。""由于一直共同生活在一起，青年人终于把自己的幸福跟别人的幸福融合在一起。"①

二是强调勤劳勇敢、积极向上，反对游手好闲、颓废堕落。空想社会主义者倡导劳动光荣。在太阳城，劳动是光荣的事，精通手艺和手工业的人、从事最繁重工作的人，都备受尊敬。不仅从事物质生产的劳动是光荣的，而且从事服务性的劳动也是光荣的。这样的传统看法一直延续下去，直至傅立叶提出了劳动是人的第一权利。

三是强调团结互爱的精神。在理想社会里有良好的社会风尚，人人尊老爱幼，平辈的作为兄弟姐妹看待。康帕内拉说，在太阳城里，旧社会中精神面貌的污垢已经一扫而光，人们之间完全是一种新的关系，他们团结友爱，互相关心，互相帮助，一切同龄人互称兄弟，称比自己大一辈的人为父亲，比自己小一辈的人为儿子。马布利认为，在新的共和国制度下，人民之间建立了平等的、兄弟般的亲密关系，全社会人人平等，人人自由，人人是兄弟。马布利认为，这样的兄弟关系，提高人的品格，培养人们相互怀有善意和友爱的情感。在人际交往中，空想社会主义者还强调"己所不欲，勿施于人"，彼此之间互相尊重，克己忍让，和睦相处。

四是强调朴素大方的自然美。什么是美？空想社会主义者主张自然、朴素、大方即是美的表现。莫尔在《乌托邦》里说，乌托邦人把戴耳环、项链这些装饰品看成是不屑一顾、最丑陋和没有修养的表现。康帕内拉所描写的太阳城人，以体格匀称、富有朝气和健康的肤色为美。相反，他们把涂脂抹粉，乔装打扮，穿高跟鞋以显示身材，穿长裙来遮掩粗腿看成是丑的东西。这些看法对后来的空想社会主义者产生了深刻的影响，显示了与资产阶级不同的审美观。但是，空想社会主义在反对资产阶级审美观的同时，却又走向了另外一个极端，提倡了一种千篇一律、单调的社会生活色彩。

（二）新社会的教育思想

莫尔指出，乌托邦人实行教育和生产劳动相结合，他们"从小学农，部分是在学校接受理论，部分是到城市附近农庄上作实习"，"从事实际操

---

① ［法］邦纳罗蒂：《为平等而密谋》上卷，陈叔平译，商务印书馆 1989 年版，第 219 页。

作".[1] 他们还把理论学习和实验活动结合起来，在科学研究中，他们强调实验方法。进行天文研究时，乌托邦人通过发明各种仪器对星体运行进行观测。对于从中国传入的造纸和印刷术，他们是经过频繁的实验和刻苦的学习之后才掌握到技术的。

康帕内拉认为，太阳城的儿童从 8 岁起就要在学校学习各种科学知识，并且让他们参加农业和畜牧业的劳动，以便进一步掌握生产知识。他还主张读书学习必须同科学研究以及工农业生产密切结合起来。他表示了这样的看法，反对"只是去读死书和研究事物死的标志"，提倡"能根据大自然去了解事物"。[2]

到了 19 世纪初三大空想家那里，他们更加重视对儿童的生产劳动教育，注意培养他们的社会感情和劳动习惯。傅立叶极力主张对幼童和青少年通过各种行业的劳动实践，诱发他们学习与研究精确科学的需要，引导学生对知识和科学技术自觉地"要求学习"，从而使"在和谐制度下，每个人——男人、妇女或儿童——都是四十种谢利叶的参加者，他从事生产劳动，又从事艺术和科学"[3]。傅立叶深信，一旦把教育同生产劳动相结合，定会使和谐社会人才辈出，星光灿烂。欧文在这方面的贡献，确实又大大超过前者。他不仅在理论上阐明了教育与生产劳动相结合的问题，而且把他的教育思想付诸实践、作了实验。在欧文建立的"新和谐"公社里，有许多人前来定居，欧文以培养人的理性、性格为基本核心，进行了教育与生产劳动相结合的实验。在"新和谐"公社中，他开办了"工业和农业学校"，学校的教育除了进行普遍的无神论教育外，还广泛设置了包括诸多自然和社会学科的科目，如语文、算术、几何、动植物学、矿物学、化学、历史、地理、图画、制图、音乐、体操和军训等。同时按不同的年龄阶段，安排了劳动实践，使之与智育的进行结合起来。马克思充分肯定了欧文的成就，指出："正如我们在罗伯特·欧文那里可以详细看到的那样，从工厂制度中萌发出了未来教育的幼芽，未来教育对所有已满一定年龄的儿童来说，就是生产劳动同智育和

---

① [英] 莫尔：《乌托邦》，戴镏龄译，商务印书馆 1982 年版，第 55—56 页。

② [意] 康帕内拉：《太阳城》，陈大维、黎思复、黎廷弼译，商务印书馆 1980 年版，第 14 页。

③ 《傅立叶选集》第 2 卷，赵俊欣、吴模信、徐知勉、汪文漪译，商务印书馆 1981 年版，第 174 页。

体育相结合，它不仅是提高社会生产的一种方法，而且是造就全面发展的人的唯一方法。"①

教育的目的是在德、智、体等方面的全面发展。在空想社会主义史上，第一次对教育目的作完整表述的是巴贝夫主义者。巴贝夫主义者指出："国家教育应当达到三个目的：（1）使身体有力而灵活；（2）使心灵慈善而坚毅；（3）使才智得到发展。"② 他们认为，身体好，必须通过劳动锻炼和军事训练来取得。心灵好，必须通过教育机关不断地以可爱的祖国的名义向全体人民进行道德教育，才会具有道德方面的修养。才智好，必须通过学习知识和科学而取得。欧文则十分重视新社会中人的全面发展，他主张对所有的人都要在社会中"很好地培养他们的体、智、德、行方面的品质，把他们教育成全面发展的人"③。

（三）新社会的家庭婚姻思想

空想社会主义者注重家庭问题。在温斯坦莱那里，自由共和国的家庭既是生产单位，又是消费单位，但不是独立的经济单位。作为生产单位，家庭的生产劳动是整个社会有组织的劳动的一部分；作为消费单位，每个家庭将单独生活，根据全家的实际需要到仓库里领取到的一切物品，都是这个家庭的，不允许别人侵犯和破坏。同时，妻子、儿女、住宅等也不许别人侵占，受到法律的保护。到了 19 世纪初三大空想家那里，由于工业社会的兴起，发生了变化，家庭不再被作为一个经济实体来对待。例如，在傅立叶构想的和谐社会里，生产劳动是在法朗吉的体系里进行的，家务劳动被公共食堂和公共服务事业所代替，儿童的教育与抚养均由社会承担，因而家庭完全失去了作为经济单位的意义，只是一个非常重要的、单纯的亲缘细胞体。对此，卡贝有同样的认识。他指出，在家庭问题上，它的原则是"每个家庭尽可能地共同居住，一律不雇佣仆人，没有单独的家庭经济，由社会统筹统支"④。

---

① 《马克思恩格斯文集》第 5 卷，人民出版社 2009 年版，第 556—557 页。
② ［法］邦纳罗蒂：《为平等而密谋》上卷，陈叔平译，商务印书馆 1989 年版，第 220 页。
③ 《欧文选集》第 2 卷，柯象峰、何光来、秦果显译，商务印书馆 1981 年版，第 135 页。
④ ［法］卡贝：《伊加利亚旅行记》第 2、3 卷，李雄飞译、余航校，商务印书馆 1978 年版，第 382 页。

关于未来社会的婚姻问题，几乎所有的空想社会主义者都认为，男女应该是平等的，他们拥有同样的权利，必须实现妇女的解放。男人必须克服旧传统的偏见，尊重妇女，提高妇女的社会地位。在这方面，傅立叶达到最高的成就，受到了恩格斯的称赞。恩格斯指出，傅立叶"第一个表述了这样的思想：在任何社会中，妇女解放的程度是衡量普遍解放的天然尺度"①。在两性关系上，空想家们都主张，男女有自由恋爱的权利、结婚的自由和离婚的自由。卡贝指出，婚姻的原则是"每个人都可以而且应该结婚；对象的选择完全自由；夫妇平等；必要时也允许离婚"②。对于破坏他人家庭，通奸、诱奸等败坏社会道德的人，必须给予严惩。

总而言之，空想家为未来理想社会所作出的美好设计，一方面如恩格斯说的，表现了"处处突破幻想的外壳而显露出来的天才的思想萌芽和天才的思想"③，为无产阶级建立新社会提供了有益的启发性材料；另一方面，这些设想又脱离了现实实际，不过从头脑里纯粹地制造出来。因为在空想家看来，"社会所表现出来的只是弊病，消除这些弊病是思维着的理性的任务。于是，就需要发明一套新的更完善的社会制度，并且通过宣传，可能时通过典型示范，从外面强加于社会。这种新的社会制度是一开始就注定要成为空想的，它越是制定得详尽周密，就越是要陷入纯粹的幻想"④。说到底，空想家的美好设计只能是竹篮打水一场空。

第三节　采取暴力手段与和平方式均告失败

空想社会主义既批判了资本主义，又构想了未来的理想社会，当然就要付诸实施，并期盼尽早实现社会主义。怎样才能实现社会主义呢？在空想社会主义者中，有主张建立理想社会必须走暴力革命、推翻资产阶级统治道路的，可以称之为暴力革命派；也有主张通过和平的方式、逐步改良资本主义

---

① 《马克思恩格斯选集》第3卷，人民出版社2012年版，第784页。

② ［法］卡贝：《伊加利亚旅行记》第2、3卷，李雄飞译、余航校，商务印书馆1978年版，第382页。

③ 《马克思恩格斯选集》第3卷，人民出版社2012年版，第781页。

④ 《马克思恩格斯选集》第3卷，人民出版社2012年版，第781页。

而达到社会主义的，属于和平改造派；另有一些人则认为，首先要以改良资本主义为主，在和平方式行不通的情况下，再转向采取暴力革命，可以说他们既具有明显的和平改造的倾向，同时又持有使用暴力手段的观点。但无论是采取暴力手段还是和平方式，空想社会主义者由于依靠的力量有限，或者流于空谈，或者根本不对，终究辛苦一场，昙花一现，归于失败。

一、用暴力手段摧毁旧世界屡战屡挫

为什么要采取暴力的手段摧毁资本主义旧世界？空想社会主义者认为，最简单的事实是封建统治阶级或资产阶级统治者手中掌握着国家机器，无产者和劳动群众只有拿起武器斗争才有出路。

在暴力革命派的行列中，闵采尔名列榜首。闵采尔主张要实现人类的解放，建立"千载太平之国"，必须通过暴力革命，必须依靠人民群众的力量。他说，要恢复上帝的真正信仰，建立"千载太平之国"，就应当拿起剑来，把诸侯和贵族当成"旧壶破罐"摧毁掉，消灭私有财产的制度。

继闵采尔之后，第二个高举暴力革命旗帜的是梅叶。梅叶长年生活在农民中间，贫苦农民多次反抗压迫者的革命斗争对他产生了积极的影响。同当时众多批判封建专制但又害怕人民群众的启蒙思想家不同，梅叶掂量出人民群众的力量，他把变革社会同人民群众的革命斗争直接联系起来，这是梅叶政治思想有别于其他空想家而显得特别突出的地方。梅叶对封建神学的残暴统治怀有刻骨的仇恨，《遗书》开头就写道："拿神甫的肠子做成绞索，用这种绞索把世界上一切强暴者和高贵的老爷们吊起来，绞死他们！"[1] 他呼吁人民起来革命，"打倒一切压迫者，把自由还给人民！"[2] 梅叶认为，封建统治者直接利用暴力来维护他们的制度，镇压人民的反抗，国家就是这种暴力组织，教会势力也配合政府破坏人民革命。梅叶深信，只要全体人民齐心协力，一致奋起，就一定能从奴役的地位中解放出来，推翻暴君的统治。梅叶还谈到了进行革命准备的必要性，呼吁进行广泛有效的革命宣传，以集中革命力量。梅叶相信推翻专制制度建立美好社会，是人民群众自己的事业，

---

① ［法］梅叶：《遗书》第 1 卷，陈太先、睦茂译，商务印书馆 1959 年版，第 104 页。
② ［法］梅叶：《遗书》第 3 卷，陈太先、睦茂译，商务印书馆 1961 年版，第 206 页。

人民群众完全有力量完成这一事业。

巴贝夫是继闵采尔、梅叶之后，第一次把暴力革命的主张理论化、系统化的。巴贝夫的革命理论在当时是新颖的，他认为革命不是简单的内阁更换，不是改良，而是要建立一个新社会制度。为此，必须唤起人民参加战斗，这些构成了巴贝夫独特的人民革命思想。巴贝夫的人民革命思想主要有五个方面的内容：一是人民革命思想形成的阶级基础。巴贝夫用阶级的眼光看历史，指出一部历史就是贵族和平民、富人和穷人之间的阶级斗争史，革命就是为了追求大多数人的幸福，只有为群众利益的革命，才是真正的革命，人民要的也就是这样的革命。二是人民革命爆发的原因和必然性。巴贝夫指出，因为统治者已经把人民弄到绝望的境地，在绝望中的人民一定要寻找苦难的根源。总有一天他们会认识到自己被剥削、被压迫的地位而起来反抗。他说："生活状况已经恶劣到再也无法忍受的时候，那末，被压迫者就一定要奋起反对压迫者。""穷人奋起革命反对富人乃是不可避免的历史的必然性。"① 三是人民革命思想主张用革命暴力的手段来摧毁旧政权。巴贝夫指出："富人是用一切武器装备起来的，而穷人却没有武器"，必须"把武器平均分配，让人民同所有那些侵犯他们的生存权利的人们一决雌雄！"② 四是人民革命的思想主张不断革命。只要富人剥削穷人的社会制度还没有推翻，只要平等共和国还没有牢固地建立起来，人民革命就还没有完成。巴贝夫向人民发出了把革命进行到底的号召。他警告说："谁要是抱怨'我们想不断闹革命'，他在将来必然要被看作人民的敌人。"③ 五是人民革命的思想主张人民应该毫不犹豫地起来进行革命。他鼓励人民，与其在饥寒交迫中饿死，不如在战争中倒下去。我们要敢于拿起武器去战斗，坚信这样一场战争立即就会是以人民胜利而告终，决战的结果一定会使人民群众的苦难宣告结束。

巴贝夫的革命精神在布朗基身上得到了辉煌的体现。布朗基着眼于现实的革命斗争，进一步继承和发扬了巴贝夫的暴力革命传统。他认为："只有

---

① 《巴贝夫文选》，梅溪译，商务印书馆1962年版，第28、58页。
② 《巴贝夫文选》，梅溪译，商务印书馆1962年版，第59页。
③ 《巴贝夫文选》，梅溪译，商务印书馆1962年版，第35页。

在政治改革后才能进行社会改革。"① 布朗基的革命学说有两个显著的特点：一是共产主义必须经过暴力革命才能实现。布朗基说："共产社会不能自己产生出来"，"只能在摧毁了旧堡垒的基础上才能建立"。② 革命就是要消灭建立在不平等和剥削基础上的现有秩序，打倒压迫者，把人民从富人的压迫下解放出来。所以他认为，"共产主义本身就是革命，不应该做出乌托邦的姿态"③。二是靠改良手段是万万行不通的。布朗基认为，选举、立宪都无济于事，但布朗基肯定罢工斗争，把它看作反抗压迫的一种临时性的防御工具。不过，他着重强调并全力以赴的是武装起义，夺取资产阶级政权。他号召，无产者应"要求公民真正平等，要求推翻一切等级制度和一切暴政"④。他还说："武器和组织，这是进步的决定因素，消灭贫困的重要手段！谁有武器谁就有面包！……法国有了武装的劳动人民，就是社会主义的来临。"⑤

但是，空想社会主义暴力革命派所主张的革命，不是发动全体无产阶级的革命，而主要是少数革命家的革命，更多依靠的是密谋组织和冒险的行动，这就使他们发动的无数次革命全都受挫，甚至本人也为此献出了生命。真是空怀壮志，徒留遗憾。

二、以和平方式走向新社会频陷困境

第一个主张对旧社会进行和平改造的是温斯坦莱。在实现"真正的自由共和国"的道路问题上，温斯坦莱反对暴力革命，崇尚永恒的"理性"和"正义"。温斯坦莱把希望寄托在资产阶级共和国的元首克伦威尔身上，频频呼吁他建立"真正的自由共和国"。他错误地认为，"刀剑是一种扼杀创造物的极端令人厌恶的、不正义的权力。"⑥ 在他看来，"神明"的力量才是巨大的，它将战胜领主，并迫使他们放弃"土地和财富"。在这种思想指导下，当地主、富农伙同克伦威尔的军队镇压掘地派运动的时候，温斯坦莱

---

① 《布朗基文选》，皇甫庆莲译、许渊冲校，商务印书馆1979年版，第123页。
② 《布朗基文选》，皇甫庆莲译、许渊冲校，商务印书馆1979年版，第83页。
③ 《布朗基文选》，皇甫庆莲译、许渊冲校，商务印书馆1979年版，第94页。
④ 《布朗基文选》，皇甫庆莲译、许渊冲校，商务印书馆1979年版，第64页。
⑤ 《布朗基文选》，皇甫庆莲译、许渊冲校，商务印书馆1979年版，第54页。
⑥ 《温斯坦莱文选》，任国栋译，商务印书馆1965年版，第39页。

却在宣扬"我们不应该战斗，而应该忍耐"。要求用"理性"和"正义"去战胜敌人。他甚至在《自由法》中对克伦威尔这样说："您占据这样的地位，掌握这样大的权力，您可以把您的朋友、普通的英国人肩上的一切重负卸掉。"① 他还表示相信克伦威尔一定会接受他提出的以土地公有制为基础的"真正的英吉利共和国的忠告"。毫无疑问，温斯坦莱反对动用刀剑，提倡忍辱和屈从的思想，反映了早期无产阶级先驱者的幼稚和软弱。

摩莱里对如何实现理想社会的途径问题，主要把希望寄托在圣明的统治者身上。他认为，为了早日结束人类的灾难，应当向全社会普及教育，进行理性启迪。他特别希望统治者成为真正英明的人，纠正以往立法者的错误，制定符合自然、理性要求的法律，使理想社会得以建立。

圣西门把暴力革命看作一种破坏性因素，给人类社会带来了巨大的灾难，而不了解任何一个新的社会制度只有在革命中才能诞生。他错误地认为，正是1789年革命给法国带来不幸，并导致异民族的入侵。他在回顾大革命时期的感受时曾经写道："我的笔就屡次想描述法国人自己制造的灾难的情景，摘录他们作过的乖戾举动，复述他们在革命期间所犯的暴行。但是，我的内心反对我这样做。一想起我亲眼目睹的这些可怕情景，在我的内心就引起反感。"② 因此，他断然否定通过革命进行社会变革的道路。圣西门从社会的变革应当用和平方式实现的观点出发，把实现"实业制度"的途径，具体规定为争取舆论和扩大宣传。他指出："人们把舆论称为'世界的女王'，这是完全正确的。它是当代最巨大的道德力量，只要它明确表态，人间的其他一切力量都得让步。"③ 他把宣传作为实现社会变革的唯一手段。首先是向国王宣传。通过宣传，使国王认识到，为了尽到自己的职责和维护王权自身的利益，必须把精神权力交给学者、艺术家，把世俗权力交给实业家。其次是向各民族人民宣传。通过宣传使广大人民群众万众一心地向国王表示心愿。唤起国王利用他掌握的权力来实现势在必行的社会改革。

---

① 《温斯坦莱文选》，任国栋译，商务印书馆1965年版，第91页。

② 《圣西门选集》第1卷，王燕生、徐仲年、徐基恩等译，董果良校，商务印书馆1979年版，第145—146页。

③ 《圣西门选集》第1卷，王燕生、徐仲年、徐基恩等译，董果良校，商务印书馆1979年版，第192—193页。

他从 1802 年以后，就努力著书立说，组织圣西门社会主义团体，创立新基督教，专门从事宣传。他忽儿把自己的著作献给拿破仑皇帝，呈给元老院、国务会议和法国科学院；忽儿又上书路易十八，幻想依靠他的赞助，和平地实现实业制度。圣西门完全否定暴力革命，寄希望于有产阶级的幻想，不能不被现实所粉碎。

傅立叶和圣西门一样，认为通过他所设计的法朗吉的实验，就可以实现理想社会。正是在这种思想指导下，傅立叶多年来一直幻想着能有一位明智仁义的富人，对他建立法朗吉的实验解囊相助。为此他刊登广告，给社会名流写信，定下专门约会时间，每天中午 12 点在家恭候富翁光临。然而，这种痴心的等候终究大失所望，直到他老死，一直无人问津。傅立叶认为，变革现存社会制度和实现和谐制度，决不能通过暴力革命的道路。在他看来，革命是最坏的一种社会灾难。只有通过和平改造现存社会的方法，才能实现全人类的和谐。他认为即使在一个小村庄中建立一个法朗吉，经过 4—5 年的时间，就不仅会吸引本国的广大居民，而且也会吸引全世界的居民群起仿效，从而和平地完成改造资本主义社会，建立和谐社会的历史任务。当然，这不过是痴人说梦的一种幻想。

欧文的社会改革方案同样主张采取和平手段。欧文虽然同情工人阶级，同情被压迫阶级，指出了工人阶级同资产阶级的对立，但是他并没有因此作出无产阶级革命的结论。相反，他和圣西门、傅立叶一样，鼓吹阶级调和，反对阶级斗争和暴力革命，拒绝一切革命行动，幻想通过和平道路，实现社会改革。他宣称无产阶级和资产阶级可以携手合作，说什么"富人与穷人、统治者与被统治者实际上利益是一致的"①。要求无产阶级同情资产阶级，对他们讲"真慈善"和"博爱"。欧文企图用和平手段实现从无理性社会到理性社会的过渡，他说："只有用和平的方法并依靠英明的远见才能完成"这一过渡，"试图通过暴力来改革政府或社会的性质，都是不能容许的。在改革的不同阶段出现愤怒乃至极端的暴行和殊死的斗争，那就只能证明各该阶段是属于没有理智和发狂"②。他认为，这种和平改革不仅会使穷人解除

---

① 《欧文选集》第 1 卷，柯象峰、何光来、秦果显译，商务印书馆 1979 年版，第 175 页。
② 《欧文选集》第 1 卷，柯象峰、何光来、秦果显译，商务印书馆 1979 年版，第 109 页。

灾难，获得幸福，对富人也有利，是可以得到统治者和被统治者的完全赞同的。恩格斯曾经指出，欧文的"社会主义虽然在实质上超越资产阶级和无产阶级的对立，但在形式上仍然以很宽容的态度对待资产阶级，以很不公平的态度对待无产阶级"①。欧文认为，建立新的共产主义制度，除了通过宣传教育动员社会舆论和小型试验的示范外，没有别的途径。因此，他一方面进行典型实验；另一方面向全社会，特别是向统治者和有产者呼吁，幻想得到社会上层的支持。欧文在一生中不知疲倦地进行宣传旅行和上千次演说，发出过大约 500 次呼吁，给报刊写过 2000 篇文章。他还向英国维多利亚女王、俄国沙皇尼古拉一世、美国总统、法国临时政府、英国议会以及"神圣同盟"的各国君主发出呼吁，呼吁他们能够真心诚意地团结起来，免得由此招致普遍的暴力革命，结果都以失败告终。

综上所述，和平改造派在如何实现他们所向往的理想社会的问题上，反复不断地高唱"宣传、教育和典型示范"的三部曲。他们的唯心史观，决定了找不到进行社会变革的真正力量和正确途径。他们普遍地对无产阶级采取同情的态度，但认为其只是一个受苦受难的群体，是需要同情和怜悯的阶级，看不到无产阶级的任何历史主动性。在他们的心目中，无产阶级不是推翻旧社会建设新社会的根本力量，而总是幻想有一个天才的人物出现来解救无产者于水深火热之中，把过多的希望寄托在资产阶级和统治者的善心上，来建立他们所设计的美好社会，这就不可能取得任何结果。

三、兼具暴力革命与和平改造引人深思

在空想社会主义史中，有一些空想家在如何实现理想社会的道路问题上，不拘泥于采取一种手段，而是既表达了要采取暴力革命的方式，又论述了和平改造的重要和必要。这些空想家是莫尔、康帕内拉、维拉斯、马布利以及卡贝。

莫尔所设想的乌托邦社会，是通过贤明的君主"乌托普"，在动用武力征服未开化民族的基础上建立起来的。此外，莫尔并不反对战争，而是主张坚持正义的战争。莫尔认为，必须用武力反抗现存的罪恶制度，使社会从旧

---

① 《马克思恩格斯选集》第 1 卷，人民出版社 2012 年版，第 128 页。

制度下解救出来，走向新社会。这说明莫尔确实有通过暴力手段实现理想社会的思想。不过，通观《乌托邦》全书，可以看到莫尔对国家的统治者又寄予厚望，认为只要他们力戒惰与傲，成为贤明的君主，制定良好的法律，废除私有制，就可以把现存社会改造成为理想社会。

康帕内拉和维拉斯深受莫尔的影响，他们的思想与莫尔如出一辙。康帕内拉指出，太阳城人十分注重军事，实行全民皆兵、巩固国防的政策。尽管太阳城人不会发动战争，但周围的现实，促使他们既要警惕对公社制度的侵犯，又要支持被压迫人民的解放斗争。在《太阳城》一书中，有对战争场面的栩栩如生的描写，充满对出自于正义而使用暴力的赞扬。同样地，康帕内拉对贤明的君主也极尽歌颂之能事，这无疑暗示了贤明君主有着可以拯救社会的伟大作用。在维拉斯的塞瓦兰国那里情况也是这样，塞瓦兰的立法者塞瓦利阿斯是依靠武装斗争的力量才取得了最高统治权，然后进行了和平改造社会的工作。塞瓦兰人的武装力量常备不懈，曾胜利地打败入侵者，巩固了国防，但他们并不对外发动战争。在维拉斯的笔下，塞瓦利阿斯是创造历史的英雄，是上帝派来人间的救世主。

与上述几位空想家相比，马布利更明显地表示了暴力革命与和平改造两种手段都可以采用的看法。对于他设想的未来完美的共和国如何实现的问题，马布利认为，必须根据现存政权的不同情况而采取不同的手段。如果政府能保障人民自由地和充分地利用自己的理性，那就应该尊重这个政府。反之，如果政府是暴虐的或是暴君掌权，那么，人民就有权起来反对。他声称，理性、自由和追求幸福"是每个人有权反对统治我们的不公正政府的侵犯的一种本能"①。这就是说，反对暴政统治是理所当然的。他还严正指出，那种"认为内战永远是不公正的，号召公民不要以武力对付暴力，这是最违反道德和公益的学说"，"公正的原则是允许人民拿起武器，反抗破坏法律或滥用法律来窃取无限权力的压迫者的"。② 马布利阐述道，如果在这个时候号召人民容忍，就等于帮助统治者巩固暴政。社会经常发生革命并没有什么不好，可惜，现在革命的次数太少了，而且不容易发生。如果历史

---

① 《马布利选集》，何清新译，商务印书馆 1960 年版，第 113 页。
② 《马布利选集》，何清新译，商务印书馆 1960 年版，第 132 页。

上多发生几次革命，那一定给人类社会带来好处。但是，当真正讨论法国内战的可能性时，马布利又认为当时法国没有采取革命手段的必要，说什么当时的法国可以不经过内战，只要通过国会和三级会议就可以和平地改造社会。同时，他从理性主义出发，迷恋于教育和道德的力量，把改造社会的希望寄托在善良的政府和英明的立法者身上，说什么"在道德的帮助下，可以轻而易举地建立良好的秩序和纪律"①。据此可知，马布利认为在一般的情况下，应采取和平改造的手段，只有在万不得已的情况下，才走暴力革命的道路。

在改造旧社会的途径问题上，卡贝的思想也有二重性。在《伊加利亚旅行记》第1卷中，卡贝坚持暴力革命，他所设想的伊加利亚共和国就是通过武装起义，推翻反动王朝建立起来的。伊加利亚历史上曾经是一个充满阶级斗争的不平等的社会，正是因为伊加尔领导人民进行暴力革命，才推翻了暴君女王和首相。所以，恩格斯说伊加利亚派虽然"在刊物上声称憎恶暴力革命和秘密团体，他们也是按照这种方式联合起来，并且乐意抓住任何时机用暴力建立一个共和国"②。但是，在《伊加利亚旅行记》第2、3卷以及发表在报刊上的文章中，卡贝又表示共产主义社会不可能依靠暴力和强制一蹴而就，而只能通过和平道路。他自我声称："我与其说是革命者，不如说是改良主义者，而首先是一个民主主义者。"③ 他错误地总结了法国历次革命的教训，认为每次革命结果，往往是以一种暴力代替另一种暴力，违背共产主义原则，由此他下结论说："暴力的害处要比好处多"，并郑重声明："我反对暴力，而且认为：在非必要时使用暴力乃是一种罪行；即使是万分必要时使用暴力，对于使用人本身说来，也仍然是一种不幸。"④ "因为暴力并不是必不可少的。富人和穷人一样，也是人，也是我们的兄弟，他们在全部人口中占相当大的比重，甚至还是优秀的部分。毫无疑问，我们应该阻止他们成为压迫者；但是，正如不能听任他们压迫别人的道理一样，我们也不

① 《马布利选集》，何清新译，商务印书馆1960年版，第13页。
② 《马克思恩格斯全集》第3卷，人民出版社2002年版，第481页。
③ 转引自［苏］维·彼·沃尔金等：《论空想社会主义》中卷，郭一民等译，商务印书馆1980年版，第381页。
④ ［法］卡贝：《伊加利亚旅行记》第2、3卷，李雄飞译、余航校，商务印书馆1978年版，第192页。

应该压迫他们。"① 卡贝认为，"依掌舆论、通过说服来走向共产主义的胜利，无论如何缓慢，总比通过暴力更为迅速，更为可靠!"②

尽管以上这些空想家主张用和平和暴力两种手段对付资本主义，具有思想的启发意义，但他们的方案不过是，要么卑躬屈膝地向统治者祈求放弃旧制度，要么靠少数人密谋盲目地发动起义，终究陷入困境，成为明日黄花。

---

① 〔法〕卡贝：《伊加利亚旅行记》第 2、3 卷，李雄飞译、余航校，商务印书馆 1978 年版，第 388 页。

② 〔法〕卡贝：《伊加利亚旅行记》第 2、3 卷，李雄飞译、余航校，商务印书馆 1978 年版，第 392 页。

第　二　章

科学社会主义的坚实崛起和普照之光

19世纪中叶，正当空想社会主义日暮途穷、偃旗息鼓、面临深重危机的时刻，随着资本主义产业革命的发展，工人阶级以崭新的面貌登上历史舞台。在亲身参加工人运动的实践中，马克思、恩格斯开始了科学社会主义的理论创造。他们为社会主义奠定了哲学和经济学的坚实基础，实现了社会主义从空想到科学的飞跃。马克思、恩格斯科学地预测了未来社会主义的基本特征，为无产阶级革命胜利后建立的社会主义社会指明了正确的方向，使社会主义步入一个全新的发展时期。

第一节　19世纪欧洲工人运动和人类解放事业

科学社会主义和空想社会主义的阶级基础都是无产阶级，都代表着无产阶级的利益。但是，空想社会主义产生的时代，主要是处在16—18世纪资本主义发展的原始积累、家庭手工业以及工场手工业的时期。进入19世纪后，产业革命开始加快，到了四五十年代，与机器大工业相联系的无产阶级逐渐成长壮大起来。因此，空想社会主义代表的是早期的无产阶级，它在理论上的不成熟和根本缺陷，是与资本主义经济状况和早期无产阶级不成熟相联系的，并由此而决定。科学社会主义的产生，则是与产业革命和大机器工业相联系，代表着成熟的无产阶级，因而具有理论的科学性和革命的彻底性。

一、19 世纪欧洲三大工人运动

无产阶级和资产阶级间的阶级斗争，一方面随着大工业形成的社会化大生产的发展，另一方面随着资产阶级刚取得的政治统治的发展，在欧洲最发达国家的历史中升到了首要地位。从 19 世纪 30 年代起，西欧一些主要国家的无产阶级开始了独立的政治运动，其中最著名的是 1831 年和 1834 年法国里昂丝织工人的起义，1836—1848 年英国的宪章运动，以及 1844 年德国西里西亚纺织工人的起义。

（一）法国里昂工人起义

1830 年 7 月，法国第二次资产阶级革命的胜利，使金融贵族攫取了政权，在革命中流血牺牲的无产阶级不但没有得到好处，经济状况反而比过去更加恶化，这在群众中引起了普遍的不满。1831 年 11 月 21 日，里昂丝织工人和其他手工业者为抗议厂商破坏工资合同，拒绝增加工人工资而宣布罢工，当工人队伍走向市区时，突然遭到资产阶级国民军袭击，于是工人们便举行了第一次武装起义。起义的工人高呼"工作不能生活，毋宁战斗而死"的口号，手持腰刀、长矛、棍棒和步枪，经过三天激战，占领了里昂市，拘禁了省长。他们在《告市民书》中宣布："里昂将成立普选的初级代表大会，听取本省人民的要求，同时并将组织一个新的公民保安团。"这是工人对政权问题提出的第一次十分明确的要求。但这个计划还没有来得及执行，12 月初起义就失败了。到 1834 年 4 月 9 日，里昂工人为抗议政府逮捕工人互助会的领袖和颁布禁止工人集会结社的法令，又举行了第二次武装起义。起义工人提出了"建立共和国"的口号。这次起义获得了巴黎、马赛等重要城市工人的积极响应。经过六天血战，起义又被镇压下去了。里昂工人的两次起义，标志着法国工人已经开始走上独立政治运动的道路。

（二）英国宪章运动

19 世纪 30—40 年代，英国无产阶级也发动了全国性的争取政治权利的宪章运动。1832 年，英国议会实行选举制度的改革，只满足了工业资产阶级的要求，而在这个运动中起主导作用的工人却没有得到选举权，这就迫使工人不得不用自己的独立行动来争取政治权利。1836 年 6 月，成立了伦敦工人协会。次年 6 月，这个协会召集工人大会，草拟了一份致议会的请愿书，提出了争取普选权的六点要求。1838 年 5 月 8 日，这个请愿书公布了，被命名为《人民宪章》。到 1839 年，在请愿书上签名的就有 125 万人以上。同年 7 月，请愿书遭议会否决，运动很快被镇压下去。1840 年的经济危机，造成大批工人失业，农业受灾，全国饥荒，因而在 40 年代初第二次出现了宪章运动的高潮。1840 年 7 月，组织了统一全国宪章派团体的宪章协会，称为宪章党。宪章派第二次的请愿书，除提出普选权外，还提出了废除贫民法，限制工作日，实行政教分离等要求，在请愿书上签名的 300 余万人，占英国成年男子的一半以上。由于资产阶级激进派退出，这次运动成为真正的无产阶级运动。结果仍遭议会否决，罢工运动也被镇压。在 1847 年经济危机和 1848 年欧洲革命的影响下，宪章运动第三次形成高潮，请愿书宣布：劳动是一切财富的唯一来源，劳动者对自己的劳动果实应享有优先权，人民则是权力的唯一来源。在请愿书上签名的有 500 万人。但随着法国巴黎工人六月起义的失败，欧洲反动势力得势，宪章运动终告失败。宪章运动虽然失败了，但是它的政治意义是重大的，因为它是整个无产阶级向资产阶级政权的进攻，它组织了第一个独立的工人政党，正如列宁所指出的：英国的宪章运动是"世界上第一次广泛的、真正群众性的、政治上已经成型的无产阶级革命运动"①。

（三）德国西里西亚纺织工人起义

1844 年 8 月，德国西里西亚纺织工人的起义是一次直接反对资本家残酷剥削的斗争，并且提出了推翻资本主义私有制度的问题。在当时的德国，资本主义尚未完全占统治地位，工人深受工厂主、包卖商和封建主的重重压迫和剥削。40 年代初，工厂主为了和英国商品竞争，大幅度地降低工人工资以减少生产成本，使工人的生活极端困苦。1844 年 6 月 4 日，西里西亚纺织工人爆发了争取提高工资的群众性的武装起义，高唱着革命歌曲《血腥的屠杀》，对厂主进行了英勇斗争，并发出了反对私有制社会的呼声。西里西亚织工起义的斗争目标极其鲜明地对准了私有制，对准了资本主义剥削。就在这次起义后的两个月，马克思便对此作出了高度的评价，他指出："法国和英国的工人起义没有一次像西里西亚织工起义那样具有如此的理论

---

① 《列宁选集》第 3 卷，人民出版社 2012 年版，第 792 页。

性和自觉性。……无产阶级一下子就决不含糊地、尖锐地、毫不留情地、威风凛凛地大声宣布，它反对私有制社会。西里西亚起义恰恰在开始时就具有了法国和英国的工人起义在结束时才具有的东西，那就是对无产阶级本质的意识。"①

19世纪欧洲三大工人运动，在世界工人运动的史册上揭开了崭新的一页。它与早期工人运动有显著的不同。第一，无产阶级不只是为争取改善生活条件而斗争，而且是为争取本阶级的政治权利而斗争，并明确提出了一系列政治要求，矛头指向整个资产阶级和资本主义制度。第二，无产阶级抛弃了破坏机器等原始斗争手段，而采用群众性的、政治性的罢工和示威游行，甚至武装起义等斗争方式。第三，无产阶级的组织性也日益增长，适应斗争需要，无产阶级不仅建立了职工会，而且还建立了许多政治组织。虽然欧洲三大工人运动都失败了，但是无产阶级显然已作为独立的政治力量登上了历史舞台，提出了自己独立的政治要求，提出了消灭私有制的问题，建立了自己独立的政党，开展了大规模的群众运动。这一切都说明，阶级斗争已经发展到了历史上从未有过的水平，无产阶级同资产阶级的斗争，在欧洲最发达的资本主义国家中已升到首要地位。工业无产阶级成为历史发展的最伟大的动力，这就为科学社会主义的产生，创造了必不可少的阶级基础。

二、马克思、恩格斯成为共产主义者

无产阶级成为独立的政治力量，不仅需要机器大工业和社会化生产的发展，而且需要无产阶级理论家用科学的方法，总结无产阶级斗争的经验，形成无产阶级的世界观，建立起无产阶级革命的理论，用以教育无产阶级，使之理解资本主义社会的本质，理解社会各阶级之间的关系的实质，理解无产阶级的历史使命。马克思和恩格斯在青年时代，都曾经是唯心主义者和革命民主主义者，在19世纪40年代，他们通过对黑格尔唯心主义的批判以及对资产阶级民主主义不彻底性的否定，分别完成了从唯心主义向唯物主义、从革命民主主义向共产主义的转变，成为共产主义者和无产阶级革命家、理论家。

---

① 《马克思恩格斯全集》第3卷，人民出版社2002年版，第389—390页。

马克思在进入大学时爱好文学，特别喜欢诗歌。可是，包含真理性的思想总是吸引人的，尤其是对马克思这样殚精竭虑追求真理的青年。正是在柏林大学学习期间，马克思逐步转向了黑格尔，参加青年黑格尔运动。转向黑格尔，是马克思思想发展的重要起点，而与青年黑格尔派的决裂，表明马克思的思想深化。马克思坚决反对哲学脱离实际，而以柏林"自由人"为代表的青年黑格尔派，同马克思相反走的是另一条路，脱离实际生活，醉心于抽象的哲学批判。大学毕业后，马克思投入实际斗争生活。马克思撰写的《评普鲁士最近的书报检查令》《关于新闻出版自由和公布省等级会议辩论情况的辩论》《关于林木盗窃法的辩论》《摩泽尔记者的辩护》《共产主义和奥格斯堡〈总汇报〉》《黑格尔法哲学批判》《论犹太人问题》《〈黑格尔法哲学批判〉导言》等著作，是马克思走向唯物主义和共产主义的一个个前进步伐。

《评普鲁士最近的书报检查令》是马克思写的第一篇政论文。出版自由问题，是当时资产阶级争取政治自由的一个组成部分。德皇威廉四世拒绝言论出版自由，推行文化专制主义，但为了缓和矛盾，故作姿态。他于1841年12月24日颁布了书报检查令。这个检查令，虚伪地责备检查机关过分地限制了写作活动。马克思驳斥了检查令强加于写作的种种限制。其后的《关于新闻出版自由和公布省等级会议辩论情况的辩论》，虽然论文的主题还是关于出版自由，但不是《评普鲁士最近的书报检查令》的重复，开始出现了某些唯物主义观点的萌芽。他在分析各个等级对待出版自由问题的态度时，揭示了德国的社会结构，揭示了这场辩论后面隐藏的各等级的利益，指出了从对立的社会利益中怎样会产生不同的意见分歧。他反复强调："在这里进行论战的不是个人，而是等级。"① 这种把议会中进行辩论的人看成代表特定等级的观点，孕育着发展为正确认识个人和阶级、阶级和阶级之间关系的唯物主义历史观倾向。

《关于林木盗窃法的辩论》是马克思为《莱茵报》写的第三篇论文。在马克思生活的年代，所谓林木盗窃问题，关系到当时德国贫苦农民的物质利益。由于农民破产、生活贫困，林木盗窃问题日益严重。国家为了维护剥削

① 《马克思恩格斯全集》第1卷，人民出版社1995年版，第146页。

者的利益，严加惩罚，但省议会还认为惩罚措施不严格，要求把拣拾枯枝列为盗窃林木的范围，予以法律制裁。马克思对地主阶级的这种不法行为，对普鲁士的国家和法进行了抨击，第一次越出了精神领域，探讨了物质利益问题。马克思坚定地站在劳动人民的立场上，捍卫他们的物质利益。他愤怒地斥责省议会残酷地对付穷人，指责统治者的特权，要求为劳动人民保留在森林里拣拾枯枝习惯的权利。在《摩泽尔记者的辩护》中，马克思指出了摩泽尔河沿岸地区的农民生活每况愈下的恶化事实，可是政府对于这种贫困熟视无睹，任其发展，不但未能采取有效的防止和改善贫困状况的措施，而且还任用了一些昏庸无能的官吏，依靠残暴不仁的行政机关，弄虚作假，官官相护，使农民遭殃。恩格斯指出，正是马克思对林木盗窃法和摩泽尔河地区农民处境的研究，"推动他由纯政治转向研究经济关系，并从而走向社会主义"①。

在《共产主义和奥格斯堡〈总汇报〉》中，马克思看到了当时社会矛盾的客观性，肯定共产主义运动的合理性和重要意义，但对 19 世纪的空想社会主义的理论，明确表示了自己的态度，提出了对共产主义进行"理论论证"，即建立科学共产主义理论的任务。马克思为此钻研了圣西门派比埃尔·勒鲁、傅立叶分子维克多·孔西得朗以及蒲鲁东的著作，研究了空想社会主义革命派德萨米的著作，随后又读了魏特林和卡贝的著作。这为他改造和批判空想社会主义，创立科学共产主义奠定了最初的理论基础。

《黑格尔法哲学批判》的中心问题是国家问题，是对黑格尔《法哲学原理》第 261—313 节有关国家问题的分析。马克思分析了王权、行政权、立法权的问题，君主制和民主制、君主主权和人民主权的矛盾问题，但其中最光辉的成就是关于市民社会决定国家的观念。马克思曾经总结过自己这个时期的思想：我的研究得出这样一个结果，法的关系正像国家的形式一样，既不能从它们本身来理解，也不能从所谓人类精神的一般发展来理解，相反，它们根源于物质的生活关系，这种物质的生活关系的总和，黑格尔按照 18 世纪的英国人和法国人的先例，称之为"市民社会"。通过对黑格尔国家观的批判，马克思得出了同黑格尔相反的结论，不是国家决定市民社会，而是

---

① 《马克思恩格斯全集》第 39 卷，人民出版社 1974 年版，第 446 页。

市民社会决定国家。这个结论本身为马克思完成思想的彻底转变，全面创立唯物主义历史观，揭开了崭新的一页。

《论犹太人问题》进一步深化了马克思通过批判黑格尔法哲学所取得的理论认识。当时，德国的资产阶级民主运动开始高涨。犹太人在德国是最受歧视的民族，越来越多的人参加了关于犹太人解放问题的讨论。青年黑格尔派的鲍威尔，把犹太人的解放以及一般人的解放问题，说成是宗教解放的问题，错误地主张只有放弃犹太教，并使宗教在政治上被废除，才能实现人的政治解放，并实现人类解放。马克思指出，鲍威尔"没有探讨政治解放对人的解放的关系，因此，他提供的条件只能表明他毫无批判地把政治解放和普遍的人的解放混为一谈"①。马克思认为，求得政治解放无须放弃宗教。历史已经证明，资产阶级革命并没有消灭宗教，而只是实现了国家与宗教的分离，实现了公民宗教信仰的自由。资产阶级革命可以推翻封建政权和等级制，使人民在还信教的情况下获得政治解放。政治解放，即只须要求废除封建制度，取消财产资格对选举权的限制，实行资产阶级的自由、平等、博爱的原则，这无疑是历史上的一大进步。但是，资产阶级的政治解放是不完全的、不充分的，它并没有消除市民社会和政治国家的对立，从而保存着由私有制产生的人的异化。因此，马克思指出，不是政治解放而是人类解放才是人的最终目的，"直接为人的解放工作，并转而反对人的自我异化的最高实际表现。"② 全人类解放是要消灭造成人的异化的私有制根源，实现共产主义。

马克思在《〈黑格尔法哲学批判〉导言》中，对无产阶级第一次作了比较全面的论述，阐明了无产阶级的历史使命。他指出，德国无产阶级是随着刚刚着手为自己开辟道路的工业的发展而形成起来的，由于社会的急剧解体，特别是由于中间等级的解体而产生的贫苦群众，组成了无产阶级，同时，自发产生的贫民和原有的农奴等级也在逐渐不断地充实无产阶级的队伍。无产阶级为其地位和利益所决定，具有彻底的革命性，它与共产主义是完全一致的。无产阶级是一个完全被锁链束缚着的阶级，是一个表明一切等

---

① 《马克思恩格斯全集》第 3 卷，人民出版社 2002 年版，第 168 页。

② 《马克思恩格斯全集》第 3 卷，人民出版社 2002 年版，第 192 页。

级解体的等级，是一个由于自己受的普遍苦难而具有普遍性质的领域，它完全丧失了作为人的起码权利，它同德国国家制度的前提发生全面矛盾，它是一个若不从其他社会领域解放出来并同时解放其他社会领域就不能解放自己的领域。无产阶级一无所有，已与私有制彻底决裂，因而它能坚决铲除私有制。可见，在关于人的解放问题上，马克思已经发展了他在《论犹太人问题》中所提出的论点，把对即将使人得到解放的资本主义社会的改造理解为共产主义革命。

恩格斯和马克思一样，在逐渐了解物质利益作用，由唯心主义转向唯物主义的同时，也经历了由革命民主主义转向共产主义的过程。在马克思写《论犹太人问题》的前夕，恩格斯也在《国内危机》中提出了政治革命和社会革命的问题。他把政治革命看成是用一种政权代替另一种政权，而社会革命则是根本改变人的生活条件，消除劳动者的贫困。这种提法与马克思关于"政治解放"和"人类解放"的见解非常类似。这说明，恩格斯从一开始就拥有和马克思一样的观点。随后，恩格斯深入工人阶级中去，通过了解工人阶级的生活状况，揭示出无产阶级推翻资本主义制度、争取人类解放的历史使命。恩格斯根据当时欧洲各种社会主义和共产主义学说广泛传播的情况，肯定共产主义的产生是历史的必然性。他说："共产主义不是英国或任何其他国家的特殊状况造成的结果，而是从现代文明社会的一般实际情况所具有的前提中不可避免地得出的必然结论。"① 完成了向唯物主义和共产主义转变的恩格斯，于 1844 年 8 月末在巴黎会见了马克思。这是他们各自通过不同途径完成了两个思想转变基础上的会晤。他们发现彼此在一切理论方面都完全一致，并从此开始了长达 40 年的共同战斗历程。

三、"人类解放"的深刻含义

如上所述，马克思以及与马克思有着相同见解的恩格斯，为共产主义提出并确立了"人类解放"的伟大目标。诚然，"人类解放"为青年黑格尔派鲍威尔提出，但是，鲍威尔把"人类解放"和"政治解放"混为一谈，把"政治解放"等同于"人类解放"。马克思、恩格斯的"人类解放"事业则

---

① 《马克思恩格斯全集》第 3 卷，人民出版社 2002 年版，第 474 页。

与之截然不同，包含着深刻的含义。

首先，马克思、恩格斯对人的分析包括三个层次和属性。第一，"人直接地是自然存在物"①。人作为自然存在物，一方面具有改造自然的能动力量；另一方面又像动植物一样，受到自然界的制约和限制。人不能离开自然界而存在，不能离开同自然界的物质变换而生活。人作为自然存在的规定，体现了人和自然的关系，体现了人的自然属性。第二，"人不仅仅是自然存在物，而且是人的自然存在物，也就是说，是为自身而存在着的存在物，因而是类存在物。"② 人作为类存在物，有着自己产生发展，从幼稚走向成熟的一部人的历史。人作为类存在物的规定，体现了人和自身的关系，体现了人的生理属性。第三，"人的本质是人的真正的社会联系，所以人在积极实现自己本质的过程中创造、生产人的社会关系、社会本质。"③ 人的本质是社会关系总和的规定，体现了人与社会的关系，体现了人的社会属性。

其次，马克思、恩格斯提出了"人类解放"的标准。第一，作为人征服自然的标志，是生产力的巨大发展。没有生产力的长足进步，"当人们还不能使自己的吃喝住穿在质和量方面得到充分供应的时候，人们就根本不能获得解放"④。第二，人的解放是"人的一切感觉和特性的彻底解放"⑤。人的生理器官得到了充分的运用和发挥，人类处在最适合自身的环境中而生存发展。第三，人已经完全摆脱了私有制的奴役和阶级的压迫、政治的统治。这样的三个标准表明，马克思、恩格斯所说的"人类解放"，就是人从自然界、自身世界和人类社会中争取到全面自由的发展，人最终成为自然界、自身世界和人类社会的主人。

最后，马克思、恩格斯提出了"人类解放"的途径。共产主义的实现只有通过无产阶级的解放而解放全人类，也就是说，先是无产阶级掌握政治大权、经济大权的自身解放，然后才是全人类的解放，包括无产阶级自身的彻底解放。马克思主义认为，共产主义运动的中心和重点只能放在无产阶级

---

① 《马克思恩格斯全集》第42卷，人民出版社1979年版，第167页。
② 《马克思恩格斯全集》第42卷，人民出版社1979年版，第169页。
③ 《马克思恩格斯全集》第42卷，人民出版社1979年版，第24页。
④ 《马克思恩格斯全集》第42卷，人民出版社1979年版，第368页。
⑤ 《马克思恩格斯全集》第42卷，人民出版社1979年版，第124页。

身上，这个阶级没有获得解放，全人类的解放就是一句空话。对此，恩格斯作了清楚的阐述："共产主义不是一种单纯的工人阶级的党派性学说，而是一种最终目的在于把连同资本家在内的整个社会从现存关系的狭小范围中解放出来的理论。这在抽象的意义上是正确的，然而在实践中在大多数情况下是无益的，甚至是有害的。只要有产阶级不但自己不感到有任何解放的需要，而且还全力反对工人阶级的自我解放，工人阶级就应当单独地准备和实现社会变革。"①

简而言之，马克思、恩格斯所说的"人类解放"事业，就是共产主义社会的人的全面自由的发展；而"人类解放"必须通过"无产阶级解放"才能达到。正因为这样，恩格斯给了共产主义一个简明的科学定义："共产主义是关于无产阶级解放的条件的学说。"② 有了无产阶级的自我解放，才有人类的解放；而无产阶级自我的彻底解放，就是人类的解放。

第二节　社会主义从空想到科学的发展

当马克思、恩格斯成为共产主义者时，就开始创立科学社会主义理论体系，为无产阶级的解放和人类解放锻造思想武器。马克思、恩格斯进行科学社会主义理论创造，是与他们亲自参加当时的无产阶级革命运动，在批判空想社会主义中进行新的理论研究联系在一起的。马克思、恩格斯创建了第一个共产党组织，撰写了《共产党宣言》，为社会主义奠定了科学的理论基础，使社会主义发生了飞跃，实现了社会主义从空想到科学的发展。

一、马克思、恩格斯的革命活动和理论创造

1845 年 2 月，在布鲁塞尔，马克思逐渐集结着一批初步具有共产主义思想的知识分子，尤其当恩格斯来和马克思共事后，他们的思想拥护者也就日益增多了。马克思和恩格斯开始建立共产主义通讯委员会，他们给共产主义通讯委员会规定：各个共产主义小组内部，必须经常地举办一些演讲会和

---

① 《马克思恩格斯选集》第 1 卷，人民出版社 2012 年版，第 70 页。
② 《马克思恩格斯选集》第 1 卷，人民出版社 2012 年版，第 295 页。

讨论会，用以学习、研究和讨论共产主义的问题；在各个共产主义小组之间，必须建立经常性的通讯活动，通过这种方式，可以发现意见分歧，从而得以交流思想，进行无私的批评，出版和发行一些共产主义的通俗作品和小册子，介绍各国共产主义和社会主义运动的进展情况，讨论各种学术问题，评述各种流行的著作，进行共产主义的宣传。马克思、恩格斯通过共产主义通讯委员会这个组织形式，开展了对于当时影响最大的社会主义派别，即魏特林的空想共产主义、格律恩的"真正的社会主义"，以及蒲鲁东的小资产阶级社会主义的批判，取得了思想路线上重大的进展和胜利，为科学社会主义世界观的传播扫清了障碍。

（一）对魏特林空想共产主义的批判

当时，魏特林显然有胜过其他空想社会主义者的地方，他主张要使资本主义病态社会康复，必须消灭私有制，消灭私有制只有靠工人的斗争才能实现，不能期待有产者和统治者会自行消灭财产。但他也不过是一个空想社会主义者，坚持空想家的一贯观点，即实现某种天才构思出来的社会制度就能解决资本主义社会的矛盾，一举废除资本主义制度。特别是他自命为解救无产阶级的救世主，这就使他的空想共产主义建立在历史唯心主义的基础之上，完全不适合现实斗争的需要了。随着阶级斗争的发展和现代无产阶级开始登上历史舞台，魏特林的空想理论显得更加陈旧、过时。它非但不能推动共产主义运动发展，反而成为无产阶级革命的阻力。马克思、恩格斯认为，只有用科学的世界观——唯物史观的宣传去取代那种关于共产主义是解救人类的至高无上的宗教式的宣传，才能使工人具有清醒的头脑，认清自己的前途和坚持正确的方向。同时，马克思、恩格斯还认为，随着社会阶级矛盾的发展和工人觉悟的提高，宣传唯物史观也要越出秘密宣传的阶段，公开地传播唯物史观是现代工人运动发展的迫切需要。还应注意的是，马克思、恩格斯已确切地认为，单纯宣传的阶段已经结束，而把无产阶级最优秀的力量切实组织起来以取代这种宣传的阶段已经到来。把科学共产主义世界观同工人运动相结合，已成为现代共产主义者的首要任务。马克思、恩格斯开始制定对 19 世纪无产阶级革命斗争起决定作用的策略：即无产阶级在能够组织起来实现共产主义之前，必须和资产阶级一道获得充分的资产阶级民主。参加资产阶级革命，为无产阶级革命扫清基地和创造条件，是现阶段德国共产主义者所面临的革命的主要问题。经过马克思、恩格斯的思想斗争，魏特林这个曾经在工人运动史上显赫一时的人物，就此从欧洲的政治舞台上消失了。

（二）对格律恩"真正的社会主义"的批判

在布鲁塞尔共产主义通讯委员会的内部，思想斗争是在两条战线上展开的。马克思、恩格斯一方面发动了对魏特林的空想共产主义的批判；另一方面又开展了反对格律恩的"真正的社会主义"的斗争。在格律恩等人看来，英国和法国的社会主义是粗俗的、不科学的，在理论上还没有揭示出社会主义的本质。于是他们就以"德国科学"的代表者的姿态出现，把英、法社会主义的某些思想抓过来，把德国的唯心主义哲学塞进去，杜撰了他们标榜的所谓"真正的社会主义"。他们打着"社会主义"的旗号，但又害怕阶级斗争和社会革命，并且竭力攻击共产主义学说的所谓"粗暴"和"片面性"，大肆宣扬抽象的"人性""人道主义"，企图用超阶级的和平、博爱代替革命和阶级斗争，鼓吹："共产主义和社会主义归根到底都消融在人道主义中了。"①

马克思、恩格斯在《德意志意识形态》以及其他论著和书信中，对"真正的社会主义"的谬论作了详尽透彻的驳斥。马克思、恩格斯指出，"真正的社会主义"的全部内容，集中到一点，只不过是用资产阶级的人道主义和人类之爱来代替共产主义。它是以宣扬超阶级的抽象的人为中心的，以调和阶级矛盾的泛爱说教为主要特征的反动理论。主张靠"爱"来实现人类的解放，而不主张用经济上改革生产的办法来实现无产阶级的解放，这种靠"爱"来实现人类的解放的"真正的社会主义"，当然是冒牌的社会主义。马克思、恩格斯在《德意志意识形态》中系统地阐明了历史唯物主义的基本原理，他们对历史唯物主义作了精辟的概括："这种历史观就在于：从直接生活的物质生产出发阐述现实的生产过程，把同这种生产方式相联系的、它所产生的交往形式即各个不同阶段上的市民社会理解为整个历史的基础，从市民社会作为国家的活动描述市民社会，同时从市民社会出发阐明意识的所有各种不同的理论产物和形式，如宗教、哲学、道德等等，而且追溯它们产生的过程。这样做当然就能够完整地描述事物了（因而也能够描述

---

① 转引自《马克思恩格斯全集》第3卷，人民出版社1960年版，第540页。

事物的这些不同方面之间的相互作用）。"① 马克思、恩格斯运用崭新的唯物史观，批判"真正的社会主义"的唯心史观，并且通过和"真正的社会主义"的斗争，提出了科学社会主义关于阶级斗争、无产阶级革命以及实现共产主义等重要思想。尤其是 1846 年 8 月恩格斯在巴黎同格律恩论战，痛斥了"真正的社会主义"根本上是反无产阶级的、小资产阶级的庸人之见。和"真正的社会主义者"相反，恩格斯把共产主义的宗旨规定为："（1）实现同资产者利益相反的无产者的利益；（2）用消灭私有制而代之以财产公有的手段来实现这一点；（3）除了进行暴力的民主的革命以外，不承认有实现这些目的的其他手段。"② 恩格斯提出的这三条原则，划清了科学社会主义同各种冒牌社会主义的界限。这些原则确立了科学社会主义学说的最基本的内容。从此，"真正的社会主义者"只能把"小资产者作为自己的公众，并把那些委靡和堕落的著作家作为这些公众的代表"③。

（三）对蒲鲁东小资产阶级社会主义的批判

当"真正的社会主义"这一流派遭到彻底失败时，蒲鲁东的小资产阶级社会主义思潮却乘机泛起，在无产阶级中大肆传播起来。蒲鲁东在《贫困的哲学》一书中，从黑格尔的唯心主义观点出发，把人类历史看成是观念和永恒理性的历史，因此在他看来，经济关系是自古存在于人类理性中的经济范畴的体现。分工、机器、竞争、垄断等不是现实的客观经济的发展，而是蕴藏在人类理性中的范畴的自我运动。因此，蒲鲁东考察的不是适应时间顺序的历史，而是适应观念顺序的历史。整个经济关系和经济范畴的关系完全颠倒了。蒲鲁东还从李嘉图的一个产品的交换价值同产品所包含的劳动时间相等的学说出发，由此得出这样的结论：一天的工资因而必须同一天劳动的产品相等。但是由于在资本主义社会里生产者拿的一天的工资买不到他一天劳动相等的产品。于是蒲鲁东便把他的批判针对着资本主义交换的实际。蒲鲁东以为在他的"构成价值"中找到了这样的公式，依据这一公式能够在商品所包含的劳动时间的基础上公平地进行商品交换。他认为，只要实行交换手段的改革，就可以解决资本主义制度的矛盾。

---

① 《马克思恩格斯文集》第 1 卷，人民出版社 2009 年版，第 544 页。
② 《马克思恩格斯选集》第 4 卷，人民出版社 2012 年版，第 406 页。
③ 《马克思恩格斯文集》第 1 卷，人民出版社 2009 年版，第 591 页。

同蒲鲁东神秘的唯心主义观点相对立，马克思提出了经济学范畴的起源与变动的辩证唯物主义观点。马克思指出，经济学的范畴不过是社会关系的理论表现。人们在建立他们的社会关系的同时，也生产同这种关系相适应的观念与范畴。"所以，这些观念、范畴也同它们所表现的关系一样，不是永恒的。它们是历史的、暂时的产物。"① 随着社会关系的改变，经济范畴也将改变性质或丧失作用。因此，经济范畴是与社会关系相适应的，而不是孤立存在的，更不是社会"原始的原因"，任何把它们之间的关系割裂开来的企图都是错误的。对于蒲鲁东从李嘉图学说的劳动价值论中引申出来的结论，马克思指出，这是建立在一个根本谬论的基础上。这就是"他把用商品中所包含的劳动量来衡量的商品价值和用'劳动价值'来衡量的商品价值混为一谈"②。蒲鲁东的错误首先是由如下原因引起的：他只是从商品交换的观点而不是从商品生产的观点来研究价值规律。如果从商品生产的观点出发，那就会明白，"劳动价值"同劳动所生产的商品价值是不相符的。因而，由劳动时间衡量的价值"注定是工人遭受现代奴役的公式，而不是蒲鲁东先生所希望的无产阶级求得解放的'革命理论'"③。蒲鲁东的"构成价值"论归根结底不过表明他对李嘉图价值理论的神秘的解释，它的实际结果就是，恢复简单的商品生产以替代资本主义的商品生产。

马克思引用李嘉图的劳动价值论批判了蒲鲁东的空想的"构成价值"论。但是，必须看到马克思已经超过和胜过李嘉图，开始创立无产阶级自己的劳动价值论。马克思在谈到劳动力只是一种商品时指出，一方面，"由于劳动被买卖，因而它也和任何其他商品一样，也是一种商品，因此它也有交换价值。但是劳动的价值或作为商品的劳动并不生产什么，正如粮食的价值或作为商品的粮食不能当作食物一样"④。另一方面，"劳动决不是'不确定的东西'；进行买卖的不是一般的劳动，而总是某种确定的劳动。不仅劳动的性质由对象来确定，而且对象本身也由劳动的特性来确定"⑤。马克思认

---

① 《马克思恩格斯文集》第 1 卷，人民出版社 2009 年版，第 603 页。
② 《马克思恩格斯全集》第 4 卷，人民出版社 1958 年版，第 97 页。
③ 《马克思恩格斯全集》第 4 卷，人民出版社 1958 年版，第 95 页。
④ 《马克思恩格斯全集》第 4 卷，人民出版社 1958 年版，第 100 页。
⑤ 《马克思恩格斯全集》第 4 卷，人民出版社 1958 年版，第 100—101 页。

为，劳动之所以能够被买卖，是因为劳动中隐含着价值。但是劳动也和其他商品一样，当人们说某个东西是商品时，那这里所指的就已经不是购买它的目的，就是说，不是指想从这个东西中取得效用，不是指想拿它做什么用了。它成为商品是由于它是交易对象。在这里，马克思第一次把体现在商品中的抽象劳动和具体劳动加以区分，并指出了创造交换价值的只是抽象劳动。马克思通过对劳动（力）这种特殊商品的分析，通过对体现在商品中的劳动二重性的初步阐明，不仅给劳动价值论奠定了科学的基础，而且也给剩余价值理论提供了理论根据。所有这些都说明：马克思在《哲学的贫困》一书中已经勾画了剩余价值问题的基本答案。马克思已开始在完全新的基础上探讨无产阶级政治经济学，并在创立自己的剩余价值学说。正如恩格斯说的，1847 年时的马克思"不仅已经非常清楚地知道'资本家的剩余价值'是从哪里'产生'的，而且已经非常清楚地知道它是怎样'产生'的"①。

综上所述，马克思、恩格斯通过参加革命实践活动，在对魏特林的空想共产主义、格律恩的"真正的社会主义"，以及蒲鲁东的小资产阶级社会主义的批判中，为无产阶级和科学社会主义学说，奠定了历史唯物主义和剩余价值学说的理论基础。

二、《共产党宣言》宣告科学社会主义诞生

1847 年春，马克思和恩格斯参加了第一个无产阶级的国际组织——共产主义者同盟。他们受同盟第二次代表大会的委托，起草了 1848 年 2 月发表的著名的《共产党宣言》。《共产党宣言》是无产阶级革命政党的第一个纲领性的文件，是马克思主义学说第一次完整的系统的阐述。它是马克思、恩格斯运用新的世界观分析资本主义社会和无产阶级政党活动的结果，它证明了新世界观的伟大价值。它的发表，标志着科学社会主义的诞生。

马克思、恩格斯还在 1846 年建立共产主义通讯委员会的时候，他们工作的重点之一，就是尽一切可能争取正义者同盟的盟员。马克思、恩格斯对魏特林、格律恩和蒲鲁东的批判，极大地提高了同盟的思想水平，使同盟盟员越来越认识到自己理论观点的毫无根据，日渐相信马克思、恩格斯理论的

---

① 《马克思恩格斯文集》第 6 卷，人民出版社 2009 年版，第 12 页。

正确。于是，1847 年 1 月 20 日，正义者同盟伦敦总部派约瑟夫·莫尔前往会见马克思和恩格斯，诚心诚意地邀请他们加入同盟，并且一再表示，如果马克思、恩格斯愿意加入同盟，可以在同盟的代表大会上阐述自己的科学共产主义学说，然后作为同盟的纲领发表。总之，他请马克思、恩格斯帮助同盟进行根本改组，以新的符合当时条件的组织代替它过时的组织。在这种情况下，马克思和恩格斯同意加入同盟。1847 年 6 月 2—9 日，正义者同盟在伦敦秘密召开了第一次代表大会。大会根据科学共产主义的思想原则和组织原则对同盟进行了改组，决定把正义者同盟改名为共产主义者同盟。共产主义者同盟第一次代表大会的最后一项议题，是讨论制定共产主义者同盟纲领。

共产主义者同盟纲领的形成，经过三个主要阶段：1847 年 6 月 9 日，恩格斯编写了《共产主义信条草案》；随后于 10 月底，改写成《共产主义原理》；1847 年 12 月至 1848 年 1 月，马克思、恩格斯在此基础上写成《共产党宣言》。这就是说，马克思、恩格斯为共产主义者同盟先后写了三个纲领稿本，即《共产主义信条草案》《共产主义原理》《共产党宣言》。这三个纲领稿本不仅体现了马克思、恩格斯自身思想的发展和形成的过程，而且体现了科学社会主义理论同工人运动相结合的过程，体现了马克思主义和科学社会主义正式诞生的过程。

恩格斯编写的《共产主义信条草案》，既不同于那些乌七八糟的空想体系以及形形色色的庸俗共产主义，也不同于那些百无聊赖、无病呻吟、终日沉湎于爱的幻想之中的伤感共产主义。它第一次确立唯物史观作为自己重新观察世界的工具，力求着眼于赖以产生共产主义的社会关系，立足于坚实的物质基础之上。恩格斯为共产主义者同盟写下具有科学共产主义思想的第一个纲领草案，适应和代表了无产阶级同资产阶级斗争的根本利益。但是，由于恩格斯在起草纲领过程中不能不考虑整个同盟的思想状况，所以《共产主义信条草案》无论是内容还是形式，都还不能达到马克思、恩格斯已经形成的理论高度，它在某些条文中的提法还是妥协性的产物，对此，恩格斯也是不甚满意的，是持有保留意见的。由于这一原因及其组织规定，第一次代表大会没有以决议的形式通过这个文件，只是把它作为有待进一步讨论和修改的"草案"，提交各支部讨论、修改和补充。

《共产主义信条草案》按照新章程的规定提交各支部讨论时，同盟中的"真正的社会主义者"赫斯等人大肆反对它，企图把共产主义者同盟纳入"真正的社会主义者"的轨道。1847年10月底，巴黎的各支部竟然准备将赫斯的《教义问答修正稿》作为巴黎区部的提案送交即将召开的第二次代表大会。于是，恩格斯不得不坚决地反对和批判赫斯的修正稿，并接受区部委员会的委托，写成了共产主义者同盟的第二个纲领稿本——《共产主义原理》。《共产主义原理》比《共产主义信条草案》大大地前进了一步。《共产主义原理》更加强调了"废除私有制"的论点。《共产主义信条草案》是正面提出怎样实现"财产公有制"的，而《共产主义原理》则是从它的反面提出怎样实现"废除私有制"。虽然强调"财产公有制"和强调"废除私有制"，乃是一个问题的两个方面，但是在当时的历史条件下，却表现了两种思想体系的分歧。因为只有废除私有制，才能改变维护私有制的法律，真正实现财产公有制。离开了废除私有制，财产公有制只是一种空想。这样就划清了科学社会主义和空想社会主义的根本思想界限。《共产主义信条草案》在回答如何从资本主义向社会主义过渡的问题时说："实行财产公有的第一个基本条件是通过民主的国家制度达到无产阶级的政治解放。"① 而恩格斯在《共产主义原理》中的回答是，"首先无产阶级革命将建立民主的国家制度，从而直接或间接地建立无产阶级的政治统治。"② "政治解放"和"政治统治"是两个完全不同的政治概念。所谓"政治解放"只不过是无产阶级在资产阶级革命中所应争得的民主权利，而建立无产阶级政治统治，则体现着马克思主义在国家问题上一个最卓越最重要的思想，即无产阶级专政的思想。

恩格斯拟好了《共产主义原理》之后，并没有提交区部委员会讨论，也没有把它送交中央委员会。原因主要有两个：一是恩格斯对用教义问答形式来拟定党的理论纲领并不满意，认为它有碍历史的叙述，束缚思想的发挥，最好是抛弃这种形式；二是因为按照新章程规定和第一次代表大会通知的要求，凡属有关修订《共产主义信条草案》的一切提案，都必须由各支

① 《马克思恩格斯全集》第42卷，人民出版社1979年版，第379页。
② 《马克思恩格斯选集》第1卷，人民出版社2012年版，第304页。

部充分讨论提出，恩格斯不能违背这一组织原则，不经支部讨论径直提请区部委员会批准，更不能背着基层各支部直接送交中央委员会。1847 年 11 月 29 日至 12 月 8 日，共产主义者同盟第二次代表大会在伦敦召开，马克思和恩格斯亲自出席了这次大会。这次代表大会的主要任务是讨论和修订同盟的理论纲领，恩格斯被选为代表大会的秘书（长），掌握了整个大会的文件起草和签署工作。马克思和恩格斯的主要注意力放在同盟的理论纲领上面，放在批评提交大会讨论的所有一切"信条草案"和阐述自己的新理论的一般原则上面。经过长时间的辩论，马克思、恩格斯终于获得了胜利。恩格斯说，马克思在"长时间的辩论中——大会至少开了十天——捍卫了新理论。所有的分歧和怀疑终于都消除了，一致通过了新原则，马克思和我被委托起草宣言"①。共产主义者同盟第二次代表大会闭幕后，马克思和恩格斯一起充分交换意见，共同推敲和琢磨《共产党宣言》的整个内容和结构，然后由马克思执笔写成。

马克思在执笔起草《共产党宣言》的时候，完全赞同恩格斯的意见，彻底抛弃了传统的教义问答的形式，直接采用宣言形式来历史地、辩证地阐述自己的新原则，阐述马克思主义的世界观和科学社会主义原理。《共产党宣言》作为马克思主义和科学社会主义诞生的标志，是在《共产主义原理》基础上的进一步发展。它较之《共产主义原理》来说，无论从内容还是从形式上都达到了完全成熟的程度。《共产党宣言》正确地总结和概括了人类社会发展的基本规律，正确地总结和概括了国际无产阶级革命斗争的历史经验，高度集中和概括了马克思主义自身形成过程中的全部科学研究的成果。《共产党宣言》是马克思、恩格斯为第一个无产阶级政党——共产主义者同盟起草的"详细的理论和实践的党纲"②，是第一部全面阐述科学社会主义基本原理的光辉文献。马克思、恩格斯在《共产党宣言》中，揭示了资本主义必然灭亡和社会主义必然胜利的社会发展客观规律，指出了无产阶级的伟大历史使命，论述了无产阶级革命的道路，提出了无产阶级专政的思想，阐明了无产阶级政党的学说，制定了无产阶级革命的策略原则，并对当时流

---

① 《马克思恩格斯全集》第 21 卷，人民出版社 1965 年版，第 252 页。
② 《马克思恩格斯选集》第 1 卷，人民出版社 2012 年版，第 376 页。

行的各种冒牌社会主义和空想社会主义进行了批判。从此，社会主义理论以崭新的面貌出现在世界上。

三、社会主义从空想到科学的飞跃

无产阶级革命导师马克思、恩格斯，是科学社会主义的创始人。他们亲自参加了当时的阶级斗争实践并进行了理论研究，完成了自己世界观的转变，创立了唯物史观和剩余价值学说。唯物史观和剩余价值学说，是科学社会主义的两大理论基石，有了这样的两大基石，才能使社会主义从空想变成科学，产生伟大的飞跃。

（一）唯物史观奠定了科学社会主义的第一块基石

历史唯物主义的创立，是社会科学领域的深刻革命，也引起了社会主义学说的根本变革。它是科学社会主义的第一块理论基石。以往的空想社会主义者，虽然在对社会历史的看法上，包含有接近历史唯物主义的合理因素，但本质上都是历史唯心主义者。他们同马克思主义产生以前的一切思想家一样，认为社会意识决定社会存在，把社会历史发展的原因归结为伟大人物的思想动机。马克思、恩格斯创立的历史唯物主义，则把唯心主义从它的最后的避难所——历史领域中驱逐出去了，论证了社会存在决定社会意识的原理，指出社会历史的发展，应当在社会生产方式的变迁中去寻找，生产力是决定社会发展的终极原因，由此得出了三个科学结论。

1. 生产力和生产关系、经济基础和上层建筑之间的矛盾运动推动着人类社会的发展

马克思指出："社会的物质生产力发展到一定阶段，便同它们一直在其中运动的现存生产关系或财产关系（这只是生产关系的法律用语）发生矛盾。于是这些关系便由生产力的发展形式变成生产力的桎梏。那时社会革命的时代就到来了。随着经济基础的变更，全部庞大的上层建筑也或慢或快地发生变革。"① 这是对于人类历史发展的基本过程和一般规律的精辟概括。它告诉我们：社会的发展首先是生产力的发展，生产力决定生产关系，生产关系一定要适合生产力的性质和发展要求，当生产关系即经济基础变革后上

---

① 《马克思恩格斯选集》第 2 卷，人民出版社 2012 年版，第 2—3 页。

层建筑也要随之发生变革。人类社会就是这样从低级社会形态向高级社会形态发展的。依据这个原理研究资本主义，就可以看到，随着大工业的出现和发展，资本主义生产关系日益成为生产力发展的桎梏，生产的社会性和私人占有性的矛盾不断激化。用生产资料公有制代替生产资料私有制，用社会主义代替资本主义，成为现代生产力发展的要求，是生产关系和生产力、上层建筑和经济基础的矛盾运动的必然结果。这样，社会主义就摆脱了空想的性质，从抽象的"理性"出发转到了现实的基础上。

2. 阶级斗争是阶级社会发展的直接动力

在阶级社会里，生产关系和生产力的矛盾、上层建筑和经济基础的矛盾表现为阶级矛盾。变革旧的生产关系、建立新的生产关系，变革旧的上层建筑、建立新的上层建筑，都是通过阶级斗争实现的。这个原理告诉我们，社会主义不是凭空产生的，"而被看做两个历史地产生的阶级即无产阶级和资产阶级之间斗争的必然产物"①。离开阶级斗争，社会主义只能是一句空话。这样，就同拒绝一切政治行动、反对阶级斗争和用革命手段夺取政权的空想社会主义者进一步划清了界限。

3. 人民群众是历史的创造者

人民群众是物质财富和精神财富的创造者，是实现社会变革、推动社会前进的决定力量。依据这个原理，社会主义事业是千百万群众的事业，要靠无产阶级和广大群众的积极性、主动性和首创精神。空想社会主义者看不到无产阶级的历史作用，否认人民群众的力量，把实现社会主义的希望寄托在个别"天才人物"身上，认为这种人物一旦出现，人类社会就会免除迷误、痛苦和灾难。他们甚至还向统治者阶级呼吁，乞求欧洲各国统治者发善心来帮助他们实现社会主义。这种"社会主义"必然陷于纯粹的空想。

（二）剩余价值学说奠定了科学社会主义的第二块基石

马克思、恩格斯不仅创立了唯物主义历史观，而且运用这样的观点分析了资本主义的生产关系，发现了资本家剥削的秘密——剩余价值。剩余价值学说是科学社会主义的又一块理论基石。恩格斯谈到剩余价值学说在社会主义从空想变为科学的过程中的作用时说道："这个问题的解决使明亮的阳光

---

① 《马克思恩格斯选集》第 3 卷，人民出版社 2012 年版，第 796 页。

照进了经济学的各个领域，而在这些领域中，从前社会主义者也曾像资产阶级经济学家一样在深沉的黑暗中摸索。科学社会主义就是以这个问题的解决为起点，并以此为中心的。"①

1. 剩余价值学说揭露了资本主义制度的本质

剩余价值学说科学地论证了资本家付给工人的工资，形式上是偿付工人劳动所创造的全部价值，实际上只是工人劳动所创造的价值的一小部分，其余部分却被资本家无偿占有了，这个部分就是剩余价值。这就使资本家剥削工人的秘密暴露无遗了。以前的空想社会主义者虽然批判过资本主义生产方式及其后果，咒骂它，幻想消灭它，但是不能说明这个生产方式，只能简单地把它当作坏东西抛弃掉。他们愈是义愤填膺地反对这种生产方式必然产生的对工人阶级的剥削，就愈不能明白指出这种剥削从哪里产生和怎样产生。剩余价值的生产过程，暴露了资本主义生产方式的剥削实质，"这样也就证明了，现代资本家，也像奴隶主或剥削徭役劳动的封建主一样，是靠占有他人无酬劳动发财致富的，而所有这些剥削形式彼此不同的地方只在于占有这种无酬劳动的方式有所不同罢了。这样一来，有产阶级胡说现代社会制度盛行公道、正义、权利平等、义务平等和利益普遍和谐这一类虚伪的空话，就失去了最后的立足之地"②。因而，资本主义生产方式如同奴隶社会和封建社会的生产方式一样，有它产生、发展的历史必然性，也有它灭亡的历史必然性。

2. 剩余价值学说阐明了无产阶级的真正地位和历史使命

剩余价值学说弄清了雇佣劳动和资本的关系，说明无产阶级在资本主义制度下是"一无所有"的劳动阶级，为了生活不得不到资本家那里出卖自己的劳动力，而资本家则利用购买劳动力这种特殊的商品，使之同生产资料相结合，投入生产过程，榨取剩余价值。资产阶级为了榨取更多的剩余价值，总是一方面采用种种方法，加强对工人的剥削，另一方面不断扩大生产规模和更新技术设备，提高竞争能力，其结果是使生产日益社会化，造成资本主义灭亡的物质条件，使无产阶级日益成熟，成为资本主义制度的掘墓

---

① 《马克思恩格斯选集》第3卷，人民出版社2012年版，第584页。
② 《马克思恩格斯选集》第3卷，人民出版社2012年版，第726页。

人。所以，"资产阶级不仅锻造了置自身于死地的武器；它还产生了将要运用这种武器的人——现代的工人，即无产者"①。

3. 剩余价值学说展示了推翻资本主义、实现社会主义的正确道路

剩余价值学说找到了无产阶级和资产阶级对立和斗争的经济根源，为无产阶级革命的不可避免性提供了科学的论证。空想社会主义者由于不能说明资本主义生产方式，因而也就不能对付这个生产方式。剩余价值学说的创立，说明资本主义生产方式表现为激烈的对抗和冲突，表现为激烈的阶级斗争。这种矛盾，资本主义制度本身不能解决，只有经过无产阶级的革命斗争才能解决，无产阶级革命是必然的、不可避免的。

总之，唯物史观和剩余价值学说的创立，揭示了资本主义必然灭亡、社会主义必然胜利的客观规律，指出了通向社会主义、共产主义的正确道路；也找到了变革资本主义、实现社会主义的社会力量，从而克服了空想社会主义者的一系列根本缺陷，"现代科学社会主义就是以这两个重要事实为依据的"②。

（三）科学社会主义的显著特点

科学社会主义的显著特点之一是科学性。空想社会主义是建立在唯心史观基础上的空想学说，科学社会主义则是建立在唯物史观基础上的科学理论。在空想社会主义者看来，社会主义不过是理性的表现，消除资本主义社会的弊病是理性的任务，解决社会问题的手段只是从头脑中发明一种合乎理性的更完善的社会制度就可以了。与空想社会主义不同，科学社会主义是从实际出发，立足于经济发展的客观必然性之上。马克思、恩格斯没有详尽描绘未来社会的一切，而是从资本主义社会的经济发展中论述实现社会主义的客观必然性，研究无产阶级和资产阶级"这两个阶级及其相互斗争的那种历史的经济的过程；并在由此造成的经济状况中找出解决冲突的手段"③。这样，社会主义理论不再是头脑中的幻想，而获得了真正科学的性质。

科学社会主义的显著特点之二是革命性。空想社会主义者的学说，只是提供了启发无产者觉悟的宝贵资料，并没有指出无产者的真正出路。他们拒

---

① 《马克思恩格斯选集》第 1 卷，人民出版社 2012 年版，第 406 页。
② 《马克思恩格斯选集》第 3 卷，人民出版社 2012 年版，第 726 页。
③ 《马克思恩格斯选集》第 3 卷，人民出版社 2012 年版，第 796 页。

绝阶级斗争，反对社会革命。随着无产阶级登上政治舞台，他们必然日益落后，成为无产阶级革命运动的绊脚石。科学社会主义是无产阶级进行革命的理论，它的任务是指导无产阶级立足于对旧制度的批判和革命，从批判旧世界中发现新世界，彻底战胜资本主义，实现社会主义、共产主义，完成自己的历史使命。因此，马克思明确把科学社会主义称为"革命的社会主义"①。

从历史的发展进程来看，科学社会主义同空想社会主义既有直接联系，又有根本区别。科学社会主义不是空想社会主义的简单延续，而是社会主义思想上的一次伟大的飞跃。

第三节　马克思、恩格斯对社会主义社会的预见

空想社会主义者对未来的理想社会，曾经作过大胆的猜测，其中包含着一些天才的猜想和合理的成分。但是，由于空想社会主义者的世界观是历史唯心主义，无法理解社会发展的客观规律，而企图发明一套新的更完善的社会制度，从外部强加于社会。因此，"这种新的社会制度是一开始就注定要成为空想的，它越是制定得详尽周密，就越是要陷入纯粹的幻想"②。在马克思、恩格斯创立的科学社会主义理论里，也包含着对未来社会主义的一系列预见。与空想社会主义完全不同的是，马克思、恩格斯不是从观念出发，而是从现实出发，不是醉心于细节的虚构，而是以历史唯物主义为认识武器，全力抓住资本主义社会的基本矛盾，展开鞭辟入里的分析和论证。正因为马克思、恩格斯采用的是科学、抽象的理论分析方法，是从本质上去展示未来社会主义社会的基本特征，因而具有普遍真理的价值，是照耀社会主义社会实现和发展的普照之光。

一、未来理想社会的基本特征和本质

在马克思、恩格斯那个时代，他们把社会主义和共产主义视为同义语。他们对未来理想社会的基本特征，即社会主义或共产主义基本特征的论述，

①　《马克思恩格斯选集》第1卷，人民出版社2012年版，第532页。
②　《马克思恩格斯选集》第3卷，人民出版社2012年版，第781页。

主要集中在《1844 年经济学哲学手稿》《德意志意识形态》《共产主义原理》《共产党宣言》《资本论》《哥达纲领批判》《反杜林论》《社会主义从空想到科学的发展》等几部著作，以及其他文章和书信里。马克思、恩格斯在谈及未来的新社会时最先使用"特征"一词，是在他们合著的《共产党宣言》中，他们指出："共产主义的特征并不是要废除一般的所有制，而是要废除资产阶级的所有制。"① 其后，恩格斯在《反杜林论》一书中系统地论述了未来社会的基本特征，并且首次完整地提出了"社会主义基本特征"② 的概念。未来社会是一个"新社会""新建筑"，"社会主义基本特征"的含义就是"新社会的要素"，或是"新建筑的基本特征"③。马克思、恩格斯对未来理想社会基本特征的预测包括以下几个主要方面。

（一）生产力方面特征

1. 高度发展的社会生产力。马克思、恩格斯认为，社会主义社会的前提条件和物质基础，是大工业的充分发展和"发达的生产力"④。马克思指出，社会主义必然代替资本主义客观的物质根据是自然科学和工业的大规模发展。"自然科学展开了大规模的活动并且占有了不断增多的材料。……通过工业日益在实践上进入人的生活，改造人的生活，并为人的解放作准备"⑤。恩格斯也指出，在英、美、法、德这些国家里，"共产主义革命发展得较快或较慢，要看这个国家是否有较发达的工业，较多的财富和比较大量的生产力"⑥。他们还指出，无产阶级夺取政权后，社会主义社会使生产力获得更大的发展，达到极高度发展的水平。马克思、恩格斯还针对处于前资本主义社会形态的落后国家，例如俄国，指出"假如俄国革命将成为西方工人革命的信号而双方互相补充的话，那么现今的俄国公有制便能成为共产主义发展的起点"⑦。这样的话，"俄国可以不通过资本主义制度的卡夫丁峡

---

① 《马克思恩格斯选集》第 1 卷，人民出版社 2012 年版，第 414 页。

② 《马克思恩格斯选集》第 3 卷，人民出版社 2012 年版，第 671 页。

③ 《马克思恩格斯选集》第 3 卷，人民出版社 2012 年版，第 653 页。

④ 《马克思恩格斯选集》第 1 卷，人民出版社 2012 年版，第 202 页。

⑤ 《马克思恩格斯文集》第 1 卷，人民出版社 2009 年版，第 193 页。

⑥ 《马克思恩格斯选集》第 1 卷，人民出版社 2012 年版，第 306 页。

⑦ 《马克思恩格斯选集》第 1 卷，人民出版社 2012 年版，第 389 页。

谷，而把资本主义制度的一切肯定的成就用到公社中来"①。这就表明，落后国家不一定要走西欧国家同样的道路，经历资本主义发展所造成的一切苦难，落后的国家在一定条件下可以逾越资本主义制度的阶段，避免经历它的不幸历程。但是，落后的国家可以跳过资本主义制度的阶段，却不能避开发达的生产力，它一定要吸取资本主义所创造的有益成果，拥有社会主义赖以建立的物质基础——发达的社会生产力。只有这样，落后的国家才能走上缩短社会发展行程的道路，才能保证它的成功。

2. 有计划地组织社会生产。在任何社会，只要有社会分工存在，生产的发展就要在不同的生产部门间按一定的比例分配劳动和生产资料。只有这样，各部门的产品才能按照需要相互配合，社会生产才能顺利进行。马克思指出："资产阶级社会的症结正是在于，对生产自始就不存在有意识的社会调节。"② 恩格斯也明确指出，资本主义的"社会化生产和资本主义占有之间的矛盾表现为个别工厂中生产的组织性和整个社会中生产的无政府状态之间的对立"③。资本主义再生产客观上所要求的比例关系是在竞争和生产无政府状态中，通过市场由价值规律的自发调节实现的，使社会生产遭到巨大的破坏。而在社会主义社会里，由于生产资料社会公有制的建立，消灭了生产社会化和资本主义私有制之间的矛盾，进一步提高了生产的社会化程度，全社会构成一个经济主体，使国民经济各部门保持一定的比例关系，有计划按比例地发展生产成为可能和必要。所以，马克思说："劳动时间的社会的有计划的分配，调节着各种劳动职能同各种需要的适当的比例。"④ 恩格斯也说："一旦社会占有了生产资料，商品生产就将被消除，而产品对生产者的统治也将随之消除。社会生产内部的无政府状态将为有计划的自觉的组织所代替。"⑤ 社会主义社会的生产，就是生产者按照预定计划组织的、不存在着商品和市场关系的社会生产。

① 《马克思恩格斯全集》第 19 卷，人民出版社 1963 年版，第 435—436 页。
② 《马克思恩格斯选集》第 4 卷，人民出版社 2012 年版，第 474 页。
③ 《马克思恩格斯选集》第 3 卷，人民出版社 2012 年版，第 804 页。
④ 《马克思恩格斯文集》第 5 卷，人民出版社 2009 年版，第 96 页。
⑤ 《马克思恩格斯选集》第 3 卷，人民出版社 2012 年版，第 815 页。

（二）经济方面特征

1. 生产资料社会所有制。马克思在《1844 年经济学哲学手稿》中指出："共产主义是对私有财产即人的自我异化的积极的扬弃"①。这就是说，在社会主义社会里，为了消灭产生异化现象的经济根源，就必须消灭私有制，实行公有制。马克思、恩格斯在《共产党宣言》里进一步公开申明："共产党人可以把自己的理论概括为一句话：消灭私有制。"② 为什么要消灭私有制呢？因为资本主义生产方式由于内在的矛盾而周期性地发生经济危机，资本主义社会已经"文明过度"，"资产阶级的关系已经太狭窄了，再容纳不了它本身所造成的财富了"。③《资本论》更为透彻地阐明："生产资料的集中和劳动的社会化，达到了同它们的资本主义外壳不能相容的地步。这个外壳就要炸毁了。资本主义私有制的丧钟就要响了。剥夺者就要被剥夺了。"④ 在资本主义社会，生产资料的资本主义所有制严重阻碍了社会化生产的发展。作为资本主义对立形态的共产主义，将建立生产资料的社会所有制，即社会主义或共产主义的公有制。

2. 个人消费品的按劳分配和按需分配。马克思认为，对社会成员的生活资料实行"等量劳动时间领取等量报酬"，即按劳分配，是社会主义社会的一个经济规律。在 1867 年出版的《资本论》第一卷里，马克思指出，每一个生产者"他们用公共的生产资料进行劳动，并且自觉地把他们许多个人劳动力当做一个社会劳动力来使用"，"我们假定，每个生产者在生活资料中得到的份额是由他的劳动时间决定的"，这样，劳动时间"是计量生产者在共同劳动中个人所占份额的尺度，因而也是计量生产者在共同产品的个人可消费部分中所占份额的尺度"。⑤ 到了 1875 年，马克思在《哥达纲领批判》中肯定了在共产主义社会第一阶段要实行"按劳分配"，并且指出在共产主义社会高级阶段，在迫使个人奴隶般地服从分工的情形已经消失，从而脑力劳动和体力劳动的对立也随之消失之后；在劳动已经不仅仅是谋生的手

---

① 《马克思恩格斯文集》第 1 卷，人民出版社 2009 年版，第 185 页。
② 《马克思恩格斯选集》第 1 卷，人民出版社 2012 年版，第 414 页。
③ 《马克思恩格斯选集》第 1 卷，人民出版社 2012 年版，第 406 页。
④ 《马克思恩格斯文集》第 5 卷，人民出版社 2009 年版，第 874 页。
⑤ 《马克思恩格斯文集》第 5 卷，人民出版社 2009 年版，第 96 页。

段，而且本身成了生活的第一需要之后，在随着个人的全面发展，他们的生产力也增长起来，而集体财富的一切源泉都充分涌流之后，就将实行"各尽所能，按需分配"①。

（三）政治方面特征

1. 消灭了阶级和阶级差别。阶级的划分和存在是以生产的不足为基础的，它也将被生产力的充分发展所消灭。恩格斯指出："社会阶级的消灭是以生产高度发展的阶段为前提的，在这个阶段上，某一特殊的社会阶级对生产资料和产品的占有，从而对政治统治、教育垄断和精神领导地位的占有，不仅成为多余的，而且在经济上、政治上和精神上成为发展的障碍。这个阶段现在已经达到了。"② 这就是说，社会主义社会是消灭了阶级的社会。在社会主义社会里，由于生产的高度发展已经使所有人的物质利益都得到了保障，由于分工不再具有经济利益划分的性质，由于全体社会成员根本利益的一致，社会已不再会因为经济利益的不同而划分为不同的社会集团并进行相互间的斗争，于是阶级冲突和阶级斗争没有了，最终阶级差别也消灭了，已经彻底消灭了阶级和阶级差别、脑体差别和城乡差别。

2. 国家的政治职能已经消亡并且最终是国家自行消亡。马克思指出，无产阶级革命胜利后，建立起自己的国家，就"使无产阶级上升为统治阶级，争得民主"③。由于"在资本主义社会和共产主义社会之间，有一个从前者变为后者的革命转变时期。同这个时期相适应的也有一个政治上的过渡时期，这个时期的国家只能是无产阶级的革命专政"④。当过渡时期结束后进入共产主义社会第一阶段，国家制度将发生变化，其中的政治职能消亡了，某些同现代国家职能相类似的社会职能会保留下来，即社会的管理职能还将存在。而在共产主义社会高级阶段上，国家最终走向消亡，"国家不是'被废除'的，它是自行消亡的"⑤。马克思主义认为，对共产主义社会的国家问题应当采取科学态度，严格依照实践提供的材料进行探索。既不能像社

① 《马克思恩格斯选集》第3卷，人民出版社2012年版，第365页。
② 《马克思恩格斯选集》第3卷，人民出版社2012年版，第814页。
③ 《马克思恩格斯选集》第1卷，人民出版社2012年版，第421页。
④ 《马克思恩格斯选集》第3卷，人民出版社2012年版，第373页。
⑤ 《马克思恩格斯选集》第3卷，人民出版社2012年版，第668页。

会民主党人提出"自由的人民国家"口号，也不能像无政府主义者提出在一天之内废除国家的要求。

（四）思想文化特征

1. 共同的理想、道德和价值。社会主义社会是人的精神境界极大提高的社会。马克思、恩格斯认为，社会主义代替资本主义，不仅要与传统的私有制彻底决裂，而且要与传统的私有观念彻底决裂，形成与公有制基础相适应的共同的共产主义思想观念。在社会主义社会，人的道德将不再打着阶级对立和私有制的印记，而真正成为人本身的道德。恩格斯在《反杜林论》中写道："只有在不仅消灭了阶级对立，而且在实际生活中也忘却了这种对立的社会发展阶段上，超越阶级对立和超越对这种对立的回忆的、真正人的道德才成为可能。"① 共同的理想和道德使人们拥有共同的价值观，社会生活充满快乐、幸福、公正、自由、平等和"共产主义的博爱"②。

2. 文化意识形态的民主、科学和真理追求。文化是人的意识，是对存在的反映。马克思认为，人改造自然，造成"自然的人化"；而人也被自然"人化"了，成为"人化的自然"，因而文化即人化。社会主义文化是以人为本的文化，在社会主义社会里人们精神生活的丰富性必然对文化提出丰富多样的要求，以人为本的文化能够满足人的多方面的、丰富的、健康的精神需求。社会主义文化是民主的文化，民主是文化丰富多样的活力所在，是文化发展的内在资源与条件，民主造成文化的多样丰富，既是形态、类型的多样丰富，也是风格、样式、特点的多样丰富。社会主义文化也是科学、进步、理性的文化，人们掌握了事物的客观规律，从而掌握了真理，就能从"必然王国"走向"自由王国"。"自由是对必然的认识"，因此恩格斯说："文化上的每一个进步，都是迈向自由的一步。"③

对于未来理想社会的性质即共产主义社会的本质，马克思、恩格斯认为，共产主义社会就是为了彻底解放全人类，实现人的全面自由的发展。在《1844年经济学哲学手稿》中，马克思指出："这种共产主义，作为完成了的自然主义，等于人道主义，而作为完成了的人道主义，等于自然主义，它

---

① 《马克思恩格斯文集》第9卷，人民出版社2009年版，第100页。
② 《马克思恩格斯全集》第42卷，人民出版社1979年版，第121页。
③ 《马克思恩格斯选集》第3卷，人民出版社2012年版，第492页。

是人和自然界之间、人和人之间的矛盾的真正解决，是存在和本质、对象化和自我确证、自由和必然、个体和类之间的斗争的真正解决。"① 在共产主义条件下，人将"以一种全面的方式，就是说，作为一个完整的人，占有自己的全面的本质"②。人的一切感觉和特性都获得彻底解放。这样的社会，已经彻底消灭了阶级和阶级差别、脑体差别和城乡差别。恩格斯把这样的社会直接称为"共产主义联合体"③。到了《共产党宣言》，马克思、恩格斯进一步把这样的思想高度概括为共产主义社会就是人的自由发展的社会，指出共产主义"是这样一个联合体，在那里，每个人的自由发展是一切人的自由发展的条件"④。这就是说，共产主义社会是"一个自由人联合体"⑤，是"一个更高级的、以每一个个人的全面而自由的发展为基本原则的社会形式"⑥。

二、未来理想社会的发展阶段

马克思、恩格斯认为，未来的社会主义社会不是一种静止的终极的状态，而是一个不断发展的过程。在这个漫长的发展过程中，会显现出不同的阶段性特征。马克思、恩格斯的预测是，应包括三个阶段：从资本主义社会向共产主义社会的过渡阶段；共产主义社会第一阶段；共产主义社会高级阶段。

（一）向共产主义社会的过渡阶段

马克思、恩格斯认为，无产阶级夺取政权之后，不可能立即和直接建立起共产主义社会。在从资本主义社会到共产主义社会之间需要经历一个革命转变时期，即过渡时期。恩格斯早在 1847 年《共产主义原理》中就有了"过渡时期"的思想。1875 年，马克思在《哥达纲领批判》中明确指出："在资本主义社会和共产主义社会之间，有一个从前者变为后者的革命转变时期。同这个时期相适应的也有一个政治上的过渡时期，这个时期的国家只

---

① 《马克思恩格斯文集》第 1 卷，人民出版社 2009 年版，第 185 页。
② 《马克思恩格斯文集》第 1 卷，人民出版社 2009 年版，第 189 页。
③ 《马克思恩格斯选集》第 1 卷，人民出版社 2012 年版，第 308 页。
④ 《马克思恩格斯选集》第 1 卷，人民出版社 2012 年版，第 422 页。
⑤ 《马克思恩格斯文集》第 5 卷，人民出版社 2009 年版，第 96 页。
⑥ 《马克思恩格斯文集》第 5 卷，人民出版社 2009 年版，第 683 页。

能是无产阶级的革命专政。"①

从资本主义社会到共产主义社会必须有一个过渡时期，主要是因为：第一，共产主义制度的建立需要以改造私有制为前提。人类进入阶级社会以来，封建社会代替奴隶社会，资本主义社会代替封建社会，都是以一种剥削制度代替另一种剥削制度，它们的共同之处，是以生产资料私有制为基础。而共产主义社会代替资本主义社会则与此根本不同，它不是以一种剥削制度代替另一种剥削制度，而是要消灭剥削制度，废除资本主义私有制。第二，从资本主义向共产主义转变，除了改造私有制之外还要"经过一系列将把环境和人都加以改造的历史过程"，即"必须使人们普遍地发生变化"，而"这种变化只有在实际运动中，在革命中才有可能实现"。这是因为，"推翻统治阶级的那个阶级，只有在革命中才能抛掉自己身上的一切陈旧的肮脏东西，才能胜任重建社会的工作"。② 可见，共产主义制度的建立，不仅要改造私有制以及由此产生的一切经济关系，而且要改造一切社会关系；不仅要改造一切社会关系，而且要改造文化，改造人本身，改造人的思想和观念。由此决定了从资本主义社会转变为共产主义社会，需要有一个过渡时期。

（二）共产主义社会第一阶段

在《哥达纲领批判》中，马克思第一次把共产主义社会划分为第一阶段和高级阶段。他认为，在从资本主义社会到共产主义社会的过渡时期结束之后，进入的是共产主义社会的第一阶段。由于生产力发展水平等方面的限制，个人消费品分配只能实行"各尽所能，按劳分配"的原则。后来，列宁把"共产主义社会第一阶段"称为"社会主义社会"，把"共产主义高级阶段"称为"共产主义社会"。

共产主义社会第一阶段是刚刚从资本主义社会中产生出来的阶段。这个阶段是"一个集体的、以生产资料公有为基础的社会"③，"它不承认任何阶级差别，因为每个人都像其他人一样只是劳动者"④。与此同时，由于受社会生产力发展水平的制约，这一阶段在经济和社会发展方面还存在着许多不

---

① 《马克思恩格斯文集》第3卷，人民出版社2009年版，第445页。
② 《马克思恩格斯文集》第1卷，人民出版社2009年版，第543页。
③ 《马克思恩格斯文集》第3卷，人民出版社2009年版，第433页。
④ 《马克思恩格斯文集》第3卷，人民出版社2009年版，第435页。

成熟、不完善的地方，在经济、道德和精神方面都还带着其脱胎出来的那个旧社会的痕迹。旧社会的若干现象，包括人们"奴隶般地服从分工""脑力劳动和体力劳动的对立"，劳动作为"谋生的手段""商品等价物的交换"等，会在某种程度和范围内有一定的遗留。"这些弊病，在经过长久阵痛刚刚从资本主义社会产生出来的共产主义社会第一阶段，是不可避免的。"①

在共产主义社会第一阶段，社会总产品在作了各项必要的扣除之后，剩余的部分将以劳动为尺度在劳动者之间进行分配。多劳多得，少劳少得，不劳不得。"按劳分配"是对剥削制度下分配制度的否定，消除了不劳而获的社会条件，体现了劳动者的利益。马克思、恩格斯认为，"按劳分配"也还有历史的局限性，体现的还是商品交换的原则，它把同一个标准即劳动用在不同的人们身上，而且不顾及劳动者的不同能力及其在家庭、子女负担等方面的不同情况，因而这种形式上的平等也会导致实际上的不平等。但是，这些局限性在共产主义第一阶段是不可避免的。在这个阶段上，社会生产力还没有高度发展，旧式分工仍然存在，劳动还是一种谋生手段等，因而只能实行这样的分配原则。

（三）共产主义社会高级阶段

共产主义社会高级阶段是在社会生产力充分发展和高度发达的基础上实现的。马克思指出："在共产主义社会高级阶段，在迫使个人奴隶般地服从分工的情形已经消失，从而脑力劳动和体力劳动的对立也随之消失之后；在劳动已经不仅仅是谋生的手段，而且本身成了生活的第一需要之后；在随着个人的全面发展，他们的生产力也增长起来，而集体财富的一切源泉都充分涌流之后，——只有在那个时候，才能完全超出资产阶级权利的狭隘眼界，社会才能在自己的旗帜上写上：各尽所能，按需分配！"②

"按需分配"即根据人们生活的实际需要进行分配，它克服了"按劳分配"的历史局限，第一次实现了人类在分配上的真正平等。"按需分配"的实现是建立在高度发达的生产力水平和社会财富极大丰富以及人们精神境界极大提高的基础上的。共产主义的"按需分配"是与"各尽所能"密切联

---

① 《马克思恩格斯文集》第 3 卷，人民出版社 2009 年版，第 435 页。
② 《马克思恩格斯文集》第 3 卷，人民出版社 2009 年版，第 435—436 页。

系在一起的，是权利与义务的高度统一。人们在"各尽所能"地为社会创造了极为丰富的产品之后，当然也就有理由"各取所需"地充分满足自己的需要。在那时，人们都是劳动者，也都具有共产主义的劳动态度。他们不是为物质报酬而劳动，而是为创造社会财富和实现自身价值而劳动。人们自觉地以最大的努力去工作，充分发挥自己的能力和创造性。

三、预测未来理想社会的科学方法和态度

马克思、恩格斯对未来理想社会的科学预见，坚持了科学的态度和遵循了科学的方法。在展望未来社会的问题上，是否坚持科学的世界观和方法论，是能否正确预见未来的基本前提，也是马克思主义与空想社会主义的根本区别。

首先，要依据历史规律预见社会发展的未来走向。马克思、恩格斯对未来理想社会的展望，是以人类社会发展的客观规律为依据的。在马克思主义产生以前，人们对未来社会的猜测之所以带有浓厚的神秘性质和空想色彩，就是因为他们不懂得人类社会发展的规律。社会的发展像自然界的发展一样，具有自己客观的规律。揭示这些规律，就能为理解过去、把握现在和展望未来提供指导。马克思、恩格斯揭示了人类社会发展的一般规律和资本主义社会发展的特殊规律，从而为展望未来社会提供了科学依据。而他们之所以能揭示出历史的规律，是因为他们把握住了人类社会的基本矛盾即生产力与生产关系、经济基础与上层建筑的矛盾，在基本矛盾的运动中把握人类历史的发展进程和规律。正如列宁所说："马克思丝毫不想制造乌托邦，不想凭空猜测无法知道的事情。马克思提出共产主义的问题，正像一个自然科学家已经知道某一新的生物变种是怎样产生以及朝着哪个方向演变才提出该生物变种的发展问题一样。"① 正因为马克思、恩格斯揭示了社会发展的一般规律和趋势，他们对于未来理想社会的预见对于今天仍然具有普遍的指导意义。

其次，在批判资本主义旧世界中阐发未来新世界的一般特征。在马克思、恩格斯的时代，社会主义制度还没有成为现实，因此他们不能像后人那

---

① 《列宁选集》第 3 卷，人民出版社 2012 年版，第 187 页。

样可以从新社会的发展实践出发去总结新社会的特征，而只能通过研究历史和现实来展望未来。一方面，他们通过考察资本主义社会的弊端，从反面揭示未来新社会与资本主义社会根本不同的特征；另一方面，他们通过考察资本主义发展中孕育着的新社会因素，从正面对未来新社会的特征作出预见。他们不只看到资本主义社会的弊端和苦难，也看到资本主义发展中孕育着新社会的要素，认为这些新的要素在资本主义社会中只能得到一定程度的发展，只有在资本主义被社会主义取代之后才能得到真正的发展，并成为新社会的重要特征。在马克思、恩格斯一生中，他们的主要精力是用于对资本主义社会的研究，而对于资本主义以后的未来社会的预测十分谨慎。在预测未来时，他们主要把社会发展的基本趋向与社会生活的具体形式区分开来，把未来社会的基本特征与具体细节区别开来，只限于对未来社会发展方向和基本原则作出预见，而把未来社会的具体形式和应采取的具体措施留给后人的实践去回答。

最后，绝不能把关于未来理想社会的预见当成教条。马克思、恩格斯对预见未来持非常谨慎的态度，他们既反对"教条式地预料未来"，也反对人们抽象地看待他们关于未来社会的看法，反对把这些看法当成一成不变的教条。恩格斯明确指出："我们对未来非资本主义社会区别于现代社会的特征的看法，是从历史事实和发展过程中得出的确切结论；不结合这些事实和过程去加以阐明，就没有任何理论价值和实际价值。"① 针对有人提出未来的共产主义社会控制人口的措施问题，恩格斯明确表示："无论如何，共产主义社会中的人们自己会决定，是否应当为此采取某种措施，在什么时候，用什么办法，以及究竟是什么样的措施。我不认为自己有向他们提出这方面的建议和劝导的使命。那些人无论如何也会和我们一样聪明。"② 这说明，必须以历史和辩证的观点展望未来社会，不能把一些具体提法当作现成的答案，甚至作为剪裁当今实践的标准。马克思主义创始人的科学方法和态度蕴含着深刻启示，这就是必须结合时代的特点和社会主义发展的丰富实践，不断深化对未来理想社会的认识。

① 《马克思恩格斯文集》第 10 卷，人民出版社 2009 年版，第 548 页。
② 《马克思恩格斯文集》第 10 卷，人民出版社 2009 年版，第 455—456 页。

第　三　章

第一个社会主义国家的建立和
苏联模式的形成

在列宁领导下，1917 年俄国十月革命取得胜利，宣告了世界上第一个社会主义国家的诞生。俄国作为东方经济文化落后的国家，开始走上建设社会主义的道路。社会主义建设，这是一项前所未有的伟大事业，列宁为此作出了艰辛的探索，形成了关于社会主义建设的科学认识和正确思路，成为社会主义建设当之无愧的开创者。列宁逝世后，斯大林继承列宁的遗愿，创建了苏联社会主义制度，为推进社会主义的发展作出了重大贡献。但是，苏联社会主义建设形成的苏联模式，带有很大的局限性和弊端，在实践中也产生了一系列严重的问题。

第一节　苏维埃社会主义国家的创立

马克思、恩格斯生活的 19 世纪，还不是直接的社会主义革命时代，他们没能看到社会主义的实现。20 世纪初，列宁成为马克思主义的伟大后继者，他把马克思主义关于东方落后国家可以根据具体情况，探索出一条不同于西欧的发展道路，即如果革命发生，可以直接向社会主义过渡，不必通过资本主义制度痛苦历程的原理，应用到俄国实际，创立了帝国主义时代无产阶级革命的理论，在资本主义世界最薄弱的环节建立了第一个社会主义国家，开始了东方落后国家走社会主义道路的尝试。

一、社会主义首先在一国胜利的理论

19 世纪 40 年代，马克思、恩格斯根据对自由竞争时期资本主义国家经济政治发展情况的分析和研究，探讨了无产阶级革命的发生问题。他们认为，资本主义工业的发展，形成了世界市场，同时也把资本主义各个国家的人民紧密地联系在一起，每一个国家的人民都将受到另一个国家革命的影响；而且大工业的发展，也使所有资本主义国家的社会发展程度不相上下。因此，作为国际无产阶级共同事业的社会主义革命，将是在一切资本主义国家，至少在英、美、法、德等国同时发生的革命。无产阶级的联合行动，是社会主义革命获得胜利的条件之一。在相当长的时期里，列宁也一直坚持马克思主义创始人关于社会主义革命进程的这些看法。但通过对帝国主义问题的深入研究，他根据帝国主义时代无产阶级革命条件的发展变化，提出社会主义可以在一国或数国首先取得胜利的理论。

资本主义经济政治发展不平衡的规律，必然导致帝国主义战争。帝国主义之间的战争，将为社会主义在一国或数国首先取得胜利带来有利的国际形势。经济政治发展不平衡，是资本主义的一个规律。列宁发现，到了帝国主义阶段，各资本主义国家的经济政治发展不平衡进一步加剧，表现得更为明显和突出。一些后起的资本主义国家迅速崛起，而一些老牌资本主义国家发展相对缓慢。这种经济政治发展不平衡是资本主义的绝对规律，不仅对国际关系的变化产生重大影响，而且对世界革命的进程也会产生深远影响。经济发展的不平衡，必然会引起政治、军事力量发展的不平衡，并改变资本主义各国的实力对比。各帝国主义国家的实力对比发生新的巨大变化，必将引起它们之间的矛盾激化。因为后起的帝国主义国家必然要求重新划分势力范围，而在世界已被瓜分完毕的情况下，这种矛盾冲突加剧就不可避免地导致战争的爆发。帝国主义之间的战争，会使帝国主义国家相互削弱，使它们不能联合起来镇压革命；战争同时也会加重社会的灾难，造成政治和经济危机，促使革命的爆发，这就为社会主义在一国或数国首先取得胜利带来有利的形势和条件。

资本主义经济政治发展不平衡，形成了帝国主义体系的薄弱环节。这种薄弱环节的存在，为社会主义在一国或数国首先取得胜利提供了可能。已经

具备了革命形势和革命力量的国家，就可以在帝国主义体系的薄弱环节率先进行革命并获得胜利。1915 年 8 月，列宁在《论欧洲联邦口号》一文中，根据资本主义经济政治发展不平衡规律，首次提出了社会主义可以在一国或数国首先取得胜利的理论。他指出："经济和政治发展的不平衡是资本主义的绝对规律。由此就应得出结论：社会主义可能首先在少数甚至在单独一个资本主义国家内获得胜利。"① 一年以后，列宁在《无产阶级革命的军事纲领》一文中再次强调："资本主义的发展在各个国家是极不平衡的。而且在商品生产下也只能是这样。由此得出一个必然的结论：社会主义不能在所有国家内同时获得胜利。它将首先在一个或者几个国家内获得胜利，而其余的国家在一段时间内将仍然是资产阶级的或资产阶级以前的国家。"② 列宁关于社会主义可以在一国或数国首先取得胜利的理论，科学地解答了帝国主义时代无产阶级社会主义革命面临的新问题，为经济文化比较落后国家率先走上社会主义道路指明了方向，是对马克思主义关于无产阶级革命理论的继承与发展。

二、十月革命伟大胜利和第一个社会主义国家诞生

第一次世界大战爆发之前，俄国沙皇专制统治已经陷入深刻的危机，革命出现高潮。第一次世界大战爆发后，俄国社会矛盾日益尖锐，革命形势迅速成熟。1917 年 2 月，俄国人民在以列宁为首的布尔什维克党的领导下，进行了二月革命，推翻了沙皇专制统治。二月革命爆发的时候，列宁尚在国外。当他得知沙皇专制政府已被推翻，随即迅速研究了国内情况并得出结论：俄国民主革命的任务已经完成，应当立即采取切实步骤将革命推向第二阶段，逐步实现社会主义革命。4 月，列宁结束长期在国外的流亡生活回到俄国，发表了著名的《四月提纲》，制订了从资产阶级民主革命向社会主义革命过渡的明确路线和具体计划，明确提出"全部政权归苏维埃"的口号。根据《四月提纲》的指示，布尔什维克党在群众中展开了组织和教育工作，彼得格勒和莫斯科苏维埃逐步转到了布尔什维克党方面。9 月到 10 月间，工人罢工、农民起义、士兵骚动此起彼伏，革命形势完全成熟，布尔什维克

---

① 《列宁选集》第 2 卷，人民出版社 2012 年版，第 554 页。
② 《列宁选集》第 2 卷，人民出版社 2012 年版，第 722 页。

党在全国各地着手准备武装起义。

1917 年 11 月 7 日（俄历 10 月 25 日），俄国首都彼得格勒（圣彼得堡）的工人赤卫队和士兵在列宁和布尔什维克党领导下首先举行武装起义。以停泊在涅瓦河上的"阿芙乐尔号"巡洋舰的炮声为信号，彼得格勒的工人和士兵开始向冬宫发起攻击，深夜攻入冬宫，逮捕临时政府成员，临时政府首脑克伦斯基逃亡。当晚，在斯莫尔尼宫召开第二次全俄苏维埃代表大会，宣布临时政府被推翻，中央和地方全部政权已转归苏维埃。第二天，列宁在大会上作报告，大会通过了《和平法令》和《土地法令》，组成了以列宁为主席的第一届苏维埃政府——人民委员会，世界上第一个社会主义国家宣告诞生。彼得格勒武装起义的胜利，奠定了苏维埃政权胜利前进的基础。从 1917 年 11 月到 1918 年 3 月，革命扩展到俄国各地，十月革命取得胜利。

十月革命的胜利，创立了世界上第一个工人阶级领导的人民当家作主的苏维埃社会主义国家新政权，开辟了人类历史的新纪元，掀开了社会主义历史的新篇章。它不仅把俄国亿万工农劳动大众，包括被压迫的少数民族从封建主义和资本主义的剥削压迫下解放了出来，而且对国际无产阶级和被压迫民族的解放斗争也是一个极大的鼓舞和推动。

三、向社会主义过渡的最初实践

率先取得社会主义革命胜利的俄国，是一个经济文化比较落后的国家。在这样一个国家，怎样向社会主义过渡，进而建设、巩固和发展社会主义，既是一个崭新的课题，也是一个历史性的难题。

早在十月革命之前，列宁在领导俄国革命的过程中，就开始思考未来社会主义的演进、发展问题。什么是社会主义？1903 年，列宁在《告贫苦农民》中明确地阐释道："我们要争取新的、更好的社会制度：在这个新的、更好的社会里不应该有穷有富，大家都应该做工。共同劳动的成果不应该归一小撮富人享受，应该归全体劳动者享受。机器和其他技术改进应该用来减轻大家的劳动，不应该用来使少数人发财，让千百万人民受穷。这个新的、更好的社会就叫社会主义社会。"[1] 列宁还指出："彻底改变全国的现存制

---

[1] 《列宁全集》第 7 卷，人民出版社 2013 年版，第 112 页。

度，建立社会主义制度，就是说：剥夺大土地占有者的田产、厂主的工厂、银行家的货币资本，消灭他们的私有财产并把它转交给全国劳动人民。"①在十月革命胜利后，俄共立即着手经济方面的社会主义改造，建立起新社会的经济管理体制。一是实行银行国有化。1917年11月8日，苏维埃政权接收了国家银行。12月27日，全俄中央执行委员会又颁布了私人银行国有化的法令，规定所有私人股份银行和银行营业所均并入国家银行。夺取银行，使资产阶级失去了强大的金融和经济命脉。二是实行大企业国有化。对于地主资本家的官办企业，苏维埃政权一建立就予以没收，从而确立了社会主义经济成分。但对私营企业没有立即没收，而是实行了工人监督。由于工人监督遭到资本家的反抗，苏维埃政权通过了把私人工厂收归国有的决议。由于大工业企业收归国有，工业中的社会主义成分开始形成。在收归国有的大企业里，设立了由工人组成并有专家参加的国营工厂管理委员会。苏维埃政权建立了各人民委员部，其中各个经济部负责对有关的专业部门进行领导和管理。为了加强对整个国民经济的领导，1917年12月15日，又建立了最高国民经济委员会，任务是组织国民经济和国家财政，制订全国经济计划。最高国民经济委员会建立后，在地方上也建立了相应的委员会。为了加强对国有企业的集中领导，1918年3月3日，最高国民经济委员会规定，按工业部门设立中央管理局，在各州设州管理局，初步形成了国有化企业的三级管理制：最高国民经济委员会中央管理局—州管理局—企业；直属中央管理局的企业是二级管理制：中央管理局—企业。三是废除土地私有制。根据1917年11月8日的《土地法令》，地主、皇族、寺院和教堂的土地连同耕畜、农具等被没收，交给了乡土地委员会和县农民苏维埃支配，实际上实行了土地国有化。1918年2月19日，又颁布《土地社会化法令》，规定平均使用土地，并要求减少个体经济，发展集体经济，以便向社会主义经济过渡。农村还成立了第一批国营农场、农具租赁站和集体农庄。俄共的这些经济政策，形成了苏联社会主义经济体制的雏形。

　　进入1918年春，布列斯特和约的签订使得苏维埃政权获得一个相对稳定的时机。这时，列宁适时地把党和国家的工作重心转到了经济建设上来。他写下

---

① 《列宁全集》第7卷，人民出版社2013年版，第123页。

了《当前的主要任务》《苏维埃政权的当前任务》《论"左派"幼稚性和小资产阶级性》等一系列著作，对俄国向社会主义过渡作出初步规划。这个规划的总体思路是：首先恢复和发展大工厂，为社会主义奠定物质基础；把资本主义，特别是小商品生产纳入国家资本主义轨道，限制并逐步取消私人贸易，在发展工业的基础上建立由国家控制的工农业直接的产品交换体系；引导小农实现共耕制即集体农庄，最终实现全部国民经济由国家统一计划、统一领导的"大工厂""大辛迪加"式社会主义的设想。其具体措施是：第一步，没收地主土地，把银行、工厂收归国有，实行工人监督；第二步，由实行工人监督过渡到实行工人管理，使全体居民加入消费公社，由国家垄断粮食及其他必需品的贸易，用国家统一领导下的有计划的分配来完全彻底地代替贸易，实现劳动平等、报酬平等。当然，在另一方面，列宁也预料和估计到了从一个小农国家过渡到社会主义的困难，因而提出利用国家资本主义这一中间环节逐步改造旧的经济关系，并在此基础上提出了一系列比较谨慎和渐进的政策措施。

但是，这些本来打算通过渐进改造的形式逐步改造旧经济的较为稳妥的措施，由于内战的爆发很快就被终止了。

第二节 "战时共产主义"和新经济政策

十月革命胜利后的第二年，发生了国际资产阶级武装干涉和国内反革命叛乱的国内战争，俄国经济面临崩溃的局面。苏维埃政府为了保证政治和军事斗争的胜利，从 1918 年夏到 1920 年底，逐步实行了"战时共产主义"政策。但是，在战争结束后，依然实行这样的政策，并把它作为向社会主义直接过渡的措施来看待，就引发了严重的政治经济危机。危机的产生，促使列宁对"战时共产主义"政策进行了深刻的反思，使他认识到通过"战时共产主义"政策实现向社会主义的直接过渡是错误的尝试。列宁指出："我们计划（说我们计划欠周地设想也许较确切）用无产阶级国家直接下命令的办法在一个小农国家里按共产主义原则来调整国家的产品生产和分配。现实生活说明我们错了。"[1] 他还说："'战时共产主义'是战争和经济破坏迫使

---

[1] 《列宁选集》第 4 卷，人民出版社 2012 年版，第 570 页。

我们实行的。它不是而且也不能是一项适应无产阶级经济任务的政策。它是一种临时的办法。"① 在总结经验教训的基础上，列宁转变了思路，实行了新经济政策。

一、从"战时共产主义"到新经济政策

（一）实行"战时共产主义"的原因

1918 年夏，苏维埃共和国有四分之三的领土被帝国主义和叛乱者所占领，重要的产粮区和工业原料产地被切断，国家失去了顿涅茨的煤、巴库和格罗兹尼的石油、南方和乌拉尔的金属，粮食供应极其困难，全国陷入了饥饿的困境。帝国主义和国内反动势力在企图用武力推翻苏维埃政权的同时，还企图用"饥饿的枯瘦之手"将苏维埃政权扼死。在这种情况下，列宁提出要"进行大规模的'十字军讨伐'"②，用一切办法征集粮食和工业燃料，以挽救革命，挽救苏维埃政权。苏维埃政权转而采用了"战时共产主义"政策。

"战时共产主义"，亦称军事共产主义，是指苏维埃俄国在国内战争时期把全国经济纳入战时轨道，同时也是为了迅速过渡到马克思主义设想的社会主义所采取的各项非常措施。其主要特点就是，消灭商品货币关系，在全盘国有化的基础上实行高度的国家垄断管理，国家直接组织全国的生产、分配和消费，禁绝一切贸易，对城乡居民的生产、分配以至个人消费实行统一组织和集中控制。

很显然，"战时共产主义"政策是迫于战争导致经济极端困难而制定和实行的。国内战争变更了苏维埃政权试行的"一种经济政策，起初打算实行一系列渐进的改变，打算比较慎重地向新制度过渡"的方案，而被迫采用"战时共产主义""这样一种最极端的、拼命的、不顾一切的斗争方式"③。

（二）"战时共产主义"的主要措施及后果

"战时共产主义"所实行的主要措施有：实行余粮收集制，严禁农民自

---

① 《列宁选集》第 4 卷，人民出版社 2012 年版，第 502 页。
② 《列宁全集》第 34 卷，人民出版社 2017 年版，第 340 页。
③ 《列宁全集》第 42 卷，人民出版社 2017 年版，第 236 页。

由买卖粮食；对绝大多数企业实行国有化，把一切工业品集中到国家手中；取消私人贸易和商业，在全国范围内组织生产公社和消费公社，实行有计划的产品交换；严格集中、统一分配一切必需的消费品，商品交换用存折、支票、短期领物证等代替货币；实行普遍义务劳动制，强迫地主、资产阶级分子参加劳动等。

1. 在农业方面，实行余粮收集制，规定农民必须把所有余粮交给国家，严禁农民自由买卖粮食

1918 年 5 月，全俄苏维埃中央执行委员会颁布一系列法令，授予粮食人民委员部征购和供应粮食的特别职权，同隐藏存粮和投机贩卖存粮的农村资产阶级进行斗争。法令申明，粮食垄断和粮食固定价格都是不可更改的，必须同粮食投机商进行无情的斗争，宣布所有拥有余粮而不送往收粮站的人以及浪费存粮酿造私酒的人为人民的敌人，要把他们交付革命法庭审判，处以 10 年以上徒刑，粮食全部没收。这些法令加强了国家机关对粮食的控制。

余粮收集制的主要内容是，规定计算和集中余粮由国家支配的新办法。即按照国家需要的一定数额的粮食和饲料摊派给各产粮省向农民征收；征集的品种最初是粮食、饲料和肉类，以后扩大到马铃薯及其他所有农产品；收集制实行阶级原则，富农多征，中农少征，贫农免征。但在实际执行中有过火现象发生，由于摊派指标高，征收任务重，常常把中农与富农相提并论，用对待富农的办法来对待中农，甚至贫农。同时，征购的粮食不仅是余粮，连必要的口粮和种子粮也被征集一空。余粮收集制标志着苏维埃政府在粮食政策上的根本转变。如果说以前向农民征收余粮，还主要是根据农民除了自身需要所能提供的数额的话，那么按照新的办法，按照国家所需要的数额摊派给各省的征集额就是"余粮"。这就不仅完全征收了农民的全部余粮，而且征收了一部分生活必需粮。最主要的是，以前农民是按固定价格向国家交售粮食，还能换取部分工业品；而余粮收集制实质上是无偿征收农民粮食。农民应当绝对地、无条件地交付摊派的粮食而不管他能否得到相应补偿的工业品。余粮收集制直接否定了市场、贸易和货币的作用。

2. 在工业方面，进一步剥夺资产阶级，对大、中、小企业都实行国有化，建立中央集权的工业管理体系

1918 年 6 月，人民委员会颁布法令，宣布苏维埃共和国境内的采矿、

冶金、金属加工、纺织、电气、锯木、木器制造、烟草、玻璃、陶瓷、皮革、水泥和其他工业部门的大企业以及蒸汽磨、地方公用事业企业和铁路运输企业的所有资本和财产，均无偿地转归为苏维埃共和国的财产。对这些企业实行国有化，是因为其资产总额在 20 万卢布以上或对国计民生至关重要。至 1918 年底，全俄国民经济委员会第二次代表大会宣布，工业国有化已基本完成。随后，最高国民经济委员会又颁布法令，规定凡有机械动力而雇工 5 人以上，或无机械动力而雇工 10 人以上的小工业均收归国有。非国有化企业是特小型的，而它们也必须接受国家监督并务必完成国家订货。

工农国防委员会对国家经济实行总领导，而最高国民经济委员会则进行直接管理。它将各工业部门划归有关总局。总局按部门特征设置，如采矿工业总局、石油工业总局、煤炭工业总局、燃料工业总局、中央纺织工业总局、中央糖业总局等。总局制的特征是中央管理局对企业实行集中的垂直领导：它不仅给企业规定年度计划，而且规定季度计划、月度计划，企业只能根据月度计划编制每昼夜、每小时的产品和品种表；企业的生产经营活动也控制得很死，生产所需物质由国家计划调拨，产品由国家包销，价格由国家规定，职工工资也由国家定额和包发。总局制这一管理体制，主要是依靠行政方法来实现对国民经济的统一领导和直接管理。国家行政组织同企业的关系是行政上的隶属关系。通过层层的行政组织，对企业和全国的经济活动进行集中领导。而这种领导和管理的职能又主要是通过各级行政首长即一长制行使的。部门管理体制和一长制的贯彻，使行政化指挥生产的趋势日益加强，从而开始形成了一个中央集权的管理体系。

3. 在商业方面，取消自由贸易，实行贸易垄断，取消商品生产，实行经济关系实物化，对食品和日用品实施配给制

"战时共产主义"在商业和供应方面的非常经济措施表现为继粮食专卖之后，禁止所有生活必需品的私人买卖，实行国内贸易国有化和实物配给制。1918 年 11 月，人民委员会发布贸易垄断法令。法令规定，一切个人消费品和家庭日用品的采购，统由粮食人民委员部办理，以国营商业和消费合作社取代私人贸易。对国内私营商业实行了国有化政策和征用政策。最高国民经济委员会和粮食人民委员部宣布对烟草制品、食糖和糖制品、茶叶、咖啡、食盐、火柴、纺织品、煤油、工厂产的鞋子、钉子和肥皂等实行国家垄

断，禁止私人经营。

国家对粮食和物品的垄断，实行居民的集中供应，在分配方面否定商品货币关系和市场调节的作用，由此形成了经济关系实物化。1918年底，列宁提出当前刻不容缓的任务是在莫斯科建立统一的分配机构——消费公社。1919年3月16日，人民委员会通过了《关于消费公社》法令，规定城乡所有公民都必须加入消费公社，粮食及日用消费品的分配一律通过消费公社进行。每个公民均为公社社员，到一个指定的分配点登记注册，才能得到一份配给的食品和日用品。由于货币的贬值，工人工资的真实内容是由它的实物部分确定的。国家按固定价格拨给工人实物，职工实物工资的比重不断提高。在1918年、1919年、1920年三年中，职工工资实物部分分别占47.4%、79.3%和92.6%，而其货币部分分别仅占52.6%、20.7%和7.4%。[①]

4. 在社会生活方面，实行劳动义务制和劳动军事化，强迫地主阶级和资产阶级剥削分子参加劳动

由于大批工人参加红军走上前线，另有一批熟练工人因城市里粮食危机而流入农村，自1918年秋天起，越来越感到劳动力的不足。这使得苏维埃政权必须由自由雇工制过渡到普遍的劳动义务制。同年12月，全俄中央执委会颁布了《劳动法典》，宣布对所有公民，从16—50岁有劳动能力者实行劳动义务制。凡没有从事社会公益劳动的人，地方机关有权强迫他们完成公益劳动。劳动义务制主要针对非劳动阶层，贯彻不劳动者不得食的原则。至于对工人群众来讲，主要强调的是遵守劳动纪律。劳动义务制是和劳动军事化联系在一起的，因为不仅需要抽取劳动力到需要工作的地方，而且更需要把劳动力固定在那里。在国家缺乏必要的物质手段支付工人劳动报酬的情况下，只能采取劳动军事化的办法，即用强制手段把工人固定在需要的工作岗位上。

劳动义务制和劳动军事化一方面确实是在战时劳动力奇缺的情况下被迫采取的办法，另一方面它同样反映了共产主义思想影响的一些特点。参加劳

---

① 参见［苏］吉姆彼尔松：《"战时共产主义"：政策，实践，思想》，莫斯科思想出版社1973年版，第169—170页。转引自杨彦君：《苏俄"战时共产主义"政策的内容、后果和教训》，《国际共运史研究资料》1982年第1期。

动义务制的人员几乎都是无偿工作，这在某种程度上体现了布尔什维克党对共产主义制度下劳动的一种设想。

"战时共产主义"的主要措施发挥了很大的作用：第一，国家手里集中了全国所有的粮食、原料、物质和人力资源的储备，保证了红军日益增长的武器和军备供应；第二，建立了国家最重要的领导国民经济部门的各级苏维埃经济机构；第三，镇压了资产阶级公开的反抗，剥夺了其在生产和流通领域内的主要手段，剥削阶级及其残余在国内经济生活中已不起决定作用；第四，打击了富农利用手中余粮进行投机的活动，富农进一步被削弱，农民保住了从富农手中夺取的土地等革命胜利的果实；第五，完成了自己最主要的任务，即战胜了国外武装侵略者的进攻和平息了国内反革命分子的武装暴乱，保卫了世界上第一个无产阶级专政的社会主义国家。从这个意义上说，实行"战时共产主义""是一种功劳"[①]，取得了重大成效。

但是，"战时共产主义"也有严重的失误。实行"战时共产主义"，一方面既有客观上战争环境危急而不得不采用的因素，另一方面也有主观认识上存在急于直接向社会主义社会过渡的冒进倾向。它过急地摧毁一切旧的生产关系，人为地禁止非社会主义经济成分的存在和发展，过快地实行工业、贸易国有化，取消私商活动，堵塞流通渠道，用共产主义的原则和国家法令的手段实行生产和分配。这些做法脱离了当时小农经济占优势的俄国生产力的发展水平，违背了经济发展的客观规律，忽视了广大农民的特点和需要，损害了农民的物质利益，激化了国内矛盾，引发了喀琅施塔得士兵的兵变。虽然采取军事行动平息了暴乱，但只能解决一时之急，必须改变政策，重开新局面，才能求得工农关系的稳定和国家的长治久安。以列宁为首的俄共（布）及时总结了"战时共产主义"的经验教训，决定中止"战时共产主义"各项政策的实施，转而实行新经济政策，实现了社会主义建设的战略转变。

二、新经济政策的制定和主要内容

1920 年底，在国内战争结束后，列宁开始酝酿调整经济政策。他阅读

---

① 《列宁全集》第 41 卷，人民出版社 2017 年版，第 208 页。

了许多农民的来信和申诉书，亲自接见了各地的农民代表，倾听他们的意见和呼声。经列宁提议，1921 年 3 月 8 日召开了俄共（布）第十次代表大会，作出了从"战时共产主义"过渡到实行新经济政策的决议。

（一）新经济政策的制定

列宁在大会上作了《俄共（布）中央政治工作报告》，认真总结了在领导和组织国家从战争向和平建设过渡中出现的错误与教训。列宁认为，虽然农民经济发生了危机，但解决危机的办法还得依靠农民经济的发展。为此，他提出了以实物税代替余粮收集制的问题。他说，余粮收集制是单纯从国家方面着眼的，而现在的实物税就是"不但要从保证国家方面着眼，而且要从保证小农户方面着眼"[①]。列宁提出，从经济上满足农民的要求是解决危机的当务之急。应当让农民在地方上有一定的流转自由，从而才能使农民有经营自由，而贸易自由是易为农民所接受的。给农民以一定的贸易自由，就是对农民作最大限度的让步，使小生产者有最好的条件去发挥自己的力量。在《关于以实物税代替余粮收集制的报告》中，列宁首先指出这是一个政治问题，而其实质就是工人阶级如何对待农民的问题。列宁认为，实行粮食税的根本目的就是要调整工农这两个主要阶级之间的关系。列宁把无产阶级和农民之间达成妥协，看成是社会主义革命在苏维埃俄国取得彻底胜利的两个条件之一。列宁认为，实行粮食税归根到底是要"给小农许多刺激，推动他们来扩大经营，增加播种面积"[②]。列宁在认真总结了在商业国有化、工业国有化和禁止地方流转方面走得太远的教训后，提出了下述几点意见：第一，一定要满足中农的要求，因为整个农村已经均衡化了，农民已经处于中农的境况，只有满足有自己的经济特点和自己的经济根系的中农的要求，小农业的经济基础和经济根系才能得到改造。满足中农要求的一方面，是给他们一定的流转自由；另一方面，就是要给他们提供商品和产品。第二，改造小农需要几代人的时间，因此在俄国这样一个小农占人口大多数的国家里，实行社会主义革命必须要通过一系列特殊的措施和过渡办法。实物税和自由流转就属于这一系列办法之列。第三，在实行这一条特殊的措施和过渡

---

① 《列宁全集》第 41 卷，人民出版社 2017 年版，第 22 页。
② 《列宁全集》第 41 卷，人民出版社 2017 年版，第 65 页。

办法的进程中，必须利用"强大的先进资本主义的帮助"，"在一个经济遭到空前破坏的国家里，在一个破产农民占人口绝大多数的国家里，如果没有资本的帮助，要保持无产阶级政权是不可能的"①。

两个月后，1921 年 5 月下旬召开了俄共（布）第十次全国代表会议，列宁作了《关于粮食税的报告》。他第一次提出了"新经济政策"的概念，指出新经济政策的任务就是要在工人阶级和农民之间建立一定的关系，一种经济上的联盟。为了执行这一政策，下一步需要采取的过渡办法就是用工业品来同农产品进行交换。他强调说明，无产阶级对农民的关系之所以不能建立在余粮收集制的基础上，而必须建立在粮食税的基础上，是因为这种政策可以保证流转自由，只有通过流转自由的手段才能在工人阶级和农民之间建立牢固的经济关系。至此，粮食税政策已发展成新经济政策。列宁还指出，在国家不可能拿出所需要的全部产品的情况下，只有两条路可走。一条路是完全禁止、堵塞私人交换的发展，即商业的发展，也即资本主义的发展。列宁认为，走这条路就是干蠢事，就是自杀，一个党执行这样的政策就必然遭到失败。另一条道路，就是不去禁止或堵塞私人交换的发展，而是努力把这一发展纳入国家资本主义的轨道。列宁认为这一条道路是唯一行得通的。关于国家资本主义的几种形式，列宁指出，有租让、合作社和出租。他特别强调了租让制，认为它是最简单、明显、清楚和一目了然的国家资本主义形式，是苏维埃政权为反对小私有者的自发势力而和国家资本主义订立的一种合同、同盟或联盟。列宁特别强调，实施粮食税，其最重要的任务就是要把租让政策的原则和原理运用到自由贸易及地方流转等其他资本主义形式上去。列宁还提出，合作社是国家资本主义的一种变种，要竭力设法把买卖自由、贸易自由纳入合作社资本主义的轨道。要用一切办法坚决发展流转，不要害怕资本主义。

（二）新经济政策的主要内容

俄共（布）第十次代表大会和俄共（布）第十次全国代表会议，标志着苏维埃俄国的发展进入了一个新的时期。俄共（布）制定的新经济政策，主要有以下三方面的内容。

---

① 《列宁全集》第 41 卷，人民出版社 2017 年版，第 61 页。

1. 以粮食税代替余粮收集制

这是新经济政策的第一步，也是最主要的内容。列宁在俄共（布）第十次代表大会上作了《关于以实物税代替余粮收集制的报告》，强调指出，苏维埃政权必须始终力求在工人阶级和农民之间确立合理的经济关系，通过自由贸易周转刺激农业的发展；自由贸易周转是工农业之间经济结合的形式。大会根据列宁的报告通过了相应的决议，全俄苏维埃中央执行委员会通过了《关于用实物税代替粮食和原料收集制》的法令。法令规定，取消作为国家收购粮食、原调和饲料办法的余粮收集制，实行实物税；实物税额应低于到目前为止实行余粮收集制方法征收的税额。由于粮食税额比余粮收集额低，每一农户的税额取决于它的土地数量、家庭人口、收成或财产状况，纳税后剩余的一切粮食、原料和饲料，归农民自己支配，农民可以用它来改善和巩固自己的经济，也可以用它来提高个人的消费、交换工业品、手工业品和农产品。这一政策大大减轻了农民的负担，并使农民获得了经营土地的充分自由。

2. 实行租让制、租赁制等国家资本主义形式

"战时共产主义"时期，全部工业企业实现了国有化。新经济政策实施后，废除了全部工业国有化的法令，重新提出把国家无法经营的企业出租的问题，出现了租让制、租赁制等各种形式的国家资本主义，以及一大批小规模的私人资本主义企业。最高国民经济委员会不再管理全部工业企业，只管理一定数量最重要、规模最大的企业；其余的企业，均可租让、租赁。租让制就是将一些有利于加速国民经济恢复和发展的厂矿企业、油田、森林等，按照一定条件租给外国资本家去经营。1920 年 12 月底，人民委员会颁布了《租让法令》，规定苏维埃国家可以与殷实可靠、值得信任的外国资本家订立租让合同，以开发和加工俄国的自然资源（土地资源和森林资源等），还规定了承租者可以获得一部分产品作报酬，在贸易上享有优惠等法律保障。租赁制是指国家把一部分中小企业出租给私人或合作社经营，承租人也可以是原业主或原承租人。1921 年 7 月，人民委员会颁布了《关于最高国民经济委员会所属企业出租条例》，规定对于已经倒闭或暂时无力经营的国营企业，均可租给合作社、协作社及公民个人经营；承租人有权接受私人订货，生产的商品可以到自由市场销售，可以同私人或国家机关订立承包和供货合同等。

3. 恢复商品货币关系和自由贸易

实行新经济政策，在流通方面，由国家垄断贸易改为自由贸易，允许商品生产和商品流通，恢复了商品货币关系。自由贸易，是新经济政策的重要杠杆。1921 年 8 月，人民委员会发布《关于贯彻新经济政策原则》的指令，指出为了全面恢复国民经济，必须发展城乡之间的商品交换，尤其要恢复货币流通，在可能和有利的地方应当实行货币交换方式，以全面恢复商品货币关系。1922 年 2 月，俄共（布）第十一次代表会议决定，把利用商品货币关系进行社会主义建设作为党的"基本任务"。苏维埃政府随即取消了商品交换的地区限制，并使商品、工资、税务等货币化。改组了粮食人民委员部的商业体制，成立了国内贸易人民委员部，在商业中也运用了国家资本主义的原则，把整个商业由商品交换制转上货币交换制的自由贸易轨道。经过国家大力调节商业，商品货币关系很快得到恢复和发展。商业、商品货币关系的发展，带来私商的发展。相当数量的工业产品要通过私商来销售。例如，1922 年各辛迪加通过私商销售产品的数量，在纺织工业辛迪加是其产品的40%，盐业辛迪加是 47.3%，橡胶辛迪加是 40%。据最高国民经济委员会的统计，1921 年第一季度，在国营工商机构的交易额中私商只占 22.7%，但到了 1922 年 5—8 月就上升为 35.8%。而在全国的零售周转额中，1922 年秋天，私商占 3/4，到年底为 84%。[①] 为此，在最高国民经济委员会下，成立中央商业局和商业调节管理局，目的是加强对私营商业的调节和管理。分配也贯彻了物质利益原则，其方式从平均实物分配转向货币按劳分配。

（三）新经济政策的功绩与启示

新经济政策适应了俄国小农国家的国情。它所采取的主要措施迅速稳定了国内动荡不安的政局，不仅使苏维埃战胜了严重的饥荒，而且活跃了城乡经济，使国民经济迅速好转。它消除了农民的不满，农业得到快速增长。在农业恢复的基础上，工业也迅速地恢复起来，提高了劳动生产率，大大加强了苏维埃的社会主义经济基础，保证了趋于破裂的工农关系得以缓和下来，沿着正确的方向发展。新经济政策的实施，为人民群众物质文化生活的改善和政权的巩固创造了有利条件。

[①]　参见陈之骅主编：《苏联史纲 1917—1937》上，人民出版社 1991 年版，第 197—198 页。

　　新经济政策的实质是通过商品交换这一农民唯一可以接受的经济形式来建立社会主义工业同农民小商品经济的经济联系，以便在经济关系的基础上巩固工农联盟。从向社会主义过渡这个总的方向上看，新经济政策与"战时共产主义"相比，是作了一定的退却。但这种退却的本质是纠正冒进错误，使社会主义改造和建设回到客观规律所允许的道路上来。

　　新经济政策是苏维埃俄国从资本主义向社会主义过渡时期的基本经济政策。它在历史上第一次证明，在一个小农生产者占人口绝大多数的国家里，实行社会主义革命必须通过一系列特殊的过渡办法，即通过中间阶梯和多种过渡形式，首先建立以社会主义公有制占优势的多层次经济结构和发达的商品经济，在提高社会生产力的基础上进一步走向社会主义。它表明无产阶级执政党要把社会主义事业真正变成广大人民群众的事业，就不能照搬马克思主义的教条，而要在马克思主义原理的指导下依据本国国情来决定和调整政策。

　　新经济政策就本来意义而言，是俄国特殊历史条件下的产物，它的各项具体政策有一个形成、发展、演变的过程。这些具体政策在任何时候任何情况下都不会重现，但作为这些具体政策的基础的，是一般的政策和基本的指导方针。它们包括：在经济的基础上千方百计地巩固和发展工人阶级领导下的工农联盟；利用商品货币关系来发展国民经济；实行对劳动者的物质利益原则；在国家限制和调节的情况下允许资本主义成分的存在；利用国家资本主义作为中间环节和有效手段，发展社会主义工业，实现小农生产合作化；建立合理的经济管理体制，加强经济核算；等等。这些基本思想不仅对于俄国，而且对其他不发达国家的社会主义建设，都具有重要的启迪意义。邓小平对列宁的新经济政策就给予充分的肯定，他指出，社会主义究竟是个什么样子？"列宁的思路比较好，搞了个新经济政策"[1]。

第三节　列宁关于社会主义建设的基本理论

　　从 1917 年执政到 1924 年逝世，在生命的最后 7 年中，尤其是随着新经

---

[1]　《邓小平文选》第三卷，人民出版社 1993 年版，第 139 页。

济政策的实施，列宁对无产阶级取得政权以后，在像俄国这样一个经济文化比较落后的国家如何建设社会主义的问题，进行了深入思考。列宁思考的成果，集中反映在有关新经济政策的论述以及他晚年的几篇重要文章中，系统地提出了建设社会主义的新思路，形成了列宁关于社会主义建设的基本理论。

一、关于对社会主义的认识

十月革命后，在领导社会主义建设的具体实践中，列宁对社会主义阶段（共产主义社会第一阶段）的认识有了进一步的发展。他认为，社会主义阶段本身又可以分成若干阶段，先后提出了"发达的社会主义社会""初级形式的社会主义"，共产主义的"低级阶段""中级阶段""最高阶段"等概念。列宁说："怎样设想一个发达的社会主义社会，这也不困难。这也已经解决了。但是，怎样实际地从旧的、习惯了的、大家都熟悉的资本主义向新的、还没有产生的、没有牢固基础的社会主义过渡，却是一个最困难的任务。"[1] 列宁认为，共产主义有"低级阶段""中级阶段""最高阶段"之分[2]，"我们在剥夺了地主和资本家以后，只获得了建立社会主义那些最初级形式的可能"[3]。由此可见，社会主义在发展进程中将经历从不发达的阶段到发达的阶段。

不仅如此，由于社会主义处在实践中，一切必须从实际出发，列宁很快得出结论："对俄国来说，根据书本争论社会主义纲领的时代也已经过去了，我深信已经一去不复返了。今天只能根据经验来谈论社会主义。"[4] 特别是从"战时共产主义"转向新经济政策后，列宁于 1923 年 1 月更明确地指出："我们对社会主义的整个看法根本改变了。"[5] 所谓不能根据书本谈论社会主义，是指不能把马克思主义关于未来共产主义发展的理论和对未来共产主义社会基本特征的科学预测，当作教条主义，到处生搬硬套；所谓

---

① 《列宁全集》第 38 卷，人民出版社 2017 年版，第 120 页。
② 《列宁全集》第 39 卷，人民出版社 2017 年版，第 24 页。
③ 《列宁全集》第 38 卷，人民出版社 2017 年版，第 37 页。
④ 《列宁全集》第 34 卷，人民出版社 2017 年版，第 466 页。
⑤ 《列宁全集》第 43 卷，人民出版社 2017 年版，第 371 页。

"对社会主义的整个看法根本改变了"，是指必须把马克思主义普遍真理同本国的具体实际相结合，经过实践的检验，得出一系列新的结论。这些新的结论是：经济文化落后国家向社会主义的过渡期不是短暂的，将比发达国家经历更长的时期，任务更为艰巨；建设社会主义不能排斥商品货币，而要利用商品货币，大力发展商品经济；建设社会主义不能排斥资本主义，而要利用国家资本主义；不能把合作社看成是资本主义或国家资本主义，"在生产资料公有制的条件下，在无产阶级对资产阶级取得了阶级胜利的条件下，文明的合作社工作者的制度就是社会主义的制度"[1]，合作社的发展"等于社会主义的发展"[2]；要把工作重心从阶级斗争转向经济建设和文化建设。

列宁对社会主义的新认识，是对经济文化落后国家如何建设社会主义作出的开创性的探索，极大地丰富和发展了马克思主义的科学社会主义理论。

二、关于经济建设的思想

首先，建立大工业是社会主义真正的和唯一的基础。十月革命胜利初期，当苏维埃共和国刚刚巩固了红色政权并得到了和平"喘息时机"的时候，列宁立刻提出，苏维埃政权的当前任务是开始经济建设，党要把工作重心从政治的、军事的转到经济建设上来，还制定出一个详细全面的社会主义经济建设纲领。列宁的看法是："在任何社会主义革命中，当无产阶级夺取政权的任务解决以后，随着剥夺剥夺者及镇压他们反抗的任务大体上和基本上解决，必然要把创造高于资本主义的社会结构的根本任务提到首要地位，这个根本任务就是：提高劳动生产率"[3]。由于当时的俄国是一个经济发展相对落后的国家，建设大工业对于俄国的社会主义就具有特别重要的意义，并成为建设社会主义计划的重要组成部分。列宁说："建立社会主义社会的真正的和唯一的基础只有一个，这就是大工业。如果没有资本主义的大工厂，没有高度发达的大工业，那就根本谈不上社会主义，而对于一个农民国家来说就更是如此"[4]。在《宁肯少些，但要好些》一文中，列宁又把落后

---

① 《列宁全集》第 43 卷，人民出版社 2017 年版，第 369 页。
② 《列宁全集》第 43 卷，人民出版社 2017 年版，第 371 页。
③ 《列宁选集》第 3 卷，人民出版社 2012 年版，第 490 页。
④ 《列宁全集》第 41 卷，人民出版社 2017 年版，第 301—302 页。

的俄国建设成工业化的强国比喻为从农民的、庄稼汉的、穷苦的马上，跨到大机器工业、电气化的马上。列宁强调说，工业化是俄国社会主义的希望所在。

其次，农业是国民经济的基础，农业合作化是引导农民走向社会主义的正确道路。农业问题，关系到市场的安排和人民生活提高的问题。在落后的俄国，农产品和以农产品为原料的轻工业品在消费品构成中占了很大的比重。农业生产发展了，农民生活得到改善。这不仅能够调动广大农民生产的积极性，而且还能为工业提供原料，积累资金和开辟广阔的市场。发展工业不仅需要粮食，还需要农业原料。因此，必须发展多种经营。正是因为农业的重要，所以列宁说，要把农民提到第一位。在《论合作社》一文中，列宁提出了通过合作制形式用社会主义原则改造农业，引导农民走向社会主义的著名的合作社计划。列宁认为，合作社组织是在农民个人利益服从国家利益的前提下，把个人利益和国家利益结合起来的最好形式，也是农民十分熟悉的生产消费组织。合作制对引导农民走向社会主义具有十分重要的意义，有了完全的合作化条件，我们也就在社会主义基地上站稳了。

三、关于国家机关建设的思想

十月革命后建立起来的苏维埃政权，按其性质来说与旧政权是不同的，但后来却受到官僚主义的污染、侵蚀，不断暴露出文牍主义、滥用职权、拖拉推诿、贪污腐化等弊病。列宁深切感到这些现象的存在，已影响到国家机关同群众的密切联系，有使苏维埃政权由社会公仆变为社会主人的危险趋势，也严重干扰着生气勃勃的社会主义建设事业。因此，改革国家机关，实现机关工作的革命化、科学化，克服官僚主义，提高工作效率，就成为一项十分重要的紧迫任务。"如果没有'机构'，那我们早就灭亡了。如果不进行有步骤的和顽强的斗争来改善机构，那我们一定会在社会主义的基础还没有建成以前灭亡。"①

为了改善国家机关的工作，列宁认为必须大力精简国家机关。机构庞大、人员过多，容易造成互相推诿、公文旅行的坏风气。在这些人中，英勇

---

① 《列宁全集》第41卷，人民出版社2017年版，第382页。

肯干的人可能只有几十个，而游手好闲、怠工或半怠工、钻在公文堆里的人却有几百个，这种对比往往使我们生气勃勃的事业断送在文牍的汪洋大海里。所以，一定要把国家机关精简到最低限度。对国家机关及其工作人员，应该遵守一条规则：宁可数量少些，但要质量高些。

反对官僚主义是改造国家机关的一项重要任务。列宁对官僚主义深恶痛绝，认为它是发展社会主义事业的严重祸害，必须坚决消除。反对官僚主义要广泛发扬社会主义民主，为广大劳动人民运用民主权利和自由提供物质条件。特别是通过公职人员作工作报告等办法，使政权机关进一步接近群众。要改进工作作风，提高工作效率，反对装腔作势、滥发文件和乱作指示。要明确国家机关的工作内容和职责范围，建立健全各项规章制度。

列宁从当时情况出发，把改组工农检查院作为改造国家机关的重点，强调要让工农群众参与和监督国家事务。他对工农检查院效率低的情况提出严肃的批评，提出不仅要改组工农检查院，而且还要把改组后的工农检查院同中央监察委员会结合起来，并把一心为社会主义事业奋斗、受过教育的有知识的优秀分子选进工农检查院工作。

四、关于文化建设的思想

落后国家的主要困难在于经济不发达，这种情况的直接原因是文化不发达。列宁认为，发展社会主义文化教育事业是社会主义建设的重要组成部分。只有当居民具有高度的文化水平，创造出比资本主义更高的劳动生产率时，才能彻底挖掉资本主义的根子。没有高度的文化水平，要建成社会主义是不可能的。因此，必须大力加强文化建设，特别是在农民中进行文化教育工作。

列宁提出了开展社会主义文化建设的广泛任务，以及必须掌握的原则和政策。其内容主要包括：一是文化教育必须为无产阶级专政和社会主义建设的总任务服务。党的各级领导要重视和积极参与国民教育和文化科学事业的工作。二是要批判地继承人类历史上的优秀文化遗产。对文化革命应采取谨慎态度。在文化问题上急躁冒进是有害的，对文化采取虚无主义态度也是荒谬的。要充分利用科学、技术和资本主义俄国遗留下来的一切有用的东西。三是要大力发展文化教育事业。从俄国文化落后的实际出发，首先要普及国民教育。同时，要注意普及与提高相结合，采取多种教育形式，建立发达的教育网，大力提高人民的文化水平。四是要大力培养无产阶级知识分子，造就一批有共产主义觉悟并掌握先进科学技术的经济建设人才和其他方面的专门人才。同时，要大胆使用来自旧社会的知识分子，充分发挥他们的作用。五是要重视人民教师队伍的成长，关心他们的工作和生活，提高他们的政治地位和物质待遇。六是要不断地增加文化教育经费，为发展文化教育提供物质保证。要把精简机构以及其他部门节约下来的开支，用于发展文教事业。

五、关于执政党建设的思想

列宁认为，共产党是建设社会主义的领导力量。要巩固无产阶级专政，就必须不断地加强党的建设，揭露和批判工人运动内部和党内的机会主义派别。他指出，党的思想上和组织上的统一对于执政党来说具有特殊的意义。党内不允许有派别活动。执政党需要有极其严格的纪律，这种纪律无论被领导者还是领导者都要遵守。执政党要注意纯洁自己的队伍，提高党员的质量，不让那些不可靠的、企图升官发财的分子钻进党里来，必须把野心家、欺骗分子、官僚化分子、不忠诚和不坚定的分子从党内清除出去。

列宁认为，党的中心任务是搞好经济建设。为了适应新时期总任务的要求，党在组织形式上和工作方法上要作相应的改变，尽力提高工作水平。党应该领导国家政权的全部政治、经济工作，但是党不能代替政权，党的这种领导要通过政权机关来进行，党政之间应有各自的职权范围。集体领导是党的领导的最高原则，但同时要实行个人负责制度。党必须有一批富有才能、经过考验、受过长期教育和专门训练，并能彼此密切配合的领袖。但是领袖不是天使，不是圣人，对领袖的缺点错误也可以进行批评。如果培植对领袖的个人崇拜，那是非常危险和有害的。党要正确地培养和选拔干部。党员群众要以模范行动参加社会主义建设事业。党执政后，很容易陷于骄傲自大、脱离群众、贪污腐化和官僚主义的境地，因此必须善于看到自己的弱点，和人民群众保持密切的联系，必须坚决同最可恶的官僚主义作斗争。要充分发扬党内民主，实行自下而上的群众监督。

六、关于对外开放交往的思想

列宁认为，社会主义国家在资本主义包围的情况下，实行对外开放是非常必要的。要建设社会主义，就必须掌握技术。掌握科学，并为更广大的群众运用它们，而这种技术和科学只有从资产阶级那里才能获得。列宁的基本结论就是"苏维埃政权+普鲁士的铁路管理制度+美国的技术和托拉斯组织+美国的国民教育等等等等++＝总和＝社会主义"①。

列宁认为，苏维埃国家除了在政治经济制度方面占有绝对优势外，而在经济领域其他任何一个方面，都以劣势的一方出现在世界经济关系中，这种劣势包括技术落后、设备陈旧、资金短缺、管理混乱、人才奇缺、文化教育低下等。针对这些情况，列宁提出苏维埃国家应实行多种内容的经济开放，从多方面发展同发达国家之间的经济活动：一是抓住有利时机，大胆引进外资和先进的机器设备，加强重点建设；二是用高薪聘请外国优秀专家，吸收外国先进工人参加苏维埃的经济建设；三是向资本主义国家学习先进的"管理制度"和经营方式；四是伴随着经济的开放，逐步实行文化、教育、科技等开放。

列宁不仅从社会主义国家发展战略的高度来分析同国际资本交往的必要性，而且清醒地看到这种开放交往同时包含着严重的斗争。因此，反复强调党在同国际资本往来中应坚持的原则和策略。首先，在同国际资本往来中必须维护国家政治经济独立，绝对不能丧失国家的政治、经济权益。其次，以自力更生为主、争取外援为辅。作为一个落后的社会主义大国，发展工业的资金不能完全靠外国贷款，必须主要依靠内部积累。再次，要合乎实际需要而学习外国。引进外国技术设备和学习外国管理经验，要结合本国的实际情况。最后，坚持开展反对资产阶级思想腐蚀的斗争。

第四节　社会主义制度的建立及苏联模式的形成

列宁去世以后，在斯大林领导下，苏联社会主义建设取得了许多重大进

---

① 《列宁文稿》第3卷，人民出版社1978年版，第94页。

展和成就。苏共采取新的措施，加速推进国家的工业化和农业集体化，建立了社会主义制度，为苏联成为世界强国奠定了基础。苏联人民同国内外敌对势力进行了坚决的斗争，取得了反法西斯战争的伟大胜利，保卫了世界上第一个社会主义国家。斯大林在领导苏联社会主义建设过程中，形成了苏联模式，既坚持和发展了马克思列宁主义，又在认识和实践上出现了一些严重失误。

一、国家工业化和农业集体化的推进

只有加快实现国家工业化，才能为社会主义奠定坚实的物质基础，在这个问题上，斯大林的认识和列宁的思路是一致的。在推进工业化过程中，斯大林出于对当时国际形势的判断，对社会主义俄国处境的考虑，明确提出了优先发展重工业、高速推进工业化的方针，并由此带动和加快了农业集体化的进程。

随着新经济政策的实施，苏联国民经济得到了基本恢复，苏联党和政府随即把实现国家工业化的任务提上了日程。1925 年 12 月，联共（布）十四大提出实现社会主义工业化的方针，决定把苏联从农业国变为工业国。随后联共（布）中央全会又制定了实现社会主义工业化的具体纲领，苏联工业化的进程由此开始。对于苏联来说，实现社会主义工业化意义重大，但难题很多。围绕工业化问题，斯大林提出一系列新的看法和观点，这些看法和观点成为苏联加快推进工业化进程的指导思想。

斯大林认为，实现工业化的出发点，就是要迅速改变苏联的落后状态，使苏联成为一个独立自主的工业强国，巩固社会主义制度。他说："工业化的任务不仅要增加我国整个国民经济中工业的比重，而且要在这种发展中保证受资本主义国家包围的我国在经济上独立，使我国不致变成世界资本主义的附属品。处于资本主义包围中的无产阶级专政的国家，如果自己国内不能生产生产工具和生产资料，如果停留在这样一个发展阶段，即不得不使国民经济受制于那些生产并输出生产工具和生产资料的资本主义发达的国家的阶段，就不可能保持经济上的独立。停留在这个阶段就等于让自己隶属于世界资本。"① 他明确指出，工业化的中心和基础，是优先发展重工业。资本主

---

① 《斯大林选集》上卷，人民出版社 1979 年版，第 462 页。

义国家的工业化过程，一般都是从轻工业开始的，有了积累以后，再转向重工业。而斯大林之所以强调要优先发展重工业，主要是从苏联所处的国际环境出发的。他曾总结说："没有重工业就无法保卫国家，所以必须赶快着手发展重工业，如果这件事做迟了，那就要失败。"[①] 实现工业化，还要有高速度。在斯大林看来，工业化的速度在很大程度上决定着苏联国家的命运和前途。"延缓速度就是落后，而落后者是要挨打的。"[②] 他认为苏联有丰富的资源，有共产党和苏维埃政权的领导，有能够避免资本主义经济危机的计划经济，而且工业化发展完全符合全社会的利益，实现高速度发展不仅是必要的，而且是可行的。

从 1928 年开始，苏联通过五年计划的方式，有计划、有步骤地展开了大规模工业化建设。经过两个五年计划，苏联建成了一大批新的工业部门，基本完成了国民经济的技术改造，建立起比较牢固的工业化基础，使苏联从一个落后的农业国迅速转变为一个强大的工业国。到 1937 年，苏联的工业总产值跃居欧洲第一位、世界第二位。

苏联的工业化道路是在特定的历史条件下形成的，它创造了工业化的奇迹，为苏联能在险恶的国际环境中立于不败之地，能最终战胜法西斯的侵略奠定了重要的基础。在苏联工业化过程中，确立优先发展重工业的方针，强调高速度、高积累等，具有一定的必要性与合理性，但在许多方面也违背了经济建设的客观规律，产生了严重的片面性，使国民经济出现了结构性的失调。同时，由于工业化完全是在国家指令性计划指导下进行的，逐渐形成了一个无所不包、中央高度集权的计划经济管理体制。这些问题在短时期发展中并不明显，但在长期的持续发展中必然会产生不良的影响。

在推进国家工业化的同时，苏联也开始了农业集体化的进程。1927 年12 月，联共（布）召开了第十五次代表大会，着重讨论了农业问题。大会通过了《关于农村工作》的决议，决定开展农业集体化。在农业集体化开展初期，斯大林并没有急于推进，而是主张逐步展开。但他很快改变了思路，加快了集体化的进程。因为随着工业化的迅速推进，对粮食和其他各种

---

① 《斯大林选集》下卷，人民出版社 1979 年版，第 496 页。
② 《斯大林选集》下卷，人民出版社 1979 年版，第 273 页。

农产品的需求不断增多。而当时农业生产发展很缓慢，跟不上工业化发展的要求，出现粮食短缺的问题。斯大林认为，加速集体化是解决工业化用粮和其他农产品采购问题的根本途径，只要建立起大规模的、机械化的集体农庄和农场，就可以使苏联农业有一个大发展，就可以一劳永逸地解决粮食问题。据此，他提出了全盘实现农业集体化的方针。1929年11月，斯大林发表了关于在全国开展农业集体化运动的讲话，集体化速度开始加快。

1930年1月，联共（布）中央通过《关于集体化的速度和国家帮助集体农庄建设的办法》的决议。决议根据各地不同的情况，把全国分为三类地区，要求在三年内分别完成集体化。决议指出土地使用权和生产资料公有的农业劳动组合为现阶段集体农庄的主要形式，并规定对富农由限制政策变为消灭政策。这样，苏联农业全盘集体化迅速展开。到1932年底，加入集体农庄的农户已占全国总农户的60%以上，集体农庄的耕地面积已占全国总耕地面积的70%以上。[①] 1933年1月，联共（布）中央宣布：把分散的个体小农经济纳入社会主义大农业的轨道的历史任务已经完成。

苏联农业集体化的实现，完成了对传统农业的深刻改造，使苏联的农业从个体经济变为集体经济。它为苏联的工业化创造了条件，也为苏联农业机械化、现代化的发展打下了基础。但苏联农业集体化的推进，从任务的提出到解决任务的方式，不完全是基于农业发展的自身要求，而主要是从实现工业化的现实需要出发的。因此，农业集体化本身就隐含了对农业改造和发展规律认识不足的弊端，必然带有急于求成的因素，也就不可避免地要出现违反自愿原则、忽视农民利益、过多地采用行政命令手段等问题。这样一些问题的存在，伤害了农民的积极性，也对后来的苏联农业发展产生了很大的负面影响。

与此同时，斯大林还逐步改善和拓展了苏联的外交关系。苏联先是同英、法逐步改善了关系，1933年又同美国正式建交。1934年苏联被接纳加入国际联盟并担任常任理事国，完全走出了建国初期被孤立的处境，并以大国身份进入了国际舞台。

----

① 参见赵曜、秦刚主编：《科学社会主义：从马克思到邓小平》，江苏人民出版社1998年版，第235页。

二、社会主义制度的建立和发展

斯大林继承和发展了列宁关于社会主义可能在一国或数国首先取得胜利的思想，形成了较为完整的"一国建成社会主义"理论。他认为，俄国虽然处在资本主义包围中，但俄国拥有建成完全社会主义所必需的一切，它能够依靠自身的力量，克服内部矛盾，在一国范围内建成社会主义。这一理论正确地解答了时代提出的重大课题，从总体上把握了苏联社会主义的前途和命运，符合劳动人民群众要求建设社会主义的强烈愿望，并直接指导苏联人民开创了社会主义建设的新局面。

随着国家工业化和农业集体化的实现，苏联社会发生了重大变化，生产资料公有制已在国民经济中占绝对支配地位。1936 年，苏联工业总产值占国民经济的 75%，农业占 25%。在工业中，社会主义工业的产值已占 99.96%，私营工业已经被排挤消失了；在农业中，83% 的农户已参加了集体农庄，集体农庄在播种面积方面已约占 98%。[①]

为了把社会主义改造和建设的成就用法律的形式固定下来，1936 年 11 月苏维埃召开第八次非常代表大会，通过苏联新宪法。斯大林在《关于苏联宪法草案》的报告中指出："苏联社会已经做到在基本上实现了社会主义，建立了社会主义制度，即实现了马克思主义者又称为共产主义第一阶段或低级阶段的制度。这就是说，我们已经基本上实现了共产主义第一阶段，即社会主义。"[②] 新宪法明确规定，苏联是工农社会主义国家，它的经济基础是生产资料的社会主义所有制，实行各尽所能、按劳分配的原则；它的政治基础是各级劳动者代表苏维埃。新宪法的颁布，标志着社会主义制度在苏联已经建立起来。斯大林继承了列宁开创的事业，顺利完成了苏联的社会主义改造，创立了社会主义制度，这是他的重要历史功绩之一。苏联社会主义制度的建立，对世界社会主义运动的发展产生了极大的影响，发挥了巨大的榜样作用。

随着社会主义制度的建立，苏联的社会发展进入一个新的历史时期。但

---

① 参见许耀桐：《社会主义的本质和特征》，华中师范大学出版社 1993 年版，第 24 页。

② 《斯大林选集》下卷，人民出版社 1979 年版，第 399 页。

随即发生的第二次世界大战，打乱了苏联社会主义建设的进程。在第二次世界大战中，斯大林领导苏联人民打败法西斯，取得了反法西斯战争的胜利，保卫了世界上第一个社会主义国家，并帮助东方国家打败了日本军国主义，大大地动摇了帝国主义的统治。在反法西斯战争中，苏联社会主义制度经受了严峻的考验，也展现了它的优越性。在战后极端困难的条件下，斯大林领导苏联人民恢复和发展国民经济，提前完成了第四个五年计划。到1950年底，苏联的工业产量大大超过第二次世界大战前，国民收入大幅增加，科技、教育和文化事业也都有了长足的发展，苏联的大国地位得到进一步的全面加强。1949年苏联成功研制试爆了自己的第一颗原子弹，1953年又成功试爆了第一颗氢弹，打破了美国的核垄断，跻身世界主要核大国行列。苏联的社会主义建设和发展，鼓舞了其他社会主义国家的建设，鼓舞了全世界的社会主义运动、民族殖民地解放运动和一切争取人类进步的运动。

斯大林领导苏联党和苏联人民建立了社会主义制度，坚持和发展了科学社会主义基本原则，但他在思想认识上也存在片面性，在实践中产生了一些严重偏差，形成了苏联模式，对苏联社会主义制度的发展造成不良影响。

三、苏联模式的形成和基本特点

苏联模式是指由斯大林时期形成的高度集中的社会主义体制。因此，苏联模式也称斯大林模式或传统社会主义模式。苏联模式的形成，是苏联社会主义经济体制、政治体制和文化体制的形成过程。

（一）苏联模式的形成

1. 高度集中经济体制的形成

从1926年开始，苏联中止了新经济政策的实行，进入建立社会主义经济基础（1926—1932年）和完成国民经济的社会主义改造（1933—1937年）的历史时期。工业化和农业集体化是这一时期两场最大的运动。随着工业化和农业集体化的展开，苏联先后在1929—1932年、1932—1934年对经济体制进行几次较大的改组：一是实行国民经济的计划化。20年代后半期，主要是采用年度控制数字的形式制订年度计划。到20年代末以后，逐渐转向直接和全面的计划。二是在20年代划分经济区的基础上，进一步完成和调整经济区划，建立了边区和州。每一个新建的边区和州都是一个在全苏分工中执行独立职能的大经济行政区。在各个边区和州都建立了计划机构分支网。三是改组工业管理机构，建立部门联合公司，在建立联合公司的同时，改革了最高国民经济委员会的机构，建立了部门性的和职能性的局、处，形成了部门性的工业人民委员部，按部门特征加强垂直领导。其工业管理结构是：人民委员部的总管理局—联合公司—托拉斯—企业。后来，又将工业分为全联盟、共和国和地方分管三种类型。一切管理机关都按生产区域管理制建立起来。撤销了人民委员部驻地方的全权代表。形成了部—总局—托拉斯—企业，或部—总局—企业的管理体制。到 30 年代中期，苏联高度计划管理的社会主义经济体制基本定型。

2. 高度集中政治体制的形成

1936 年 12 月 5 日，苏维埃第八次非常代表大会通过了《苏维埃社会主义共和国联盟宪法》，宣布苏联的剥削阶级已被消灭，剩下了工人阶级、集体农民和知识分子，苏联建立了社会主义社会。宪法规定，苏联各级国家权力机关为：苏联最高苏维埃，加盟共和国最高苏维埃，自治共和国最高苏维埃，边疆区、州、自治州、市、区、村劳动者代表苏维埃。苏联人民委员会是苏联国家权力的最高执行及号令机关。它对苏联最高苏维埃负责并报告工作，在苏联最高苏维埃休会期间，对苏联最高苏维埃主席团报告工作。宪法规定，苏联最高法院为全苏联最高审判机关。各级法院审理案件，除法律有特别规定者外，均有人民陪审员参加，并公开进行。法官独立，只服从法律。各级检察机关也独立行使职权，不受任何地方机关的干涉，只服从苏联总检察长。此外，宪法还对苏联共产党在苏维埃社会中的领导地位作了明确的规定。这样，苏联高度集中的政治体制最终确立了。

3. 高度集中文化体制的形成

1922 年 11 月，"十月"文学组织成立，以后逐渐发展成为俄罗斯无产阶级作家联合会（简称"拉普"）。"拉普"之下有众多的文艺组织和团体。"拉普"的存在和活动，反映了苏联社会主义文化建设十分活跃，也出现了许多流派之间激烈的争论。1932 年 4 月，联共（布）中央通过《关于改组文艺组织》的决议。决议认为，在新经济政策年代，异己分子在文学界的影响还相当大，无产阶级文学的骨干队伍尚很微弱，党曾用各种方法在文学艺术领域中帮助建立和巩固无产阶级作家和艺术家的地位。现在，无产阶级的文艺骨干已经成长起来了，现有的无产阶级文艺组织（"拉普"）正在妨碍文艺创作的大规模发展。为此，联共（布）中央决定：（1）取消无产阶级作家联合会（"拉普"）；（2）把一切拥护苏维埃政权的纲领并且乐于参加社会主义建设的作家联合到统一的苏联作家协会中去，在协会中设立共产党的党团。"拉普"的命运至此告终。从 20 世纪 20 年代初开始到 30 年代，在哲学界发生了德波林学派和"机械论"者之间的争论，在经济学界发生了关于社会主义经济规律的争论，同时，在科学界也出现了米丘林、李森科与魏斯曼关于生物基因遗传学说的争论。这些正常的文化科学学术争论，后来都由于斯大林的介入和干预，从政治和行政上强行作出结论，压制了不同意见的学术讨论。这样，形成了苏联高度思想统一的文化体制。

4. 苏联模式的历史作用

苏联模式所采取的高度集中的经济体制、政治体制和文化体制，是同当时的历史条件相联系的。它基本上适应了在资本主义包围下巩固苏维埃政权、建设社会主义的需要，保证了在较短时间内实现社会主义工业化。工业中广泛采用了先进的技术设备和工艺流程，农业中基本实现了机械化。整个国民经济迅速发展，缩小了与资本主义国家的差距。到 20 世纪 30 年代末 40 年代初，苏联的工业总产值跃居欧洲第一位、世界第二位，仅次于美国。第二次世界大战爆发后，高度集中的体制极有利于迅速动员全国人力物力支援前线，使苏联在遭到德国法西斯突然袭击时很快能转入战时体制，进行卫国战争。在整个战争期间，苏联共生产出飞机 13 万架，坦克 10.5 万辆，各种火炮 48.8 万门，迫击炮 34.8 万门，[①] 大量军火、物资源源不断地运往前线，从而保证了战争的胜利。苏联经济的迅速发展，能在 4 年内彻底打败德国法西斯，与它高度集中的社会主义体制是分不开的。

（二）苏联模式的基本特点

1. 苏联模式经济体制的特点

一是生产资料所有制实行全民所有和集体所有两种社会主义公有制形式。社会主义全民所有制是通过剥夺资本主义私有制建立起来的，并随着大

---

① 参见刘克明：《苏联军事化经济的形成、发展及主要历史教训——苏联剧变的经济根源探讨》，《东欧中亚研究》1992 年第 5 期。

规模的社会主义生产建设不断壮大。社会主义全民所有制采取国家所有制形式，它的生产资料和产品归代表全体人民的国家所有。全民所有制的特点是，它掌握着强大的经济力量，在整个社会主义国民经济中居主导地位。由于社会生产力尚不发达，还存在生产资料的集体所有制形式。集体所有制是生产资料归一个集体经济单位的劳动群众所有制，主要是农村的集体农庄。在集体农庄中，虽然生产资料（土地、机器）也属于国家，但是因为国家交给集体农庄的土地是供其长久使用的，实际上是由集体农庄当作自己的财产来支配的。所以，国家不能支取集体农庄的劳动和产品。斯大林认为，全民所有制即国家所有制，是社会主义公有制的高级形式；集体所有制即部分劳动人民所有制，是社会主义公有制的低级形式；集体所有制必须逐步过渡到全民所有制。

二是限制商品生产和交换。既然全民所有制的生产资料和产品都属于国家，因此，全民所有制的各个企业之间已经不存在商品生产和货币交换的关系。由于全民所有制和集体所有制的生产资料都具有公有性质，两种所有制之间的生产资料也不存在商品交换关系。但是，全民所有制和集体所有制的产品却属于不同的经济主体，它们之间的交换，还只能按照商品交换来进行，这就决定了商品生产和商品交换在一定范围内仍不可缺少，商品生产和商品交换还不能被废除。不过，斯大林指出，这已经"不是通常的商品生产，而是特种的商品生产，是没有资本家参加的商品生产，它所涉及的基本上都是联合起来的社会主义生产者（国家、集体农庄、合作社）所生产的商品。它的活动范围只限于个人消费品"①。商品生产范围的缩小，使价值规律发生作用的范围受到了严格的限制，价值规律在社会主义生产中已没有调节的意义，只有一些影响作用。

三是实行指令性的计划经济。由于国家控制了全部国有化企业，经济决策权便完全掌握在国家手中。在工业方面，国家对经济的管理权限上至宏观经济的决策，即整个国民经济发展的战略性问题（如增长速度、消费和积累在国民收入中分配的比例、投资基金在国民经济各部门的分配、消费基金在集体和个人消费之间的分配，等等），下达企业的经营决策（如产品的规

① 《斯大林选集》下卷，人民出版社1979年版，第551页。

模和构成、投资的规模和构成、供销关系的处理、劳动报酬的具体形式和方法，等等），形成以行政手段作为经济管理方法的国家统制经济体制，实行严格的指令性计划经济。在农业方面也是如此，国家建立了一套农业集中计划管理体制，其主要内容包括国家根据全国需要来制定农业发展计划，农业技术设备由国家集中掌握，实行义务交售制，规定义务交售价、收购价和市场价等农产品价格制度。国家通过制定和修改集体农庄章程来影响农庄内部的经营管理和分配制度等。

2. 苏联模式政治体制的特点

主要是实行高度中央集权的一党制。与经济上实行指令性计划经济的集中统一管理体制相适应，苏联模式的政治体制同样采取中央集权制的形式。从中央到地方都建立了高度集中的组织机构，实行党的集中统一领导。斯大林本人 1922 年出任党的总书记，在 20 世纪 40 年代起又兼任人民委员会主席（即后来的部长会议主席）、国防人民委员（即国防部长），并亲任苏联武装力量最高统帅。各级领导干部的选举只是流于形式，实际上是由上级任命和罢免的，就连工厂的经理和厂长及其他管理人员，也都由国家任免。他们只对上级负责，而不能很好地接受群众的监督。领导干部可以无限期地连选连任，形成事实上的终身制，并且搞个人指定接班人。高度集权的政治体制实质上是个人集权，造成了机构臃肿，官僚主义严重，党内缺乏民主，盛行"一言堂"，专断独行，社会主义法制不健全。

3. 苏联模式文化体制的特点

党确立了马克思列宁主义的指导思想地位；提倡共产主义道德和价值观念，提倡集体主义精神，反对个人主义；提倡为社会主义事业勤奋工作、忘我献身，并通过树立典型人物的方法，引导和激励人民成长为健康、高尚的人。但是，这种宣传教育走到了极端。它把集体主义同个性发展对立起来，推行对领袖的个人崇拜。实行舆论阵地的垄断和思想的高度一致。党通过控制宣传舆论工具，极有成效地"统一"了人们的思想活动、娱乐方式、审美情趣，结果是"众口一词""千人一面"，盲从心理迅速膨胀。在中央统一的意识形态管理目标和管理体制下，新闻舆论长期报喜不报忧，无形中助长了说假话、说大话、说空话的现象。强求思想上的"一律"，也使社会科学和自然科学的研究出现"禁区"和"独霸"的局面。一种理论一旦被党的领导人所赞扬、肯定，就是"永远正确"，不容许怀疑和任何的批评意见。这种"定于一尊"的思想还支配了文学、艺术、教育等各个领域，阻碍了科学和文化的繁荣，并且以行政手段粗暴地干预思想文化的管理，其解决思想问题和学术问题主要依靠开展有组织的"学术批判"。

（三）苏联模式的根本弊端

苏联模式的经济、政治和思想文化方面的基本特点说明，它们之间是互相联系、互相渗透、互相补充的一个整体。而贯穿其中各层次、各方面的根本弊端，就在于高度集中，这实质上乃是过度集中，走向反面。

在苏联模式经济方面的三个特点中，高度集中形成的指令性计划经济是其核心。推行指令性的计划经济，必然要求国家（通过各级政府）成为这种计划经济的行为主体。在苏联模式的政治方面，中央政府是国家的最高行政权力机关，权力过分集中于中央，乃势之所趋，实行中央集权的部门管理体制是必然的结果，党是整个国家的领导核心，可以最有效地保证中央权力畅通无阻和快速运转。在苏联模式思想文化方面的特点中，高度的思想集中统一是其核心。一切听上面的，排斥了个性，扼杀了人的独立思考性，才会导致个人崇拜的极端发展，也使行政手段蛮横干预思想文化的管理方法畅行无阻。

由于苏联是世界上第一个社会主义国家，因此在社会主义由一国向多国发展的过程中，后来的社会主义国家也都仿照苏联模式进行社会主义建设，建立了高度集中并导致权力过分集中的政治经济体制。苏联模式的推广曾经产生过积极作用，帮助没有经验的新兴社会主义国家建立起社会主义基本制度。但由于在学习中出现了把苏联模式绝对化，照抄照搬、机械套用的做法，特别是苏联以大党主义、大国主义的方式迫使一些国家接受苏联模式，给这些国家的社会主义发展埋下了隐患。

第　四　章

东欧社会主义国家的建设和苏东剧变

第二次世界大战结束后，在苏联的带动下有不少东欧和其他的国家走上社会主义道路。然而，20 世纪 80 年代末 90 年代初苏联以及东欧社会主义国家"多米诺骨牌"式的社会制度剧变，却使蓬勃兴起的世界社会主义运动遭受严重挫折。从深层次上研究和总结共产党或工人党执政的苏联与东欧社会主义国家的兴衰成败，探索和思考执政党长期执政应具备的能力素质和所应规避的风险挑战，具有十分重要的理论意义和现实意义。

第一节　社会主义从一国到多国的发展

20 世纪 40 年代苏联反法西斯战争的胜利，使得苏联社会主义的威望在世界上得到进一步彰显和认同。在苏联社会主义的积极推动下，东欧相继建立了 8 个人民民主国家。东欧人民民主国家在建立的初期，一般都经历了两个发展阶段。第一阶段主要完成民主革命任务，铲除法西斯主义和封建主义残渣余孽，进行土地改革。第二阶段主要开展社会主义革命，实现工业国有化，发展农业生产合作社等，迅速恢复和发展国民经济，奠定社会主义经济基础，建立社会主义国家。社会主义实现了从一国到多国的飞跃发展，国际共产主义运动事业达到如日中天的境地。

一、东欧社会主义国家的建立

东欧社会主义国家主要是指南斯拉夫、波兰、罗马尼亚、捷克斯洛伐克、匈牙利、保加利亚、阿尔巴尼亚、德意志民主共和国 8 个国家。这些国家原本经济文化社会各方面都较为落后，并不具备实现社会主义的条件，但因为有效地利用了当时反法西斯战争胜利的国际条件，依靠本国武装斗争，同时，也接受了苏联给予的直接或间接的帮助，才先后发展成为社会主义国家。上述八国均是在第二次世界大战后由共产党执政，走上社会主义道路，开始社会主义建设的。

（一）南斯拉夫社会主义联邦共和国的建立

1941 年，第二次世界大战期间，南斯拉夫受轴心国纳粹德国法西斯入侵，国土面临被瓜分的困境。在民族危亡之时，以铁托为领导人的南斯拉夫共产党组建游击队，领导本国民族独立解放运动，与外敌展开武装斗争。历经四年的艰苦奋战，并在盟军的军事支持之下，南斯拉夫共产党带领本国人民击败法西斯反动势力，建立了一支强大的革命武装力量，在 1945 年 5 月获得全境解放，并于年底成立联邦人民共和国，后又改为社会主义联邦共和国。1947 年，南斯拉夫开始执行第一个五年计划，进入社会主义建设时期。[①]

（二）波兰人民共和国的建立

波兰是位于欧洲中部的一个国家。第二次世界大战期间，波兰也受到纳粹德国的入侵。1938 年，波共被错误解散。1942 年，哥穆尔卡领导成立统一工人党。1944 年 7 月，苏波联军攻进波兰境内。1947 年 1 月，建立人民共和国。战后，哥穆尔卡主张走符合本国国情的发展道路。[②]

（三）罗马尼亚社会主义共和国的建立

罗马尼亚地理位置隶属欧洲东南部巴尔干半岛。第二次世界大战中，在苏联红军的帮助下，罗马尼亚共产党领导人民开展反法西斯战争，推翻亲纳粹安东尼斯库政权。1945 年，第一届民主政府成立。随后，颁发了国有化法令，把国民银行收归国有。1947 年 12 月，成立人民共和国，后又改为社会主义共和国。[③]

---

① 参见高放、李景治、蒲国良主编：《科学社会主义的理论与实践》，中国人民大学出版社 2008 年版，第 121 页。

② 参见王志连：《"波兰式道路" 及其历史命运》，《东欧中亚研究》1997 年第 3 期。

③ 参见 [罗] 厄文·胡迪拉：《罗马尼亚人民共和国国民经济的发展》，惠赓译，世界知识出版社 1964 年版，第 3—4 页。

（四）捷克斯洛伐克社会主义共和国的建立

捷克斯洛伐克曾是资产阶级共和国。1939 年，该国领土遭到纳粹德国出兵侵占。捷克斯洛伐克共产党领导国内武装力量，开展反对外敌入侵斗争。1943 年 12 月，签订新的捷苏友好条约。1944 年，在苏联红军的帮助下，解放了斯洛伐克、捷克等地。1945 年 5 月，解放全境，人民共和国正式成立。1960 年，改为捷克斯洛伐克社会主义共和国。①

（五）匈牙利人民共和国的建立

匈牙利原本是君主制国家。第二次世界大战期间，匈牙利同样受到纳粹德国的侵略。1945 年，匈牙利也是在苏联红军的帮助下实现主权独立。1946 年 2 月，君主制被废除，匈牙利人民共和国建立。1947 年，以共产党为首的人民政府成立。②

（六）保加利亚人民共和国的建立

1944 年 9 月，保加利亚工人党领导的"祖国阵线"发动起义，全国获得解放。1946 年 9 月，建立了人民共和国。1947 年 4 月，通过了关于两年经济发展计划的法令。1948 年 12 月，通过了第一个五年计划。③

（七）阿尔巴尼亚社会主义人民共和国的建立

20 世纪 40 年代初，意大利、纳粹德国先后入侵阿尔巴尼亚。1941 年，由恩维尔·霍查领导的共产党带领人民进行反法西斯斗争。1944 年 10 月，战争取得胜利，全国解放。1946 年 1 月，制宪会议召开，宣布阿尔巴尼亚为人民共和国，后又改为社会主义人民共和国。④

（八）德意志民主共和国的建立

德意志民主共和国，即东德。1945 年 4 月，德国法西斯投降。德国领土被苏、美、英、法四国分区占领。1949 年 9 月，德国西部美、英、法三国占领区合并成立了德意志联邦共和国（联邦德国）。同年 10 月，德国东

---

① 参见［捷］尤利·克尔日热克：《捷克斯洛伐克共和国建国四十周年》，《历史研究》1958 年第 12 期。

② 参见高放、李景治、蒲国良主编：《科学社会主义的理论与实践》，中国人民大学出版社 2008 年版，第 123 页。

③ 参见刘燮：《保加利亚农业改革进程》，《今日东欧中亚》1996 年第 8 期。

④ 参见桂展鹏、江本武、左辉：《阿尔巴尼亚劳动党执政地位丧失的内因探析》，《福建党史月刊》2009 年第 10 期。

部苏占区成立德意志民主共和国（民主德国）。德意志民主共和国迅速发展经济，开始走上社会主义道路。[1]

东欧社会主义国家的陆续建立，形成了社会主义世界体系，促成社会主义力量在世界上的影响力和号召力，改变了战后国际形势以及两种社会制度的力量对比，也极大地振奋了其他国家走社会主义道路的信心。东欧社会主义国家的建立，是继俄国十月革命后社会主义运动发展史上又一次重大事件，是科学社会主义理论指导下的成功实践。上述东欧八个国家存在的数十年中，均坚持马克思主义在意识形态领域的指导地位，坚持共产党（或工人党、社会党）的领导，坚持社会主义制度和社会主义发展道路。也就是说，它们在社会性质、政治体制、指导思想等方面总体一致。当然，由于各国国情不同，摆脱旧社会制度的经历也不尽相同，甚至与苏联的关系疏密程度也不完全一样，它们之间存在一些差异。

二、苏东国家相互间的关系

苏联作为世界上第一个社会主义国家，其社会主义革命、建设等方面成功经验的推广，对于其他国家共产党发动革命、开启本国的社会主义道路有着非常重要的政治意义。在胜利走上社会主义发展道路的进程当中，东欧国家对于苏联经验的重视和学习以及接受苏联的支持和帮助等都是其中的重要因素。与此同时，东欧社会主义国家的建立，基于各国国情、历史、文化等方面的差异，必然具有各自不同的特点和表现。实际上，东欧国家的共产党在建设社会主义道路上，均认为既需要借鉴苏联的成功经验，更要紧密结合本国本地区的具体实际。不同民族的社会主义发展有其自身的特殊性，不应当完全照搬苏联模式。应当说，东欧国家共产党坚持这样的政治主张是有道理的，也符合社会主义运动发展的客观规律，需要给予重视和支持。苏联与东欧国家关系应该在达成这样一个基本共识的前提下发展和稳固。然而，20世纪50年代九国共产党情报局的建立和苏南关系的破裂，导致苏联和东欧国家的相互关系逐步向不正常的方向演变，社会主义阵营同盟关系出现了结构性弊病。

---

[1]　参见游殿书：《欧洲战略要冲——德意志民主共和国》，《世界知识》1983年第8期。

在冷战时期，苏联和东欧国家之间形成了一种大国大党主导和弱国小党被迫跟从的不平等的关系。苏联的强势推广与东欧国家盲从照搬，强化了苏联的大国主义、大党主义。这种非正常的关系导致东欧社会主义国家在经济、政治、文化等领域与苏联模式有着高度的同质性。这也为后来的苏东剧变埋下伏笔。为什么苏联与东欧国家会形成上述关系格局？或者为什么苏联在处理与东欧各国的关系上表现出强势地位？这要从战后苏联参与国际新秩序的重建所发挥的作用和所扮演的角色中寻求答案。

第二次世界大战后，对欧洲未来安排的构想成为反法西斯大国首先要考虑的问题，而东欧各国的领土边界等问题的勘定既与它们的主权恢复密切相关，也与苏联等战胜国的政治利益紧密相连。同时，更深层次的原因还在于苏联旨在以此寻求与英美等国之间的利益平衡和利益交换。在上述国家利益问题的政治考量下，苏联直接参与了东欧社会主义国家国土边界等问题的勘定，苏东国家关系在战时的基础上由此得以进一步增强。苏联在处理东欧社会主义国家边界问题上的主导和干预，反映出其强势地位。苏东日后不平等的国家关系正是建立在这一基础上的延续和发展，执政党之间形成了父子党的关系。

在苏联的强势威压下，东欧各国在处理本党和本国事务问题上常常受到干扰，被迫照搬苏联模式。苏联体制的最突出特点是高度集权，在经济、政治、文化等领域均存在。苏联的政治体制是一套带有个人专断、民主缺失、监督失效、特权严重等特点的僵化的政治体制。东欧国家以此为榜样，纷纷效仿。苏联经济体制表现为过多依靠行政手段，重工业轻农业，重数量轻质量等特点。东欧国家也依此模仿，直接造成产业结构比例失调。例如，匈牙利的"一五"计划就规定，"一五计划全部投资额（共计509亿匈福林）中大约42%将用于工业生产，而重工业投资额将占全部工业投资额的86%"①。

从一定意义上说，苏东国家之间的关系是战时的党际关系在战后的延伸。苏联共产党与东欧国家共产党领导与被领导的关系，在战后继续演变成国家之间强势主导和服从效仿的关系。所以，东欧国家寻求本国各自特点发展道路的独立性难以得到保证，领土主权的独立性更难以真正拥有。这种非

①　郭洁：《试论战后匈牙利的"苏联模式化"》，《俄罗斯研究》2010年第2期。

正常的关系格局实际上伤害了东欧国家的民族情感，隐匿了许多本不该有的社会危机。苏东国家之间这样一种不正常关系的形成，还与国际共产主义准则的倡导紧密相关。在领导无产阶级革命运动过程当中，国际共产主义一般准则被提倡和坚守，而较少顾及各国的实际差异。在东欧陆续建成社会主义国家之后，这种状况一旦得以延续，势必与各国国家利益、民族利益产生分歧。坚持国际共产主义准则，强调意识形态的统一性，东欧国家必然普遍遵从苏联模式；强调国家利益至上，苏联东欧各国之间必然产生冲突。

当然，苏联模式强势推广的效果，因东欧各国国情、历史背景的不同以及效仿的差异而不完全一致。在东欧国家中，南斯拉夫是最早开始抵制苏联模式的。南斯拉夫在发现苏联模式的一些弊端，特别是"苏南冲突"之后，开始思考和探索社会主义建设模式，提出了"自治社会主义道路"。这些举措表明，南斯拉夫意识到两国之间不正常的关系，有意摆脱苏联模式的束缚，开创出一条符合社会主义发展规律的道路来。然而，事实表明，南斯拉夫的实践并未能跳出苏联模式的框框，领导职务终身制、个人专断等在其政治生活中依然可见，过于僵化的体制仍是其主要特征。

20世纪80年代中后期，苏联东欧各国关系出现一些变化，进入短暂的"解冻"期。特别是戈尔巴乔夫上台后，对东欧国家政策进行了相应的调整。主要表现为，"政治上强调平等原则""经济上突出互利原则""承认社会主义的多样性""注重改善双边关系""在外交上较多地尊重东欧各国的自主权"[1] 等。苏东关系的新变化，一方面是为了适应苏联国内改革发展的环境需求；另一方面也是出于缓和相互关系的考量。当然，苏联对外政策的调整毕竟有限，尽管原来那种主从关系呈现出向相对平等的伙伴关系转变的趋势，但是强调国家利益服从共同利益依然是苏联的东欧策略中不变的基调。

三、苏东国家改革受挫酿成剧变

由于越来越多的弊端特别是体制性的弊端暴露出来，直接影响着社会主义建设的发展，苏联东欧国家意识到改革的必要性。从20世纪50年代开

---

① 宋玉波：《论苏联东欧关系的新变化》，《世界经济与政治》1989年第3期。

始，苏联东欧国家纷纷着手开始探索改革之路。然而，社会主义国家改革之路并非一帆风顺。由于社会主义建设经验相对缺乏、对社会主义建设规律认知不够以及受国际各种因素的影响，苏联东欧国家的改革时进时退，兜兜转转，改革并没有消除苏联模式的弊端，没有取得实质性的进展和成效，反而耽误了大好时机，连原有的优势也荡然无存。

（一）苏联的改革及挫折

苏联模式高度集权的特点是在战时环境下逐渐形成的。在当时经济社会文化各方面落后、物质极度匮乏的条件下，它有助于提升经济实力、迅速实现国家强大。然而，在革命和执政的历史方位转换后，党和国家的领导体制应当作出相应的调整和适应性变革，以此回应新的执政环境的需要。恰恰在这个问题上，苏联历史上历次改革都没有从根本上解决体制性弊病，最终酿成政局失控的结果。

1. 斯大林排斥改革

第二次世界大战后，尤其到 20 世纪 50 年代，国际力量对比发生了重大变化，苏联国内经济发展水平较之从前有了较大进步。同时，高度集权的体制性弊病越来越证明不适应执政环境的需要，苏联面临着转型的压力。各方对于改革的期待和要求也越来越高。正是在这样的背景下，经济领域、政治领域等方面改革率先开始。例如，为了调动农民的积极性，克服饥荒，改善农业，农村实行了"包产到组"的改革。但是，这种做法在现实中却遭到批判和压制，取而代之的是社会主义大农业模式。据统计，"集体农庄由1950 年 1 月的25.4 万个合并为 1952 年 9 月的 9.7 万多个"①。经济领域改革忽视经济发展的客观规律，还体现在重工轻农的产业发展失衡战略没有得到及时的调整和改变。一些苏共领导人或干部因坚持改革而受到处理。斯大林时期，指令性计划在经济领域得以运行，强调国家控制，排斥市场调节。这也就不难理解为什么改革推动不了。在其他领域，例如在党的建设方面，干部体制的改革、党内民主的发展等被提及，但均遭到否定和禁止。斯大林一手压制了苏联国内改革的呼声，直接导致改革机遇的丧失。

---

① 高放、李景治、蒲国良主编：《科学社会主义的理论与实践》，中国人民大学出版社 2008 年版，第 132 页。

2. 赫鲁晓夫不彻底的改革

斯大林去世后，赫鲁晓夫担任了苏共中央第一书记。显然，他认识到问题的严重性，由此推动了一场较为深刻的改革。赫鲁晓夫的经济改革是从农业开始的。1953 年 9 月，他在报告中指出，农业的基本问题在于违背物质利益原则。随后，苏联政府采取了一系列措施来减轻农民的负担，取消不必要的国家干预，调动农民的生产积极性。[①] 在工业改革方面，"从 1954 年到 1956 年，赫鲁晓夫把近 15000 个企业由中央交给加盟共和国管理，中央部属企业仅留 3/10。"[②] 这就把中央和地方的权力分配关系作了一定程度的调整，使两者关系得以改善，调动了地方的积极性。在政治改革方面，改革干部队伍的结构，规定干部任期，限制干部特权。除了有连续当选不得超过三届或两届的规定外，每次例行选举时，苏共中央委员及主席团成员、加盟国党中央成员及其他基层党组织或支委会的成员分别至少更换 1/4、1/3 和 1/2。[③] 通过这项改革，给党的领导干部队伍中补充了新鲜血液，更多能力素质强的人走上领导岗位。限制干部特权，是赫鲁晓夫时期对干部制度的又一改革举措。赫鲁晓夫时期采取一系列措施，废除了每月发给高级干部的津贴，撤销了干部专车及秘密疗养院等特权。[④] 应当说，赫鲁晓夫的改革既有亮点，也有不足；既有成效，也有失误。不可否认，他作了很大的改革尝试和探索，但收效不佳。在实施改革政策上，赫鲁晓夫随意性较强，没有章法，缺少宏观考量和顶层设计。正如戈尔巴乔夫指出的："他往往是进一步，退两步。这儿碰碰，那儿撞撞。"[⑤] 他一方面急于求成，另一方面又抱残守缺，没有认识到苏联模式的体制性病根，而寻求在原有框架内进行改革。这样的改革思路决定了其改革之路必将浅尝辄止。例如，把党划分为"工业党"和"农业党"的做法引发了混乱；维持行政命令方式主导农业

---

① 参见陆南泉等主编：《苏联真相——对 101 个重要问题的思考》（中），新华出版社 2010 年版，第 783—784 页。

② 赵红根、王士俊：《赫鲁晓夫时期政治改革的特点及其教训》，《苏联东欧问题》1985 年第 2 期。

③ 参见王建国、王洪江：《社会主义国家执政党建设的历史、理论与实践》，中国社会科学出版社 2008 年版，第 285 页。

④ 参见陆南泉等主编：《苏联真相——对 101 个重要问题的思考》（中），新华出版社 2010 年版，第 809 页。

⑤ ［俄］戈尔巴乔夫：《对过去和未来的思考》，徐葵等译，新华出版社 2002 年版，第 43 页。

发展，追求高指标；发展集体农庄制度，鼓吹单一所有制理论等。更重要的是，赫鲁晓夫没有改变斯大林模式固有的问题，高度集权的模式依然保留下来。

3. 勃列日涅夫修补式的改革

20 世纪 70 年代，国际形势总体保持平稳，给苏联改革提供了较好机遇。勃列日涅夫执政后，也认识到要提高党在社会民众中的向心力，必须下大力气解决党内存在的顽瘴痼疾，也对党的领导方式和执政方式作了一些改革探索，特别是尝试避免赫鲁晓夫改革中的失误。但是，无论经济体制改革还是政治体制改革，勃列日涅夫实质上并没有真正使之向纵深推进，相反却继续固守高度集权的政治体制和执政方式，进行细枝末节的修补，并没有触及体制弊端的根源。这也就意味着原有的体制性弊端依然存在，而且愈演愈烈。例如，个人专断普遍盛行，干部职务终身制固化，官僚特权现象严重；计划经济体制下的指令性特征依旧，排斥市场经济，忽视世界科技革命发展带来的机遇等。这样的一种体制性弊端实际上使苏联的改革丧失许多机会。可以说，勃列日涅夫修补式的改革等同于原地踏步，没能从体制上解决问题，反而使原有的问题更加恶化，再次延误和推迟改革的时机。

4. 戈尔巴乔夫偏离方向的改革

在勃列日涅夫之后，苏联经历了安德罗波夫和契尔年科的短暂过渡。1985 年，戈尔巴乔夫出任苏共中央总书记。戈尔巴乔夫上台后，苏联出台了一系列推进经济体制改革的决定，但没有取得预期的成效。在经济体制改革遇到种种困难的情况下，苏共领导人认为经济改革进程缓慢的主要原因是政治体制有问题，改革重点也随之转向了政治领域。1988 年，苏共十九大仓促提出优先政治体制改革，对党政关系、干部制度等提出一系列变更性的举措，这对已有的政治体制产生了巨大冲击，对苏共的执政基础产生了极大影响。戈尔巴乔夫在苏共第十九次代表会议上推出了"人道的、民主的社会主义"的路线，并把"社会主义多元论""民主化""公开性"作为三大"革命性倡议"。戈尔巴乔夫的"新思维"，不仅导致党内外思想上的迷乱，而且把苏联政治体制改革推上了歧途，引发了社会动荡。社会上出现了各种政治力量，党内也产生了"反对派"，并要求取消苏共的执政地位，实行多党制。面对这种情况，戈尔巴乔夫在错误路线上越走越远，他明确认定实行多党制是"正常的历史进程的结果，符合社会的需求"。1990年2月，戈尔巴乔夫在苏共中央全会上正式承认实行多党制的可行性，放弃了共产党的领导地位。同年3月，苏联人民代表大会决定修改宪法，取消苏共的法定领导地位，实行多党制。苏共的法定领导地位被取消以后，公开声明反共反社会主义的党派纷纷成立，成为共产党的反对党。更为严重的是，政治上的分裂和纷争也挑起了各民族间的积怨，揭开了历史上留下的伤疤，煽起了民族主义情绪，民族分裂主义势力乘机崛起。至此，戈尔巴乔夫的所谓改革使苏联彻底走到了改向和解体的不归之路。

（二）东欧国家的改革及失挫

东欧国家在社会主义体制上几乎效仿苏联，高度集权、僵化的模式影响着本国经济政治文化的发展。因此，东欧国家于20世纪50年代纷纷开始改革。在追求社会主义发展道路过程当中，东欧国家也曾经有过自己的探索和思考，但基于苏联大国主义、大党主义的威压，基本上放弃了原有的尝试，而转向照搬苏联模式。应当说，苏联模式在东欧的推行，并非一无是处，特别是对东欧国家战后经济社会迅速恢复，使之在较短时间取得发展作用明显。然而，尽管这样的模式给东欧国家带来一些积极影响，但毕竟它不是一种成熟的社会主义模式，更何况也是特殊历史条件下的产物，更多的是给东欧国家带来了体制上的弊端和困境。

1956年6月和10月，波兰的"波兹南事件"、匈牙利事件的发生，表明两个国家改革苏共模式、谋求独立发展的尝试。波兰第一次改革遭遇保守力量的抵制和苏联的打压，但这并没有改变改革的决心。在最大规模的罢工潮后，1989年，波兰共产党第一书记雅鲁泽尔斯基开启政治体制改革，但未能取得真正成效，反而导致执政党的改名、国名的变更，以及党的指导思想和奋斗目标的转变。政治上，实行西方议会民主制；经济上，搞私有化，背离社会主义的根本方向。匈牙利社会主义工人党在经济和政治上均进行改革。例如完善党的集体领导，重视农业、工业的协调发展等。然而，匈牙利的改革并没有取得应有效果，尤其是政治上的改革不彻底，依然留存苏联模式的顽疾，权力缺少必要监督。与此同时，党内反对派主张实行多党制。1989年，执政党更名为社会党，其奋斗目标确定为，"希望通过和平的人民民主途径，在保持社会和经济运行能力的同时，达到民主社会主义。"① 次年，执政党在选举中丧失执政权，国家单位中党组织均不复存在，走上资本主义的道路。从时间上看，波兰是东欧剧变最早的国家，波兰、匈牙利国内改革失败引致的国家解体、社会制度变迁，一定程度上影响了东欧其他国家的改革思维，也就加速了它们的政权更迭。

捷克斯洛伐克曾是东欧经济发达程度较高的国家，但也深受苏联模式的影响。1968 年，捷克共产党开始对体制中存在的种种弊端进行改革，旨在摆脱苏联模式的束缚，却遭致扼杀。"布拉格之春"的改革实践被全盘否定，继续沿袭高度集权的政治体制。1989 年，国内反对派施压，捷克共产党的领导地位在宪法中被取消。1990 年至 1991 年，共产党改名、分裂；随后，国家也变成捷克和斯洛伐克。民主德国虽然当时也是经济较为发达，但与相邻的联邦德国之间仍然有着不小的差距。1989 年，"柏林墙"被推倒，统一社会党改名，并于次年在议会选举中败选，失去执政地位。1990 年，两德统一。

相比较而言，罗马尼亚并没有实质性的改革。执政党实行的仍然是高度集权的体制，而且齐奥塞斯库威压施政，在社会中引发强烈民愤，埋下严重政治隐患，导致后来大规模的、暴力的社会抗争。1989 年，随着齐奥塞斯库被处决，罗马尼亚共产党沦为非法组织，社会主义制度也走到尽头。保加利亚对苏联模式也是推崇备至，个人专断、僵化集权等。1990 年，多党制和议会制进入政治领域。共产党改名为社会党，尽管在选举中获胜，但没能抵挡住反对派的进攻，最终沦为在野党。社会制度性质也发生根本性的变化。阿尔巴尼亚也是维护苏联体制的代表，最终问题成堆、病入膏肓、积重难返。1991 年，劳动党领导地位被取消乃至改名、下台，不再坚持社会主义制度，寻求资本主义发展道路。

在苏南冲突事件之后，南斯拉夫从 1950 年起率先开始改革，搞社会主义自治民主制，发扬民主精神，消除腐败和官僚特权等现象，以此冲破苏联模式的束缚。虽然上述改革有积极作用，但也存在削弱执政党领导的问题。而且随着联邦共和国矛盾的频频出现，上述体制的弊端也显现出来。多党制

---

① 转引自李慎明主编：《执政党的经验教训》，社会科学文献出版社 2008 年版，第 170 页。

的形成，反对派控制议会。从 1990 年至 2003 年，南斯拉夫联邦一分为六，随之先后独立，最终分崩离析。

苏联东欧国家在发展社会主义过程中，经历不同程度、不同范围的改革探索。从总体而言，这种尝试均没能突破苏联模式的框架。当改革出现挫折时，就极易迷失改革方向和目标。同时，改革受挫所引发的社会矛盾激化、党群关系紧张，在社会层面引发对执政党认同危机。国内反对势力也趁机不断施加压力，再加上西方敌对势力的"和平演变"，制度变迁、政权剧变、政党下台是一个可以推演并在实践中已经得以证实的结果。正如有学者分析，苏共灭亡、苏联解体"最深层次原因是权力制度结构造成的"①。这也启示我们思考一个基本问题：社会主义改革必须坚持正确的方向和原则，必须始终坚持社会主义道路，必须始终坚持党的全面领导，必须坚持以人民利益为价值取向。只有如此，改革才可成为社会主义制度不断完善的根本动力。

由于对社会主义建设规律认识的不足，对改革的目标、途径、方向的认识也不是很清晰和科学，再加上各国国情、经济文化特点各不相同，东欧国家的改革之路也注定不可能一帆风顺。同时，西方国家不断推进"颜色革命"，特别是东欧国家在地缘位置上与西方发达国家接壤，易受负面思潮的影响，改革逐步偏离社会主义方向。20 世纪 80 年代，东欧八国相继改革受挫，政治局势失控，社会制度变迁，共产党失去执政权，放弃了马克思主义的指导，使世界社会主义运动进入低潮期和徘徊期。

（三）苏联东欧的剧变过程

苏东剧变，是指 20 世纪 80 年代末 90 年代初的东欧社会主义国家瓦解和苏联解体，其本质表现就是改旗易帜，放弃社会主义制度，放弃共产党的领导。从时间过程来看，苏东剧变是从波兰开始的。但实际上，苏东剧变最早是苏联诱发的，主要是由戈尔巴乔夫的"新思维"引起的。1988 年，波兰团结工会在西方国家的大力支持和鼓动下，利用波兰改革中出现的问题和面临的困难，组织挑起了三次全国性大罢工，向波兰统一工人党施加压力，导致政局动荡。1989 年，波兰统一工人党十中全会作出重大妥协，通过两

---

① 周淑真：《政党和政党制度比较研究》，人民出版社 2013 年版，第 8 页。

项决定：一是实行政治多元化和工会多元化；二是承认被禁止七年之久的团结工会为合法组织。随后，统一工人党主持召开了由各党派和社会团体参加的圆桌会议，决定于 1989 年 6 月举行大选。大选结果出乎预料，统一工人党失利，团结工会获胜。原来与统一工人党结盟几十年的统一农民党、民主党倒向团结工会，统一工人党成了少数派，丧失了对国家的领导权。[①]

如果说促使波兰发生剧变的原因是党外出现了反对力量，那么，在匈牙利则是党内产生了反对派。1988 年，匈牙利社会主义工人党党代会通过了实行政治多元化的决议，党内反对派进入党的最高领导层，执政党内部一步步走向分裂。1989 年，匈牙利国会通过集会法和结社法，并接受多党制要求。同年 10 月，社会主义工人党提前召开党的非常代表大会，在多数人的要求下，宣布改变党的性质，改名为社会党。在随后举行的大选中，最大的反对党民主论坛获胜，而改名后的社会党成为议会中力量微弱的小党，彻底失去了政权。在波匈政局变化的影响下，从 1989 年 9 月下旬开始，民主德国的局势发生恶化。反对派纷纷成立组织，示威游行事件接连发生，许多居民开始逃往联邦德国。1989 年 10 月，民主德国统一社会党召开中央全会，承认反对派组织"新论坛"的合法地位，决定实行多党制，开放东西德边界，拆除"柏林墙"。这些措施的实行，并没有使东德局势得到缓和。同年12 月，统一社会党再次召开中央全会，宣布集体辞职；随后于 1990 年 2 月决定将党的名称改为民主社会主义党，宣布走民主社会主义道路。在 5 月的大选中，民主社会主义党失利，沦为在野党。1990 年 10 月，民主德国正式并入联邦德国，完成了倒向西方的统一。[②]

捷克斯洛伐克的演变，是以要求为 1968 年事件平反为开端的。1989年，反对派成立了"公民论坛"组织，以要求为 1968 年事件平反为缘由，发表宣言，组织示威，向捷共发起进攻。在反对势力的压力下，捷共作出了原则性让步，不仅为 1968 年事件平反，而且承认"公民论坛"的合法地位。同年 11 月 29 日，捷联邦议会又批准了宪法修正案，取消了共产党的领

① 参见高放、李景治、蒲国良主编：《科学社会主义的理论与实践》，中国人民大学出版社 2008 年版，第 139 页。

② 参见高放、李景治、蒲国良主编：《科学社会主义的理论与实践》，中国人民大学出版社 2008 年版，第 140 页。

导地位，随后失去了政权。①

　　从 1989 年下半年开始，保加利亚的政局也发生了动荡。1989 年 12 月，反对派宣布组成"民主力量联盟"，向保加利亚共产党施加压力。保共同意与该反对派举行圆桌会议，并于 1990 年 1 月提前召开党的第十四次全国代表大会。大会提出取消党的领导地位，放弃民主集中制，实行多党制、议会民主和民主社会主义。1990 年 4 月，保共正式改名为社会党。同年 6 月，社会党在选举中获得了胜利，但在第二年 10 月的大选中失败，丢掉了政权，成为在野党。20 世纪 80 年代以后，罗马尼亚经济发展连年遇到困难，引起人民不满。而西方国家又不断利用人权问题对罗马尼亚施加压力，使其不稳定因素逐步增多。1989 年 12 月 21 日，齐奥塞斯库总统出席官方组织的数万人的集会，不料集会变成了反对总统的示威。示威者占领了电台、电视台和党中央大厦等重要设施。反对派乘机宣布成立"救国阵线委员会"，接管政权。齐奥塞斯库夫妇被特别军事法庭判处死刑，罗马尼亚共产党自行解散。②

　　在南斯拉夫，铁托去世以后，民族主义势力渐趋抬头，中央政权逐步削弱。在 1990 年 1 月召开的十四大上，南斯拉夫共产主义者联盟发生严重分裂。1991 年 6 月，以克罗地亚和斯洛文尼亚宣布独立为开端，南斯拉夫也开始解体。1990 年底，在东欧剧变的大气候下，阿尔巴尼亚政局也开始急剧动荡。1991 年 4 月，阿尔巴尼亚人民议会通过《宪法主要条款》，对国家体制、社会政治制度等作了重大修正：更改国名，取消社会主义制度，实行三权分立和总统制，推行国家机构非意识形态化等。同年 6 月，阿尔巴尼亚共产党改为社会党，放弃马克思列宁主义的理论指导。在 1992 年 3 月举行的大选中，社会党失去政权。③

　　苏联的动荡始自 1990 年 7 月苏共召开二十八大，大会通过了《走向人

　　① 参见高放、李景治、蒲国良主编：《科学社会主义的理论与实践》，中国人民大学出版社 2008 年版，第 141 页。

　　② 参见高放、李景治、蒲国良主编：《科学社会主义的理论与实践》，中国人民大学出版社 2008 年版，第 140—141 页。

　　③ 参见高放、李景治、蒲国良主编：《科学社会主义的理论与实践》，中国人民大学出版社 2008 年版，第 142 页。

道的民主的社会主义》的纲领。叶利钦等人在大会还没有结束时就宣布退党。对苏共来说，二十八大的结束，就是它四分五裂和失去政权的开始。如果说导致苏联演变的因素早已存在，那么把演变的悲剧变成现实，则是戈尔巴乔夫一手造成的。1990 年 3 月，立陶宛宣布独立后，苏联其他各加盟共和国的离心倾向也迅速增强，拉脱维亚、爱沙尼亚、格鲁吉亚、亚美尼亚、摩尔多瓦的议会相继发表主权宣言，要求退出苏联。1991 年 3 月，戈尔巴乔夫提出了新联盟条约草案，计划于 8 月 20 日签署。这个条约草案把国名"苏维埃社会主义共和国联盟"改为"苏维埃主权共和国联盟"。为了避免苏联解体的命运，8 月 19 日清晨，为赶在新联盟条约签订之前，苏联副总统亚纳耶夫等人发动了"8·19"事件，但 8 月 21 日便宣告失败。"8·19"事件的发生，原以维护苏联为初衷，最后却成了加速苏联瓦解的催化剂。事件发生后，苏联解体速度骤然加快。叶利钦下令中止俄罗斯共产党活动；戈尔巴乔夫宣布辞去苏共中央总书记职务并要求苏共中央自行解散；苏联最高苏维埃决定"暂停苏共在苏全境的活动"，并对苏共领导机关进行审查。继俄罗斯之后，各共和国的共产党有的被中止活动，有的被宣布为非法，有的则宣布脱离苏共并更换党名。叶利钦把苏共和俄共全部财产收归俄罗斯政府，并接管了苏联国家银行，苏联军队、内务、安全、外交、财政等重要部门都被改组。同时，叶利钦宣布俄罗斯联邦承认爱沙尼亚和拉脱维亚独立。此后，苏联各加盟共和国纷纷宣布独立。1991 年 12 月，俄罗斯等 11 个独立国家领导人在阿拉木图举行独立国家首脑会议，正式宣告建立独立国家联合体，苏联也不复存在了。①

第二节　苏联东欧国家剧变的原因

　　苏联东欧国家剧变是世界社会主义运动史上的重大事件，苏东国家剧变并不是某个单一因素使然，而是多种因素促发作用的结果。历史事件总是由历史合力作用的结果。苏东剧变也是由多种因素综合作用而产生的结果。

① 参见高放、李景治、蒲国良主编：《科学社会主义的理论与实践》，中国人民大学出版社 2008 年版，第 144—147 页；刘洪潮、王德凤、杨鹤祺主编：《苏联 1985—1991 年的演变》，新华出版社 1992 年版，第 5—9 页。

一、经济发展长期低迷

经济发展水平高低是衡量执政党长期执政能力的重要标志，也是决定执政党是否能在人民群众当中赢得普遍认同的关键性因素。从一定程度上说，经济发展水平高，人民群众得实惠，有利于党群关系的维系和优化。反之，经济发展水平不高或低迷、停滞，人民群众无法从中获取应有的利益，不利于党群关系的修复和发展。从这样的视角来看，苏东国家剧变的一个主要原因在于，执政党没能有效提升经济建设能力，经济发展长期低迷，直接影响到在本国人民群众当中的凝聚力和向心力，进而影响到对社会制度的认同感。

（一）经济增长停滞倒退

综合考察苏联共产党执政 70 多年的历史，在执政初期以工业化为重点的经济发展战略取得了较大的成功。显然，这样的一种策略与当时国内战争结束不久以及美苏竞争的背景有关。随着革命环境向执政环境的转变，执政党应该根据形势任务变化调整经济发展战略，继续推动经济增长，满足人民群众物质利益的需求。然而，苏联并没有意识到这一点，经济增长速度持续放缓，出现停滞、倒退，直至负增长的情况。例如，在日常副食品供应上，1953 年，苏联"人均占有的粮食和肉类的数量分别只有 432 公斤和 30 公斤，比 1913 年的 540 公斤与 31.4 公斤还低"[1]。1985 年，"不脱销的食品占 16%，不脱销的布料、服装和鞋占 18%，不脱销的家用电器占 22%；到 1989 年相应数字下降为 6%、9% 和 5%"[2]。实际上，从 20 世纪 60 年代开始，苏联国内经济发展水平已走下坡路，经济增长水平每况愈下。据统计，从 1966 年至 1990 年，苏联社会总产值每隔 5 年分别为 7.4%、6.3%、4.2%、3.3%、1.8%、−2%。[3] 苏共二十八大后，经济形势更加恶化，经济指标甚至出现负增长。"1989 年国民收入增长率为 2.4%，而 1990 年则变

---

[1]　陆南泉等主编：《苏联真相——对 101 个重要问题的思考》（下），新华出版社 2010 年版，第 1283 页。

[2]　刘洪潮、王德凤、杨鹤祺主编：《苏联 1985—1991 年的演变》，新华出版社 1992 年版，第 64 页。

[3]　参见陆南泉等主编：《苏联真相——对 101 个重要问题的思考》（下），新华出版社 2010 年版，第 1279 页，表 1。

为-4%，1991 年进一步下降 15%。"[1]

东欧国家建立社会主义制度后，在 20 世纪 50 年代至 70 年代之间还是能保持较快的经济发展速度，大约维持在年均 4% 的增长水平，较好地发挥制度本身所具有的优势。但是，东欧国家在经济上照搬苏联模式，沿用僵化的计划经济体制，排斥市场经济，习惯依靠行政命令，采取重消耗、重数量而不顾质量、效益的发展模式，因此，经济增长水平长期停滞、徘徊不前，甚至倒退。20 世纪 80 年代，"中东欧国家国内生产总值和工业下降了25%—50%。也正是在这期间，东西欧之间的差距从 1∶2 扩大到了 1∶4"[2]。经济增长水平如此低迷，经济发展极度糟糕，执政党与社会民众离心倾向就越来越大，政权衰败必定没有悬念。

（二）经济结构失衡变形

苏联经济发展典型特征之一是经济结构失衡。产业结构严重不协调，片面追求重工业、军工业的发展，并以牺牲农业生产为代价，导致工农比例关系极度不合理，影响了人民群众的生活水平。从更深层次上分析，这种状况与苏联长期以来实行的所谓赶超战略密切相关，与军备竞赛不无关系。无论是斯大林还是其他苏共领导人执政时期，均不切实际地推行赶超战略、加速战略，严重脱离客观实际，直至经济结构失衡变形，经济发展长期低迷，人民生活水平长期没有大的改观。例如，"从 1940—1985 年，重工业增长了34 倍，年平均增长速度为 8.3%，轻工业增长了 12 倍，年平均增长速度为5.9%，而农业只增长了 1.7 倍，年平均增长速度只为 2.2%"[3]。而到了苏联解体前几年，农轻重的比例关系依然如此，差距继续拉大。例如，1986 年至 1989 年各产业年均增长速度为："重工业最高，为 3.8%，轻工业次之，为 2.2%，农业最低，仅为 1.5%。"[4] 毫不迟疑地说，苏联经济结构失衡状况在当时是极为罕见的，极大拖垮了国民经济，直至经济危机的产生。

东欧国家与苏联的经济发展有着同样的特征，缺乏对社会主义经济规律

---

① 江流、徐葵、单天伦主编：《苏联剧变研究》，社会科学文献出版社 1994 年版，第 59 页。

② 朱晓中：《欧盟东扩的历史与现实需求》，《中国社会科学报》2014 年 8 月 29 日。

③ 江流、徐葵、单天伦主编：《苏联剧变研究》，社会科学文献出版社 1994 年版，第 68 页。

④ 刘洪潮、王德凤、杨鹤祺主编：《苏联 1985—1991 年的演变》，新华出版社 1992 年版，第58 页。

的清醒认识，制定的经济政策并不符合本国具体实际。它们沿袭苏联的经济模式。这就决定了东欧国家经济结构也存在失调变形、产业发展比例严重不均衡的问题。20世纪60年代至80年代，这些国家工业与农业发展速度之比大都在10∶1以上。农业、轻工业是解决就业的两个重要产业。失衡的经济结构必然带来失业率的推高。以1991年为例，波兰、捷克、斯洛伐克、匈牙利、保加利亚的失业率分别为11.8%、4.1%、11.8%、8.5%、11.5%[①]，平均值为9.5%。关系到国计民生的农业、轻工业远远落后于重工业的发展，阻碍了生产力的发展，使经济发展严重缺乏内在活力，持续低迷。

二、高度集权积弊严重

高度集权是苏东国家剧变的体制性病根。应当承认，革命战争时期各种不利的国内国际形势以及建国初期的客观环境，造成了苏联共产党采取高度集中的集权体制的必要性，这一体制也的确在助推革命胜利和加快新生政权建设与发展中起了重要作用。但是，随着苏联共产党执政地位的加强以及所承担的使命任务的变化，这一体制并没有作出相应的调整和改革。

（一）权力过分集中的政治体制导致民主缺失

苏联政治体制高度集权的特性，导致权力过分集中，产生了党政不分、以党代政的局面，个人专权的现象也由此出现。党代会和中央委员会的功能在削弱。权力监督无法正常开展，起不到应有制约效果。监督机关成为一种摆设，失去在维护党的集体领导原则上的作用。在干部选拔上，自上而下的任命制取代选举制。高度集权的直接后果，就是导致党内民主、社会民主的缺失，社会主义法制未能健全完善。在东欧国家政治生活当中，这样一种高度集权的政治体制同样得以复制。监督乏力、个人专断、民主缺失等特征再现于东欧国家政治体制中。

（二）僵化的指令性经济体制导致效率缺失

苏联经济长期不振要归结为僵化的指令性计划经济体制。计划经济体制较大的不足就是对市场需求反应不灵敏，过多倚重行政命令手段调节经济运

---

① 参见吴恩远：《前苏联东欧国家剧变后发展轨迹初探》，《世界历史》1994年第5期，表4。

行，滞后于市场的变化，无法作出相应的调节，使资源配置低效化，直接影响经济发展水平的提升。有数据显示，20 世纪 40 年代，苏联对国内工业企业下达的计划指标达 100 多项。① 即便到了 80 年代，物资的调配、市场产品的价格等绝大多数仍然由国家统一安排。国家对企业生产的种类、数量、时间、价格等统一编制，统购统销。国外有学者指出："是计划的生产指令，而不是信用或获利，引发经济活动。"② 在军备竞赛的国际背景下，这样一种经济体制又把军工业作为发展的重点，不惜牺牲一切代价来突出其必要性，必然造成经济结构的失衡。东欧各国照搬了苏联僵化的指令性经济体制，国家一统到底。地方、企业缺乏自主权和生产积极性，经济效益每况愈下。

三、民族问题处置失当

民族问题处置是否妥当直接关系到国家政权的政治稳定和社会和谐。在苏联解体或东欧剧变当中，民族问题起着一个十分特殊的作用，诱导和引发社会动乱。从历史上看，苏联民族问题的形成、发展到最终爆发动乱经历了一个过程，并非一蹴而就。它既是历史遗留下的各种问题的交织累积，又与当时社会问题密不可分，还与戈尔巴乔夫推行的改革路线紧密相关。多种因素促成苏联民族问题积重难返，处置失当，成为苏联解体的导火索。东欧八国在处理本国的民族问题上同样没有遵循应有的客观规律，片面地、极端地、错误地加以对待，加深民族矛盾，引发社会动荡。

（一）大民族沙文主义激化民族矛盾

历史上，沙俄帝国是一个以大俄罗斯民族为主的多民族国家。各民族之间的关系较为复杂，也较为敏感。其中，俄罗斯民族和其他少数民族之间的关系一直居于主要地位。苏联建国后，俄罗斯民族作为强势民族，始终对其他少数民族占据心理优势，享有高人一等的地位。这样一种大民族沙文主义的存在，本身不利于民族团结和民族和谐，激化了民族矛盾。列宁在领导无

---

① 参见高放、李景治、蒲国良主编：《科学社会主义的理论与实践》，中国人民大学出版社 2008 年版，第 113 页。

② ［美］大卫·M.科兹、弗雷德·威尔：《从戈尔巴乔夫到普京的俄罗斯道路：苏联体制的终结和新俄罗斯》，曹荣湘等译，中国人民大学出版社 2015 年版，第 22 页。

产阶级革命过程中，在为工农群众争取自身权利的同时，也为一切被压迫的民族争取平等的权利。他曾严厉谴责沙皇俄国是各民族的监狱，极其憎恨大俄罗斯主义，主张俄国境内各民族应该享有平等的权利。但列宁之后，苏共领导人都未能正确认识和处理好民族问题。一度是大民族主义抬头，后来又走向另一极端。民族分裂主义泛滥，严重的民族问题成了苏联解体的催化剂。20 世纪 90 年代初，各民族分家之声不绝于耳。东欧各国对苏联模式的迷信和崇拜，也体现在国内激烈的民族矛盾上。

（二）阶级斗争的方式加剧民族冲突

民族问题的处理需要科学的政策，需要遵循一定的客观规律。苏联在处理民族问题上比较明显的缺陷，就是把民族矛盾视为阶级矛盾，使原本不同性质的两类矛盾相互混淆起来，加剧了民族冲突。与此相适应的是，苏联采取阶级斗争的方式解决民族问题，压制、镇压、打击少数民族、非俄罗斯民族。20 世纪 50 年代至 80 年代，苏联领导人在解决民族问题上或多或少地坚持了上述单一的、粗暴的方式，给受打击的民族极大的心理创伤，严重损害他们的民族情感，并因此引发了民族独立的社会思潮。例如，"在 20 世纪 30—40 年代大规模的肃反运动中，联盟政府搞阶级斗争扩大化也冲击到民族问题，甚至对十几个民族包括车臣人、卡尔梅克人、鞑靼人、日耳曼人等采取集体性强制流放措施"[1]。1972 年，谢列斯特写书歌颂乌克兰历史，受其牵连的干部达 50 多人。[2] 类似的情况并不少见。

（三）错误的改革路线造成民族分裂

苏联错误的改革路线进一步加剧民族分裂。戈尔巴乔夫推行改革，实质是对苏联历史的否定和对共产党领导的贬低，并在政治上主张多党制。这些客观上为民族分裂势力的培植和扩张提供了机会和条件。1988 年，波罗的海三国率先开始民族独立活动；1989 年，拉脱维亚、立陶宛、爱沙尼亚就脱离苏联进行全民公投，不少党组织及党员也脱离苏联共产党。随后，民族独立活动此起彼伏、愈演愈烈，甚至受到戈尔巴乔夫的支持和纵容。而他为了维护其改革的新思路，在面对民族分裂活动时选择保守和退让，没有采取

---

① 彭萍萍：《民族主义与苏联解体》，《当代世界与社会主义》2003 年第 5 期。

② 参见江流、徐葵、单天伦主编：《苏联剧变研究》，社会科学文献出版社 1994 年版，第 238 页。

应有的策略给予反驳和抵制，客观上加剧了民族矛盾，加快了民族分崩离析的速率。东欧国家效仿苏联改革路线，从而也加速了民族分裂的进程。

四、改革偏离正确轨道

改革是社会主义制度的自我完善，不是对社会制度的否定，而是对生产关系当中不适应生产力发展的方面、对束缚社会主义发展的僵化体制机制进行改革，最终的目的是促进社会全面发展。然而，苏共的改革从一开始就一直未能触及问题的实质核心，没有任何的战略目标和顶层设计，没能触及僵化的执政模式和执政体制，致使改革偏离了社会主义方向，放弃党的领导，放弃社会主义道路。

（一）经济改革背离方向

苏联的经济改革在历任领导人执政时期或多或少有所提及并实施，但在指导思想上急功近利，急于向共产主义社会过渡。赫鲁晓夫、勃列日涅夫、安德罗波夫反复修改发展战略，提出不切实际的赶超战略，因此经济发展水平一直未见起色。但是应该看到，无论是对经济改革有疑义、预料到潜在风险而主张走回头路，还是看到经济改革的必要性而主张深化改革，还没有人提出实行私有化市场经济、背离社会主义公有制的改革思路。20 世纪 80 年代，戈尔巴乔夫就任苏共中央总书记，此时苏联国内经济状况已变得十分糟糕，经济改革的迫切性比起之前任何时期显得尤为突出。选择经济改革作为提升执政业绩的突破口是戈尔巴乔夫履职就任的重要任务。经济改革的重心又落在企业经营机制的改革上，即在 1987 年，推出了"三自一全"的改革方案。但事实证明，戈尔巴乔夫没能解决产权关系，企业仍然无法真正成为市场主体，市场要素不能充分流动，传统指令性计划体制继续得以维系。经济改革始终不见成效，各种社会矛盾层出不穷，给激进的社会思潮以传播土壤。1990 年，实行休克疗法的"500 天计划"方案的出台，取代了原有的改革思路，意味着苏联经济改革背离了社会主义经济基础，朝着私有化方向发展。东欧国家在经济改革上同样如此，最终全盘否定社会主义。

（二）政治改革彻底转向

苏联政治改革根本转向发生在戈尔巴乔夫执政后期，尤其是 1989 年至 1991 年这三年间。1988 年，在苏共十九大上，戈尔巴乔夫提出要从根本上改革政治体制，提出了"民主的、人道的社会主义"思想。在这样的错误思想指导下，戈尔巴乔夫推动一系列错误的改革实践。例如，把党的权力归还苏维埃，这实质上是弱化党的领导，最终取消和放弃共产党在政治生活中的核心作用。同时，在反对派的压力下，戈尔巴乔夫在实行多党制上最终作出让步。据有关资料显示，到了 20 世纪 80 年代末期，苏联国内政党达两三千个，各种各样的社会力量如雨后春笋般地冒了出来。1990 年，苏共中央二月全会召开，三权分立的模式被正式认可和接受，苏联政治改革失去了社会主义方向，多党制、绝对民主成为显著标志。不难看出，戈尔巴乔夫所推动的政治改革彻底转向，一手造成了苏共的瓦解和政权垮台。全盘照搬苏联模式的东欧各国，政治改革也终究难逃厄运。例如，1988 年，三权分立制在匈牙利政治权力结构中得以推行；1989 年，波兰的"圆桌会议"决定实行西方议会制；1990 年，罗马尼亚举行多党竞选，救国阵线成为执政党；1991 年，阿尔巴尼亚宪法取消马列主义指导思想；等等。

五、党内缺失民主生活

马克思、恩格斯在创建共产党组织之初，就十分强调党内生活要贯彻民主原则的基本精神。从理论上说，苏联共产党完全是一个民主性质的党。在《苏联共产党章程》中，明文规定党的组织"指导原则是民主集中制""党的各级领导机关从下到上都由选举产生""在各个党组织内或在全党内自由而切实地讨论党的政策问题，是党员的不可剥夺的权利和党内民主的重要原则""在广泛辩论，特别是全苏联范围内辩论党的政策问题的时候，应当保证党员自由地发表意见""违反党内民主的现象在党内是不能容忍的"。[①] 但遗憾的是，说归说，做归做。由于苏联共产党长期实行高度集权体制，党内的民主政治生活也随之发生了变异。它集中体现为全体党员享有的"四权"即知情权、参与权、选择权和监督权被取消殆尽。

（一）党内知情权的缺失

党内民主生活，在于党员拥有对党内事务的知情权。但在苏联共产党党内生活中，却充满着封闭性和神秘性，上层的事情往往对下级组织隐瞒、封

---

① 《苏联共产党章程汇编》，求实出版社 1982 年版，第 208—211 页。

锁，普通党员只有服从的责任和义务，无形中被剥夺掉了知情权。党内事务除去属于国家安全机密不能公开之外，其他的事情都应该是公开的、透明的。列宁曾指出："多一些光，要让党知道一切"①；"没有公开性而谈民主制是很可笑的"②。列宁在世时，苏联共产党党内的事务都是公开的和透明的，党内民主生活也是正常的和十分活跃的。然而，斯大林接任后完全改变了这一切好的党风，独断专行，从根本上破坏了党的民主集中制原则。

（二）党内参与权的缺失

党内民主生活，在于党员在纪律约束范围内享有言论自由、参政议政的权利。但在苏联共产党党内生活中，党的重大决策不可能被充分地讨论，而是由少数人拍板定案。作为社会主义民主性质的政党，共产党的一切组织活动都应严格遵循民主的原则，即在党内充分发扬民主，及时向党员通报党内所有的重大事项并交给党员讨论，认真听取全体党员的意见，使党的领导机关能够集中全党的智慧，提高党的领导的科学性和正确性。民主集中制强调党员的民主权利，实行民主集中制的组织原则，党员能够真正地享有民主的权利，有权参加关于党的政策制定和实施问题的讨论，有权在党的会议上有根据地对党的任何组织和个人提出批评，有权对党的一切工作提出建议。遗憾的是，在苏联共产党党内，党员实际上被取消了民主讨论的权利，也没有参政议政的权利。

（三）党内选择权的缺失

党内民主生活，在于党员拥有选择干部的权利。但在苏联共产党党内生活中，党的各级干部并非真正由选举产生，而是假借选举的民主形式，实行内定任命制。选举是民主的基本要求，真正的选举过程是一个自下而上的民主过程，即候选人争取选民的支持，让选民自主选择，最后通过投票赢得多数票者当选。但在苏联共产党党内，选举成了自上而下的暗箱操作过程，候选人名单的提出实际上是由领导者和组织部门挑选、决定，候选人名单没有差额，然后交由党的代表大会表决，这时代表们已经没有任何选择的余地了。

---

① 《列宁全集》第 8 卷，人民出版社 2017 年版，第 87 页。
② 《列宁全集》第 6 卷，人民出版社 2013 年版，第 131 页。

（四）党内监督权的缺失

党内民主生活，在于党员能够对其他党员包括党的干部拥有监督的权利。但在苏联共产党党内生活中，普通党员根本无法监督党员干部和高级干部，下级也无权监督上级。对于一个执政党而言，如果没有健全的和强有力的监督机制，随时可能发生颠覆的危险。党的组织要建立和健全监督机制，公开接受来自党内各方面的监督。一是党的组织监督，即党的组织对每个党员的监督。党员要参加党的某一个基层组织，过一定的组织生活，积极主动地接受所在党组织的监督。二是党的法规监督，即健全党内的立法，完善党内法规体系。党不仅要规定党内生活的总原则和根本制度，还要阐述党内生活各方面具体制度的专项法规，使开展党内监督有所依循。三是党的专门检查机构监督，即发挥党的纪律检查机关的作用。在苏联共产党党内只有上级对下级的制约、监督，党的干部对普通党员的制约、监督，而不存在普通党员对党员领导干部的制约、监督，下级机关也根本无权监督上级机关。

六、西方思潮大举渗透

苏东剧变，还离不开西方思潮的侵袭和渗透。西方国家的一些敌对势力往往通过经贸合作、经济援助、人员交往等渠道，进行思想渗透、政治施压，诱使社会主义国家接受资本主义价值观，瓦解社会主义制度的思想基础，甚至直接培养和扶持与共产党抗衡的政治力量，促使社会主义国家从内部发生和平演变。从苏东国家剧变中不难看到，西方敌对势力为颠覆社会主义国家无所不用其极，并导致严重后果。

（一）鼓吹自由市场理论

以美国为首的西方资本主义国家向社会主义国家推销它们的政治价值观，首先就是自由市场经济理论。20世纪80年代，在西方政治势力的操纵下，自由主义思潮在苏联国内开始升温，迅速迎合了苏联政治高层。该思想主张，"不受管制的市场交换经济在各个方面都能保证经济最好地运行。……只要生产资料归私人所有，那么市场就能正确地发挥作用"[1]。在

---

① ［美］大卫·M.科兹、弗雷德·威尔：《从戈尔巴乔夫到普京的俄罗斯道路：苏联体制的终结和新俄罗斯》，曹荣湘等译，中国人民大学出版社2015年版，第4页。

这样一股思想的影响下，主张发展完全自由的市场经济模式成为苏联经济改革的首选方案。他们天真地认为，公有制是造成经济衰退的主要原因，只有走私有化才能拯救苏联经济低迷的现状，经济效率才可能提高。而且，苏共领导人完全接受了自由市场理论，认为计划是祸根，自由、开放才是唯一选择。戈尔巴乔夫甚至要求，以私有化或非国有化为方向的改革应当加快，实行完全市场竞争。东欧国家当时面临的情况基本如此，全盘私有化导致了经济恶化和危机。

（二）宣扬多党竞争思想

西方宣扬多党制思想，鼓吹多党竞争，其目的是搞垮共产党政权，促其改旗易帜。针对苏联东欧当时的政党体制，党内缺乏有效的监督，缺少党内民主，西方反共势力通过媒体开足马力鼓吹多党制。受其影响，1990 年的苏联宪法修改，为实行多党制扫清了障碍。"当时苏联境内一下子建立了500 多个政党，其中具有全苏性质的就有 20 多个。"① 多党制的思潮不仅在苏联的政治舞台上演，而且也在东欧各国得到传播，使它们失去政治理念和精神支柱。它们在政治上选择多党制，共产党最终丢失政权。

第三节　苏联东欧国家剧变的警示

以史为鉴，可以知兴替。从苏联东欧国家剧变中吸取教训十分重要。党的十九大报告指出："中国特色社会主义是改革开放以来党的全部理论和实践的主题，是党和人民历尽千辛万苦、付出巨大代价取得的根本成就。"② 确保行走在正确的道路上，就要从苏东国家剧变中寻找警示，避免重蹈覆辙，不断焕发社会主义制度的生机活力。

一、始终坚持党的全面领导

苏联和东欧国家的共产党在执政过程中，长期忽视党的自身建设并且主动放弃党的领导。对于此，党的十九大报告指出："中国特色社会主义最本

---

① 汪亭友：《论西方和平演变战略在苏联演变中的作用》，《学术探索》2004 年第 5 期。
② 习近平：《决胜全面建成小康社会　夺取新时代中国特色社会主义伟大胜利——在中国共产党第十九次全国代表大会上的报告》，人民出版社 2017 年版，第 16 页。

质的特征是中国共产党领导，中国特色社会主义制度的最大优势是中国共产党领导"①。党的领导是顺利实现中华民族伟大复兴中国梦的根本保证。因此，要"坚决维护党中央权威，健全总揽全局、协调各方的党的领导制度体系，把党的领导落实到国家治理各领域各方面各环节"②。始终提高党把方向、谋大局、定政策、促改革的能力和定力，提升政治领导力。这既是苏联东欧国家政治剧变留下的深刻启示，更是我们建设中国特色社会主义实践的经验总结。历史和现实都证明，一个人口 14 亿、党员数量超过 9000 万的国家，要更好地治国理政，维护社会繁荣稳定，必须坚持和加强党的全面领导。

（一）坚持对中国特色社会主义事业的领导

中国特色社会主义事业是一项宏伟壮丽的事业。今天，我们比以往任何时候都更加接近实现中华民族伟大复兴的宏伟目标。经过几代人的努力，我们的事业取得了前所未有的伟大成就。党的十八大以来，我们更是解决了许多长期想解决而没有解决的难题，办成了许多过去想办而没有办成的大事，推动党和国家事业发生历史性变革。所有这一切成就的获得，归功于全体人民的共同努力，归功于中国共产党的正确领导。没有党的领导，党的事业发展不可能取得如此巨大的进步。中国特色社会主义已进入新时代，当前社会主要矛盾的主要问题是发展不平衡不充分，分别体现在经济、政治、文化、社会以及生态建设等不同方面。同时，在实现伟大梦想的征程当中，我们还会遇到各种各样的困难和考验。有效应对重大挑战、抵御重大风险、克服重大阻力、解决重大矛盾，必须始终坚持中国共产党的领导，才能统筹推进"五位一体"总体布局、协调推进"四个全面"战略布局。不断完善党在经济、政治、文化、社会以及生态建设等方面领导的具体制度，在加强党对中国特色社会主义事业的有效领导中，进一步改善党的领导方式，充分发挥党的政治领导力、思想引领力、群体组织力和社会号召力。要把坚持党的领导作为一项重大的政治要求，不断提高各级党员干部的政治意识、政治定力和

---

① 习近平：《决胜全面建成小康社会　夺取新时代中国特色社会主义伟大胜利——在中国共产党第十九次全国代表大会上的报告》，人民出版社 2017 年版，第 20 页。

② 《中共中央关于坚持和完善中国特色社会主义制度、推进国家治理体系和治理能力现代化若干重大问题的决定》，人民出版社 2019 年版，第 6 页。

政治方向感，并同削弱、歪曲、否定党的领导和社会主义制度的言行进行坚决斗争，使中国特色社会主义事业始终走在科学的道路上。

（二）加强对党的自身建设的领导

除了坚持党对中国特色社会主义事业的领导之外，党的领导还应当包括对自身建设的领导。苏联东欧剧变一个重要教训是党不管党、治党不力，党的领导弱化、管党治党宽松软。打铁必须自身硬。新时代中国共产党要有新作为，要带领亿万人民群众推进伟大事业、实现伟大梦想，就必须加强党的建设，就必须加强党对自身建设的领导。党的执政环境是复杂的，依然面临着执政考验、改革开放考验、市场经济考验、外部环境考验，面临着精神懈怠危险、能力不足危险、脱离群众危险、消极腐败危险。而且，这些风险和考验具有长期性、复杂性、尖锐性和严峻性。党所肩负的使命任务和所面临的执政环境，必须要求毫不动摇地坚持和完善党的领导。只有坚持和完善党的领导，党的治理才能取得应有的成效，才能不断提高党的建设质量，经得起各种风浪考验，才能持续赢得人民群众的拥护和信任。从一定意义上说，党对事业的领导和党对自身建设的领导，是相辅相成、相互影响的。党的建设领导好，就能加强对事业的领导；反过来，党的事业领导好，也能够促进党自身建设的领导。

二、切实提高经济发展的水平

经济发展水平高低是衡量执政党执政能力的一个重要指标。人民群众往往从经济收入状况、购买力水平等来判断经济发展的前景，进而形成对执政党的认同和支持。苏东国家的执政党在提升本国经济水平、改善人民群众生活待遇方面存在诸多不足，并因此失去人民的信任而被人民抛弃。这个教训说明，长期执政条件下的中国共产党，必须把发展作为党执政兴国的第一要务，始终坚持以经济建设为中心，坚持和完善社会主义基本经济制度，推动经济高质量发展。要牢固树立以人民为中心的发展理念，不断解放和发展社会生产力，持续改善人民生活水平和生活质量，切实推动社会公平公正，把效率和公平有机结合起来，真正使人民群众拥有改革的利益获得感和满足感。唯有如此，党才能始终获得政治向心力，才能拥有强大的执政基础。

（一）坚持以人民为中心的发展理念

苏联共产党执政后期培植了庞大的利益阶层，权为己所谋，不是权为民所用，以权谋私，因此失去苏联民众的信任和支持。中国共产党人的初心和使命是为人民谋幸福、为民族谋复兴。党最大的政治优势是密切联系群众，执政后最大的危险是脱离群众。一切工作以人民利益为出发点和落脚点是党的工作的根本价值取向。这就必然要求我们坚持以人民为中心的发展理念，实现发展为了人民、发展依靠人民、发展成果由人民共享。坚持以人民为中心的发展理念，切实提高经济发展水平，体现了包括经济发展等在内的各项工作人民至上的原则，从本质上来说，表明了长期执政条件下党群关系的和谐稳定对执政地位巩固的极端重要性。坚持以人民为中心的发展理念，就要求党在制定经济政策、实施经济计划时，要充分走群众路线，问政于民、问计于民、问需于民。在广泛了解群众各方面诉求、意见和建议的基础上，积极稳妥地推进经济改革和经济发展，最大限度地减少风险和不确定性。坚持以人民为中心的发展理念，要求真正减少经济发展过程中利益失衡给人民群众带来的损害，使经济发展的成果更多惠及广大人民群众。说到底，坚持以人民为中心的发展理念，就是要让人民群众更快地提升生活水平，更多地享受改革发展的红利。

（二）坚持高质量的经济发展

苏联共产党执政时期曾经违背生产关系适应生产力规律，不切实际地提出超越战略，导致经济结构严重失衡，经济状况严重恶化。新时代我国经济发展面临着新情况，必须要从过去注重要素数量向注重要素质量、从粗放型向集约型转变。要坚持质量第一、效益优先的原则，推动产业结构的优化调整，推动生产方式的加快转变。在新时代，我国经济发展不再是片面追求经济增长速度，而是要寻求更高的质量，是一种内涵式的发展。经济发展趋势已由高速增长向高质量发展转变。坚持高质量的发展表明，要更加重视三次产业之间的平衡协调关系，以供给侧结构性改革为主线，加快有效供给能力的提升，使全社会供给与需求维系在一个动态的平衡水平，切实破解制约我国经济科学发展、持续发展的一系列难点和重点。坚持高质量的发展表明，要构建符合社会主义市场经济发展方向的体制机制，发挥市场在资源配置中的决定性作用，注重政府的宏观调控，从制度上确保经济发展的效率持续维系在一个更高的水平上。无论如何，坚持高质量的发展，意味着新时代我国的经济发展将遵循客观规律，聚焦突出问题，着眼于以提升我国经济发展的创新力和竞争力为目的。它更是在坚持和完善我国社会主义基本经济制度和分配制度基础上的发展，是牢牢把握我国社会主义初级阶段基本国情基础上的发展，因而必将能够更好地推动社会的全面进步，提升人民的生活水平。

三、坚持改革的正确方向

苏东各国在改革之初，总体上坚持了社会主义方向。但改革始终局限于对原有体制机制的修修补补，并没有实现体制机制的创新，成效不大。到后来，经济发展日趋缓慢，甚至出现滑坡，人民群众没有从改革中得到应有的实惠和利益。高度集权的政治体制又使官僚主义得到了滋生膨胀，导致特权和腐败现象出现并日益严重，以致积弊愈重、危机日深。到20世纪80年代末，苏联东欧国家的共产党放弃了对社会主义道路的坚持，使改革逐步变成了改向。苏东剧变的历史教训深刻说明：发展社会主义必须坚持改革开放，但改革开放必须始终坚持社会主义方向。即在任何时候任何情况下，都必须始终坚持共产党的领导地位不动摇，坚持以马克思主义为指导和社会主义核心价值观不动摇，坚持发展社会主义市场经济不动摇，坚持以公有制为主体、多种所有制经济共同发展不动摇。新的历史条件下，就是要坚持和完善中国特色社会主义制度，推进国家治理体系和治理能力现代化。

（一）坚持四项基本原则

党的十九大报告指出："只有社会主义才能救中国，只有改革开放才能发展中国、发展社会主义、发展马克思主义。"[①] 坚持全面深化改革应当遵循鲜明的政治方向和政治立场，应当是坚持中国特色社会主义道路基础上的改革，是坚持四项基本原则前提下的改革，绝不是对社会主义制度的改弦更张。换言之，无论怎么改革，都要始终坚持改革的正确方向，坚持社会主义制度根本性质不动摇。四项基本原则是我们的立国之本。习近平指出："既

---

① 习近平：《决胜全面建成小康社会　夺取新时代中国特色社会主义伟大胜利——在中国共产党第十九次全国代表大会上的报告》，人民出版社2017年版，第21页。

以四项基本原则保证改革开放的正确方向，又通过改革开放赋予四项基本原则新的时代内涵，排除各种干扰，坚定不移走中国特色社会主义道路。"①四项基本原则的核心内容是坚持社会主义道路、坚持人民民主专政、坚持中国共产党的领导、坚持马克思列宁主义毛泽东思想。党的领导是中国特色社会主义事业发展的根本保证，马克思列宁主义毛泽东思想是我们的指导思想；社会主义道路是我们始终坚持的正确方向。现在，全面深化改革进入关键期和深水区，推进国家治理体系和治理能力现代化到了一个关键阶段。这就更要坚持正确的方向，更要毫不动摇地坚持四项基本原则，共同统一于中国特色社会主义伟大实践中，使中国特色社会主义事业焕发出强大的生命力。

（二）掌握科学的方法论

全面深化改革需要坚持正确的方法论。苏东改革之所以浅尝辄止、半途而废，偏离方向、失败告终，除了未能从根本上破解僵化的体制机制之外，很重要的一条就是缺乏宏观布局，缺乏对改革整体性的考量。改革是一场深刻的革命，牵涉面广，涉及方方面面的利益关系，必须掌握科学的方法论。经济体制、政治体制、文化体制、社会体制、生态体制等，均是全面深化改革完善的重要内容，更是国家治理体系的重要内容。它们之间关联性强，牵一发而动全身。这就要坚持宏观思考、顶层设计和基层创新相结合、整体推进和重点突破相结合、局部试点和全局铺开相结合，切实增强改革的全局性、系统性、协调性、前瞻性、预见性，更好地协调好改革、发展和稳定的关系。正如习近平指出的："改革开放是一个系统工程，必须坚持全面改革，在各项改革协同配合中推进。"②

（三）推进社会公平正义

坚持改革的正确方向，就要保持社会公平正义。苏东国家改革的结果，不是使人民群众获得实惠，而是加剧了社会不公，贫富差距越来越大，导致人民群众强烈不满。党的十九大报告指出："必须始终把人民利益摆在至高无上的地位，让改革发展成果更多更公平惠及全体人民，朝着实现全体人民

---

① 《习近平关于全面深化改革论述摘编》，中央文献出版社2014年版，第15页。

② 《习近平关于协调推进"四个全面"战略布局论述摘编》，中央文献出版社2015年版，第55页。

共同富裕不断迈进。"① "如果不能给老百姓带来实实在在的利益，如果不能创造更加公平的社会环境，甚至导致更多不公平，改革就失去意义，也不可能持续。"② 改革要有强烈的问题导向，尤其要聚焦人民群众最关心最直接最紧迫的民生问题，坚持和完善统筹城乡的民生保障制度，在教育、就业、医疗、社会保障等问题上敢于冲破利益藩篱，破解体制机制的弊端，健全国家基本公共服务制度体系，"注重加强普惠性、基础性、兜底性民生建设"③，不断提升公共服务均等化水平。坚持社会公平正义，还要进一步纵深推进精准扶贫、精准脱贫战略，改革完善相应的工作体制机制，使贫困地区的人民真正脱贫，同步享受改革发展的成果，同步进入全面小康社会。

四、重视社会主义民主法治建设

苏东共产党执政时期，民主政治建设一度缺失，执政党领导人搞"一言堂"，以言代法、以权代法，甚至凌驾于法律之上。由此造成的后果是，无论政党建设还是国家治理，这些国家都没有能够走上法治化、制度化、规范化的轨道。党的十九届四中全会指出："坚持和完善人民当家作主制度体系，发展社会主义民主政治。"④ 依法执政，首先是依宪执政；依法治国，首先是依宪治国。发展社会主义民主政治，坚持党的领导、人民当家作主、依法治国三者有机统一，才能确保党领导人民以正确的方式有效治理国家，实现科学执政、民主执政、依法执政。

（一）坚持和完善人民代表大会制度

人民代表大会制度是我国的一项根本政治制度，是保证人民当家作主、依法行使国家权力的制度安排，是人民代表参政议政、建言献策并使人民意志通过有效途径最终上升为国家理念的制度设计，更是体现具有中国特色社会主义的政治制度。发展社会主义民主政治，就是要在坚持党的领导的根本

---

① 习近平：《决胜全面建成小康社会　夺取新时代中国特色社会主义伟大胜利——在中国共产党第十九次全国代表大会上的报告》，人民出版社 2017 年版，第 45 页。

② 《十八大以来重要文献选编》（上），中央文献出版社 2014 年版，第 552—553 页。

③ 《中共中央关于坚持和完善中国特色社会主义制度、推进国家治理体系和治理能力现代化若干重大问题的决定》，人民出版社 2019 年版，第 25—26 页。

④ 《中共中央关于坚持和完善中国特色社会主义制度、推进国家治理体系和治理能力现代化若干重大问题的决定》，人民出版社 2019 年版，第 10 页。

前提下，进一步坚持和完善人民代表大会制度，充分调动人民群众参与国家治理、社会治理的积极性、主动性和创造性，认真听取人民群众的意见和建议，发挥人民群众的聪明才智，集思广益，进而避免决策的随意性、主观化等问题。因此，人民代表大会制度是发展社会主义民主政治的具体体现。新时代坚持人民代表大会制度，就要从具体工作制度上支持和保证人民代表真正履职尽责，充分保证国家最高权力机关的立法权、监督权、决定权和任免权的依法行使、有效行使。

（二）推动协商民主纵深发展

协商民主是中国特色社会主义民主政治的一种特有方式，更是实现党的领导的重要方式，体现了民主的精神和民主的实质。新时代加强社会主义民主政治建设的重要内容之一，就是要推动协商民主向纵深发展，在实现国家建设和国家治理中进一步广集民智、汇聚民意，最大限度地减少决策过程中的不确定性，提高决策的科学性、针对性和有效性。推动协商民主向纵深发展，就要从多个层面、多个类别推进，实现科学化、制度化、规范化。党的十九届四中全会指出："统筹推进政党协商、人大协商、政府协商、政协协商、人民团体协商、基层协商以及社会组织协商。"[1] 其中，政协协商体现了我国社会主义民主的独特优势，在长期实践中积累了许多丰富、成熟的经验，应当长期坚持和不断发展，从而使党和国家的中心工作在一个充分体现民主精神的重要渠道中得以有效推动、科学发展。

（三）全面深化依法治国实践

全面依法治国是"四个全面"战略布局之一，是国家治理的一场深刻革命。党的十八大以来，以习近平同志为核心的党中央全面推进依法治国实践，切实维护宪法权威，大力推进科学执政、民主执政、依法执政，有效促进党的执政行为和党员领导干部从政行为的法治化、制度化、规范化，着力摒弃一切凌驾于法律之上的特权现象，全社会法治观念显著提升，法治意识明显增强。这就走出了一条有别于一些国家在治理上行政色彩浓厚、主观意志明显的新路子。新时代发展社会主义民主政治，要坚持党的领导，全面深

---

① 《中共中央关于坚持和完善中国特色社会主义制度、推进国家治理体系和治理能力现代化若干重大问题的决定》，人民出版社 2019 年版，第 11 页。

化依法治国实践，在立法、执法、司法等方面科学推进，坚持依法执政、依法行政。同时，进一步深化司法体制改革，切实发挥法律定分止争的作用，使以言代法、以权压法、逐利违法、徇私枉法的现象得以逐步遏制和消除，全社会法治文明程度显著提升。

五、开展党内民主政治生活

"党内民主是党的生命"，要搞好社会主义国家的执政党改革，必须以苏联共产党的教训为鉴戒，开展党内民主政治生活。党的十九大报告提出了三个"党内政治"路径："严肃党内政治生活，严明党的纪律，强化党内监督，发展积极健康的党内政治文化，全面净化党内政治生态，坚决纠正各种不正之风，以零容忍态度惩治腐败，不断增强党自我净化、自我完善、自我革新、自我提高的能力，始终保持党同人民群众的血肉联系。"① 这里提到的"党内政治生活、党内政治文化和党内政治生态"，就构成开展党内民主政治生活的三条路径。

（一）严肃党内政治生活

开展严肃认真的党内政治生活，是我们党的优良传统和政治优势。在长期实践中，我们党坚持把开展严肃认真的党内政治生活作为党的建设重要政治任务来抓，形成了以实事求是、理论联系实际、密切联系群众、开展批评和自我批评、实行民主集中制等为主要方式的党内政治生活基本规范，为巩固党的团结和集中统一、保持党的先进性和纯洁性、增强党的生机活力积累了丰富经验。党内政治生活，形成党的日常工作和生活状态，全党的组织和党员干部都必须过好党内政治生活，提升自己的政治水平。毫无疑义，今后进行党的政治建设，必须以党内政治生活为主渠道，要下大气力解决好影响严肃认真开展党内政治生活的各种问题。习近平在第十八届中央纪律检查委员会第六次全体会议上指出："在一些地方和部门，政治生活庸俗化、随意化、平淡化现象还大量存在，一些党组织和党员缺乏运用批评和自我批评武

---

① 习近平：《决胜全面建成小康社会　夺取新时代中国特色社会主义伟大胜利——在中国共产党第十九次全国代表大会上的报告》，人民出版社 2017 年版，第 26 页。

器的勇气，这既害自己又耽误同志，最终伤害的是党的事业。"[①] 要提高党内政治生活的政治性、时代性、原则性、战斗性，使党内政治生活真正起到教育改造提高党员干部的作用。

（二）发展积极健康的党内政治文化

党内政治文化，是在一个政党内部的长期政治实践中形成的比较统一、稳定并被全体党员认可接受和自觉践行的政治认知、政治信念、政治情感、政治态度和政治价值。政治文化是政治生活的灵魂，并且对政治生态具有潜移默化的影响。积极健康的党内政治文化是内容和形式的统一。从内容讲，党的民主政治生活包含政治方向、政治领导、政治根基、政治原则、政治理想、政治生态、政治风险、政治本色、政治能力、政治纪律十个要素本身，表现为党的政治文化，构成党内政治文化的具体内容。从形式讲，党的政治建设要不断创新党内政治文化教育的载体、形式、方法和手段，通过举办生动活泼、形式多样、丰富多彩的党内活动，使党员潜移默化地接受教育，同时又将教育成果积极融入活动之中，外化为具体的实践行为。当前，党的各级组织可通过抓实常态化教育活动，引导各级党员切实增强政治意识和观念，带头筑牢思想防线，带头争做合格党员，进而凝聚共识，强化政治认同，增进文化自信，坚定信仰追求，培育担当精神，拥有真挚的为民情怀和务实的思想作风。

（三）全面净化党内政治生态

党内政治生态，是指在党的政治系统内各个政治行为体之间，以及政治行为体与政治环境之间相互作用而形成的政治运行的环境与状态，是党风的集中体现。它反映了党的整体政治面貌。习近平强调指出："我们一定要深刻认识到，严肃党内政治生活、净化党内政治生态，是党的建设中带有根本性、基础性的问题，关乎党的团结统一，关乎党的生死存亡。"[②] 曾经有一段时间，党内政治生态环境中确实存在着这样或那样的问题，如不讲原则的好人主义、我行我素的自由主义、人身依附的宗派主义、唯利是图的个人主义以及拉帮结派的山头主义、圈子主义等。环境对于人的影响很大，政治生

---

① 习近平：《在第十八届中央纪律检查委员会第六次全体会议上的讲话》，人民出版社2016年版，第26页。

② 《习近平关于全面从严治党论述摘编》，中央文献出版社2016年版，第37页。

态好，"风俗既正，中人以下，皆自勉以为善"。换言之，风气好，人心就顺、正气就足，可以防止"劣币驱逐良币"，可以保障"干事者得利、有为者有位"。政治生态不好，"风俗一败，中人以上，皆自弃而为恶"。也就是说，坏风气一旦形成，流风所及，难免会给好人也造成不良影响，最后就会人心涣散、弊病丛生。环境能够影响人，人也能够影响环境。就政治生态而言，每个党员干部都是生态环境的一部分。身处不良政治生态中，被环境改变，这个生态就会恶化一分；但个人也不是无能为力的，抱定操守，敢于坚持，这个生态也就变好一分。可见，党员和领导干部等政治主体都是在一定的政治生态中生活和工作的，要受到从政环境的影响，并且反作用于其所处的从政环境。建设风清气正的政治生态，关系到改革、发展和稳定的大局，是共产党人的本质要求，是干部清正廉洁的必然选择，是反腐倡廉的迫切需要，更是实现中华民族伟大复兴的中国梦的必要途径。

六、防止和抵制西方错误思潮

不同意识形态的交锋始终是存在的。这就意味着党在提高执政安全过程中必须面对来自域外思潮尤其是负面思潮的侵袭和挑战。防止和抵制西方负面思潮的渗透是中国共产党坚持意识形态领域主导权和话语权的一项重要任务。中国共产党要不断增强思想引领力，牢牢坚持党对意识形态工作的领导，切实有效地防止和抵制不良负面思潮，才可真正地防范、避免苏东国家剧变的悲剧。

（一）批判负面思潮

信息技术的发展，使得多元社会思潮的传播和扩散成为不可逆的现象，也使意识形态领域的斗争变得更加复杂、更加严峻。面对域外负面思潮的快速渗透，必须理性辨别深藏其背后的本质特征，进而旗帜鲜明给予批判和抵制。西方社会往往打着"自由、民主、人权"旗号传播其价值观，进行思想文化渗透。实际上，它们却以此为借口向人们传递"宪政民主""新自由主义""普适价值"等负面思潮，其实质正是取消党的领导、否定社会主义制度。因此，我们要深入了解并且理性辨别西方负面思潮的政治立场和政治价值观。执政党的党员干部应当高度重视这些负面思潮的危害性，不断提高政治敏锐性和政治辨别力，对其反映出来的本质特征进行有力批驳，击中要害，筑牢意识形态阵地，切实维护意识形态领域安全。

（二）增强主流意识形态引领力

确保意识形态领域的安全，净化思想舆论阵地，还应当增强和发挥主流意识形态的引领力、感召力和向心力。党的十九大报告指出："不断增强党的政治领导力、思想引领力、群众组织力、社会号召力，确保我们党永葆旺盛生命力和强大战斗力。"① 思想引领力是中国共产党长期执政的一项重要能力。增强思想引领力，发挥主流意识形态的整合功能，就要坚持马克思主义在意识形态领域指导地位的根本制度，自觉用马克思主义基本理论特别是习近平新时代中国特色社会主义思想，解释社会现实，展现主流意识形态的理论魅力，提升理论的解释力和说服力。要坚持稳定性和灵活性相结合，提升主流意识形态的创新力；坚持主导性和包容性相结合，提升主流意识形态的凝聚力；坚持大众化和分众化相结合，提升主流意识形态的传播力和影响力。说到底，增强主流意识形态引领力本质上是增强自身的理论建构和理论动员能力，从而实现在媒介环境的变迁、社会思潮多元多变的背景下，有效应对所面临的西方负面思潮的挤压和稀释风险，化解执政挑战，巩固党的执政安全。

---

① 习近平：《决胜全面建成小康社会　夺取新时代中国特色社会主义伟大胜利——在中国共产党第十九次全国代表大会上的报告》，人民出版社 2017 年版，第 16 页。

第　五　章

中国特色社会主义实现马克思主义中国化

中国特色社会主义，是对苏联模式全面、彻底地破除和突破，是科学社会主义基本原则与当代中国实际相结合的飞跃，是马克思主义在中国发展的新阶段，是当代中国的马克思主义，是 21 世纪的马克思主义。中国特色社会主义的最初探索是毛泽东同志实现马克思主义中国化的探索，毛泽东同志是探索中国社会主义建设道路的开拓者。邓小平同志系统地解决了马克思主义当代中国化的思想路线问题，冲破"两个凡是"，纠正"以阶级斗争为纲"的错误方针，把党和国家的工作重点转移到经济建设上，坚持实践是检验真理的唯一标准，回答了什么是社会主义、怎样建设社会主义的问题，创建了中国特色社会主义。"三个代表"重要思想是马克思主义中国化的重要理论成果。江泽民同志在新的历史条件下提出"三个代表"重要思想，进一步创造性地回答了建设一个什么样的党、怎样建设党的问题。"科学发展观"是马克思主义关于发展的世界观和方法论的集中体现。胡锦涛同志提出的科学发展观，运用了马克思主义的世界观和方法论，科学回答了新世纪新阶段中国面临的"为什么发展""为谁发展""靠谁发展""怎样发展"等一系列重大问题，深刻揭示了中国特色社会主义现代化的发展道路、模式、战略、目标。党的十八大以来，以习近平同志为主要代表的中国共产党人总结我们党马克思主义中国化的历史经验，继续深化对共产党执政规律、社会主义建设规律、人类社会发展规律的认识，系统回答了新时代坚持和发展什么样的中国特色社会主义、怎样坚持和发展中国特色社会主义的基本问题，创立了习近平新时代中国特色社会主义思想。这一思想回答了治理什么样的国家、怎样治理的问题，是对马克思列宁主义、毛泽东思想、邓小平理论、"三个代表"重要思想、科学发展观的继承和发展，是马克思主义中国化的最新成果。

第一节 中国特色社会主义的探索和创立

新中国成立初期，国家在经济建设、文化建设和社会建设等方面处于百废待兴的状态，如何将我国从经济文化落后的东方大国建设成为富强的社会主义国家，是党面临的一个崭新课题。由于缺乏社会主义建设经验，中国只能学习苏联的做法，这在当时是必要的，也取得了一定的成效。然而，随着社会主义建设实践的发展，苏联模式逐步暴露了存在的严重缺点和错误。事实表明，照搬苏联经验不符合中国国情，中国社会主义建设必须将马克思主义与中国具体实际相结合，积极探索符合中国特点的社会主义建设道路。

一、中国特色社会主义的探索

1956 年 4 月和 5 月，毛泽东先后在中央政治局扩大会议和最高国务会议上作了《论十大关系》的报告，初步总结了我国社会主义建设的经验，明确提出要以苏联为鉴戒，独立自主地探索适合中国情况的社会主义建设道路。毛泽东说："特别值得注意的是，最近苏联方面暴露了他们在建设社会主义过程中的一些缺点和错误，他们走过的弯路，你还想走？过去我们就是鉴于他们的经验教训，少走了一些弯路，现在当然更要引以为戒。"[1] 从而明确了建设社会主义必须根据本国情况走自己的道路这一根本思想。

（一）社会主义建设的理论探索

第一，提出调动一切积极因素为社会主义事业服务的思想。《论十大关系》确立了一个基本方针，努力把党内党外、国内国外的一切积极因素，直接的、间接的积极因素全部调动起来，为社会主义建设服务。为了贯彻这一方针，报告从十个方面论述了我国社会主义建设需要重点把握的一系列重

---

① 《毛泽东文集》第七卷，人民出版社 1999 年版，第 23 页。

大关系，内容涉及生产力和生产关系、经济基础和上层建筑等各方面。毛泽东认为，社会主义建设中的积极因素与消极因素是对立统一的关系。在社会主义建设中，要充分调动一切积极因素，努力克服消极因素，将消极因素转化为推动社会主义事业的积极因素。我们的任务是创造条件，大力促使消极因素比较多、比较快地向积极因素转化，并同时尽力防止积极因素向消极因素逆转。

首先，调动一切积极因素为社会主义事业服务，必须坚持中国共产党的领导。毛泽东多次强调："领导我们事业的核心力量是中国共产党。"① "中国共产党是全中国人民的领导核心。没有这样一个核心，社会主义事业就不能胜利。"② 毛泽东将"有利于巩固共产党的领导，而不是摆脱或者削弱这种领导"③，作为判断人们言论和行动是非的六条标准中最重要的一条。毛泽东还明确提出了"党领导一切"的思想，指出："工、农、商、学、兵、政、党这七个方面，党是领导一切的。党要领导工业、农业、商业、文化教育、军队和政府。"④ 毛泽东进一步提出了党的建设问题。他指出："中国的改革和建设靠我们来领导。如果我们把作风整顿好了，我们在工作中间就会更加主动，我们的本事就会更大，工作就会做得更好。"⑤

其次，调动一切积极因素为社会主义事业服务，必须发展社会主义民主政治。党的八大提出，要扩大社会主义民主，开展反对官僚主义的斗争；加强对于国家工作的监督，特别是加强党对于国家机关的领导和监督，加强全国人民代表大会和它的常务委员会对中央一级政府机关的监督和地方各级人民代表大会对地方各级政府机关的监督，加强各级政府机关的由上而下的监督和由下而上的监督，加强人民群众和机关中的下级工作人员对于国家机关的监督；着手系统地制定比较完备的法律，健全社会主义法制。毛泽东还提出，"我们的目标，是想造成一个又有集中又有民主，又有纪律又有自由，又有统一意志、又有个人心情舒畅、生动活泼，那样一种政治局面，以利于

---

① 《毛泽东文集》第六卷，人民出版社 1999 年版，第 350 页。
② 《毛泽东文集》第七卷，人民出版社 1999 年版，第 303 页。
③ 《毛泽东文集》第七卷，人民出版社 1999 年版，第 234 页。
④ 《毛泽东文集》第八卷，人民出版社 1999 年版，第 305 页。
⑤ 《毛泽东文集》第七卷，人民出版社 1999 年版，第 275 页。

社会主义革命和社会主义建设"①。

最后，调动一切积极因素为社会主义事业服务，必须正确认识社会主义发展阶段和社会主义建设的规律。在探索中国社会主义建设道路过程中，毛泽东提出，社会主义又可分为两个阶段，第一个阶段是不发达的社会主义，第二个阶段是比较发达的社会主义。后一个阶段可能比前一个阶段需要更长的时间。他强调，在我们这样的国家，社会主义建设具有艰难性、复杂性和长期性，建设社会主义必须不断在实践中积累经验，逐步克服盲目性，认识客观规律，才能实现认识上的飞跃；要大兴调查研究之风，总结正反两方面经验教训，找出社会主义建设的客观规律，制定适合中国情况的方针和政策。

总之，调动一切积极因素为社会主义事业服务，是党关于社会主义建设的一条极为重要的方针，对于最大限度地团结全国各族人民，为建设社会主义现代化国家而奋斗，具有长远的指导意义。

第二，提出正确认识和处理社会主义社会矛盾的思想。我国社会主义改造的任务完成以后，国内的社会矛盾和阶级关系发生重大变化，大量人民内部矛盾逐步成为国家政治生活中居于主导地位的矛盾。1957 年 2 月，毛泽东作了《关于正确处理人民内部矛盾的问题》的报告，系统阐述了社会主义社会矛盾的理论。矛盾是普遍存在的，社会主义社会同样充满着矛盾，正是这些矛盾推动着社会主义社会不断向前发展。毛泽东指出："矛盾不断出现，又不断解决，就是事物发展的辩证规律。"② 他提倡运用对立统一规律深刻分析社会主义社会的矛盾。

首先，明确了社会主义社会的基本矛盾。毛泽东指出："在社会主义社会中，基本的矛盾仍然是生产关系和生产力之间的矛盾，上层建筑和经济基础之间的矛盾。"③ 但社会主义社会的基本矛盾同以往社会的基本矛盾具有根本不同的性质和情况。社会主义社会的基本矛盾是在生产关系和生产力基本适应、上层建筑和经济基础基本适应条件下的矛盾，是在人民根本利益一致基础上的矛盾。它不是对抗性的矛盾，而是非对抗性的矛盾，因此"它

① 《建国以来重要文献选编》第十册，中央文献出版社 1994 年版，第 485 页。
② 《毛泽东文集》第七卷，人民出版社 1999 年版，第 216 页。
③ 《毛泽东文集》第七卷，人民出版社 1999 年版，第 214 页。

可以经过社会主义制度本身，不断地得到解决"①。

其次，分析了我国社会的主要矛盾和根本任务。党的八大正确分析了社会主义改造完成后我国社会主要矛盾的变化，指出社会主义制度在我国已经基本上建立起来了，国内的主要矛盾已经是人民对于建立先进的工业国的要求同落后的农业国的现实之间的矛盾，已经是人民对于经济文化迅速发展的需要同当前经济文化不能满足人民需要的状况之间的矛盾。据此，党中央提出要把党和国家的工作重点转到技术革命和社会主义建设上来，要求各级党委要抓社会主义建设工作，全党要学科学、学技术、学新本领。

再次，提出了社会主义社会两类矛盾的理论。毛泽东强调，在我们面前有两类社会矛盾，这就是敌我矛盾和人民内部矛盾，这是两类性质完全不同的矛盾。敌我矛盾是根本利益对立基础上的矛盾，是对抗性的矛盾。人民内部矛盾是在人民根本利益一致基础上的矛盾，是非对抗性的矛盾。毛泽东认为两类不同性质的矛盾的存在是客观的，但不是固定不变的，在一定的条件下，两类不同性质的矛盾可以互相转化。因此，必须严格区分和正确处理两类不同性质的矛盾，特别是要正确处理已经居于主导地位的人民内部矛盾。这对于发展社会主义事业具有极为重要的意义。

最后，确立了用民主的方法处理人民内部矛盾的方针。毛泽东指出，用民主的方法解决人民内部矛盾，这是一个总方针。针对人民内部矛盾在具体实践中的不同情况，毛泽东提出了一系列具体方针、原则。对于政治思想领域的人民内部矛盾，实行"团结—批评—团结"的方针，坚持说服教育、讨论的方法；对于物质利益、分配方面的人民内部矛盾，实行统筹兼顾、适当安排的方针，兼顾国家、集体和个人三方面的利益；等等。所有这些方针，都是对总方针的具体化，为解决不同形式的人民内部矛盾指明了方向。

毛泽东关于社会主义社会矛盾的学说，科学揭示了社会主义社会发展的动力，丰富和发展了马克思主义的科学社会主义理论，为正确处理社会主义社会各种矛盾、创造良好的社会环境和政治环境，提供了基本的理论依据，也为后来的社会主义改革奠定了理论基础。

第三，确立了走中国工业化道路的思想。新中国成立初期，我国的工业

---

① 《毛泽东文集》第七卷，人民出版社 1999 年版，第 213—214 页。

基础非常薄弱、生产力落后，很多工业领域甚至还是空白。鉴于此，毛泽东在《论十大关系》中提出，以工业为主导，把重工业作为我国经济建设的重点，以逐步建立独立的比较完整的基础工业体系和国防工业体系。同时，毛泽东指出，必须充分注意发展农业和轻工业。更多地发展农业、轻工业，既可以更好地供给人民生活的需要，又可以增加资金积累和扩大市场。这不仅会使重工业发展得多些和快些，而且由于保障了人民生活的需要，会使它发展的基础更加巩固。从而，毛泽东提出了以农业为基础，以工业为主导，以农轻重为序发展国民经济的总方针，以及一整套用"两条腿走路"的工业化发展思路。

首先，明确了工业化道路的战略目标和战略步骤。毛泽东提出，社会主义现代化的战略目标，是要把中国建设成为一个具有现代农业、现代工业、现代国防和现代科学技术的社会主义强国。为了实现这个目标，三届全国人大一次会议提出"两步走"的发展战略：第一步，建成一个独立的比较完整的工业体系和国民经济体系；第二步，全面实现工业、农业、国防和科学技术的现代化，使中国走在世界前列。

其次，确立了适合工业化道路的经济建设方针。党的八大提出了既反保守又反冒进、在综合平衡中稳步前进的方针。毛泽东多次阐述了统筹兼顾的方针，强调正确处理国家、集体与个人的关系，生产两大部类的关系，中央与地方的关系，积累与消费的关系，长远利益与当前利益的关系；既要顾全大局，突出重点，也要统筹兼顾，全面安排，综合平衡。同时，要在自力更生的基础上积极争取外援，开展与外国的经济交流，引进外国的先进技术、设备和资金，学习资本主义国家先进的科学技术和管理经验。

再次，提出要大力发展科学技术和文化教育。在科学技术方面，党中央提出了"向科学进军"的口号，强调实现四个现代化关键在于科学技术现代化。毛泽东强调，不搞科学技术，生产力就无法提高。在教育事业方面，毛泽东提出："我们的教育方针，应该使受教育者在德育、智育、体育几方面都得到发展，成为有社会主义觉悟的有文化的劳动者。"[1] 在文化工作方面，为了促进我国社会主义文化繁荣发展，提出了"百花齐放、百家争鸣"

---

① 《毛泽东文集》第七卷，人民出版社1999年版，第226页。

的方针。毛泽东指出："艺术上不同的形式和风格可以自由发展，科学上不同的学派可以自由争论。"①

最后，提出要调整所有制结构，探索适合国情的经济体制。毛泽东、刘少奇、周恩来提出了把资本主义经济作为社会主义经济的补充的思想。朱德提出了要注意发展手工业和农业多种经营的思想。陈云提出了"三个主体，三个补充"的设想。毛泽东提出发展商品生产、利用价值规律的思想，认为商品生产在社会主义条件下，还是一个不可缺少的、有利的工具，要有计划地大大地发展社会主义的商品生产。

走中国工业化道路的思想，是党探索我国社会主义建设道路的一个重要思想，对于加快我国社会主义建设事业发展与经济快速积累具有重要意义。

（二）社会主义建设中的经济发展

中国从开始全面建设社会主义以来，尽管经历过曲折，但是在推动工业化建设方面，取得了历史性成就，建立了独立的、比较完整的工业体系和国民经济体系。

第一，国民经济实现长足发展。从"一五"时期开始到 1976 年的 20 多年，是中国社会主义现代化事业打基础的重要发展期。尽管经历了"大跃进"和"文化大革命"的严重挫折，但这一时期中国经济的发展速度仍然是比较快的。1952 年到 1978 年，工农业总产值平均年增长率为 8.2%，其中工业年均增长 11.4%。② 谷物和主要工业产品产量在世界排名明显上升。在此期间，国家经济实力显著增强。按照不变价格计算，1952 年国内生产总值为 679 亿元人民币，1976 年增加到 2965 亿元。人均国内生产总值从 1952 年的 119 元增加到 1976 年的 319 元。③ 这个数字虽然还很低，但在原有基础上的增长仍是明显的。

第二，工业化体系基本建立。这一时期最大的建设成就，是基本建立起独立的、比较完整的工业体系和国民经济体系，从根本上解决了工业化"从无到有"的问题。新中国刚刚成立时，由于没有自己独立的工业体系，

① 《毛泽东文集》第七卷，人民出版社 1999 年版，第 229 页。
② 参见沙健孙：《毛泽东与新中国的经济建设》，《光明日报》2014 年 1 月 22 日。
③ 参见中共中央党史研究室：《中国共产党的九十年》，中共党史出版社、党建读物出版社 2016 年版，第 638 页。

主要工业产品全部依赖进口。但是从"一五"计划开始，国家基本建设投资，到"四五"时期累计达 4956.3 亿元，为国民经济的进一步发展打下了坚实的基础。主要工业品的生产能力有了飞跃式的发展。钢产量从 1949 年的 16 万吨发展到 1976 年的 2046 万吨。发电量从 1949 年的 43 亿度发展到 1976 年的 2031 亿度。原油从 1949 年的 12 万吨发展到 1976 年的 8716 万吨。[①] 在铁路、交通运输等基础设施建设方面，这个时期同样得到了较快的发展。旧中国在 73 年间仅修筑铁路 2.18 万公里、公路 8.07 万公里。到 1976 年，中国的铁路达到 4.63 万公里，公路达到 82.34 万公里，初步形成了全国的路网骨架。从国防和国家安全的考虑出发，这一时期开展了大规模的"三线"建设。从 1964 年"三五"时期开始到 1980 年"五五"时期结束，共投资 2052 亿元。[②] 这不仅极大地增强了国防力量，而且对改善工业布局和城市布局起了重要的促进作用。

独立的、比较完整的工业体系和国民经济体系的建立，使中国在赢得政治上的独立之后又赢得了经济上的独立，不仅为中国以后的发展奠定了牢固的物质技术基础，而且也为中国同包括西方发达国家在内的世界各国在平等互利的原则下发展对外贸易和经济往来创建了前提。

（三）中国社会主义道路初期探索的价值

党领导人民探索社会主义建设道路，历经艰辛和曲折，在理论建设和经济建设上都取得了一系列重要成就。这些成就对于巩固我国社会主义制度、开创和发展中国特色社会主义、促进世界社会主义的发展具有重要意义。

第一，巩固和发展了我国社会主义制度。作为一种崭新的更高形态的社会制度，社会主义制度的建立极大地激发了广大人民群众的建设热情和积极性。但是，我国人口多、底子薄、经济文化比较落后，社会主义建设的任务艰巨繁重；国际上，以美国为首的西方国家对中国采取敌视政策，并进行封锁和遏制，企图颠覆社会主义制度。面对严峻复杂的国内外形势，党带领全国人民，坚持独立自主、自力更生，开始了大规模的社会主义建设，在经

---

① 中共中央党史研究室：《中国共产党的九十年》，中共党史出版社、党建读物出版社 2016 年版，第 637—638 页。

② 国家统计局国民经济综合统计司编：《新中国五十年统计资料汇编》，中国统计出版社 1999 年版，第 556、559 页。

济、政治、文化等各方面都取得了重大成就。

第二，为开创中国特色社会主义提供了宝贵经验、理论准备和物质基础。在全面建设社会主义时期，党对社会主义建设道路的探索历经艰辛，积累了丰富的经验，也留下了深刻的教训。无论是成功的经验还是失误的教训，正确地加以总结，都是党的宝贵财富，为改革开放新时期中国特色社会主义的开创和发展提供了重要的思想资源。在探索中形成的一些正确的和比较正确的思想观点，取得的独创性理论成果，尤其是关于社会主义建设的正确的理论原则和经验总结，丰富和发展了毛泽东思想，对我国社会主义建设发挥了重要指导作用，为开启新时期新道路奠定了重要的思想基础。这一时期的建设成就为开启新时期新道路奠定了重要的物质基础。

第三，丰富了科学社会主义的理论和实践。中国的社会主义，既不同于马克思、恩格斯设想的在生产力高度发达基础上建立的社会主义，也不同于建立在有了一定的资本主义基础之上的苏联社会主义。中国共产党领导人民探索社会主义建设道路，吸取了苏联模式的经验教训，根据自己的实践形成了许多独创性成果，深化了对社会主义的认识。中国的实践表明，社会主义建设没有一个固定不变的模式，各个国家应该根据自己的国情，独立自主地选择适合自己的发展道路。这不仅丰富了中国社会主义的理论与实践，也丰富了马克思关于科学社会主义的理论与实践，为其他国家的社会主义建设提供了经验和借鉴。

二、中国特色社会主义的初创

1976年10月粉碎"四人帮"的胜利，挽救了中国共产党和中国的社会主义事业。在粉碎"四人帮"以后，广大干部和群众强烈要求纠正"文化大革命"的错误理论、方针和政策，彻底扭转十年内乱造成的严重局势，使中国从危难中重新奋起。在国内外大势要求下，中国共产党作出了关系党和国家前途命运的政治决断和战略抉择。

（一）开创中国特色社会主义事业的必要准备

为了冲破"两个凡是"的束缚，清除"左"的指导思想，邓小平提出要完整地、准确地理解毛泽东思想的科学体系，强调毛泽东思想的精髓就是实事求是，旗帜鲜明地提出"两个凡是"不符合马克思主义。从1978年5

月开始的关于真理标准问题的大讨论，强调实践是检验真理的唯一标准。这场讨论为党重新确立实事求是的思想路线，纠正长期以来的"左"倾错误，实现历史性的转折，作了思想理论准备。

1978年12月13日，邓小平在中央工作会议闭幕会上作了题为《解放思想，实事求是，团结一致向前看》的讲话。该讲话为党的十一届三中全会的召开和中国社会主义事业的历史性转折奠定了重要基础。1978年12月18日，党的十一届三中全会召开。全会冲破长期"左"的错误的严重束缚，彻底否定了"两个凡是"的错误方针，高度评价了关于真理标准问题的讨论，并且果断停止使用"以阶级斗争为纲"的口号，作出了把工作重点转移到社会主义现代化建设上来和实行改革开放的战略决策。全会恢复了党的民主集中制的优良传统，审查解决了历史上遗留的一批重大问题和一些重要领导人的功过是非问题。

党的十一届三中全会是新中国成立以来党的历史上具有深远意义的伟大转折。全会结束了粉碎"四人帮"后党和国家工作在徘徊中前进的局面，标志着中国共产党重新确立了马克思主义的思想路线、政治路线、组织路线，开始了在思想、政治、组织等领域的全面拨乱反正。会后，从党的指导思想的确立和实际工作的领导来看，形成了以邓小平同志为核心的党的第二代中央领导集体，揭开了改革开放的序幕。以这次全会为标志，中国进入了改革开放和社会主义现代化建设的历史新时期。党和国家充满希望和活力地踏上了实现社会主义现代化的伟大征程。

党的十一届三中全会后，党和国家按照实事求是、有错必纠的原则加快了平反冤假错案的步伐，采取措施调整各种社会关系；同时，全面总结新中国的历史，科学评价毛泽东思想。这为有效调动社会各阶层人员的积极性、实行改革开放和开创中国特色社会主义事业，奠定了必不可少的社会基础和群众基础。

第一，科学总结社会主义建设的经验教训，为中国特色社会主义事业提供历史根据。我们在探索建设社会主义时期犯了一些错误。这主要是在经济上急于求成、盲目求纯和急于过渡；在政治上坚持以阶级斗争为纲。造成这些失误的更深层的原因，一是偏离了党的实事求是的思想路线，对国际国内的形势、对我国社会主义时期的主要矛盾和中国现实的具体国情作出了错误的估量和判断；二是对什么是社会主义和如何建设社会主义的问题没有完全搞清楚，因而也就不可能集中精力发展生产力，也不可能对社会主义的某些制度和体制进行有效的改革。

第二，全方位推进体制改革，为中国特色社会主义事业打造了制度基石。1979 年 9 月，党的十一届四中全会通过了《中共中央关于加快农业发展若干问题的决定》，提出要保障基层干部和农民因时因地制宜的自主权，发挥其主动性。在中共中央的支持和推动下，家庭联产承包责任制在全国各地逐渐推广开来。"统分结合"的农村家庭联产承包责任制的普遍实行，促进了"政社合一"的人民公社体制的解体。在此期间，城市经济体制改革也展开了积极探索，对外开放迈出了较大的步伐。在推进经济体制改革的同时，政治体制改革和其他方面体制的改革也在向前推进：实现干部队伍的革命化、年轻化、知识化、专业化；加强各级人民代表大会的工作，省、县两级人代会增设常设机构，县级和县级以下人大代表普遍实行由选民直接选举的制度；恢复、制定和施行了一系列重要的法律法规，加强了司法、检察和公安机关的工作。

第三，提出坚持四项基本原则，为中国特色社会主义事业指明了正确的政治方向。极少数人利用中国共产党进行拨乱反正的时机，打着"解放思想"的幌子掀起了资产阶级自由化思潮，企图从根本上否定毛泽东思想、中国共产党的领导、人民民主专政和社会主义道路。针对这种情况，1979年 3 月 30 日，邓小平在理论工作务虚会上发表的讲话中指出：坚持社会主义道路，坚持人民民主专政，坚持共产党的领导，坚持马克思列宁主义、毛泽东思想这四项基本原则，是实现四个现代化的根本前提。邓小平指出："如果动摇了这四项基本原则中的任何一项，那就动摇了整个社会主义事业，整个现代化建设事业。"[①]

（二）中国特色社会主义事业的开创

1982 年，中国共产党第十二次全国代表大会在北京召开。邓小平在开幕词中提出："把马克思主义的普遍真理同我国的具体实际结合起来，走自己的道路，建设有中国特色的社会主义，这就是我们总结长期历史经验得出

[①]　《邓小平文选》第二卷，人民出版社 1994 年版，第 173 页。

的基本结论。"① 同时，党的十二大提出，中国共产党在新的历史时期的总任务是：团结全国各族人民，自力更生，艰苦奋斗，逐步实现工业、农业、国防和科学技术现代化，把我国建设成为高度文明、高度民主的社会主义国家。从此，"中国特色社会主义"成为我们党的全部理论和实践创新的主题。这一重大命题的提出具有里程碑意义，是中国共产党人对科学社会主义发展的开创性贡献。

从党的十二大到十三大，伴随着我国改革开放和现代化建设实践的全面开展和深入发展，邓小平围绕着"什么是社会主义、怎样建设社会主义"这个基本的理论问题和实践问题进行深层次思考，提出关于社会主义的许多重要的科学论断。1984 年，党的十二届三中全会通过了《中共中央关于经济体制改革的决定》，提出社会主义经济是公有制基础上的有计划的商品经济。此后，从农村改革到城市改革，由经济体制改革到各方面体制改革，展开了中国特色社会主义事业的开拓历程，形成了一系列新的方针政策以及与此相对应的理论观点。

1987 年召开的党的十三大，第一次比较系统地论述了我国社会主义初级阶段理论，明确概括和全面阐发了党的"一个中心，两个基本点"的基本路线，从马克思主义哲学、政治经济学和科学社会主义等方面，第一次对中国特色社会主义理论的主要内容作了系统概括。党的十三大报告明确指出："十一届三中全会以来，我们党在对社会主义再认识的过程中，在哲学、政治经济学和科学社会主义等方面，发挥和发展了一系列科学理论观点。包括：关于解放思想，实事求是，以实践作为检验真理的唯一标准的观点；关于建设社会主义必须根据本国国情，走自己的路的观点；关于在经济文化落后的条件下，建设社会主义必须有一个很长的初级阶段的观点；关于社会主义社会的根本任务是发展生产力，集中力量实现现代化的观点；关于社会主义经济是有计划商品经济的观点；关于改革是社会主义社会发展的重要动力，对外开放是实现社会主义现代化的必要条件的观点；关于社会主义民主政治和社会主义精神文明是社会主义重要特征的观点；关于坚持四项基本原则同坚持改革开放的总方针这两个基本点相互结合、缺一不可的观点；

---

① 《邓小平文选》第三卷，人民出版社 1993 年版，第 3 页。

关于用'一个国家、两种制度'来实现国家统一的观点；关于执政党的党风关系到党的生死存亡的观点；关于按照独立自主、完全平等、互相尊重、互不干涉内部事务的原则，发展同外国共产党和其他政党的关系的观点；关于和平与发展是当代世界的主题的观点，等等。这些观点，构成了建设有中国特色的社会主义理论的轮廓，初步回答了我国社会主义建设的阶段、任务、动力、条件、布局和国际环境等基本问题，规划了我们前进的科学轨道。"[1] 这是我们党第一次对中国特色社会主义理论进行系统的概括，也标志着邓小平理论轮廓的形成。

1992 年，邓小平南方谈话重申了推进改革、加速发展的必要性和重要性，消除了人们心中对改革开放的困惑和疑虑；并从中国实际出发，站在时代的高度，深刻地总结了十多年改革开放的经验教训，在一系列重大的理论和实践问题上，提出了一系列重要论断，如社会主义本质是解放生产力，发展生产力，消灭剥削，消除两极分化，最终达到共同富裕；"三个有利于"标准；社会主义可以搞市场经济；革命是解放生产力，改革也是解放生产力；不坚持社会主义，不改革开放，不发展经济，不改善人民生活，就没有出路；改革开放的胆子要大一些，敢于试验，看准了的，就大胆地试，大胆地闯；要提倡科学，靠科学才有希望；要坚持两手抓，一手抓改革开放，一手抓打击各种犯罪活动，这两手都要硬。南方谈话是邓小平理论的集大成之作，从理论上深刻地回答了当时困扰和束缚人们思想的一系列重大问题，推动改革开放和社会主义现代化建设进入新阶段，邓小平理论也逐步走向成熟。

1992 年召开的党的十四大，系统总结了改革开放以来 14 年取得的巨大成就，同时指出：我们党之所以能够取得这样的胜利，根本原因是在 14 年的伟大实践中，坚持把马克思主义基本原理同中国具体实际相结合，逐步形成和发展了建设有中国特色社会主义的理论。党的十四大报告还从九个方面概括了中国特色社会主义理论的主要内容，强调这个理论，第一次比较系统地初步回答了中国这样的经济文化比较落后的国家如何建设社会主义、如何巩固和发展社会主义的一系列基本问题，用新的思想、观点，继承和发展了

---

[1] 《十三大以来重要文献选编》（上），人民出版社 1991 年版，第 56—57 页。

马克思主义。十四大报告系统阐释了这一理论的历史地位和指导意义，认为这一理论是马克思列宁主义基本原理与当代中国实际和时代特征相结合的产物，是毛泽东思想的继承和发展，是全党全国人民集体智慧的结晶，是中国共产党和中国人民最可珍贵的精神财富。十四大报告还高度评价了邓小平对创新中国特色社会主义理论的杰出贡献，明确指出："邓小平同志是我国社会主义改革开放和现代化建设的总设计师。他尊重实践，尊重群众，时刻关注最广大人民的利益和愿望，善于概括群众的经验和创造，敏锐地把握时代发展的脉搏和契机，既继承前人又突破陈规，表现出了开辟社会主义建设新道路的巨大政治勇气和开拓马克思主义新境界的巨大理论勇气，对建设有中国特色社会主义理论的创立做出了历史性的重大贡献。"[1]

第二节　中国特色社会主义的理论体系

在改革开放的进程中，实践创新和理论创新不断取得进展，马克思主义普遍真理和中国实际相结合产生了第二次理论飞跃，诞生了邓小平理论、"三个代表"重要思想、科学发展观等理论成果。它们共同构成了中国特色社会主义理论体系。

邓小平是改革开放的总设计师，在 1978 年的十一届三中全会上，他就解放思想和改革工作的意义指出："只有思想解放了，我们才能正确地以马列主义、毛泽东思想为指导，解决过去遗留的问题，解决新出现的一系列问题，正确地改革同生产力迅速发展不相适应的生产关系和上层建筑，根据我国的实际情况，确定实现四个现代化的具体道路、方针、方法和措施。"[2] 1992 年，邓小平发表南方谈话，强调指出："不坚持社会主义，不改革开放，不发展经济，不改善人民生活，只能是死路一条。"[3] 他在谈到社会主义的本质时，精辟地指出："社会主义的本质，是解放生产力，发展生产力，消灭剥削，消除两极分化，最终达到共同富裕。"[4] 1997 年，党的十五

---

① 《江泽民文选》第一卷，人民出版社 2006 年版，第 222 页。

② 《邓小平文选》第二卷，人民出版社 1994 年版，第 141 页。

③ 《邓小平文选》第三卷，人民出版社 1993 年版，第 370 页。

④ 《邓小平文选》第三卷，人民出版社 1993 年版，第 373 页。

大召开，大会主题是"高举邓小平理论伟大旗帜，把建设有中国特色社会主义事业全面推向二十一世纪"。1999 年，邓小平理论正式写入《中华人民共和国宪法》。在充满变化和挑战的现代社会中，如何建设坚强的无产阶级先锋队是重要的时代命题。2000 年，江泽民在广东省考察工作时指出："我们党所以赢得人民的拥护，是因为我们党在革命、建设、改革的各个历史时期，总是代表着中国先进生产力的发展要求，代表着中国先进文化的前进方向，代表着中国最广大人民的根本利益，并通过制定正确的路线方针政策，为实现国家和人民的根本利益而不懈奋斗。"① 2002 年，党的十六大报告指出："始终做到'三个代表'，是我们党的立党之本、执政之基、力量之源。"② 针对发展中存在的突出问题，胡锦涛大力倡导科学发展观。2003 年，他指出："树立和落实全面发展、协调发展、可持续发展的科学发展观，对于我们更好坚持发展才是硬道理的战略思想具有重大意义。"③ 2007 年，党的十七大报告明确指出："科学发展观，第一要义是发展，核心是以人为本，基本要求是全面协调可持续，根本方法是统筹兼顾。"④

一、对三个重要理论问题的回答

中国特色社会主义理论体系既继承了马克思主义的立场、观点、方法，又立足中国实际，对各领域的具体工作有直接的指导意义。各阶段的理论成果既一脉相承，又体现与时俱进的要求，整个理论体系集中回答了三个方面的理论问题。

（一）什么是社会主义，怎样建设社会主义

1848 年，马克思、恩格斯在《共产党宣言》中谈无产阶级的任务时指出："无产阶级将利用自己的政治统治，一步一步地夺取资产阶级的全部资本，把一切生产工具集中在国家即组织成为统治阶级的无产阶级手里，并且尽可能快地增加生产力的总量。"⑤ 列宁在《国家与革命》中重点分析了共

---

① 《江泽民文选》第三卷，人民出版社 2006 年版，第 2 页。
② 《江泽民文选》第三卷，人民出版社 2006 年版，第 536 页。
③ 《胡锦涛文选》第二卷，人民出版社 2016 年版，第 104 页。
④ 《胡锦涛文选》第二卷，人民出版社 2016 年版，第 623 页。
⑤ 《马克思恩格斯选集》第 1 卷，人民出版社 2012 年版，第 421 页。

产主义社会的第一阶段，他说："就是这个刚刚从资本主义脱胎出来的在各方面还带着旧社会痕迹的共产主义社会，马克思称之为共产主义社会的'第一'阶段或低级阶段。"①

　　苏联在十月革命胜利后建立，各方面的建设工作取得若干成就。1936年，苏联颁布新宪法，宣布建成社会主义；1967年，该国领导人宣布建成发达的社会主义。但随着社会各方面的活力衰减以致苏联最终走向解体，人们对苏联模式的有效性也不断进行深入思考。1982年，党的十二大举出"建设有中国特色的社会主义"旗帜，要求全面开创社会主义现代化建设的新局面。邓小平向大会致开幕词，指出："把马克思主义的普遍真理同我国的具体实际结合起来，走自己的道路，建设有中国特色的社会主义，这就是我们总结长期历史经验得出的基本结论。"②

　　邓小平在论述社会主义和共产主义关系时指出："社会主义是共产主义的第一阶段，是一个很长的历史阶段。社会主义的首要任务是发展生产力，逐步提高人民的物质和文化生活水平。"③ 在思考相关问题时，立足现实国情很重要，邓小平说："现在的方针政策，就是对'文化大革命'进行总结的结果。最根本的一条经验教训，就是要弄清什么叫社会主义和共产主义，怎样搞社会主义。搞社会主义必须根据本国的实际。"④ 他指出中国还处于社会主义的初级阶段，说："社会主义本身是共产主义的初级阶段，而我们中国又处在社会主义的初级阶段，就是不发达的阶段。一切都要从这个实际出发，根据这个实际来制订规划。"⑤

　　1988年，邓小平指出："坚持社会主义的发展方向，就要肯定社会主义的根本任务是发展生产力，逐步摆脱贫穷，使国家富强起来，使人民生活得到改善。"⑥ 1992年，他在南方谈话中正式提出"三个有利于"标准，即"判断的标准，应该主要看是否有利于发展社会主义社会的生产力，是否有

　　① 《列宁选集》第3卷，人民出版社2012年版，第194页。
　　② 《邓小平文选》第三卷，人民出版社1993年版，第3页。
　　③ 《邓小平文选》第三卷，人民出版社1993年版，第116页。
　　④ 《邓小平文选》第三卷，人民出版社1993年版，第223页。
　　⑤ 《邓小平文选》第三卷，人民出版社1993年版，第252页。
　　⑥ 《邓小平文选》第三卷，人民出版社1993年版，第264—265页。

利于增强社会主义国家的综合国力，是否有利于提高人民的生活水平。"①

关于社会主义的优越性，邓小平指出："社会主义的任务很多，但根本一条就是发展生产力，在发展生产力的基础上体现出优于资本主义，为实现共产主义创造物质基础。"②他强调以马克思主义为指导、走中国特色社会主义道路的光辉前景，说道："所以，我们多次重申，要坚持马克思主义，坚持走社会主义道路。但是，马克思主义必须是同中国实际相结合的马克思主义，社会主义必须是切合中国实际的有中国特色的社会主义。……所以社会主义阶段的最根本任务就是发展生产力，社会主义的优越性归根到底要体现在它的生产力比资本主义发展得更快一些、更高一些，并且在发展生产力的基础上不断改善人民的物质文化生活。"③

之后，江泽民概括指出："什么是有中国特色社会主义？或者说，什么是邓小平理论？简单地说，就是在坚持社会主义基本制度的基础上，在实践中探索回答在中国这样一个经济文化比较落后的国家里怎样建设和巩固社会主义。"④他在论述如何坚持社会主义道路时说："要把社会主义坚持下去，首先就要求得国家、民族的生存和发展。我们应该把马克思主义基本原理同本国具体实际相结合，集中精力把本国的事情做好，特别是要把经济建设搞上去，使人民生活水平不断提高，充分体现社会主义优越性。"⑤

（二）建设什么样的党，怎样建设党

列宁在谈无产阶级政党建设时指出，无产阶级革命政党的纪律是靠什么来维持的？是靠什么来检验的？是靠什么来加强的？第一，是靠无产阶级先锋队的觉悟和它对革命的忠诚，是靠它的坚忍不拔、自我牺牲和英雄气概；第二，是靠它善于同最广大的劳动群众，首先是同无产阶级劳动群众，但同样也同非无产阶级劳动群众联系、接近，甚至可以说在某种程度上同他们打成一片；第三，是靠这个先锋队所实行的政治领导正确，靠它的政治战略和策略正确，而广大的群众根据切身经验也确信其正确。在中国革命、建设的

---

① 《邓小平文选》第三卷，人民出版社 1993 年版，第 372 页。
② 《邓小平文选》第三卷，人民出版社 1993 年版，第 137 页。
③ 《邓小平文选》第三卷，人民出版社 1993 年版，第 63 页。
④ 《江泽民文选》第二卷，人民出版社 2006 年版，第 192—193 页。
⑤ 《江泽民文选》第一卷，人民出版社 2006 年版，第 337 页。

长期历程中，中国共产党发挥着重要的领导作用。如何在改革开放事业中不断增强党的执政能力，江泽民就如何讲政治的问题谈道："经济是基础，解决中国的所有问题，归根到底要靠经济的发展。从这个意义上说，集中力量把经济搞上去，实现中国的现代化，本身就是最大的政治。"① "社会主义现代化建设是我们当前最大的政治，因为它代表着人民的最大的利益、最根本的利益。"② 他在谈到治党务必从严时说："当今中国的事情办得怎么样，关键取决于我们党，取决于党的思想、作风、纪律、组织状况和战斗能力、领导水平。党的性质、党在国家和社会生活中所处的地位、党肩负的历史使命，要求我们治国必先治党，治党务必从严。"③

针对改革开放中出现的新变化，江泽民在谈到如何落实"三个代表"时说："在新的历史条件下，我国社会生活发生了广泛而深刻的变化，社会经济成分、组织形式、就业方式、利益关系和分配方式多样化的趋势还将进一步发展。这必然会给我国政治、经济、社会、文化生活带来深刻影响，给我们党执政和领导各项事业提出新的更高要求。"④ 他举例说明道："市场经济的发展，使人们在就业和生产经营活动方面的流动性比过去大大增强。在这种情况下，完全依靠过去的方式实施党的领导，显然是不够的。党的领导如何更加切实有效地覆盖社会和市场发展的广泛领域，是一个我们必须认真研究解决的重大问题。"⑤ "但是，由于劳动性质、就业方式、收入分配等条件的变化，不同地区、不同部门、不同职业、不同方面的群众的具体利益又会有这样那样的差别。在这样的情况下，党如何更好地代表全体人民的根本利益和不同社会群体的具体利益，如何按照效率优先、兼顾公平的原则处理好效率和公平的关系，也是一个关系到党的领导能否有效实施的重大问题。"⑥

2001 年，江泽民就如何把握规律性、加强和改进党的领导进一步指出："为了坚持党的领导，必须不断改善党的领导，加强和改进党的建设。……

① 《江泽民文选》第一卷，人民出版社 2006 年版，第 514 页。
② 《江泽民文选》第一卷，人民出版社 2006 年版，第 515 页。
③ 《江泽民文选》第二卷，人民出版社 2006 年版，第 496 页。
④ 《江泽民文选》第三卷，人民出版社 2006 年版，第 16 页。
⑤ 《江泽民文选》第三卷，人民出版社 2006 年版，第 16 页。
⑥ 《江泽民文选》第三卷，人民出版社 2006 年版，第 17 页。

为了坚持党的领导，党必须不断深化对社会主义现代化建设和发展社会主义市场经济的规律的认识，不断推进理论创新、体制创新、科技创新和其他方面的创新，不断完善领导制度、执政方式、领导方式、工作方法，不断总结新经验、解决新问题、开创新局面。……为了坚持党的领导，全党同志必须始终保持同人民群众的血肉联系。"①

（三）实现什么样的发展，怎样发展

立足不断升高的发展平台，如何以科学的发展理念指导具体发展工作，是新世纪到来时的重要时代课题。1998 年，江泽民谈到发展必须遵循自然规律时说："一百多年前，恩格斯就指出，人类可以通过改变自然来使自然界为自己的目的服务，来支配自然界，但我们每走一步都要记住，人类统治自然界决不是站在自然界之外的，人类对自然界的全部统治力量，就在于能够认识和正确运用自然规律。"② 1999 年，他谈到科技创新和产业升级时说："亚洲金融危机的深刻教训，值得我们充分注意。一度被国际社会看好的一些新兴国家的经济在这场危机中严重倒退，说明发展中国家如果过分依赖西方发达国家，如果仅仅靠利用自己的廉价劳动力、消耗自然资源、依赖外国现成的技术产品来发展经济，而不是努力提高本民族的科技文化素质和本国的知识创新、技术创新能力，那就会在国际经济竞争格局中处于被动和依附的地位，就必然进一步拉大同发达国家的发展差距。"③

新世纪以来，党中央大力倡导科学发展观。胡锦涛指出："在发展问题上，我们始终要坚持两条。一是发展是硬道理，是解决中国所有问题的关键，必须抓住一切机遇加快发展，首先要把经济建设进一步搞上去。二是发展要有新思路，必须实施科教兴国战略和可持续发展战略，实现速度和结构、质量、效益相统一，经济发展和人口、资源、环境相协调，同时要促进中国特色社会主义经济、政治、文化全面发展。"④ 他对全面、协调、可持续的发展要求详细解释道："树立和落实科学发展观，首先必须全面准确把握科学发展观的深刻内涵和基本要求。坚持以人为本，就是要以实现人的全

---

① 《江泽民文选》第三卷，人民出版社 2006 年版，第 225 页。
② 《江泽民文选》第二卷，人民出版社 2006 年版，第 233 页。
③ 《江泽民文选》第二卷，人民出版社 2006 年版，第 330 页。
④ 《胡锦涛文选》第二卷，人民出版社 2016 年版，第 39 页。

面发展为目标，从人民群众根本利益出发谋发展、促发展，不断满足人民群众日益增长的物质文化需要，切实保障人民群众经济、政治、文化权益，让发展成果惠及全体人民。全面发展，就是要以经济建设为中心，全面推进经济、政治、文化建设，实现经济发展和社会全面进步。协调发展，就是要统筹城乡发展、统筹区域发展、统筹经济社会发展、统筹人与自然和谐发展、统筹国内发展和对外开放，推进生产力和生产关系、经济基础和上层建筑相协调，推进经济、政治、文化建设各个环节各个方面相协调。可持续发展，就是要促进人与自然的和谐，实现经济发展和人口、资源、环境相协调，坚持走生产发展、生活富裕、生态良好的文明发展道路，保证一代接一代永续发展。"[1]

二、对社会主义建设具体工作的要求

社会主义建设涉及众多领域的事情，是各部分工作相互配合、共创合力、共同进步的伟大事业。中国特色社会主义理论包含大量对具体工作指导、引领、要求的内容。下面仅叙述其中比较重要的部分。

（一）对努力发展生产力的要求

邓小平在总结社会主义建设经验教训的基础上，指出发展生产力的意义时说："我们在总结这些经验的基础上，提出了整个社会主义历史阶段的中心任务是发展生产力，这才是真正的马克思主义。"[2] 江泽民谈到对发展的意义时说："发展是硬道理，这是我们必须始终坚持的一个战略思想。对这个问题，不仅要从经济上看，而且要从政治上看。"[3] 他谈到生产力的意义时说："生产力是社会发展的最终决定力量。社会主义的根本任务是发展生产力。"[4] 在论述代表先进生产力发展要求时，他指出："生产力是最活跃最革命的因素，是社会发展的最终决定力量。……敏锐地把握我国社会生产力的发展趋势和要求，坚持以经济建设为中心，通过制定和实施正确的路线方针政策，采取切实的工作步骤，不断促进先进生产力的发展。这是我们党始

---

①　《胡锦涛文选》第二卷，人民出版社 2016 年版，第 166—167 页。

②　《邓小平文选》第三卷，人民出版社 1993 年版，第 254—255 页。

③　《江泽民文选》第三卷，人民出版社 2006 年版，第 118 页。

④　《江泽民文选》第二卷，人民出版社 2006 年版，第 253 页。

终站在时代前列、保持先进性的根本体现和根本要求。"①

在发展工作取得一定成就的基础上，如何进一步提升发展水平是重要的现实问题，尽快从原有粗放式发展走向集约式发展是发展道路上追求的重要目标。江泽民就发展新路指出："实现经济持续快速协调健康发展和社会全面进步，必须把工作重点放到优化经济结构、提高经济增长质量和效益上来，切实改变高投入、高消耗、高污染、低效率的增长方式，努力走出一条科技含量高、经济效益好、资源消耗低、环境污染少、人力资源优势得到充分发挥的新路子。"② 他就科技进步和劳动者素质提高的意义强调指出："科学的发生和发展，一开始就是由社会生产所决定的。……科技进步、技术创新，只有同经济社会发展紧密结合起来，才能具有强大生命力。"③ "科技进步、经济繁荣和社会发展，从根本上说取决于提高劳动者的素质，培养大批人才。"④ 关于各方面的协调工作，他强调："我们的经济社会发展，应该是建立在产业结构优化和经济、社会、环境相协调基础上的发展。……任何地方的经济发展都要注重提高质量和效益，注重优化结构，都要坚持以生态环境良性循环为基础，这样的发展才是健康的、可持续的。"⑤

科学发展观包括提升发展质量、探寻发展新路的重要内容。胡锦涛特别强调质量和效益在发展中的重要意义，说道："树立和落实科学发展观，十分重要的一环就是要正确处理增长数量和质量、速度和效益的关系。"⑥ 在论述新型工业化道路时，他指出："必须坚持走中国特色新型工业化道路，促进经济增长由主要依靠投资、出口拉动向依靠消费、投资、出口协调拉动转变，由主要依靠第二产业带动向依靠第一、第二、第三产业协同带动转变，由主要依靠增加物质资源消耗向主要依靠科技进步、劳动者素质提高、管理创新转变。"⑦ 关于发展的平衡性、协调性、可持续性，他指出："要坚持把科技创新作为经济发展的内生动力，以科技创新支撑引领产业发展，加

---

① 《江泽民文选》第三卷，人民出版社 2006 年版，第 273 页。

② 《胡锦涛文选》第二卷，人民出版社 2016 年版，第 177 页。

③ 《江泽民文选》第二卷，人民出版社 2006 年版，第 394 页。

④ 《江泽民文选》第一卷，人民出版社 2006 年版，第 233 页。

⑤ 《江泽民文选》第一卷，人民出版社 2006 年版，第 533 页。

⑥ 《胡锦涛文选》第二卷，人民出版社 2016 年版，第 105 页。

⑦ 《胡锦涛文选》第三卷，人民出版社 2016 年版，第 3 页。

快经济发展方式转变和经济结构调整，增强发展的平衡性、协调性、可持续性。"①

（二）对促进各项工作全面开展的要求

社会进步包括多方面的要求。邓小平谈物质文明建设和精神文明建设关系时指出："过去很长一段时间，我们忽视了发展生产力，所以现在我们要特别注意建设物质文明。与此同时，还要建设社会主义的精神文明，最根本的是要使广大人民有共产主义的理想，有道德，有文化，守纪律。国际主义、爱国主义都属于精神文明的范畴。"② 江泽民谈到民主法制建设和精神文明建设时指出："一个国家特别是一个大国的经济发展，必须建立在坚实的物质技术基础和合理的经济结构之上，必须有自己强大的基础产业，否则经不起困难和风险的冲击。……经济发展是社会全面进步的基础，但它不是孤立进行的。在集中力量发展经济的过程中，要高度重视民主法制建设和精神文明建设，不断加强反腐倡廉工作。"③

当代世界风云变幻，发展面临着多方面的风险。江泽民谈到稳定、安全、灵活、多元的工作思路时说："总体来说，在当前的国际国内形势下，必须以稳定、安全、灵活、多元为思路来筹划我们的工作。稳定，就是各项工作都必须致力于维护政治上安定团结和社会稳定的大局，宏观政策要保持必要的稳定性和连续性，各项改革必须稳步推进，以确保国民经济稳定增长，避免出现大起大落。安全，就是要头脑清醒、居安思危，深刻认识新形势下维护国家政治安全、经济安全、国防安全的极端重要性和紧迫性，确保信息安全、金融安全和粮食、石油等重要战略物资的安全。灵活，就是既要坚持大政方针不变，又要善于抓住机遇，根据形势的变化适时调整政策，趋利避害。孙子兵法说'合于利而动，不合于利而止'，讲的就是这个道理。多元，就是要广泛加强同世界各国各地区的交流和合作，促进外贸出口市场的多元化、外汇储备结构的多元化、重要物资进口渠道的多元化。"④ 他曾谈到稳定是压倒一切的任务，就改革、发展、稳定的关系论述道："改革是

---

① 《胡锦涛文选》第三卷，人民出版社 2016 年版，第 599 页。
② 《邓小平文选》第三卷，人民出版社 1993 年版，第 28 页。
③ 《江泽民文选》第二卷，人民出版社 2006 年版，第 102 页。
④ 《江泽民文选》第三卷，人民出版社 2006 年版，第 370 页。

动力，发展是目标，稳定是前提。没有改革，我们就不可能走出一条建设有中国特色社会主义的正确道路，我们的事业就不可能顺利前进；没有发展，我们就不可能实现现代化，也就不可能保持党和国家长治久安；没有稳定，改革和发展都无从进行。"①

胡锦涛在论述经济增长和社会全面进步的关系时指出："我们讲发展是党执政兴国的第一要务，这里的发展绝不只是指经济增长，而是要坚持以经济建设为中心，在经济发展的基础上实现社会全面发展。我们要更好坚持全面发展、协调发展、可持续发展的发展观，更加自觉地坚持推动社会主义物质文明、政治文明、精神文明协调发展，坚持在经济社会发展的基础上促进人的全面发展，坚持促进人与自然的和谐。"② 针对世界经济风险，他说："世界经济确实存在较大风险，存在诸多不确定性，我们要增强忧患意识，未雨绸缪，充分认识国际经济环境的复杂性，既要注重从变化的形势中捕捉和把握难得发展机遇、在逆境中发现和培育有利因素，又要把困难估计得更充分一些、把应对措施考虑得更周密一些，统筹国内国际两个大局，善于从国际国内条件的相互转化中用好发展机遇、从国际国内资源的优势互补中创造发展条件，更好利用国际国内两个市场、两种资源，扎扎实实办好自己的事情。"③

（三）对不断深化改革的要求

发展工作的有效开展需要相应的制度安排，需要不断开展体制机制创新。1984 年，党的十二届三中全会就经济体制改革作出决定，指出马克思主义的创始人曾经预言，社会主义在消灭剥削制度的基础上，必然能够创造出更高的劳动生产率，使生产力以更高的速度向前发展。新中国成立 35 年来所发生的深刻变化，已经初步显示出社会主义制度的优越性。但是必须指出，这种优越性还没有得到应有的发挥。其所以如此，除了历史的、政治的、思想的原因之外，就经济方面来说，一个重要的原因就是在经济体制上形成了一种同社会生产力发展要求不相适应的僵化的模式。这种模式的主要弊端是：政企职责不分，条块分割，国家对企业统得过多过死，忽视商品生

---

① 《江泽民文选》第一卷，人民出版社 2006 年版，第 365 页。
② 《胡锦涛文选》第二卷，人民出版社 2016 年版，第 67 页。
③ 《胡锦涛文选》第三卷，人民出版社 2016 年版，第 333 页。

产、价值规律和市场的作用，分配中平均主义严重。次年，邓小平谈道："把计划经济和市场经济结合起来，就更能解放生产力，加速经济发展。"①1992年，他就解放生产力和促进改革的意义着重指出："过去，只讲在社会主义条件下发展生产力，没有讲还要通过改革解放生产力，不完全。应该把解放生产力和发展生产力两个讲全了。"②

改革开放的历史是一段探索的艰辛历程，江泽民在回顾建立社会主义市场经济体制时说道："党的十二大时，讲的是计划经济为主、市场调节为辅；党的十二届三中全会通过的《关于经济体制改革的决定》提出了社会主义经济是在公有制基础上的有计划的商品经济的新概念；党的十三大时，提出了社会主义有计划商品经济的体制应该是计划与市场内在统一的体制；党的十三届四中全会以来，提出了建立适应有计划商品经济发展的计划经济与市场调节相结合的经济体制和运行机制。"③ 他在谈市场的功能时说："市场是配置资源和提供激励的有效方式，它通过竞争和价格杠杆把稀缺物资配置到能创造最好效益的环节中去，并给企业带来压力和动力。而且，市场对各种信号的反应也是灵敏迅速的。"④ 他在党的十四大报告中指出："实践的发展和认识的深化，要求我们明确提出，我国经济体制改革的目标是建立社会主义市场经济体制，以利于进一步解放和发展生产力。我们要建立的社会主义市场经济体制，就是要使市场在社会主义国家宏观调控下对资源配置起基础性作用，使经济活动遵循价值规律的要求，适应供求关系的变化；通过价格杠杆和竞争机制的功能，把资源配置到效益较好的环节中去，并给企业以压力和动力，实现优胜劣汰；运用市场对各种经济信号反应比较灵敏的优点，促进生产和需求的及时协调。"⑤

进入21世纪以来，社会主义市场经济体制不断完善。胡锦涛在论述改革的要求时说："要坚持社会主义市场经济的改革方向，抓住制约科学发展的体制症结，推进财税体制、金融体制、投资体制、收入分配制度改革，尽

---

① 《邓小平文选》第三卷，人民出版社1993年版，第148—149页。
② 《邓小平文选》第三卷，人民出版社1993年版，第370页。
③ 《江泽民文选》第一卷，人民出版社2006年版，第200页。
④ 《江泽民文选》第一卷，人民出版社2006年版，第200页。
⑤ 《江泽民文选》第一卷，人民出版社2006年版，第226—227页。

快建立反映市场供求关系、资源稀缺程度、环境损害成本的生产要素和资源价格形成机制，从制度上更好发挥市场在资源配置中的基础性作用，加快构建充满活力、富有效率、更加开放、有利于科学发展的体制机制。"①

（四）对坚持人民主体性的要求

社会主义生产的目的是不断满足人民的需求。早在改革开放之初的1978 年，邓小平在谈到社会主义优越性时说："我们是社会主义国家，社会主义制度优越性的根本表现，就是能够允许社会生产力以旧社会所没有的速度迅速发展，使人民不断增长的物质文化生活需要能够逐步得到满足。"②1983 年，他谈道："各项工作都要有助于建设有中国特色的社会主义，都要以是否有助于人民的富裕幸福，是否有助于国家的兴旺发达，作为衡量做得对或不对的标准。"③ 关于在改革过程中如何处理好各方面的利益关系，江泽民说："深化改革必然会带来利益关系的调整。要引导群众正确认识局部利益和整体利益、眼前利益和长远利益的关系。"④

1998 年，胡锦涛在谈到实践标准、生产力标准、"三个有利于"标准的关系时说："实践标准、生产力标准、'三个有利于'标准是统一的。我们党在贯彻执行党的基本路线的实践中始终坚持三者辩证统一，推动了思想解放不断深入，也推动了社会主义改革开放和现代化建设不断深入。"⑤ 1993年，他谈到如何在社会主义市场经济条件下开展精神文明建设时说："发展社会主义市场经济，根本目的是要解放和发展社会主义社会生产力，增强社会主义国家综合国力，提高人民生活水平，消灭剥削，消除两极分化，最终达到共同富裕。这和为人民服务在根本上是一致的。社会主义市场经济越发育，就越要求我们牢固树立为人民服务的思想，具有高尚的职业道德。"⑥

以人为本是科学发展观的重要内容，胡锦涛在谈到人民利益根本一致性和科学发展的关系时说："坚持完成党的各项工作和实现人民利益的一致

---

① 《胡锦涛文选》第三卷，人民出版社 2016 年版，第 428 页。
② 《邓小平文选》第二卷，人民出版社 1994 年版，第 128 页。
③ 《邓小平文选》第三卷，人民出版社 1993 年版，第 23 页。
④ 《江泽民文选》第二卷，人民出版社 2006 年版，第 445 页。
⑤ 《胡锦涛文选》第一卷，人民出版社 2016 年版，第 313—314 页。
⑥ 《胡锦涛文选》第一卷，人民出版社 2016 年版，第 57 页。

性，坚持发展为了人民、发展依靠人民、发展成果由人民共享。"① 他在论述和谐意义时也高度重视人民利益根本一致性，指出："在建设中国特色社会主义进程中，全国人民根本利益是一致的，我们党代表着中国最广大人民根本利益。这就决定了中国特色社会主义应该是和谐的社会主义，实现社会和谐是中国特色社会主义的本质属性。"②

第三节　中国特色社会主义进入新时代

在多年改革开放取得一系列成就的基础上，党中央适时提出中国梦的奋斗目标。中国梦集中体现了对中华民族伟大复兴的追求，迅速成为凝聚全民族意志和力量的旗帜，进一步引领各领域的实践创新和理论创新。习近平说："中华民族历经磨难，自强不息，从未放弃对美好梦想的向往和追求。实现中华民族伟大复兴的中国梦是近代以来中华民族的夙愿。""在新的历史时期，中国梦的本质是国家富强、民族振兴、人民幸福。"③ 中国梦包含国家、民族、人民等方面的理想和长期愿景，实现中国梦需要进一步提高各方面的建设水平。习近平对此说："人民有信仰，民族有希望，国家有力量。实现中华民族伟大复兴的中国梦，物质财富要极大丰富，精神财富也要极大丰富。"④ 在拥抱中国梦的过程中，必须坚定走中国特色社会主义道路，继续推进马克思主义普遍真理同中国实际相结合的进程，不断增强道路自信、制度自信、理论自信和文化自信。习近平就中国特色社会主义论述道："中国特色社会主义，是科学社会主义理论逻辑和中国社会发展历史逻辑的辩证统一，是根植于中国大地、反映中国人民意愿、适应中国和时代发展进步要求的科学社会主义，是全面建成小康社会、加快推进社会主义现代化、实现中华民族伟大复兴的必由之路。"⑤ 2017 年，党的十九大报告正式提出中国特色社会主义进入了新时代，给中国的发展事业指出新的历史方位。在

---

① 《胡锦涛文选》第三卷，人民出版社 2016 年版，第 4 页。
② 《胡锦涛文选》第二卷，人民出版社 2016 年版，第 425 页。
③ 《习近平谈治国理政》第一卷，外文出版社 2018 年版，第 56 页。
④ 《习近平谈治国理政》第二卷，外文出版社 2017 年版，第 323 页。
⑤ 《习近平谈治国理政》第一卷，外文出版社 2018 年版，第 21 页。

新时代，应当认清各方面的国情特点，提高各项工作的实效性、针对性和时代感，以新发展理念引领具体建设工作，促进"四个全面"等重点工作的有效开展。

一、新时代的国情特点

（一）从站起来、富起来向强起来迈进

新中国的成立，实现了中国人民站起来的梦想；改革开放事业不断取得进展，满足亿万民众富起来的愿望。拥抱中国梦，要求在新时代的平台上，继续向强起来的目标迈进。习近平就此说："实现中华民族伟大复兴，是中华民族近代以来最伟大的梦想。可以说，这个梦想是强国梦"[①]。要实现强起来的目标，必须进一步沿着改革开放的方向前进，激发各方面的活力，充分发挥社会主义制度的优越性，通过实践努力提升各方面的发展水平。习近平强调："坚持不忘初心、继续前进，就要坚持中国特色社会主义道路自信、理论自信、制度自信、文化自信，坚持党的基本路线不动摇，不断把中国特色社会主义伟大事业推向前进"[②]；"这就要靠通过不断改革创新，使中国特色社会主义在解放和发展社会生产力、解放和增强社会活力、促进人的全面发展上比资本主义制度更有效率，更能激发全体人民的积极性、主动性、创造性，更能为社会发展提供有利条件，更能在竞争中赢得比较优势，把中国特色社会主义制度的优越性充分体现出来"[③]。

（二）历史交汇期的奋斗目标

邓小平是改革开放的总设计师，曾规划了"三步走"的战略，即实现国民生产总值比 20 世纪 80 年代翻一番，解决人民温饱问题，到 20 世纪末国民生产总值再翻一番，人民生活达到小康水平，到 21 世纪中叶人均国民生产总值达到中等发达国家水平，人民生活比较富裕，基本实现现代化。20 世纪末，"三步走"战略中的前两步已成功实现预期奋斗目标。1997 年，江泽民在十五大报告中提出"两个一百年"的奋斗目标，即"到建党一百年时，使国民经济更加发展，各项制度更加完善；到世纪中叶建国一百年

---

① 《习近平谈治国理政》第一卷，外文出版社 2018 年版，第 219 页。
② 《习近平谈治国理政》第二卷，外文出版社 2017 年版，第 36 页。
③ 《习近平谈治国理政》第一卷，外文出版社 2018 年版，第 93 页。

时，基本实现现代化，建成富强民主文明的社会主义国家"①。21世纪以来，围绕本世纪上半叶的奋斗目标，党中央作出更具体的安排。习近平谈道："我们的奋斗目标是，到2020年国内生产总值和城乡居民人均收入在2010年基础上翻一番，全面建成小康社会；到本世纪中叶，建成富强民主文明和谐的社会主义现代化国家，实现中华民族伟大复兴的中国梦。"② 党的十九大报告谈到，从十九大到二十大是"两个一百年"奋斗目标的历史交汇期，就2035年和2050年的奋斗目标作出明确定位，谈到第一个阶段，从2020年到2035年，在全面建成小康社会的基础上，再奋斗15年，基本实现社会主义现代化；第二个阶段，从2035年到本世纪中叶，在基本实现现代化的基础上，再奋斗15年，把我国建成富强民主文明和谐美丽的社会主义现代化强国。总的来看，改革开放以来一个个目标如期实现，一项项任务逐次完成，体现出一张蓝图绘到底的趋势。习近平就具体工作安排说："一张好的蓝图，只要是科学的、切合实际的、符合人民愿望的，大家就要一茬一茬接着干，干出来的都是实绩，广大干部群众都会看在眼里、记在心里。"③

（三）对社会主要矛盾的新认识

一切从实际出发，我国正处于并将长期处于社会主义初级阶段是当代中国最大的实际，思考问题、开展工作都要充分考虑这方面的现实情况。"全党要牢牢把握社会主义初级阶段这个最大国情，牢牢立足社会主义初级阶段这个最大实际，更准确地把握我国社会主义初级阶段不断变化的特点，坚持党的基本路线，在继续推动经济发展的同时，更好解决我国社会出现的各种问题，更好实现各项事业全面发展，更好发展中国特色社会主义事业，更好推动人的全面发展、社会全面进步。"④ 1981年，党的十一届六中全会通过的决议把我国社会主要矛盾归纳为人民日益增长的物质文化需要同落后的社会生产之间的矛盾，以后多次党的全国代表大会均确认了这一提法。党的十九大报告就中国特色社会主义事业进入新时代后的社会主要矛盾指出，我国社会主要矛盾已经转化为人民日益增长的美好生活需要和不平衡不充分的

① 《江泽民文选》第二卷，人民出版社2006年版，第4页。
② 《习近平谈治国理政》第一卷，外文出版社2018年版，第56页。
③ 《习近平谈治国理政》第一卷，外文出版社2018年版，第400页。
④ 《习近平谈治国理政》第二卷，外文出版社2017年版，第61—62页。

发展之间的矛盾。人民对美好生活的需要，包含对物质层面的更高要求，也包含政治、社会、生态等多方面的要求。十九大报告对社会主要矛盾的论述也突出地反映了解决发展不平衡不充分的要求。在党的十九届一中全会上，习近平指出："在新时代的征程上，全党同志一定要弘扬理论联系实际的学风，紧密联系党和国家事业发生的历史性变革，紧密联系中国特色社会主义进入新时代的新实际，紧密联系我国社会主要矛盾的重大变化，紧密联系'两个一百年'奋斗目标和各项任务，自觉运用理论指导实践，使各方面工作更符合客观规律、科学规律的要求，不断提高新时代坚持和发展中国特色社会主义的能力，把党的科学理论转化为万众一心推动实现'两个一百年'奋斗目标、实现中华民族伟大复兴中国梦的强大力量。"①

（四）弘扬社会主义核心价值观

伴随着经济社会各项工作的稳步前进，先进文化事业不断取得进展，人们对社会主义价值理念的追寻不断深入。近年提出的二十四字的核心价值观是中国社会主义事业在文化理念上的集中体现。习近平解释道："富强、民主、文明、和谐是国家层面的价值要求，自由、平等、公正、法治是社会层面的价值要求，爱国、敬业、诚信、友善是公民层面的价值要求。这个概括，实际上回答了我们要建设什么样的国家、建设什么样的社会、培育什么样的公民的重大问题。"② 社会主义核心价值观上承中华民族优秀传统文化，与中国梦的长远理想高度融合，它的广泛弘扬必将对全民族文化素质的提高起到重要促进作用，为社会主义事业的继续开展凝聚人心、增添力量。习近平对此高度赞扬道："体现了古圣先贤的思想，体现了仁人志士的夙愿，体现了革命先烈的理想，也寄托着各族人民对美好生活的向往。"③ 习近平在党的十九大报告中进一步强调了要始终坚持社会主义核心价值体系，指出："文化自信是一个国家、一个民族发展中更基本、更深沉、更持久的力量。必须坚持马克思主义，牢固树立共产主义远大理想和中国特色社会主义共同理想，培育和践行社会主义核心价值观，不断增强意识形态领域主导权和话语权，推动中华优秀传统文化创造性转化、创新性发展，继承革命文化，发

① 《习近平谈治国理政》第三卷，外文出版社 2020 年版，第 63—64 页。
② 《习近平谈治国理政》第一卷，外文出版社 2018 年版，第 168—189 页。
③ 《习近平谈治国理政》第一卷，外文出版社 2018 年版，第 181 页。

展社会主义先进文化，不忘本来、吸收外来、面向未来，更好构筑中国精神、中国价值、中国力量，为人民提供精神指引。"① 在践行和弘扬社会主义核心价值观方面，习近平强调："我们要立足中国，面向现代化、面向世界、面向未来，把社会主义核心价值观融入社会发展各方面，推动中华优秀传统文化创造性转化、创新性发展，不断提高人民思想觉悟、道德水平、文明素养，不断铸就中华文化新辉煌。"②

二、新时代的发展理念

邓小平曾谈到发展是硬道理，指引改革开放的具体工作。新世纪以来，党中央大力倡导科学发展观，强调发展的意义和以人为本、全面协调可持续、统筹兼顾等方面的要求，着力破解发展瓶颈和发展中出现的问题。随着促进发展工作的不断开展和对发展规律的认识深化，发展理念也与时俱进。党的十八届五中全会公报谈到要破解发展难题，厚植发展优势，必须牢固树立并切实贯彻创新、协调、绿色、开放、共享的发展理念。中央领导多次强调五大发展理念的意义，强调理念是行动的先导，发展理念是管全局、管根本、管方向、管长远的东西，是发展思路、发展方向、发展着力点的集中体现，新发展理念就是指挥棒、红绿灯。

近年来我国经济发展进入新常态，一方面要有效应对国际经济形势的新变化，另一方面要注重化解过去发展中出现的问题。为此，要落实以人民为中心的发展要求，着力提升质量和效益，追求实实在在的、没有水分的发展，抓住时机调整结构，促进多方面的转型和升级。习近平就新常态时期的工作任务指出："总起来说，我国经济发展进入新常态后，增长速度正从10%左右的高速增长转向7%左右的中高速增长，经济发展方式正从规模速度型粗放增长转向质量效率型集约增长，经济结构正从增量扩能为主转向调整存量、做优增量并举的深度调整，经济发展动力正从传统增长点转向新的增长点。我国经济发展进入新常态，是我国经济发展阶段性特征的必然反

---

① 习近平：《决胜全面建成小康社会　夺取新时代中国特色社会主义伟大胜利——在中国共产党第十九次全国代表大会上的报告》，人民出版社 2017 年版，第 23 页。

② 习近平：《在纪念马克思诞辰 200 周年大会上的讲话》，人民出版社 2018 年版，第 19—20 页。

映，是不以人的意志为转移的。"①

应对经济新常态，如何以合理的理念引导和制定政策，让发展更有质量，如何在中高速经济增长中实现去产能、去库存、去杠杆，降成本，补短板等目标，是重要的时代命题。对此，不能寄希望于在经典著作中找到完整、现成的答案，不应照搬国外的某些理论或做法，而应从实际情况出发，在改革开放的道路上努力创新发展方式、更新发展理念。习近平就此指出："我们要解放思想、实事求是、与时俱进，按照创新、协调、绿色、开放、共享的发展理念，在理论上作出创新性概括，在政策上作出前瞻性安排，加大结构性改革力度，矫正要素配置扭曲，扩大有效供给，提高供给结构适应性和灵活性，提高全要素生产率。"② 发展必须是科学发展，必须坚定不移贯彻创新、协调、绿色、开放、共享的发展理念。新发展理念不是凭空得来的，是在深刻总结国内外发展经验教训、深刻分析国内外发展大势的基础上形成的，是针对我国发展中的突出矛盾和问题提出来的。坚持新发展理念，是关系我国发展全局的一场深刻变革。

（一）创新发展

创新包括科技创新、制度创新、管理创新等多方面的内容，它们都能为提升发展水平提供动力。习近平就此指出："我们必须把创新作为引领发展的第一动力，把人才作为支撑发展的第一资源，把创新摆在国家发展全局的核心位置，不断推进理论创新、制度创新、科技创新、文化创新等各方面创新，让创新贯穿党和国家一切工作，让创新在全社会蔚然成风。"③ 新常态中的创新理念是对"科学技术是第一生产力""人才强国""科教兴国"等理念的继承和发扬，也具有鲜明的时代特征，在提升质量和效益、追求强国战略中有着不可替代的意义。习近平在谈到新常态中的发展要求时说："'十三五'时期，我国经济发展的显著特征就是进入新常态。新常态下，我国经济发展的主要特点是：增长速度要从高速转向中高速，发展方式要从规模速度型转向质量效率型，经济结构调整要从增量扩能为主转向调整存量、做优增量并举，发展动力要从主要依靠资源和低成本劳动力等要素投入

---

① 《习近平谈治国理政》第二卷，外文出版社 2017 年版，第 233 页。
② 《习近平谈治国理政》第二卷，外文出版社 2017 年版，第 241 页。
③ 《习近平谈治国理政》第二卷，外文出版社 2017 年版，第 198 页。

转向创新驱动。"① 他就实施创新驱动发展战略指出："最根本的是要增强自主创新能力，最紧迫的是要破除体制机制障碍，最大限度解放和激发科技作为第一生产力所蕴藏的巨大潜能。"② 针对管理创新和调结构工作，他指出："供给侧管理，重在解决结构性问题，注重激发经济增长动力，主要通过优化要素配置和调整生产结构来提高供给体系质量和效率，进而推动经济增长。"③ 在加快推动媒体创新发展，构建全媒体传播格局方面，习近平指出："党的十八大以来，我们坚持导向为魂、移动为先、内容为王、创新为要，在体制机制、政策措施、流程管理、人才技术等方面加快融合步伐，建立融合传播矩阵，打造融合产品，取得了积极成效。我们要立足形势发展，坚定不移推动媒体深度融合。""我们要增强紧迫感和使命感，推动关键核心技术自主创新不断实现突破，探索将人工智能运用在新闻采集、生产、分发、接收、反馈中，用主流价值导向驾驭'算法'，全面提高舆论引导能力。"④

（二）协调发展

解决发展不平衡问题是当代的重要任务，落实协调理念是重要的破局之策。习近平曾就此指出："我们必须牢牢把握中国特色社会主义事业总体布局，正确处理发展中的重大关系，不断增强发展整体性。"⑤ 不管在城乡之间、区域之间，还是在其他领域促进协调发展，都有着重要意义。一方面，有助于相对滞后的部分提升发展水平；另一方面，各个部分潜能的激发又有利于整体活力增强，有利于各部分共同进步。针对以往较为严峻的"三农"问题，新世纪以来各地大力开展新农村建设，在改善农村生产条件、提升农民生活水平、优化农村环境等方面取得了明显成效。在此基础上，党的十九大报告提出乡村振兴战略，2018 年《政府工作报告》中强调，科学制定规划，健全城乡融合发展体制机制，依靠改革创新壮大乡村发展新动能。针对区域发展差距，2018 年《政府工作报告》强调基本公共服务均等化的意义，要求完善区域发展政策，推进基本公共服务均等化，逐步缩小城乡区域发展差距，

---

① 《习近平谈治国理政》第二卷，外文出版社 2017 年版，第 245 页。
② 《习近平谈治国理政》第一卷，外文出版社 2018 年版，第 121 页。
③ 《习近平谈治国理政》第二卷，外文出版社 2017 年版，第 253 页。
④ 习近平：《加快推动媒体融合发展　构建全媒体传播格局》，《求是》2019 年第 6 期。
⑤ 《习近平谈治国理政》第二卷，外文出版社 2017 年版，第 198 页。

把各地比较优势和潜力充分发挥出来。因此，习近平指出，解决发展不平衡的问题，实现各区域、各领域的协调发展，必须"要坚持以供给侧结构性改革为主线，积极转变发展方式、优化经济结构、转换增长动力，积极扩大内需，实施区域协调发展战略，实施乡村振兴战略，坚决打好防范化解重大风险、精准脱贫、污染防治的攻坚战"①。

（三）绿色发展

建设生态文明是当今重要的时代任务，倡导绿色发展能够有效应对发展所面临的资源能源约束，化解环境污染难题，提升人居环境质量，维护自然生态和谐。落实绿色发展理念涉及生产、生活、生态等多方面的内容，习近平就此提出："树立尊重自然、顺应自然、保护自然的生态文明理念，坚持节约资源和保护环境的基本国策，坚持节约优先、保护优先、自然恢复为主的方针，着力树立生态观念、完善生态制度、维护生态安全、优化生态环境，形成节约资源和保护环境的空间格局、产业结构、生产方式、生活方式。"②自然生态是个复杂的系统，人的行为应当遵循、顺应、把握自然规律，对此习近平形象地谈道："山水林田湖是一个生命共同体，人的命脉在田，田的命脉在水，水的命脉在山，山的命脉在土，土的命脉在树。用途管制和生态修复必须遵循自然规律"③。他就具体的工作要求说："要按照人口资源环境相均衡、经济社会生态效益相统一的原则，整体谋划国土空间开发，科学布局生产空间、生活空间、生态空间，给自然留下更多修复空间。要坚定不移加快实施主体功能区战略，严格按照优化开发、重点开发、限制开发、禁止开发的主体功能定位，划定并严守生态红线，构建科学合理的城镇化推进格局、农业发展格局、生态安全格局，保障国家和区域生态安全，提高生态服务功能。"④

（四）开放发展

全球化是当代世界的一个重要趋势，各国在经济、文化等领域相互往来、追求互利共赢是明智之举。改革开放以来，通过对外开放引进国外的资

---

① 习近平：《在庆祝改革开放 40 周年大会上的讲话》，人民出版社 2018 年版，第 32 页。
② 《习近平谈治国理政》第一卷，外文出版社 2018 年版，第 208—209 页。
③ 《习近平谈治国理政》第一卷，外文出版社 2018 年版，第 85 页。
④ 《习近平谈治国理政》第一卷，外文出版社 2018 年版，第 209 页。

金、技术对国内建设起到了积极的促进作用。立足较高的经济社会平台，我国及时提出"引进来"和"走出去"并举的战略，倡导"一带一路"等国际合作项目。习近平指出："开放发展注重的是解决发展内外联动问题。……我们必须坚持对外开放的基本国策，奉行互利共赢的开放战略，深化人文交流，完善对外开放区域布局、对外贸易布局、投资布局，形成对外开放新体制，发展更高层次的开放型经济，以扩大开放带动创新、推动改革、促进发展。"① 党的十九大报告提出构建人类命运共同体的愿望，高举和平、发展、合作、共赢的旗帜，呼吁同世界各国人民同心协力，推动构建人类命运共同体，建设持久和平、普遍安全、共同繁荣、开放包容、清洁美丽的世界。要相互尊重、平等协商，坚决摒弃冷战思维和强权政治，走对话而不对抗、结伴而不结盟的国与国交往新路。这一倡议得到越来越多国家和人民的欢迎和认同，并被写进了联合国重要文件。2018 年，习近平在博鳌亚洲论坛年会开幕式上再次重申推动构建人类命运共同体，提出"中国人民将继续扩大开放、加强合作，坚定不移奉行互利共赢的开放战略……与世界同行、为人类作出更大贡献，坚定不移走和平发展道路，积极发展全球伙伴关系，坚定支持多边主义，积极参与推动全球治理体系变革，构建新型国际关系，推动构建人类命运共同体"②。

（五）共享发展

在建设中国特色社会主义事业中，共同富裕是根本原则。坚持共享发展理念，引导各族群众走向共同富裕，是对公平正义要求的贯彻，也能够促进经济更健康、持续地发展。习近平就此指出："发展依然是当代中国的第一要务，中国执政者的首要使命就是集中力量提高人民生活水平，逐步实现共同富裕。"③ 他在谈到发展的目的、依靠力量和成果分配时指出："我们必须坚持发展为了人民、发展依靠人民、发展成果由人民共享，作出更有效的制度安排，使全体人民朝着共同富裕方向稳步前进，绝不能出现'富者累巨

---

① 《习近平谈治国理政》第二卷，外文出版社 2017 年版，第 199 页。
② 习近平：《开放共创繁荣　创新引领未来——在博鳌亚洲论坛 2018 年年会开幕式上的主旨演讲》，人民出版社 2018 年版，第 10 页。
③ 《习近平谈治国理政》第二卷，外文出版社 2017 年版，第 30 页。

万，而贫者食糟糠'的现象。"① 他形象地用"做蛋糕"和"分蛋糕"来说明发展和共同富裕的关系，说道："一是充分调动人民群众的积极性、主动性、创造性，举全民之力推进中国特色社会主义事业，不断把'蛋糕'做大。二是把不断做大的'蛋糕'分好，让社会主义制度的优越性得到更充分体现，让人民群众有更多获得感。"②

三、新时代的重点工作

2014 年，习近平在考察工作时提出，要主动把握和积极适应经济发展新常态，协调推进全面建成小康社会、全面深化改革、全面依法治国、全面从严治党，推动改革开放和社会主义现代化建设迈上新台阶。"四个全面"战略布局涵盖面广，重点突出，继续推进了多年来的改革开放工作，对当前各方面的现实问题有着强烈的针对性，对完成"两个一百年"奋斗目标有着重要的指导作用。

（一）全面建成小康社会

改革开放之初，邓小平在规划发展战略时使用"小康"一词，形象地说明"三步走"战略的第二步目标。这一目标在 20 世纪末已成功实现。2000 年，江泽民在党的十六大报告中提出全面建设小康社会的任务，指出："我们要在本世纪头二十年，集中力量，全面建设惠及十几亿人口的更高水平的小康社会，使经济更加发展、民主更加健全、科教更加进步、文化更加繁荣、社会更加和谐、人民生活更加殷实。"③ 全面小康比原先总体小康所谈目标的发展水平更高，涉及面更广，任务更多。

党的十八大以来，以习近平同志为核心的党中央顺应我国经济社会新发展和广大人民群众新期待，提出了全面建成小康社会新的目标要求，赋予了"小康"更高的标准、更丰富的内涵。全面建成小康社会，意味着经济高质量发展、人民生活水平和质量普遍提高、国民素质和社会文明程度显著提高、生态环境质量总体改善、各方面制度更加成熟更加定型。习近平在谈到全面建成小康社会和更长远工作安排时指出："我们不仅要全面建成小康社

---

① 《习近平谈治国理政》第二卷，外文出版社 2017 年版，第 200 页。
② 《习近平谈治国理政》第二卷，外文出版社 2017 年版，第 216 页。
③ 《江泽民文选》第三卷，人民出版社 2006 年版，第 543 页。

会，而且要考虑更长远时期的发展要求，加快形成适应经济发展新常态的经济发展方式。这样，才能建成高质量的小康社会，才能为实现第二个百年奋斗目标奠定更为牢靠的基础。"① 结合具体工作中的重点、难点，他谈到转方式、补短板、防风险三项工作要求，指出："转方式，着力解决好发展质量和效益问题。发展是基础，经济不发展，一切都无从谈起。……补短板，着力解决好发展不平衡问题。全面建成小康社会，强调的不仅是'小康'，而且更重要的也是更难做到的是'全面'。……防风险，着力增强风险防控意识和能力。"②

（二）全面深化改革

改革是发展的动力，在"四个全面"战略布局中改革有不可替代的作用。习近平针对相关的困难和阻力说："冲破思想观念的障碍、突破利益固化的藩篱，解放思想是首要的。……因此，一定要有自我革新的勇气和胸怀，跳出条条框框限制，克服部门利益掣肘，以积极主动精神研究和提出改革举措。"③ 针对如何推进改革，如何认识改革的目标，他论述道："改革必须坚持正确方向，既不走封闭僵化的老路、也不走改旗易帜的邪路。我们要把完善和发展中国特色社会主义制度、推进国家治理体系和治理能力现代化作为全面深化改革的总目标，勇于推进理论创新、实践创新、制度创新以及其他各方面创新，让制度更加成熟定型，让发展更有质量，让治理更有水平，让人民更有获得感。"④

2013 年，党的十八届三中全会通过的《中共中央关于全面深化改革若干重大问题的决定》，将原先市场在资源配置中起"基础性作用"改为"决定性作用"。习近平就此作出说明，指出："经过 20 多年实践，我国社会主义市场经济体制已经初步建立，但仍存在不少问题，主要是市场秩序不规范，以不正当手段谋取经济利益的现象广泛存在；生产要素市场发展滞后，要素闲置和大量有效需求得不到满足并存；市场规则不统一，部门保护主义

---

① 《习近平谈治国理政》第二卷，外文出版社 2017 年版，第 73 页。
② 《习近平谈治国理政》第二卷，外文出版社 2017 年版，第 75—81 页。
③ 《习近平谈治国理政》第一卷，外文出版社 2018 年版，第 87 页。
④ 《习近平谈治国理政》第二卷，外文出版社 2017 年版，第 39 页。

和地方保护主义大量存在；市场竞争不充分，阻碍优胜劣汰和结构调整，等等。"① 对今后的改革方向，他指出："我们要坚持社会主义市场经济改革方向，从广度和深度上推进市场化改革，减少政府对资源的直接配置，减少政府对微观经济活动的直接干预，加快建设统一开放、竞争有序的市场体系，建立公平开放透明的市场规则，把市场机制能有效调节的经济活动交给市场，把政府不该管的事交给市场，让市场在所有能够发挥作用的领域都充分发挥作用，推动资源配置实现效益最大化和效率最优化，让企业和个人有更多活力和更大空间去发展经济、创造财富。"②

改革的本质就是调整支配着整个社会发展进程的生产力和生产关系、经济基础和上层建筑的相互作用关系。"解放和发展社会生产力是社会主义的本质要求，是中国共产党人接力探索、着力解决的重大问题……我们要勇于全面深化改革，自觉通过调整生产关系激发社会生产力发展活力，自觉通过完善上层建筑适应经济基础发展要求，让中国特色社会主义更加符合规律地向前发展。"③ 改革是一项系统工程，要求各方面工作相互配合，发挥合力，共同进步。习近平在谈到工作要求时说："改革越深入，越要注意协同，既抓改革方案协同，也抓改革落实协同，更抓改革效果协同，促进各项改革举措在政策取向上相互配合、在实施过程中相互促进、在改革成效上相得益彰，朝着全面深化改革总目标聚焦发力。"④

（三）全面依法治国

全面依法治国是坚持和发展中国特色社会主义的本质要求和重要保障，事关我们党执政兴国，事关人民幸福安康，事关党和国家事业发展。习近平指出，全面推进依法治国总目标是建设中国特色社会主义法治体系、建设社会主义法治国家。这个总目标，既明确了全面推进依法治国的性质和方向，又突出了工作重点和总抓手，具有纲举目张的意义。法治在现代社会有着重要意义，党的十八届四中全会着重谈了建设社会主义法治国家的要求。邓小平很早就指出："必须使民主制度化、法律化，使这种制度和法律不因领导

---

① 《习近平谈治国理政》第一卷，外文出版社 2018 年版，第 76 页。
② 《习近平谈治国理政》第一卷，外文出版社 2018 年版，第 117 页。
③ 习近平：《在纪念马克思诞辰 200 周年大会上的讲话》，人民出版社 2018 年版，第 18 页。
④ 《习近平谈治国理政》第二卷，外文出版社 2017 年版，第 109 页。

人的改变而改变，不因领导人的看法和注意力的改变而改变。"① 习近平在谈到法治和中国特色社会主义事业的关系时指出："我们要坚持的中国特色社会主义法治道路，本质上是中国特色社会主义道路在法治领域的具体体现；我们要发展的中国特色社会主义法治理论，本质上是中国特色社会主义理论体系在法治问题上的理论成果；我们要建设的中国特色社会主义法治体系，本质上是中国特色社会主义制度的法律表现形式。"② 建设法治国家需要开展法治政府、法治社会、法治精神等多方面的建设任务，他指出："坚持依法治国、依法执政、依法行政共同推进，坚持法治国家、法治政府、法治社会一体建设。"③ "法治国家、法治政府、法治社会三者各有侧重、相辅相成。全面推进依法治国需要全社会共同参与，需要全社会法治观念增强，必须在全社会弘扬社会主义法治精神，建设社会主义法治文化。"④ 关于法治建设和道德建设的关系，他指出："法律是成文的道德，道德是内心的法律。法律和道德都具有规范社会行为、调节社会关系、维护社会秩序的作用，在国家治理中都有其地位和功能。"⑤ "要坚持依法治国和以德治国相结合，把法治建设和道德建设紧密结合起来，把他律和自律紧密结合起来，做到法治和德治相辅相成、相互促进。"⑥ 全面推进依法治国必须深化国家监察体制改革，健全党和国家监督体系，从而推进国家治理体系和治理能力现代化。党的十九大提出构建集中统一、权威高效的国家监察体系，把组建国家监察委员会列在深化党中央机构改革方案第一条，形成以党内监督为主、其他监督相贯通的监察合力。经过一段时间的努力，国家监察体制改革已经显示出多方面成效。第一，有利于党对反腐败工作的集中统一领导；第二，有利于对公权力监督的全覆盖；第三，有利于坚持标本兼治、巩固扩大反腐败斗争成果。⑦

---

① 《邓小平文选》第二卷，人民出版社 1994 年版，第 146 页。
② 《习近平谈治国理政》第二卷，外文出版社 2017 年版，第 128 页。
③ 《习近平谈治国理政》第二卷，外文出版社 2017 年版，第 119 页。
④ 《习近平谈治国理政》第二卷，外文出版社 2017 年版，第 120 页。
⑤ 《习近平谈治国理政》第二卷，外文出版社 2017 年版，第 133 页。
⑥ 《习近平谈治国理政》第一卷，外文出版社 2018 年版，第 145—146 页。
⑦ 参见习近平：《在新的起点上深化国家监察体制改革》，《求是》2019 年第 5 期。

（四）全面从严治党

中国共产党的领导是中国特色社会主义的本质属性，党在各方面的工作中起着总揽全局的领导作用。办好中国的事情，关键在党，关键在坚持党要管党、全面从严治党。全面从严治党是一场伟大的自我革命。在进行社会革命的同时不断进行自我革命，是我们党区别于其他政党最显著的标志。习近平指出："要把新时代坚持和发展中国特色社会主义这场伟大社会革命进行好，我们党必须勇于进行自我革命，把党建设得更加坚强有力。"① 如何有效开展党的建设，有效保持党的先进性、纯洁性，习近平强调："先进性和纯洁性是马克思主义政党的本质属性，我们加强党的建设，就是要同一切弱化先进性、损害纯洁性的问题作斗争，祛病疗伤，激浊扬清。全党要以自我革命的政治勇气，着力解决党自身存在的突出问题，不断增强党自我净化、自我完善、自我革新、自我提高能力，经受'四大考验'、克服'四种危险'"②。每个党员必须对党忠诚，以自己的切实行动参与到中国特色社会主义事业中，习近平对此提出要求，指出："对党忠诚，不是抽象的而是具体的，不是有条件的而是无条件的，必须体现到对党的信仰的忠诚上，必须体现到对党组织的忠诚上，必须体现到对党的理论和路线方针政策的忠诚上。"③ 2019 年，习近平在"不忘初心、牢记使命"主题教育工作会议上再次强调，我们党面临的"四大考验"是长期的、复杂的，面临的"四种危险"是尖锐的、严峻的，党内存在的思想不纯、政治不纯、组织不纯、作风不纯等突出问题尚未得到根本解决。还要看到，"四风"问题树倒根存，形式主义、官僚主义问题依然突出。因此，全面从严治党永远在路上，要认真贯彻新时代党的建设总要求，以刮骨疗伤的勇气、坚忍不拔的韧劲坚决予以整治，同一切影响党的先进性、弱化党的纯洁性的问题作坚决斗争，努力把我们党建设得更加坚强有力。④

政治建设是党的根本建设。马克思主义政党具有崇高政治理想、高尚政

---

① 习近平：《在全国组织工作会议上的讲话》，人民出版社 2018 年版，第 8 页。
② 《习近平谈治国理政》第二卷，外文出版社 2017 年版，第 43 页。
③ 《习近平谈治国理政》第二卷，外文出版社 2017 年版，第 189 页。
④ 参见习近平：《在"不忘初心、牢记使命"主题教育工作会议上的讲话》，《求是》2019 年第 13 期。

治追求、纯洁政治品质、严明政治纪律。如果马克思主义政党政治上的先进性丧失了，党的先进性和纯洁性就无从谈起。我们党把政治建设纳入党的建设总体布局并摆在首位，明确了政治建设在新时代党的建设中的战略定位，抓住了全面从严治党的根本性问题。党的政治建设决定党的建设方向和效果，不抓党的政治建设或背离党的政治建设指引的方向，党的其他建设就难以取得预期成效。加强党的政治建设，就是要发挥政治指南针作用，引导全党把智慧和力量凝聚到新时代坚持和发展中国特色社会主义伟大事业中来，推动全党把坚持正确政治方向贯彻到谋划重大战略、制定重大政策、部署重大任务、推进重大工作的实践中去，确保党和国家各项事业始终沿着正确政治方向前进。政治立场事关党的政治建设根本。全党必须始终坚定马克思主义立场，坚决站稳党性立场和人民立场。要把对党负责和对人民负责高度统一起来，坚持以党的旗帜为旗帜、以党的方向为方向、以党的意志为意志，始终做到在党言党、在党忧党、在党为党，任何时候都与党同心同德；坚持以人民为中心，践行全心全意为人民服务的根本宗旨，树立真挚的人民情怀，崇尚实干、勤政为民。①

第四节　中国特色社会主义对科学社会主义的坚持和发展

20 世纪前期，马克思主义传入中国，中国共产党建立，中国的社会发展有了光明和希望。20 世纪中期，中国成功走上社会主义道路，为各项社会事业的开展提供了制度保障和重要基础。20 世纪后期，改革开放事业不断取得进展，充分体现社会主义的生机和活力。在东欧剧变、苏联解体之后，中国坚持走社会主义道路，不断探索适合本国国情的体制机制，有效激发各阶层群众的积极性、创造性，持续提升各方面的建设水平。江泽民曾针对所谓的"信仰危机"谈道："实践证明，中国社会主义不仅继续存在，而且通过改革发展得更好了。我们要根据这样的基本认识，来引导广大党员、

---

① 参见中共中央宣传部编：《习近平新时代中国特色社会主义思想学习纲要》，学习出版社、人民出版社 2019 年版，第 225—226 页。

干部和群众正确理解社会发展的客观规律和社会主义事业的长期性和艰巨性，坚定走建设有中国特色社会主义道路的决心和信心。"① 党的十九大报告在谈到中国特色社会主义道路、理论、制度、文化不断发展的意义时指出：拓展了发展中国家走向现代化的途径，给世界上那些既希望加快发展又希望保持自身独立性的国家和民族提供了全新选择，为解决人类问题贡献了中国智慧和中国方案。在实践不断向前进展的同时，及时总结经验，就重大理论问题作出回答，不断推进马克思主义中国化的进程，当代中国的马克思主义、21 世纪的马克思主义正展示旺盛的生命力。习近平在谈到理论创新时说："我们要以更加宽阔的眼界审视马克思主义在当代发展的现实基础和实践需要，坚持问题导向，坚持以我们正在做的事情为中心，聆听时代声音，更加深入地推动马克思主义同当代中国发展的具体实际相结合，不断开辟 21 世纪马克思主义发展新境界，让当代中国马克思主义放射出更加灿烂的真理光芒。"②

一、坚定走社会主义发展道路

科学社会主义理论体系立足于对人类历史发展规律科学分析的基础上，引导人们积极追求共产主义美好理想，传入中国后多次促成历史发展质的飞跃。针对马克思主义理论体系"过时"的论调，江泽民在世纪之交时指出："马克思主义是在深刻总结历史运动规律的基础上形成的，其基本原理是放之四海而皆准的。随着时代的发展和历史条件的变化，一些具体论述可能会过时，不再适用，但世界历史的发展轨迹并没有超出马克思主义所揭示的基本规律。"③ 在谈到如何实现共同富裕和民族复兴时，他强调坚持社会主义道路的意义，指出："中国要强盛，中国人民要走向共同富裕，中华民族要实现伟大复兴，就必须始终坚持我们已经建立并正在不断完善的社会主义制度及其所决定的基本原则。"④ 近年来，习近平就历史和现实问题指出："只有社会主义才能救中国，只有中国特色社会主义才能发展中国，这是历史的

---

① 《江泽民文选》第三卷，人民出版社 2006 年版，第 78 页。
② 《习近平谈治国理政》第二卷，外文出版社 2017 年版，第 34 页。
③ 《江泽民文选》第二卷，人民出版社 2006 年版，第 286 页。
④ 《江泽民文选》第三卷，人民出版社 2006 年版，第 220 页。

结论、人民的选择。"①

以马克思主义为指导做好中国的事情，要求一切从实际出发，在工作中脚踏实地，制定切实可行的奋斗目标并为之努力奋斗。邓小平在谈到社会主义建设的经验教训时说："我们的目标是现实的，提高人民生活水平是个长期奋斗的过程。建国以来我们犯的几次错误，都是由于要求过急，目标过高，脱离了中国的实际，结果发展反倒慢了。搞社会主义可不是一件容易的事。"② 江泽民在解释最高纲领和现阶段的基本纲领之间的关系时指出："要求全党同志扎扎实实做好现阶段的各项工作，脚踏实地为实现党在现阶段的基本纲领而奋斗，丝毫不是放弃远大理想，而是以实事求是的科学态度坚持最高纲领，以切切实实的行动实践着与最高纲领相联系的现实要求。"③习近平就如何学习发展邓小平理论指出："邓小平同志最鲜明的思想和实践特点，就是从实际出发、从世界大势出发、从国情出发，始终坚持我们党一贯倡导的实事求是、群众路线、独立自主。"④

改革开放以来，各项工作取得辉煌成就，社会主义制度不断自我完善和发展。江泽民就如何保持社会主义制度的生机和活力指出："社会主义的根本任务是发展生产力，增强社会主义国家的综合国力，使人民的生活日益改善，不断体现社会主义优于资本主义的特点。在社会主义社会的各个历史阶段，都需要根据经济社会发展的要求，适时地通过改革不断推进社会主义制度自我完善和发展，这样才能使社会主义制度充满生机和活力。"⑤ 近年来，习近平概括指出："中国特色社会主义是改革开放以来党的全部理论和实践的主题，全党必须高举中国特色社会主义伟大旗帜，牢固树立中国特色社会主义道路自信、理论自信、制度自信、文化自信，确保党和国家事业始终沿着正确方向胜利前进。"⑥ 他在谈到改革开放的意义时指出："要把党的十八大确立的改革开放重大部署落实好，就要认真回顾和深入总结改革开放的历

---

① 《习近平谈治国理政》第一卷，外文出版社 2018 年版，第 22 页。
② 《邓小平文选》第三卷，人民出版社 1993 年版，第 202 页。
③ 《江泽民文选》第三卷，人民出版社 2006 年版，第 344 页。
④ 《习近平谈治国理政》第二卷，外文出版社 2017 年版，第 12 页。
⑤ 《江泽民文选》第三卷，人民出版社 2006 年版，第 274 页。
⑥ 《习近平谈治国理政》第二卷，外文出版社 2017 年版，第 59 页。

程，更加深刻地认识改革开放的历史必然性，更加自觉地把握改革开放的规律性，更加坚定地肩负起深化改革开放的重大责任。"①

在改革开放的伟大事业中，实践创新和理论创新相互促进，不断开辟发展的新局面。江泽民就科学精神和创新精神指出："科学精神的内涵很丰富，最基本的要求是求真务实、开拓创新。"② 他以高度的责任感和无畏的勇气谈道："什么时候我们紧密结合实践不断推进理论创新，党的事业就充满生机和活力；什么时候理论的发展落后于实践，党的事业就会受到损害，甚至发生挫折。彻底的唯物主义者是无所畏惧的。党的事业要前进，必须有回答和解决新问题的理论勇气和政治勇气。"③ 胡锦涛就如何做到解放思想指出："在改革开放实践中，我们坚持解放思想和实事求是的统一，这就是：一切从实际出发，大力发扬求真务实精神，不断深化对共产党执政规律、社会主义建设规律、人类社会发展规律的认识，自觉把思想认识从那些不合时宜的观念、做法、体制的束缚中解放出来，从主观主义和形而上学的桎梏中解放出来，以实践基础上的理论创新回答了一系列重大理论和实际问题，为改革开放提供了体现时代性、把握规律性、富于创造性的理论指导，开辟了马克思主义新境界。"④

党的十八大以来，习近平多次谈到"不忘初心"，他指出："坚持不忘初心、继续前进，就要坚持马克思主义的指导地位，坚持把马克思主义基本原理同当代中国实际和时代特点紧密结合起来，推进理论创新、实践创新，不断把马克思主义中国化推向前进。"⑤ 习近平在党的十九大报告中指出了中国新的历史定位，中国特色社会主义进入了新时代。中国特色社会主义进入新时代，意味着近代以来久经磨难的中华民族迎来了从站起来、富起来到强起来的伟大飞跃，迎来了实现中华民族伟大复兴的光明前景。通过总结改革开放以来党的伟大实践经验，习近平指出："改革开放40年的实践启示我们：方向决定前途，道路决定命运。我们要把命运掌握在自己手中，就要有

---

① 《习近平谈治国理政》第一卷，外文出版社2018年版，第67页。
② 《江泽民文选》第三卷，人民出版社2006年版，第35页。
③ 《江泽民文选》第三卷，人民出版社2006年版，第334页。
④ 《胡锦涛文选》第三卷，人民出版社2016年版，第157页。
⑤ 《习近平谈治国理政》第二卷，外文出版社2017年版，第33页。

志不改、道不变的坚定。改革开放 40 年来，我们党全部理论和实践的主题是坚持和发展中国特色社会主义。"①

二、积极探索有效的体制机制

邓小平曾就如何学习和运用马克思主义理论和方法说："绝不能要求马克思为解决他去世之后上百年、几百年所产生的问题提供现成答案。列宁同样也不能承担为他去世以后五十年、一百年所产生的问题提供现成答案的任务。真正的马克思列宁主义者必须根据现在的情况，认识、继承和发展马克思列宁主义。"② 开展好社会主义建设事业，要求把握好时代性、规律性、创造性。江泽民就此指出："与时俱进，就是党的全部理论和工作要体现时代性，把握规律性，富于创造性。"③ 针对实际中存在的教条主义，他说："如果不顾历史条件和现实情况的变化，拘泥于马克思主义经典作家在特定历史条件下、针对具体情况作出的某些个别论断和具体行动纲领，我们就会因为思想脱离实际而不能顺利前进，甚至发生失误。这就是我们为什么必须始终反对以教条主义的态度对待马克思主义理论的道理所在。"④ 习近平在谈到如何促进马克思主义中国化、时代化、大众化时说："马克思主义并没有结束真理，而是开辟了通向真理的道路。……今天，时代变化和我国发展的广度和深度远远超出了马克思主义经典作家当时的想象。同时，我国社会主义只有几十年实践、还处在初级阶段，事业越发展新情况新问题就越多，也就越需要我们在实践上大胆探索、在理论上不断突破。"⑤

1992 年，邓小平在南方谈话中就改革开放中的重大理论问题作出回答，他指出计划和市场都是经济手段，说道："计划多一点还是市场多一点，不是社会主义与资本主义的本质区别。计划经济不等于社会主义，资本主义也有计划；市场经济不等于资本主义，社会主义也有市场。"⑥ 在他的指引下，中国走上建立社会主义市场经济的道路，促进了各方面事业的有效开展。

---

① 习近平：《在庆祝改革开放 40 周年大会上的讲话》，人民出版社 2018 年版，第 27 页。
② 《邓小平文选》第三卷，人民出版社 1993 年版，第 291 页。
③ 《江泽民文选》第三卷，人民出版社 2006 年版，第 537 页。
④ 《江泽民文选》第三卷，人民出版社 2006 年版，第 282—283 页。
⑤ 《习近平谈治国理政》第二卷，外文出版社 2017 年版，第 33—34 页。
⑥ 《邓小平文选》第三卷，人民出版社 1993 年版，第 373 页。

1997 年，江泽民在党的十五大报告中谈道："要加快国民经济市场化进程。继续发展各类市场，着重发展资本、劳动力、技术等生产要素市场，完善生产要素价格形成机制。改革流通体制，健全市场规则，加强市场管理，清除市场障碍，打破地区封锁、部门垄断，尽快建成统一开放、竞争有序的市场体系，进一步发挥市场对资源配置的基础性作用。"① 他后来总结说："提出建立社会主义市场经济体制，是我们建设中国特色社会主义的一个伟大创举。这在我国社会主义建设的历程中是开创性的，在世界社会主义的历程中也是前无古人的。"② 胡锦涛从马克思主义发展史的角度指出："建立和完善社会主义市场经济体制，是我们党对马克思主义和社会主义的历史性贡献。"③

党的十八大以来，深化改革工作不断取得进展。习近平高度强调遵循市场经济一般规律的意义，指出："经济发展就是要提高资源尤其是稀缺资源的配置效率，以尽可能少的资源投入生产尽可能多的产品、获得尽可能大的效益。理论和实践都证明，市场配置资源是最有效率的形式。市场决定资源配置是市场经济的一般规律，市场经济本质上就是市场决定资源配置的经济。健全社会主义市场经济体制必须遵循这条规律，着力解决市场体系不完善、政府干预过多和监管不到位问题。"④ 针对把"市场"和"政府"两种作用对立起来的论调，他指出："使市场在资源配置中起决定性作用和更好发挥政府作用，二者是有机统一的，不是相互否定的，不能把二者割裂开来、对立起来，既不能用市场在资源配置中的决定性作用取代甚至否定政府作用，也不能用更好发挥政府作用取代甚至否定使市场在资源配置中起决定性作用。"⑤ 如何在新形势下发展好国有经济、运用好混合所有制经济，他谈道："全会决定坚持和发展党的十五大以来有关论述，提出要积极发展混合所有制经济，强调国有资本、集体资本、非公有资本等交叉持股、相互融合的混合所有制经济，是基本经济制度的重要实现形式，有利于国有资本放

---

① 《江泽民文选》第二卷，人民出版社 2006 年版，第 23 页。
② 《江泽民文选》第三卷，人民出版社 2006 年版，第 516 页。
③ 《胡锦涛文选》第三卷，人民出版社 2016 年版，第 161 页。
④ 《习近平谈治国理政》第一卷，外文出版社 2018 年版，第 77 页。
⑤ 《习近平谈治国理政》第一卷，外文出版社 2018 年版，第 117 页。

大功能、保值增值、提高竞争力。这是新形势下坚持公有制主体地位，增强国有经济活力、控制力、影响力的一个有效途径和必然选择。"① 在发挥民营经济对社会主义市场经济的促进作用时，习近平强调："民营经济是社会主义市场经济发展的重要成果，是推动社会主义市场经济发展的重要力量，是推进供给侧结构性改革、推动高质量发展、建设现代化经济体系的重要主体……在全面建成小康社会、进而全面建设社会主义现代化国家的新征程中，我国民营经济只能壮大、不能弱化，不仅不能'离场'，而且要走向更加广阔的舞台。"②

1996 年，江泽民在谈市场经济和法制建设的关系时指出："世界经济的实践证明，一个比较成熟的市场经济，必然要求并具有比较完备的法制。市场经营活动的运行、市场秩序的维系、国家对经济活动的宏观调控和管理，以及生产、交换、分配、消费等各个环节，都需要法律的引导和规范；在国际经济交往中，也需要按照国际惯例和国与国之间约定的规则办事。这些都是市场经济的内在要求。我们要实现经济体制和经济增长方式的根本性转变，也必须按照市场的一般规则和我们的国情，健全和完善法制，全面建立社会主义市场经济和集约型经济所必需的法律体系。"③ 2014 年，党的十八届四中全会集中讨论依法治国相关问题，会议通过的决定指出，面对新形势新任务，我们党要更好统筹国内国际两个大局，更好维护和运用我国发展的重要战略机遇期，更好统筹社会力量、平衡社会利益、调节社会关系、规范社会行为，使我国社会在深刻变革中既生机勃勃又井然有序，实现经济发展、政治清明、文化昌盛、社会公正、生态良好，实现我国和平发展的战略目标，必须更好发挥法治的引领和规范作用。

三、不断激发社会活力

在改革开放过程中，各阶层群众的积极性、创造性不断得到激发，为各项事业的发展注入青春活力。1978 年，邓小平在中共中央工作会议闭幕会上的讲话中说："不但应该使每个车间主任、生产队长对生产负责任、想办

---

① 《习近平谈治国理政》第一卷，外文出版社 2018 年版，第 78 页。
② 习近平：《在民营企业座谈会上的讲话》，人民出版社 2018 年版，第 7 页。
③ 《江泽民文选》第一卷，人民出版社 2006 年版，第 511—512 页。

法，而且一定要使每个工人农民都对生产负责任、想办法。"① 1985 年，他在谈到"对内搞活"时说："对内搞活，也是对内开放，通过开放调动全国人民的积极性。农村经济一开放，八亿农民的积极性就起来了。城市经济开放，同样要调动企业和社会各方面的积极性。"② 江泽民后来总结农村改革的经验时说："党的十一届三中全会提出……我们一切政策是否符合发展生产力的需求，就是要看这种政策能否调动农民的积极性。……农村改革之所以获得巨大成功，就是坚持了这个正确的出发点。家庭承包经营之所以能够起到这么大的作用，就是给了农民自主权，使农民得到了实惠。"③ 他在谈如何代表先进生产力的发展要求时说："不断提高工人、农民、知识分子和其他劳动群众以及全体人民的思想道德素质和科学文化素质，不断提高他们的劳动技能和创造才能，充分发挥他们的积极性、主动性、创造性，始终是我们党代表中国先进生产力发展要求必须履行的第一要务。"④ 胡锦涛就人才工作说："要建立健全与工作业绩紧密联系、充分体现人才价值、有利于激发人才活力和维护人才合法权益的激励保障机制，调动广大人才积极性，激发人才队伍整体活力和创造力。"⑤

1986 年，邓小平在谈企业改革和金融改革时指出："用多种形式把所有权和经营权分开，以调动企业积极性，这是改革的一个很重要的方面。"⑥ 在社会主义市场经济体系中，企业的作用非常重要。江泽民就此指出："没有一个与社会主义市场经济体制相适应的微观基础是不行的，而企业就是市场经济的微观基础。"⑦ 他在谈现代企业制度时说："建立现代企业制度就是要从根本上解决这个问题，使国有企业转换经营机制，成为法人实体和市场主体，做到自主经营、自负盈亏、自我发展、自我约束。"⑧ 他在谈公有制经济和非公有制经济共同发展的关系时说："这里面包括两个基本含义，一

---

① 《邓小平文选》第二卷，人民出版社 1994 年版，第 146 页。
② 《邓小平文选》第三卷，人民出版社 1993 年版，第 135 页。
③ 《江泽民文选》第二卷，人民出版社 2006 年版，第 209—210 页。
④ 《江泽民文选》第三卷，人民出版社 2006 年版，第 275 页。
⑤ 《胡锦涛文选》第三卷，人民出版社 2016 年版，第 395 页。
⑥ 《邓小平文选》第三卷，人民出版社 1993 年版，第 192 页。
⑦ 《江泽民文选》第一卷，人民出版社 2006 年版，第 367 页。
⑧ 《江泽民文选》第一卷，人民出版社 2006 年版，第 444 页。

是我国是社会主义国家，必须坚持公有制为主体，因为它是社会主义的经济基础；二是在公有制为主体的条件下，必须坚持发展多种所有制经济，因为我国还处在社会主义初级阶段，个体、私营等非公有制经济的发展，有利于充分调动和利用社会资源，有利于增强整个国民经济的活力，它是社会主义市场经济的重要组成部分。"① 胡锦涛在谈企业改革的意义时指出："企业改革是整个经济体制改革的基础，是建立社会主义市场经济体制的中心环节。转换国有企业特别是大中型企业经营机制，是当前企业改革的重点。"② 他就各类市场主体的平等地位说："权利平等是社会主义法治的重要原则，是保障社会公平正义、促进社会和谐的必然要求；平等保护、公平竞争是社会主义市场经济的基本法则，在社会主义市场经济条件下各类市场主体是平等的，享有平等地位和权利，遵循相同的规则，承担相同的责任。"③

2016 年，习近平在谈到坚持和完善社会主义基本经济制度时说："要把经济社会发展搞上去，就要各方面齐心协力来干，众人拾柴火焰高。公有制经济、非公有制经济应该相辅相成、相得益彰，而不是相互排斥、相互抵消。"④ 党的十八届三中全会提出，公有制经济和非公有制经济都是社会主义市场经济的重要组成部分，都是我国经济社会发展的重要基础；公有制经济财产权不可侵犯，非公有制经济财产权同样不可侵犯；国家保护各种所有制经济产权和合法利益，坚持权利平等、机会平等、规则平等，废除对非公有制经济各种形式的不合理规定，消除各种隐性壁垒，激发非公有制经济活力和创造力。党的十八届四中全会提出，要健全以公平为核心原则的产权保护制度，加强对各种所有制经济组织和自然人财产权的保护，清理有违公平的法律法规条款。党的十八届五中全会强调，要鼓励民营企业依法进入更多领域，引入非国有资本参与国有企业改革，更好激发非公有制经济活力和创造力。党的十九大把"两个毫不动摇"写入新时代坚持和发展中国特色社会主义的基本方略，作为党和国家一项大政方针进一步确定下来。为进一步激发市场经济活力，加强民营企业家对社会主义基本经济制度的信心，2018

---

① 《江泽民文选》第三卷，人民出版社 2006 年版，第 205 页。
② 《胡锦涛文选》第一卷，人民出版社 2016 年版，第 79 页。
③ 《胡锦涛文选》第二卷，人民出版社 2016 年版，第 586 页。
④ 《习近平谈治国理政》第二卷，外文出版社 2017 年版，第 260 页。

年习近平在民营企业座谈会上再次强调："非公有制经济在我国经济社会发展中的地位和作用没有变！我们毫不动摇鼓励、支持、引导非公有制经济发展的方针政策没有变！我们致力于为非公有制经济发展营造良好环境和提供更多机会的方针政策没有变！我国基本经济制度写入了宪法、党章，这是不会变的，也是不能变的。任何否定、怀疑、动摇我国基本经济制度的言行都不符合党和国家方针政策，都不要听、不要信！所有民营企业和民营企业家完全可以吃下定心丸、安心谋发展！"①

四、始终重视人民在发展中的地位

"为人民服务"是多年来激励全党共同奋斗的一面旗帜。江泽民在阐述"三个代表"重要思想时说："发展先进的生产力，是发展先进文化、实现最广大人民根本利益的基础条件。人民群众是先进生产力和先进文化的创造主体，也是实现自身利益的根本力量。不断发展先进生产力和先进文化，归根到底都是为了满足人民群众日益增长的物质文化生活需要，不断实现最广大人民的根本利益。"② 新世纪以来，民生工作受到越来越多的关注。党中央及时提出构建和谐社会的要求。胡锦涛就此论述道："我们所要建设的社会主义和谐社会，是民主法治、公平正义、诚信友爱、充满活力、安定有序、人与自然和谐相处的社会，是在中国共产党领导下、在中国特色社会主义事业中、在全国人民根本利益一致基础上全体人民共同建设、共同享有的和谐社会，是为中国最广大人民谋幸福的和谐社会。"③ 在促进科学发展的工作中，他倡导包容性增长，强调经济社会发展要让各阶层、各人群从中获益，指出："实现包容性增长，根本目的是让经济全球化和经济发展成果惠及所有国家和地区，惠及所有人群，在可持续发展中实现经济社会协调发展。"④

在论述人在发展中作用的时候，江泽民说："人是生产力中最具有决定性的力量。包括知识分子在内的我国工人阶级，是推动我国先进生产力发展

---

① 习近平：《在民营企业座谈会上的讲话》，人民出版社 2018 年版，第 6—7 页。
② 《江泽民文选》第三卷，人民出版社 2006 年版，第 281 页。
③ 《胡锦涛文选》第二卷，人民出版社 2016 年版，第 470 页。
④ 《胡锦涛文选》第三卷，人民出版社 2016 年版，第 432 页。

的基本力量。"① 关于体力劳动和脑力劳动的作用，他说："不论是体力劳动还是脑力劳动，不论是简单劳动还是复杂劳动，一切为我国社会主义现代化建设作出贡献的劳动，都是光荣的，都应该得到承认和尊重。"② 改革开放以来，经济社会格局日益复杂化，社会上涌现出不少新兴社会阶层，如何看待他们的社会作用？江泽民就此说："在社会变革中出现的民营科技企业的创业人员和技术人员，受聘于外资企业的管理技术人员、个体户、私营企业主、中介组织的从业人员、自由职业人员等社会阶层，都是中国特色社会主义事业的建设者。"③ 关于当代工人阶级和新兴社会阶层的社会地位，他说："改革开放以来，我国工人阶级队伍不断壮大，素质不断提高，为党的发展壮大奠定了坚实的阶级基础。同时，必须看到，在我国社会阶层构成发生新变化的条件下，要提高党的凝聚力和社会影响力，党就必须团结和引导新的社会阶层的人们，同工人、农民、知识分子一道，为建设有中国特色社会主义和实现中华民族的伟大复兴而共同奋斗。"④

　　党的十八大以来，"以人民为中心"成为发展工作中的重要理念。习近平就此指出："把以人民为中心的发展思想体现在经济社会发展各个环节，做到老百姓关心什么、期盼什么，改革就要抓住什么、推进什么，通过改革给人民群众带来更多获得感。"⑤ 党的十九大在对我国社会主要矛盾作出科学定位的基础上进一步指出，必须坚持以人民为中心的发展思想，不断促进人的全面发展和全体人民共同富裕，不断实现人民对美好生活的向往。为中国人民谋幸福，为中华民族谋复兴，是中国共产党人的初心和使命，也是改革开放的初心和使命。在论述人民群众与中国共产党的关系时，习近平强调："我们党来自人民、扎根人民、造福人民，全心全意为人民服务是党的根本宗旨，必须以最广大人民根本利益为我们一切工作的根本出发点和落脚点，坚持把人民拥护不拥护、赞成不赞成、高兴不高兴作为制定政策的依据，顺应民心、尊重民意、关注民情、致力民生，既通过提出并贯彻正确的理论和

---

① 《江泽民文选》第三卷，人民出版社 2006 年版，第 274 页。
② 《江泽民文选》第三卷，人民出版社 2006 年版，第 540 页。
③ 《江泽民文选》第三卷，人民出版社 2006 年版，第 539 页。
④ 《江泽民文选》第三卷，人民出版社 2006 年版，第 340 页。
⑤ 《习近平谈治国理政》第二卷，外文出版社 2017 年版，第 103 页。

路线方针政策带领人民前进，又从人民实践创造和发展要求中获得前进动力，让人民共享改革开放成果，激励人民更加自觉地投身改革开放和社会主义现代化建设事业。"① 因此，习近平进一步指出，建设中国特色社会主义事业必须"始终把人民对美好生活的向往作为我们的奋斗目标，践行党的根本宗旨，贯彻党的群众路线，尊重人民主体地位，尊重人民群众在实践活动中所表达的意愿、所创造的经验、所拥有的权利、所发挥的作用，充分激发蕴藏在人民群众中的创造伟力"②。

① 习近平：《在庆祝改革开放 40 周年大会上的讲话》，人民出版社 2018 年版，第 24 页。
② 习近平：《在庆祝改革开放 40 周年大会上的讲话》，人民出版社 2018 年版，第 24—25 页。

第　六　章

中国特色社会主义开辟现代化强国新路

党的十一届三中全会作出了把党和国家的工作重心转移到以经济建设为中心的社会主义现代化建设的轨道上来这一重大部署，开启了改革开放的历史进程。40 多年来，中国共产党领导中国人民始终坚持解放思想、实事求是，始终坚持与时俱进、一往无前，成功扫除了改革发展道路上的重重障碍，取得了成为世界第二大经济体的伟大成就，书写了国家和民族发展的壮丽史诗，开辟了建设中国特色社会主义现代化强国的新路。党的十九大宣告中国特色社会主义进入新时代，意味着近代以来久经磨难的中华民族迎来了从站起来、富起来到强起来的伟大飞跃。

第一节　建设社会主义现代化强国的战略谋划

中国共产党的最高理想和最终目标是实现共产主义。中国共产党人也清醒地认识到，这一最高理想只有在社会主义社会充分发展和高度发达的基础上才能实现。纵观中国共产党近百年的发展史，就是一部带领中国人民谋求民族独立、人民解放和国家富强、人民幸福的斗争史和奋斗史。近代落后带来的苦难，让中华民族的仁人志士开始寻求救国图强的道路。现代化（早期也称近代化）正是这一百年矢志不渝的奋斗目标。从 1949 年建立新中国到 21 世纪中叶，用一百年左右的时间建成一个社会主义现代化强国，是中国共产党实现最终目标的坚实一步。

一、"四个现代化"与"两步走"战略

中国共产党带领中国人民追求的现代化，有着一个总体战略谋划，其内涵与时俱进、不断丰富发展。

1945年4月，毛泽东在党的七大上所作的政治报告《论联合政府》中明确提出工业、农业现代化的问题，他指出："中国工人阶级的任务，不但是为着建立新民主主义的国家而斗争，而且是为着中国的工业化和农业近代化而斗争。"[①] 新中国成立后，毛泽东继续思考社会主义与现代化的问题，他在《关于中华人民共和国宪法草案》的讲话中说："我们的总目标，是为建设一个伟大的社会主义国家而奋斗。我们是一个六亿人口的大国，要实现社会主义工业化，要实现农业的社会主义化、机械化"[②]。他希望用"三个五年计划，即十五年左右"的时间，为社会主义工业化打下一个基础。

1954年9月15日，毛泽东在第一届全国人民代表大会第一次会议上致开幕词时宣布：准备在几个五年计划之内，将我国"建设成为一个工业化的具有高度现代文化程度的伟大的国家"[③]。23日，周恩来向大会作了政府工作报告，指出"如果我们不建设起强大的现代化的工业、现代化的农业、现代化的交通运输业和现代化的国防，我们就不能摆脱落后和贫困，我们的革命就不能达到目的"，并且提出"我们一定可以经过几个五年计划，把中国建设成为一个强大的社会主义的现代化的工业国家"。[④] 这是新中国领导人第一次提出"四个现代化"的概念。

1956年，党的八大通过的《中国共产党章程》在总纲中提到，中国共产党的任务，就是有计划地发展国民经济，尽可能迅速地实现国家工业化，有系统、有步骤地进行国民经济的技术改造，使中国具有强大的现代化的工业、现代化的农业、现代化的交通运输业和现代化的国防。同时也强调，党必须努力促进我国的科学、文化、技术的进步，为在这些方面赶上世界的先进水平而奋斗，因为党的一切工作的根本目的，是最大限度地满足人民的物

---

① 《毛泽东选集》第三卷，人民出版社1991年版，第1081页。
② 《毛泽东文集》第六卷，人民出版社1999年版，第329页。
③ 《毛泽东文集》第六卷，人民出版社1999年版，第350页。
④ 《周恩来选集》下卷，人民出版社1984年版，第132、136页。

质生活和文化生活的需要。

1957 年，毛泽东在《关于正确处理人民内部矛盾的问题》的讲话中提出要"将我国建设成为一个具有现代工业、现代农业和现代科学文化的社会主义国家"①。1959 年底到 1960 年初，毛泽东在读苏联《政治经济学教科书》时提出要加上"国防现代化"。他说："建设社会主义，原来要求是工业现代化，农业现代化，科学文化现代化，现在要加上国防现代化。"②1960 年 3 月 18 日，毛泽东在同尼泊尔首相柯伊拉腊谈话时又重申了这个提法。他说："就是要安下心来，使我们可以建设我们国家现代化的工业、现代化的农业、现代化的科学文化和现代化的国防。"③ 1963 年 1 月 29 日，周恩来在上海市科学技术工作会议上将"科学文化现代化"改称"科学技术现代化"，强调要实现"四个现代化"，"我们要实现农业现代化、工业现代化、国防现代化和科学技术现代化，把我们祖国建设成为一个社会主义强国，关键在于实现科学技术的现代化"。④ 1963 年 9 月，中央工作会议在讨论国民经济发展的长远规划时，提出了实现现代化"两步走"的发展步骤：第一步，用 15 年时间，建立一个独立的、比较完整的工业体系和国民经济体系，使我国工业体系大体接近世界先进水平；第二步，用 50 年到 100 年时间，使我国工业走在世界前列，全面实现农业、工业、国防和科学技术的现代化，使我国经济走在世界前列。至此，"四个现代化"目标形成了完整的表述。

在 1964 年 12 月召开的三届全国人大一次会议上作政府工作报告时，周恩来明确提出："在不太长的历史时期内，把我国建设成为一个具有现代农业、现代工业、现代国防和现代科学技术的社会主义强国，赶上和超过世界先进水平。"⑤ 并且他重申了"两步走"的战略安排。1975 年，周恩来在四届人大一次会议上继续提出要求，力争在新世纪到来前实现"四个现代化"建设目标。

---

① 《毛泽东文集》第七卷，人民出版社 1999 年版，第 207 页。
② 《毛泽东文集》第八卷，人民出版社 1999 年版，第 116 页。
③ 《毛泽东文集》第八卷，人民出版社 1999 年版，第 162 页。
④ 《周恩来选集》下卷，人民出版社 1984 年版，第 412 页。
⑤ 《周恩来选集》下卷，人民出版社 1984 年版，第 439 页。

二、"全面小康"与"三步走"战略

1978 年，党的十一届三中全会实现拨乱反正，作出了从 1979 年起，把全党工作重点转移到社会主义现代化建设上来的战略决策。在全会闭幕式上，邓小平指出，"实现四个现代化是一场深刻的伟大的革命"，他同时发出了"把我国建成现代化的社会主义强国"的号召。

针对中国的现实国情，邓小平借鉴我国传统智慧，提出了"小康之家"的概念。1979 年 12 月，他在会见日本首相大平正芳时，后者问道："中国根据自己的独立立场提出了宏伟的现代化规划，要把中国建设成伟大的社会主义国家。中国将来会是什么样的情况呢？整个现代化蓝图是如何构想的？"对此，邓小平回答说："我们要实现的四个现代化，是中国式的四个现代化。我们的四个现代化的概念，不是像你们那样的现代化的概念，而是'小康之家'。"①"小康"一词来源于中国传统的儒家思想。儒家把"大同"看作理想的社会模式。在这个社会里，财产公有，人人平等，社会和谐。"大道之行也，天下为公，选贤与能，讲信修睦，故人不独亲其亲，不独子其子，使老有所终，壮有所用，幼有所长，矜寡孤独废疾者，皆有所养。男有分，女有归。……是故谋闭而不兴，盗窃乱贼而不作，故外户而不闭，是谓大同"。"小康"则是比"大同"低一个层次的社会形态，虽然达不到大同社会共有共享的程度，但社会生活相对稳定，国家治理有方，人民安居乐业。邓小平借用"小康"来描绘社会主义现代化的第一阶段目标。这一目标在 1980 年 11 月召开的五届人大四次会议上得到确认。1982 年，党的十二大根据邓小平的这一设计，首次把"翻两番""实现小康"作为全党、全国人民的战略目标提出来：从 1981 年到 20 世纪末的 20 年，我国经济建设总的奋斗目标是，在不断提高经济效益的前提下，力争使全国工农业的年总产值翻两番，人民的物质文化生活可以达到小康水平。

邓小平清醒地认识到，要走出一条"中国式的现代化道路"，就必须紧紧扭住"四个现代化"建设的目标不放。1980 年初，他在中共中央召集的干部会议上分析了当时的形势和任务，指出："我们从八十年代的第一年开

---

① 《邓小平文选》第二卷，人民出版社 1994 年版，第 237 页。

始，就必须一天也不耽误，专心致志地、聚精会神地搞四个现代化建设。搞四个现代化建设这个总任务，我们是定下来了，决不允许再分散精力。"①后来他又多次强调搞好"四个现代化"是最大的政治，并提出了"政治路线"的概念，指出："我们党在现阶段的政治路线，概括地说，就是一心一意地搞四个现代化。这件事情，任何时候都不要受干扰，必须坚定不移地、一心一意地干下去。"②

在邓小平看来，"四个现代化"并不是"社会主义现代化建设"的全部内容，"社会主义现代化建设"的内容应该延伸到更大的范围，包括经济现代化、政治现代化、法制现代化、社会现代化、教育现代化、人的现代化等诸多方面。他指出："现代化建设的任务是多方面的，各个方面需要综合平衡，不能单打一。"③ 1979 年，邓小平在《坚持四项基本原则》等文章中指出，没有民主就没有社会主义，就没有社会主义的现代化。民主化和现代化一样，也要一步一步地前进。社会主义愈发展，民主也愈发展。要实现社会主义国家的民主化，使民主制度化、法律化。由此可见，社会主义现代化建设是全面的现代化建设，社会主义现代化是全面现代化。

对于实现现代化的战略步骤，邓小平逐步形成了"三步走"的思想。1981 年 9 月，他在会见日本公明党代表团时指出："实现四个现代化是相当大的目标，要相当长的时间。本世纪末也只能搞一个小康社会，要达到西方比较发达国家的水平，至少还要再加上三十年到五十年的时间，恐怕要到二十一世纪末。"④ 1984 年 4 月，他又指出："我们的第一个目标就是到本世纪末达到小康水平，第二个目标就是要在三十年至五十年内达到或接近发达国家的水平。"⑤ 1987 年 2 月，他在与加蓬总统邦戈谈到 21 世纪中叶我国的发展目标时说："到下世纪中叶我们建成中等发达水平的社会主义国家。"⑥ 后来，他为"中等发达水平"确定了具体的标准："到本世纪末，中国人均国民生产总值将近达到八百至一千美元，看来一千美元是有希望的。""更重

① 《邓小平文选》第二卷，人民出版社 1994 年版，第 241 页。
② 《邓小平文选》第二卷，人民出版社 1994 年版，第 276 页。
③ 《邓小平文选》第二卷，人民出版社 1994 年版，第 250 页。
④ 《邓小平年谱：1975—1997》（下），中央文献出版社 2004 年版，第 769—770 页。
⑤ 《邓小平年谱：1975—1997》（下），中央文献出版社 2004 年版，第 970 页。
⑥ 《邓小平文选》第三卷，人民出版社 1993 年版，第 204 页。

要的是，有了这个基础，再过五十年，再翻两番，达到人均四千美元的水平。""那时，十五亿人口，国民生产总值就是六万亿美元，这是以 1980 年美元与人民币的比价计算的，这个数字肯定是居世界前列的。"①

党的十三大明确而系统地阐述了"三步走"的发展战略：第一步，从 1981 年到 1990 年实现国民生产总值比 1980 年翻一番，解决人民的温饱问题；第二步，从 1991 年到 20 世纪末，使国民生产总值再增长一倍，人民生活达到小康水平；第三步，到 21 世纪中叶，人均国民生产总值达到中等发达国家水平，人民生活比较富裕，基本实现现代化。"三步走"战略目标跨度长达 70 年，是对"四个现代化"的继承与升华。党的十三大还提出"为把我国建设成为富强、民主、文明的社会主义现代化国家而奋斗"，首次提炼出社会主义现代化国家的价值目标，为物质文明、精神文明、政治文明建设提供了指引。

1997 年，江泽民在党的十五大上指出，21 世纪我们的目标是：第一个十年实现国民生产总值比 2000 年翻一番，使人民的小康生活更加宽裕，形成比较完善的社会主义市场经济体制；再经过十年的努力，到建党 100 年时，使国民经济更加发展，各项制度更加完善；到世纪中叶新中国成立 100 年时，基本实现现代化，建成富强民主文明的社会主义国家。这是中国共产党首次明确提出"两个一百年"奋斗目标。江泽民在党的十六大报告中重申，根据十五大提出的到 2010 年、建党 100 年和新中国成立 100 年的发展目标，我们要在 21 世纪前 20 年，集中力量，全面建成惠及十几亿人口的更高水平的小康社会，使经济更加发展、民主更加健全、科教更加进步、文化更加繁荣、社会更加和谐、人民生活更加殷实。经过这个阶段的建设，再继续奋斗几十年，到 21 世纪中叶基本实现现代化，把我国建成富强民主文明的社会主义国家。这一战略部署被看作新的"三步走"发展战略：第一步，到 2010 年，实现国民生产总值比 2000 年翻一番，使人民的小康生活更加宽裕，形成比较完善的社会主义市场经济体制；第二步，到 2020 年实现国内生产总值比 2000 年翻两番的目标；第三步，从 2020 年到 2050 年，通过 30 年的奋斗，基本实现现代化。

① 《邓小平文选》第三卷，人民出版社 1993 年版，第 215、216 页。

2007 年，党的十七大报告进一步提出要"建设富强民主文明和谐的社会主义现代化国家"，深刻把握了"以经济建设为中心"带来的高速增长与发展不平衡、不协调、不可持续的矛盾，在原有基础上增加了"和谐"的价值目标，进一步将"和谐社会建设"纳入现代化国家的体系中。着重通过和谐社会建设缩小各领域、各区域的发展差距，处理现代化进程中的复杂矛盾和问题，彰显了对现代化国家建设的系统性思维。党的十七大报告还提出要全面认识工业化、信息化、城镇化、市场化、国际化深入发展的新形势新任务，继续丰富了现代化的内涵。

三、新时代实现现代化强国的"两步走"战略部署

2010 年，我国经济总量超过日本，成为世界第二大经济体。这也意味着我国经济社会发展进入了一个新的阶段。2012 年召开的党的十八大，选举产生了新一届中央领导集体，习近平当选为中共中央总书记。党的十八大报告明确指出："全面建成小康社会，加快推进社会主义现代化，实现中华民族伟大复兴，必须坚定不移走中国特色社会主义道路。"[①] 党的十八大进一步拓展了现代化的含义，提出要"坚持走中国特色新型工业化、信息化、城镇化、农业现代化道路，推动信息化和工业化深度融合、工业化和城镇化良性互动、城镇化和农业现代化相互协调，促进工业化、信息化、城镇化、农业现代化同步发展"[②]。此处的信息化、城镇化等内容都彰显了现代化国家的动态发展趋势和科学调整，将对科技现代化的认识提升到信息化目标，并深刻论述了现代化内涵之间良性互动的融合关系。

2013 年 11 月，党的十八届三中全会审议通过《中共中央关于全面深化改革若干重大问题的决定》，明确提出全面深化改革的总目标是完善和发展中国特色社会主义制度，推进国家治理体系和治理能力现代化。从中国共产党执政能力和国家治理能力的角度进一步拓展了现代化的内涵，在国家现代化建设的主体与客体间搭建了桥梁，首次从现代化的视角审视了国家治理能力。同时提出注重改革的系统性、整体性、协同性，让发展成果更多更公平

---

① 《十八大以来重要文献选编》（上），中央文献出版社 2014 年版，第 8 页。
② 《十八大以来重要文献选编》（上），中央文献出版社 2014 年版，第 16 页。

惠及全体人民，现代化建设体现出对"共赢、共生、共享"的价值诉求。党的十八大报告首次将生态文明上升到"五位一体"的战略高度，并提出把生态文明建设放在突出地位，融入政治建设、经济建设、文化建设、社会建设各方面和全过程，努力建设美丽中国，完整展现了生态文明与其他四个领域建设的良性融合关系。

2017 年，党的十九大宣告中国特色社会主义进入新时代，在新的历史方位上擘画了我国社会主义现代化建设的时间表、路线图，确立了党和国家事业长远发展的宏伟目标。[①] 党的十九大报告在现代化的内涵上增加了"美丽"的价值目标，提出在 21 世纪中叶建成富强民主文明和谐美丽的社会主义现代化强国，这五个词汇与经济建设、政治建设、文化建设、社会建设及生态文明建设建立了完整的对应关系。报告从现代化建设成就和现代化建设能力两个维度制定了科学清晰的目标，提出社会主义现代化强国目标的实现要坚持新时代中国特色社会主义道路。

报告把从十九大召开之时到 2020 年作为全面建成小康社会的决胜期，要求统筹推进经济建设、政治建设、文化建设、社会建设、生态文明建设，坚定实施科教兴国战略、人才强国战略、创新驱动发展战略、乡村振兴战略、区域协调发展战略、可持续发展战略、军民融合发展战略，如期全面建成小康社会、实现第一个百年奋斗目标。在第一个百年奋斗目标达成之后，报告提出要乘势而上开启全面建设社会主义现代化国家新征程，向第二个百年奋斗目标进军。为此，党中央审时度势，作出新的顶层设计，提出新的"两步走"的战略安排。

第一个阶段，从 2020 年到 2035 年，在全面建成小康社会的基础上，再奋斗 15 年，基本实现社会主义现代化。到那时，我国经济实力、科技实力将大幅跃升，跻身创新型国家前列；人民平等参与、平等发展权利得到充分保障，法治国家、法治政府、法治社会基本建成，各方面制度更加完善，国家治理体系和治理能力现代化基本实现；社会文明程度达到新的高度，国家文化软实力显著增强，中华文化影响更加广泛深入；人民生活更为宽裕，中

---

① 参见中共中央宣传部编：《习近平新时代中国特色社会主义思想三十讲》，学习出版社 2018 年版，第 127 页。

等收入群体比例明显提高，城乡区域发展差距和居民生活水平差距显著缩小，基本公共服务均等化基本实现，全体人民共同富裕迈出坚实步伐；现代社会治理格局基本形成，社会充满活力又和谐有序；生态环境根本好转，美丽中国目标基本实现。

第二个阶段，从 2035 年到 21 世纪中叶，在基本实现现代化的基础上，再奋斗 15 年，把我国建成富强民主文明和谐美丽的社会主义现代化强国。到那时，我国物质文明、政治文明、精神文明、社会文明、生态文明将全面提升，实现国家治理体系和治理能力现代化，成为综合国力和国际影响力领先的国家，全体人民共同富裕基本实现，我国人民将享有更加幸福安康的生活，中华民族将以更加昂扬的姿态屹立于世界民族之林。

为更好引领社会主义现代化强国建设，习近平在党的十九大报告中提出了新时代坚持和发展中国特色社会主义的十四条基本方略，包括坚持党对一切工作的领导、坚持以人民为中心、坚持全面深化改革、坚持新发展理念、坚持人民当家作主、坚持全面依法治国、坚持社会主义核心价值体系、坚持在发展中保障和改善民生、坚持人与自然和谐共生、坚持总体国家安全观、坚持党对人民军队的绝对领导、坚持"一国两制"和推进祖国统一、坚持推动构建人类命运共同体、坚持全面从严治党。

报告还分别提出了建设制造强国、科技强国、质量强国、航天强国、网络强国、交通强国、海洋强国、贸易强国、文化强国、体育强国、教育强国、人才强国 12 个领域的具体强国目标。

从"社会主义现代化国家"到"社会主义现代化强国"，一字之变，彰显了中国共产党带领中国人民从"站起来""富起来"到"强起来"的决心和信心，也是中国特色社会主义从胜利走向胜利的庄严承诺和行动纲领。

第二节　科技是第一生产力的兴国之路

中国的社会主义现代化建设是在经济、科技和文化十分落后的基础上起步的，同时面临着世界科学技术革命和产业革命浪潮的严峻挑战。如何争取在较短的时间内，走完西方发达国家经过几百年时间所走过的路程，达到西方发达国家经过几百年历程达到的生产力发展水平，从而全面实现国家现代化的建设目标，这是改革开放初期摆在中国共产党人面前的重要命题。以邓小平同志为核心的党的第二代中央领导集体放眼世界发展潮流，结合中国实际，高瞻远瞩地作出了大力发展科学技术、依靠科技发展社会生产力、推动中国特色社会主义现代化建设的伟大创举。经过几代共产党人 40 多年的共同努力，我国的现代化建设取得了举世瞩目的历史成就，为建设社会主义科技强国奠定了坚实基础。

一、"科学技术是第一生产力"的提出

马克思主义经典著作在论述社会生产力时非常重视科技的作用，早在 19 世纪，马克思、恩格斯在系统总结 17 世纪科学革命、18 世纪工业革命及 19 世纪科学大发展对社会经济发展产生的巨大影响时就指出，科学技术是生产力，是历史的有力杠杆，是最高意义上的革命力量。在改革开放的实践中，邓小平在继承马克思主义科技思想的基础上，以其个人卓越的智慧和敏锐的洞察力，创造性地提出了"科学技术是第一生产力"这一正确反映现代经济社会发展趋势的科学论断，为中国特色社会主义现代化建设指明了前进的方向。

1978 年 3 月，全国科学技术大会在北京召开，邓小平在大会开幕式上的讲话中明确提出："科学技术是生产力，这是马克思主义历来的观点。"[①]他进一步深刻阐述了科学技术对推动经济社会发展的重要作用和科学技术现代化在实现四个现代化中的关键地位。他指出："我们要在短短的二十多年中实现四个现代化，大大发展我们的生产力，当然就不能不大力发展科学研究事业和科学教育事业，大力发扬科学技术工作者和教育工作者的革命积极性。""四个现代化，关键是科学技术的现代化。没有现代科学技术，就不可能建设现代农业、现代工业、现代国防。没有科学技术的高速度发展，也就不可能有国民经济的高速度发展。""科学技术作为生产力，越来越显示出巨大的作用。"[②] 这次大会制定了《1978—1985 年全国科学技术发展规划纲要（草案）》，表彰了先进工作者和先进集体，号召全国与会者向科学技

---

① 《邓小平文选》第二卷，人民出版社 1994 年版，第 87 页。
② 《邓小平文选》第二卷，人民出版社 1994 年版，第 89、86、87 页。

术现代化进军，极大地激发了全国人民尤其是广大知识分子和科技工作者投身社会主义现代化建设的热情，标志着中国科学技术事业进入了一个全新的发展阶段。

党的十一届三中全会以后，邓小平在开启中国特色社会主义现代化建设的过程中，一方面感受到世界范围内以高新科技为动力的信息革命大潮的汹涌澎湃；另一方面也深深地为中国被世界高新科技发展远远甩在后面而心急如焚。而随着改革开放的逐步深入展开，过去科技发展高度受制于计划的体制性弊端日益显现，科技发展与经济发展相脱节的问题也日益凸显。在这种背景之下，科技体制改革的任务被提上了重要议事日程。1985 年 3 月，全国科技工作会议在北京召开，《中共中央关于科学技术体制改革的决定》正式公布实施，由此拉开了科技体制改革的序幕。随后，国家先后制定了星火计划、"八六三"计划、火炬计划、攀登计划、重大项目攻关计划、重点成果推广计划六大计划，国务院也先后作出《关于进一步推进科技体制改革的若干规定》及《关于深化科技体制改革若干问题的决定》，开创了新时期中国科技工作的新局面。

1988 年 9 月，邓小平在总结当代科技发展趋势及其推进经济社会发展的巨大作用时，以其创造性的理论思维，第一次明确提出了"科学技术是第一生产力"的科学论断。他指出："马克思说过，科学技术是生产力，事实证明这话讲得很对。依我看，科学技术是第一生产力。"① "科学技术是第一生产力"的论断，深刻阐明了科学技术与发展生产力之间的内在规律和必然联系，把马克思主义关于"科学技术是生产力"的理论提升到了一个全新的高度。在这一重要思想的指导和影响下，广大科技工作者的积极性被极大调动，一批重要的科技成果相继问世，有力地促进了科技生产力的发展，大大增强了我国的综合实力和国际影响力。

"科学技术是第一生产力"的重要思想，是邓小平建设有中国特色社会主义理论的重要组成部分，这个重要思想形成和发展于我国全面进行改革开放和加速进行社会主义现代化建设的历史时期，对我国经济社会的发展起到了重要的指导作用，它不仅具有深刻的理论意义，而且具有积极的现实意义

---

① 《邓小平文选》第三卷，人民出版社 1993 年版，第 274 页。

和深远的战略意义。①

二、科教兴国战略的提出

在推进改革开放的过程中，邓小平多次提出，中国的现代化建设必须依靠科学和教育，充分发挥科学和教育对发展社会生产力、推动社会全面进步的动力作用。他指出："经济发展得快一点，必须依靠科技和教育。"② "改革经济体制，最重要的、我最关心的，是人才。改革科技体制，我最关心的，还是人才。"③ 邓小平关于依靠科技和教育进行现代化建设的系列重要论述，就是科教兴国战略的理论来源。基于这一思想，1982 年 9 月召开的党的十二大把教育和科技列为社会主义现代化建设的三大战略重点之一；1987 年 10 月召开的党的十三大提出把发展科学技术和教育事业放在首要位置，使经济建设转到依靠科技进步和提高劳动者素质的轨道上来；1992 年 10 月，党的十四大进一步提出，科学技术是第一生产力，振兴经济首先要振兴科技，"必须把教育摆在优先发展的战略地位，努力提高全民族的思想道德和科学文化水平，这是实现我国现代化的根本大计"④。在此背景下，中共中央在全面分析、科学总结社会主义现代化建设关于经济、社会、科技发展经验和趋势的基础上，提出了科教兴国战略。

1995 年 5 月 6 日，中共中央、国务院作出《关于加速科学技术进步的决定》（以下简称《决定》），首次正式提出了科教兴国战略。《决定》指出，科教兴国，是指全面落实"科学技术是第一生产力"的思想，坚持教育为本，把科技和教育摆在经济社会发展的重要位置，增强国家的科技实力及向现实生产力转化的能力，提高全民族的科技文化素质，把经济建设转移到依靠科技进步和提高劳动者素质的轨道上来，加速实现国家的繁荣强盛。《决定》同时指出，实施科教兴国战略，是全面落实科学技术是第一生产力思想的战略决策，是保证国民经济持续、快速、健康发展的根本措施，是实现社会主义现代化宏伟目标的必然抉择，也是中华民族振兴的必由之路。同

---

① 李忠杰主编：《邓小平理论全书》（上），中共中央党校出版社 1998 年版，第 529 页。
② 《邓小平文选》第三卷，人民出版社 1993 年版，第 377 页。
③ 《邓小平文选》第三卷，人民出版社 1993 年版，第 108 页。
④ 《江泽民文选》第一卷，人民出版社 2006 年版，第 233 页。

年 5 月 26—30 日，中共中央、国务院在北京召开全国科学技术大会。江泽民在大会上指出："党中央、国务院决定在全国实施科教兴国战略，是总结历史经验和根据我国现实情况作出的重大部署。没有强大的科技实力，就没有社会主义现代化……实施科教兴国战略，必将大大提高我国经济发展的质量和水平，使生产力有一个新的解放和更大的发展。"① 1996 年 3 月，八届全国人大四次会议正式通过《中华人民共和国国民经济和社会发展"九五"计划和二〇一〇年远景目标纲要》，科教兴国成为我国的基本国策。1997 年 9 月，党的十五大再次提出把科教兴国战略和可持续发展战略作为跨世纪的国家发展战略，并就实施科教兴国战略作出了具体部署。

科教兴国战略的提出，是中国共产党面对世界范围内科学技术突飞猛进发展、综合国力竞争日益表现为科技实力竞争的时代背景，根据我国社会主义现代化建设的实际情况作出的重大战略部署。② 在这一战略的指引下，通过实施"九七三"计划、重大科技攻关计划、国家知识创新工程等一系列国家级科技计划，我国在若干重要领域取得了大量创新成果，并为培养造就一支高水平科技工作队伍，提高全体劳动人民综合素质水平，建设中国特色社会主义现代化强国奠定了坚实的基础。

三、自主创新和创新型国家建设

进入 21 世纪以来，在"科学技术是第一生产力"重要思想的影响下，通过实施科教兴国战略，我国的科学技术取得了巨大进步，经济社会也得到了快速发展，综合国力水平同世界主要发达国家之间的差距逐渐缩小。但从总体上看，我国的科技发展方式还主要是通过大规模引进技术和外国投资、以市场换技术等方式来促进传统产业的技术改造和结构调整。③ 随着改革开放的不断推进，这种发展方式的"瓶颈"作用日益凸显，主要表现在：自主创新能力不足，拔尖创新人才不多，科技投入与发达国家相比差距较大，产业发展特别是国防、航空航天等高科技产业发展的核心技术自给率较低，芯片、发动机等关键技术装备严重依赖进口，大部分产业整体处于国际分工

---

① 《江泽民文选》第一卷，人民出版社 2006 年版，第 428 页。
② 参见《江泽民文选》第一卷，人民出版社 2006 年版，第 426—428 页。
③ 参见谢春涛：《中国特色社会主义史》（下），福建人民出版社 2008 年版，第 692 页。

和全球产业链的底端等。"10 亿双袜子换一架波音飞机",成为亿万中国人难以释怀的痛楚。

放眼当今世界,新一轮科技革命和产业变革逐渐兴起,全球科技创新呈现出新的发展态势。科技创新已经成为推动经济社会发展的根本力量,国与国之间的竞争越来越体现在以自主创新能力为核心的科技综合实力比拼上。实践充分证明,加强国际科技合作,引进国外先进技术,是加快我国科技发展的有效途径,但是,对于那些最先进的技术,特别是关键核心技术,靠买是买不来的,靠换也是换不来的,必须而且只能依靠自主创新。对此,中国共产党有着清醒的认识。江泽民曾经指出:"我国是一个发展中的社会主义大国,在一些战略性、基础性的重大科技项目上,必须依靠自己,必须拥有自主创新能力和自主知识产权。不能靠别人,靠别人是靠不住的。"① 因此,面对新时期世界科技发展趋势以及我国现代化建设的需求,必须尽快摆脱对外依附型的科技发展模式,走上一条以自主创新为内在动力、推动经济增长从资源依赖型转向创新驱动型的发展道路,才能在激烈的国际竞争中立于不败之地。

面对新形势,党的十六大后,以胡锦涛同志为总书记的党中央审时度势,作出了"提高自主创新能力、建设创新型国家"的重大战略部署。2005 年 6 月,中共中央政治局会议对国家中长期科技发展工作进行研究部署,提出把增强自主创新能力作为调整经济结构、转变增长方式、提高国家竞争力的中心环节,把建设创新型国家作为面向未来的重大战略。2005 年10 月,党的十六届五中全会正式提出"坚持自主创新,建设创新型国家"。2007 年 10 月,党的十七大进一步提出,实现全面建设小康社会奋斗目标的新要求之一,就是自主创新能力显著提高,科技进步对经济增长的贡献率大幅上升,进入创新型国家行列。至此,坚持自主创新、建设创新型国家已成为全党全国的共识,并被确定为一项长期的重要战略任务,围绕这一战略任务的各项创新实践也逐渐深入展开。

关于建设创新型国家的内涵,胡锦涛在 2006 年 1 月召开的全国科学技术大会上进行了深刻阐述,他指出:"建设创新型国家,核心就是把增强自

---

① 《江泽民文选》第二卷,人民出版社 2006 年版,第 396 页。

主创新能力作为发展科学技术的战略基点，走出中国特色自主创新道路，推动科学技术的跨越式发展；就是把增强自主创新能力作为调整产业结构、转变增长方式的中心环节，建设资源节约型、环境友好型社会，推动国民经济又快又好发展；就是把增强自主创新能力作为国家战略，贯穿到现代化建设各个方面，激发全民族创新精神，培养高水平创新人才，形成有利于自主创新的体制机制，大力推进理论创新、制度创新、科技创新，不断巩固和发展中国特色社会主义伟大事业。"① 由此可见，增强自主创新能力、建设创新型国家，已经成为我国进行社会主义现代化建设的必然选择。

通过自主创新和创新型国家建设战略的深入实施，我国核电、数控机床、集成电路等国家重大技术装备制造水平和自主化率稳步提高，高技术研究和高新技术产业化取得明显进步；科技体制改革取得突破性进展，初步形成了适应社会主义市场经济的新型科技体制和国家创新体系。特别是在载人航天、探月工程、载人深潜、超级计算机、高速铁路等一系列国家战略工程中获得了重大突破，创新型国家建设取得了显著成效。

四、新时代的创新驱动发展战略

党的十八大报告指出，科技创新是提高社会生产力和综合国力的战略支撑，必须摆在国家发展全局的核心位置，强调要坚持走中国特色自主创新道路、实施创新驱动发展战略。这是中国共产党在新的发展阶段确立的立足全局、面向全球、聚焦关键、带动整体的国家重大发展战略，也是党中央综合分析国内外大势、立足我国发展全局、为实现中华民族伟大复兴而作出的重大战略抉择。

党的十八大以来，以习近平同志为核心的党中央将创新看作引领发展的第一动力，将科技创新作为提高社会生产力和综合国力的战略支撑，深入实施创新驱动发展战略，开启了建设世界科技强国的新征程。2013 年 11 月，党的十八届三中全会提出深化科技体制改革的总体思路和要求，中央全面深化改革领导小组先后审议通过了一系列重要科技体制改革文件和方案，确立了科技体制改革的主体框架和时间表、路线图。2015 年 3 月，中共中央办

---

① 《十六大以来重要文献选编》（下），中央文献出版社 2008 年版，第 237 页。

公厅、国务院办公厅发布《关于深化体制机制改革加快实施创新驱动发展战略的若干意见》，进一步明确了深化体制机制改革、加快实施创新驱动发展战略的总体思路、主要目标和具体举措。2015 年 9 月，中共中央办公厅、国务院办公厅发布《深化科技体制改革实施方案》，强调通过深化科技体制改革，打通科技创新与经济社会发展通道，最大限度地激发科技第一生产力、创新第一动力的巨大潜能。2015 年 10 月，党的十八届五中全会通过《中共中央关于制定国民经济和社会发展第十三个五年规划的建议》，提出要坚持"创新、协调、绿色、开放、共享"的发展理念，创新作为引领发展的第一动力，被列为五大发展理念之首。全会提出，坚持创新发展，必须把创新摆在国家发展全局的核心位置，不断推进理论创新、制度创新、科技创新、文化创新等各方面创新，让创新贯穿党和国家一切工作，让创新在全社会蔚然成风。必须把发展基点放在创新上，形成促进创新的体制架构，塑造更多依靠创新驱动、更多发挥先发优势的引领型发展。2016 年 5 月，中共中央、国务院发布《国家创新驱动发展战略纲要》，对科技创新进行战略性、全局性、长远性系统规划，推出一系列战略部署和战略任务，把科技创新提升到前所未有的高度，开拓了我国科技事业发展的新局面。同月，在全国科技创新大会上，习近平总书记再次代表党中央发出了深入实施创新驱动发展战略、建设世界科技强国的伟大号召。他指出："科技是国之利器，国家赖之以强，企业赖之以赢，人民生活赖之以好。中国要强，中国人民生活要好，必须有强大科技。"①

对于如何实施创新驱动发展战略，习近平强调指出："实施创新驱动发展战略，最根本的是要增强自主创新能力，最紧迫的是要破除体制机制障碍，最大限度解放和激发科技作为第一生产力所蕴藏的巨大潜能。面向未来，增强自主创新能力，最重要的就是要坚定不移走中国特色自主创新道路，坚持自主创新、重点跨越、支撑发展、引领未来的方针，加快创新型国家建设步伐。"② 而针对我国创新能力不强，科技发展水平总体不高，科技对经济社会发展的支撑力不足，科技对经济增长的贡献率远低于发达国家水

---

① 《习近平谈治国理政》第二卷，外文出版社 2017 年版，第 267 页。
② 《习近平谈治国理政》第一卷，外文出版社 2018 年版，第 121 页。

平的现状,习近平明确提出:"我们必须把创新作为引领发展的第一动力,把人才作为支撑发展的第一资源,把创新摆在国家发展全局的核心位置,不断推进理论创新、制度创新、科技创新、文化创新等各方面创新,让创新贯穿党和国家一切工作,让创新在全社会蔚然成风。"①

在以习近平同志为核心的党中央的坚强领导下,通过大力实施创新驱动发展战略,深入推进科技体制改革,我国的科技创新发生了全局性、历史性的重大变革,书写了科技创新的大国奇迹,创新型国家建设取得了丰硕成果。一是科技创新投入持续增加,研发经费投入规模跃居世界第二,2017年全社会研发经费支出达到1.75万亿元,比2012年增长了70%,占国内生产总值的比重达到2.12%,超过欧盟15国的平均水平,达到中等发达国家水平,居发展中国家前列;二是科技创新成就举世瞩目,主要创新指标进入世界前列,我国已成为世界第二大高质量论文贡献国,发明专利申请量和授权量均居世界第一,有效发明专利保有量居世界第三,国家全球创新指数排名从2012年的第20位升至2017年的第17位;三是重大科技创新成果不断涌现,取得了一批重大标志性成果,天宫、蛟龙、天眼、悟空、墨子、大飞机等大国重器相继问世,若干重要领域实现从"跟跑"到"并跑""领跑"的跃升,实现了从量的积累到质的飞跃;四是科技创新有力支撑供给侧改革,科技进步对经济增长的贡献率从2012年的52.2%上升至2017年的57.5%,高速铁路、移动通信、新能源、集成电路等重点产业规模和技术均达到世界领先水平,高铁、网购、移动支付、共享单车等"新四大发明"引领世界潮流;五是大众创新创业广泛开展,全社会创新创业热情空前高涨,全国4200余家众创空间、3200余家科技企业孵化器和400余家企业加速器,服务创业团队和初创企业近50万家,带动就业超过280万人。②

习近平在党的十九大报告中指出,要坚定实施科技驱动发展战略,加快建设创新型国家,到2035年跻身创新型国家前列。为此要瞄准世界科技前沿,强化基础研究,实现前瞻性基础研究、引领性原创成果重大突破。加强应用基础研究,拓展实施国家重大科技项目,突出关键共性技术、前沿引领

---

① 《习近平谈治国理政》第二卷,外文出版社2017年版,第198页。

② 参见万钢:《打造高质量发展的科技创新引擎》,《求是》2018年第6期。

技术、现代工程技术、颠覆性技术创新，为建设科技强国、质量强国、航天强国、网络强国、交通强国、数字中国、智慧社会提供有力支撑。加强国家创新体系建设，强化战略科技力量。深化科技体制改革，建立以企业为主体、市场为导向、产学研深度融合的技术创新体系，加强对中小企业创新的支持，促进科技成果转化。倡导创新文化，强化知识产权创造、保护、运用。培养造就一大批具有国际水平的战略科技人才、科技领军人才、青年科技人才和高水平创新团队。

2018 年 5 月 28 日，习近平在中国科学院第十九次院士大会、中国工程院第十四次院士大会上发表重要讲话，指出党的十八大以来，我国坚持党对科技事业的领导，坚持建设世界科技强国的奋斗目标，坚持走中国特色自主创新道路，坚持以深化改革激发创新活力，坚持创新驱动实质是人才驱动，坚持融入全球科技创新网络，使得我国科技事业实现了历史性、整体性、格局性重大变化，重大创新成果竞相涌现，一些前沿方向开始进入并行、领跑阶段，科技实力正处于从量的积累向质的飞跃、点的突破向系统能力提升的重要时期。"中国要强盛、要复兴，就一定要大力发展科学技术，努力成为世界主要科学中心和创新高地。我们比历史上任何时期都更接近中华民族伟大复兴的目标，我们比历史上任何时期都更需要建设世界科技强国！"[①] 11 月，习近平在上海考察时再次强调，科学技术从来没有像今天这样深刻影响着国家前途命运，从来没有像今天这样深刻影响着人民生活福祉。在实现中华民族伟大复兴的关键时刻，要增强科技创新的紧迫感和使命感，把科技创新摆到更加重要位置，踢好"临门一脚"，让科技创新在实施创新驱动发展战略、加快新旧动能转换中发挥重大作用。在庆祝改革开放 40 周年大会上的讲话中，习近平再次强调，我们要坚持创新是第一动力、人才是第一资源的理念，实施创新驱动发展战略，完善国家创新体系，加快关键核心技术自主创新，为经济社会发展打造新引擎。

习近平关于科技创新的一系列重要论述，进一步丰富和发展了中国共产党科技创新的思想理论，是习近平新时代中国特色社会主义思想的重要内容

---

① 习近平：《在中国科学院第十九次院士大会、中国工程院第十四次院士大会上的讲话》，人民出版社 2018 年版，第 8 页。

之一，具有丰富的理论内涵和鲜明的时代特征，是指引我国科技创新发展、建设世界科技强国的战略纲领和行动指南。

第三节　社会主义市场经济建设的富国之路

党的十一届三中全会作出了改革开放的历史性决策，中国开始了建设社会主义市场经济体制的新探索。经过不断的努力，我国逐步走出了一条适合中国国情的社会主义市场经济建设的新道路，取得了举世瞩目的经济建设成就，一跃成为世界第二大经济体，经济社会发展和人民生活水平发生了翻天覆地的变化，解决了世界上其他社会主义国家长期没有解决的一个重大问题，创造了世界经济发展史上的一个伟大奇迹。

一、社会主义市场经济建设的初步探索

改革开放之前，我国实行的是高度集中的计划经济体制，这种体制在我国社会主义建设初期生产力水平较为低下、经济结构较为简单的情况下，对我国迅速建立起较为齐全的国民经济体系、推动经济建设曾经起到了巨大的作用。但是，随着社会主义建设的逐步深入和经济建设规模的不断扩大，这种体制的弊端逐渐凸显，反而对经济的发展起到了制约的作用，不利于解放和发展生产力。

从党的十一届三中全会开始，中国进入了改革开放的历史新时期，改革计划经济体制的呼声也越来越高。面对当时遇到的市场经济与计划经济"姓社姓资"的问题，邓小平率先突破传统思想观念的束缚，提出社会主义也可以搞市场经济的重要论断。他指出："说市场经济只存在于资本主义社会，只有资本主义的市场经济，这肯定是不正确的。社会主义为什么不可以搞市场经济，这个不能说是资本主义。"[①] "社会主义和市场经济之间不存在根本矛盾。问题是用什么方法才能更有力地发展社会生产力。"[②] 这些论断为从根本上破除思想束缚扫清了障碍，为社会主义市场经济理论的创立作出

---

① 《邓小平文选》第二卷，人民出版社 1994 年版，第 236 页。
② 《邓小平文选》第三卷，人民出版社 1993 年版，第 148 页。

了重大贡献。

在邓小平关于实行社会主义市场经济思想的指导下，我国开始了经济体制改革的探索。1981 年 6 月，党的十一届六中全会通过了《关于建国以来党的若干历史问题的决议》，决议明确指出，要发挥市场调节的辅助作用。1982 年 9 月，党的十二大报告提出："正确贯彻计划经济为主、市场调节为辅的原则。""要正确划分指令性计划、指导性计划和市场调节各自的范围和界限，在保持物价基本稳定的前提下有步骤地改革价格体系和价格管理办法，改革劳动制度和工资制度，建立起符合我国情况的经济管理体制，以保证国民经济的健康发展。"①

随着经济体制改革的逐步深入，如何处理计划和市场的关系始终是我们党制定宏观政策、开展经济建设时重点考虑的问题。1984 年 10 月，党的十二届三中全会通过了《中共中央关于经济体制改革的决定》，标志着我国经济体制由计划经济转向计划与市场相结合，为经济体制改革注入了新的活力。1987 年 10 月，党的十三大进一步提出，社会主义有计划商品经济的体制，应该是计划与市场内在统一的体制，并指出当前深化改革的主要任务就是建立起社会主义有计划商品经济新体制的基本框架。自此，以城市为重点的经济体制改革开始大规模铺开，进一步推动了从计划经济向市场经济的转变，经济建设取得了突飞猛进的发展，全国上下焕发出一派蓬勃生机。

1992 年初，面对深化改革十字路口的抉择，邓小平先后到武昌、深圳、珠海、上海等地视察，并发表了著名的南方谈话。谈话中，邓小平明确而系统地表达了他长期以来形成的对计划经济和市场经济的看法，指出："计划多一点还是市场多一点，不是社会主义与资本主义的本质区别。计划经济不等于社会主义，资本主义也有计划；市场经济不等于资本主义，社会主义也有市场。计划和市场都是经济手段。"② 这些思想论断，回答了困扰和束缚人们思想的许多重大问题，从根本上解脱了把计划经济与市场经济当成社会基本制度范畴的思想束缚，为我国最终确立社会主义市场经济体制，奠定了坚实的思想和理论基础。

---

① 《十二大以来重要文献选编》（上），人民出版社 1986 年版，第 23 页。
② 《邓小平文选》第三卷，人民出版社 1993 年版，第 373 页。

二、社会主义市场经济建设的历史性突破

1992 年 10 月，党的十四大明确提出"我国经济体制改革的目标是建立社会主义市场经济体制，以利于进一步解放和发展生产力"这一重要论断，结束了改革开放以后持续 14 年的计划与市场之争，标志着我国的经济改革道路进入了一个新的历史阶段，即建立社会主义市场经济体制的阶段。党的十四大之后，党中央从理论上和实践上不断丰富和发展社会主义市场经济体制，取得了中国特色社会主义市场经济建设的历史性成就。

1993 年 3 月，八届全国人大第一次会议通过的《中华人民共和国宪法修正案》，正式确立了社会主义市场经济的政治和法律地位。1993 年 11 月，党的十四届三中全会通过了《中共中央关于建立社会主义市场经济体制若干问题的决定》，成为我国实行社会主义市场经济体制改革的重要行动纲领。第一次向世人勾画了社会主义市场经济体制改革的基本框架：建立现代企业制度、培育发展市场体系、建立健全宏观调控体系、建立合理的收入分配制度和社会保障制度，构成了社会主义市场经济体制框架的五大支柱。在这一框架的引领下，中国新一轮的经济体制改革开始正式扬帆起航。

对于如何在社会主义制度下发展市场经济，世界上历史上都没有现成的经验可以借鉴，因此，只能摸着石头过河，边走边干边探索。1993 年，面对建立社会主义市场经济体制以来的第一次经济发展过热的考验，党中央、国务院发出了《关于当前经济情况和加强宏观调控的意见》，提出了一系列加强和改善宏观调控的措施。这次考验，进一步深化了我们党对市场经济条件下社会主义建设规律的认识。1993 年，中央正式提出了以速度与效益相统一为原则的持续、快速、健康发展的要求；1994 年，中央将"抓住机遇、深化改革、扩大开放、促进发展、保持稳定"作为全党工作方针，提出了正确处理改革、发展、稳定关系的重要思想；1995 年 9 月，江泽民在党的十四届五中全会上，全面论述了社会主义市场经济条件下搞社会主义现代化建设需要正确处理的 12 个重大关系。经过卓有成效的宏观调控措施，到 1996 年，我国有效应对了本次经济过热问题的严峻考验，既保持了经济的快速增长，又有效抑制了通货膨胀，避免了经济的大起大落，成功实现了经济运行的平稳着陆，为进一步深化社会主义市场经济体制改革提供了宝贵

经验。

1997 年 9 月，江泽民在党的十五大报告中明确指出："建设有中国特色社会主义的经济，就是在社会主义条件下发展市场经济，不断解放和发展生产力。"① 与此同时，党的十五大报告首次提出："公有制为主体、多种所有制经济共同发展，是我国社会主义初级阶段的一项基本经济制度。"② 这一论断的提出，实现了改革开放以来在所有制理论上的重大突破，为进一步深化经济体制改革扫清了体制机制上的障碍，在我国社会主义市场经济建设的历史上具有里程碑式的意义。

党的十五大以后，面对亚洲金融危机及国际国内的复杂形势与严峻挑战，党中央进一步深化以国有企业改革为重点的经济体制改革，成功应对了金融危机的挑战，初步建立了社会主义市场经济体制，并在党的十六大上正式确立了全面建设小康社会的历史性任务，把中国特色社会主义推向了一个新的历史发展阶段。

三、社会主义市场经济建设的持续深入

党的十六大以来，以胡锦涛同志为总书记的党中央，深刻总结了我国社会主义市场经济建设的实践经验，不断深化对市场运行规律的认识，不断提高自觉运用市场机制的能力，不断增强驾驭市场经济的能力，继续发展社会主义市场经济理论，为进一步完善社会主义市场经济体制进行了不懈的探索。

面对经济全球化和全面建设小康社会的新形势，2003 年 10 月，党的十六届三中全会正式通过了《中共中央关于完善社会主义市场经济体制若干问题的决定》，提出了进一步完善社会主义市场经济体制的目标："按照统筹城乡发展、统筹区域发展、统筹经济社会发展、统筹人与自然和谐发展、统筹国内发展和对外开放的要求，更大程度地发挥市场在资源配置中的基础性作用，增强企业活力和竞争力，健全国家宏观调控，完善政府社会管理和公共服务职能，为全面建设小康社会提供强有力的体制保障。"③ 这是我们

---

① 《江泽民文选》第二卷，人民出版社 2006 年版，第 17 页。
② 《江泽民文选》第二卷，人民出版社 2006 年版，第 19 页。
③ 《十六大以来重要文献选编》（上），中央文献出版社 2005 年版，第 465 页。

党总结改革开放 20 多年的历史经验，积极适应新形势新任务提出来的具体要求，反映了我们党和政府对市场关系认识的进一步深化。

党的十六届三中全会以后，我们党以科学发展观为指导，按照统筹城乡发展和区域发展等的要求，先后作出了促进中部地区崛起、西部大开发、建设社会主义新农村、构建社会主义和谐社会、增强自主创新等重大决策，对促进城乡区域协调发展和经济社会全面、协调、可持续发展进行了积极探索。2006 年 10 月，党的十六届六中全会正式通过《中共中央关于构建社会主义和谐社会若干重大问题的决定》，这表明我们党在坚持以经济建设为中心的同时，开始努力同步推进社会建设，为推进经济社会协调发展，完善社会主义市场经济体制提供了重要抓手。

2007 年 10 月，党的十七大报告指出，要毫不动摇地坚持社会主义市场经济的改革方向，把完善社会主义市场经济体制作为科学发展的体制保障，加快重要领域和关键环节改革步伐。这为我国改革发展的持续深入推进绘就了新的蓝图。此后，党中央把着力构建有利于科学发展的体制机制作为继续完善社会主义市场经济体制的重要任务，先后出台了一系列破解经济社会发展体制性、结构性难题的重大举措，在行政管理体制改革、国有经济改革、金融财税体制改革等一些重要领域和关键环节实现了改革的新突破。

面对 2008 年由美国次贷风波引发的国际金融危机对我国经济的剧烈冲击，党中央作出了转变经济发展方式的战略部署，通过不断推进改革，既从制度上更好发挥市场在资源配置中的基础性作用，又形成了有利于科学发展的宏观调控体系，为经济社会发展提供强大动力和制度保障。[①] 在党中央的坚强领导下，我国不仅成功应对了国际金融危机的严峻考验，也在应对危机中进一步深化了经济体制改革，最终取得了成为世界第二大经济体的历史性成就，充分彰显了社会主义市场经济体制的蓬勃生命力。

四、新时代以新发展理念引领经济高质量发展

党的十八大以来，面对日趋严峻的国际经济形势和国内改革发展稳定的繁重任务，以习近平同志为核心的党中央准确把握中国经济发展所处的历史

---

① 参见《十七大以来重要文献选编》（中），中央文献出版社 2011 年版，第 280 页。

新方位，作出了经济发展进入新常态的重大判断，按照稳中求进的工作总基调，加快转变经济发展方式，创新性地提出了新发展理念，推行供给侧结构性改革，有效引领中国经济保持中高速增长、向中高端迈进，推动了中国特色社会主义市场经济由追求发展速度到追求发展质量的历史性转变，进一步健全完善了社会主义市场经济体制，为全面建成小康社会奠定了坚实基础。

2012 年 12 月，党的十八大召开后的第一次中央经济工作会议强调，要坚持社会主义市场经济的改革方向不动摇，增强改革的系统性、整体性、协同性，以更大的政治勇气和智慧推动下一步改革。此后，坚持社会主义市场经济改革方向，成为贯穿于历次中央经济工作会议的重要议题。

在 2013 年 11 月召开的党的十八届三中全会上，习近平在深入总结我国社会主义市场经济体制 20 多年实践取得成效及存在问题的基础上，从理论上对政府和市场的关系进行了重新定位，提出了将市场在资源配置中的"基础性作用"修改为"决定性作用"的历史性论断，在完善社会主义市场经济体制上迈出了新的步伐。[①] 对此，全会提出，要紧紧围绕使市场在资源配置中起决定性作用深化经济体制改革，坚持和完善基本经济制度，加快完善现代市场体系、宏观调控体系、开放型经济体系，加快转变经济发展方式，加快建设创新型国家，推动经济更有效率、更加公平、更可持续发展。这为深化经济体制改革指明了前进的方向，标志着社会主义市场经济发展进入了新阶段。

面对世界经济持续低迷的复杂局面，在深刻洞悉我国经济发展规律的基础上，党中央作出了我国经济发展正处于增长速度换挡期、结构调整阵痛期、前期刺激政策消化期"三期叠加"阶段的判断。2014 年，习近平提出我国经济发展进入新常态。他指出："中国经济呈现出新常态，有几个主要特点。一是从高速增长转为中高速增长。二是经济结构不断优化升级……三是从要素驱动、投资驱动转向创新驱动。"[②] 他同时强调："我国经济发展进入新常态，是我国经济发展阶段性特征的必然反映，是不以人的意志为转移的。认识新常态，适应新常态，引领新常态，是当前和今后一个时期我国经

---

① 参见《习近平谈治国理政》第一卷，外文出版社 2018 年版，第 76—77 页。

② 《习近平关于全面建成小康社会论述摘编》，中央文献出版社 2016 年版，第 23 页。

济发展的大逻辑。"①

我国经济发展进入新常态的重大判断，也带来了党中央经济工作思路的重大调整。2015 年 10 月，在中国共产党第十八届中央委员会第五次全体会议上，习近平首次提出了新发展理念，即坚持创新、协调、绿色、开放、共享的发展理念。2015 年 11 月，在中央财经领导小组第十一次会议上，习近平首次提出了供给侧结构性改革的论断。他强调指出，要在适度扩大总需求的同时，着力加强供给侧结构性改革，着力提高供给体系质量和效率，增强经济持续增长动力，推动我国社会生产力水平实现整体跃升。自此，以新的发展理念为引领，深入推进供给侧结构性改革，成为我国经济体制改革的核心。

党的十九大宣告我国经济已由高速增长阶段转向高质量发展阶段，正处在转变发展方式、优化经济结构、转换增长动力的攻关期，建设现代化经济体系是跨越关口的迫切要求和我国发展的战略目标。所谓高质量发展，是能够很好满足人民日益增长的对美好生活需要的发展，是体现新发展理念的发展，是创新成为第一动力、协调成为内生特点、绿色成为普遍形态、开放成为必由之路、共享成为根本目的的发展。换句话说，就是经济发展从"有没有"转向"好不好"。②习近平多次强调我们将坚定不移贯彻新发展理念，以供给侧结构性改革为主线，推动新型工业化、信息化、城镇化、农业现代化同步发展，加快建设创新型国家，实施乡村振兴战略，实施区域协调发展战略，加快完善社会主义市场经济体制，发展更高层次的开放型经济。同时，习近平总书记特别强调要强化生态环境保护，牢固树立"绿水青山就是金山银山"的理念，统筹山水林田湖草系统治理，强化大气、水、土壤污染防治，让天更蓝、地更绿、水更清。2018 年 12 月 18 日，他在庆祝改革开放 40 周年大会上充分肯定了从传统的计划经济体制，到前无古人的社会主义市场经济体制，再到使市场在资源配置中起决定性作用和更好发挥政府作用的改革历程，指出改革开放以来，我国始终坚持以经济建设为中心，不断解放和发展社会生产力，使我国发展成为世界第二大经济体、制造业第一

---

①　《习近平谈治国理政》第二卷，外文出版社 2017 年版，第 233 页。

②　参见中共中央宣传部编：《习近平新时代中国特色社会主义思想学习纲要》，学习出版社、人民出版社 2019 年版，第 112—113 页。

大国、货物贸易第一大国、商品消费第二大国、外资流入第二大国，我国外汇储备连续多年位居世界第一，中国人民在富起来、强起来的征程上迈出了决定性的步伐。

2019年11月召开的党的十九届四中全会把社会主义市场经济体制与公有制为主体、多种所有制经济共同发展，按劳分配为主体、多种分配方式并存等一起作为社会主义基本经济制度，指出这一制度既体现了社会主义制度优越性，又同我国社会主义初级阶段社会生产力发展水平相适应，是党和人民的伟大创造。新时代必须坚持社会主义基本经济制度，充分发挥市场在资源配置中的决定性作用，更好发挥政府作用，全面贯彻新发展理念，坚持以供给侧结构性改革为主线，加快建设现代化经济体系，推动经济高质量发展。

第四节　社会主义民主建设的优势之路

人民民主是中国共产党始终高举的旗帜，是中国特色社会主义的本质属性。"没有民主就没有社会主义，就没有社会主义的现代化，就没有中华民族伟大复兴。社会主义愈发展，民主也愈发展。"①

一、人民民主是社会主义的生命

民主是一种体现人民主权或者说人民当家作主的政治形态。发展社会主义民主政治，是中国共产党的一贯政治主张和始终不渝的奋斗目标。我国宪法规定："中华人民共和国的一切权力属于人民。"中国共产党领导和执政，本质是领导、支持和保证人民当家作主。这是中国民主政治建设的根本准则，也是中国共产党领导和执政的本质要求。

人民民主是马克思主义民主理论在中国的发展与创新，是中国化的社会主义民主实践。1927年大革命失败之后，中国共产党在开辟工农革命根据地的过程中，提出了工农民主的概念，开始了建立工农民主政权的探索。抗

---

① 中共中央宣传部编：《习近平新时代中国特色社会主义思想学习纲要》，学习出版社、人民出版社2019年版，第123页。

战期间，毛泽东又提出了"人民共和国"的口号。1939 年 5 月 4 日，毛泽东正式提出"人民民主主义"的新概念。他指出，我们中国反对帝国主义和封建主义的人民民主革命，快要进到一个转变点了，这个革命的目的就是打倒帝国主义和封建主义，建立人民民主主义的制度。同年 12 月，毛泽东又提出了"新民主主义"概念。1949 年 6 月 30 日，毛泽东发表了纪念中国共产党成立 28 周年的文章《论人民民主专政》，将新民主主义和人民民主主义这两个概念统一了起来。所谓人民民主，是广大人民在工人阶级和共产党的领导之下，团结起来，组成自己的国家，选举自己的政府，人民有言论集会结社等项的自由权和选举权。人民的国家是保护人民的。有了人民的国家，人民才有可能在全国范围内和全体规模上，用民主的方法，教育自己和改造自己，向着社会主义社会和共产主义社会前进。

1949 年 9 月召开的中国人民政治协商会议第一届全体会议，通过了《中国人民政治协商会议共同纲领》，一致同意以新民主主义即人民民主主义作为中华人民共和国建国的政治基础。1954 年 9 月通过的《中华人民共和国宪法》第一条规定："中华人民共和国是工人阶级领导的、以工农联盟为基础的人民民主国家。"1982 年修订的现行宪法第一条将表述修改为："中华人民共和国是工人阶级领导的、以工农联盟为基础的人民民主专政的社会主义国家。"

党的十一届三中全会开启了我国改革开放的新阶段，针对十年"文化大革命"带来的惨痛教训，邓小平精辟地指出："没有民主就没有社会主义，就没有社会主义现代化。"① 他同时强调，当前和今后一个时期，主要应当努力实现的要求之一，就是在政治上充分发扬人民民主，"创造比资本主义国家的民主更高更切实的民主"②。党的十二大把建设高度的社会主义民主规定为党的根本目标和根本任务之一。党的十三大进一步把建设社会主义民主的内容纳入党的基本路线之中。党的十四大明确提出，人民民主是社会主义的本质要求和内在属性。党的十五大重申，没有民主就没有社会主义，就没有社会主义现代化。社会主义愈发展，民主也愈发展。党的十六大

---

① 《改革开放三十年重要文献选编》（下），人民出版社 2008 年版，第 906 页。
② 《邓小平文选》第二卷，人民出版社 1994 年版，第 322 页。

把发展社会主义民主政治确定为全面建设小康社会的重要目标。党的十七大将建设社会主义民主政治纳入中国特色社会主义道路的内涵之中，明确提出"人民民主是社会主义的生命"的论断。党的十八大指出，"人民民主是我们党始终高扬的光辉旗帜"，中国特色社会主义政治发展道路是团结亿万人民共同奋斗的正确道路。我们一定要坚定不移沿着这条道路前进，使我国社会主义民主政治展现出更加旺盛的生命力。

习近平在党的十九大报告中庄严宣告，我国社会主义民主是维护人民根本利益的最广泛、最真实、最管用的民主。发展社会主义民主政治就是要体现人民意志、保障人民权益、激发人民创造活力，用制度体系保证人民当家作主。坚持人民民主的正确道路，必须坚持党的领导、人民当家作主、依法治国有机统一。党的领导是人民当家作主和依法治国的根本保证，人民当家作主是社会主义民主政治的本质特征，依法治国是党领导人民治理国家的基本方式，三者统一于我国社会主义民主政治伟大实践。在我国政治生活中，党是居于领导地位的，加强党的集中统一领导，支持人大、政府、政协和法院、检察院依法依章程履行职能、开展工作、发挥作用，这两个方面是统一的。要改进党的领导方式和执政方式，保证党领导人民有效治理国家；扩大人民有序政治参与，保证人民依法实行民主选举、民主协商、民主决策、民主管理、民主监督；维护国家法制统一、尊严、权威，加强人权法治保障，保证人民依法享有广泛权利和自由。

2018年5月4日，在纪念马克思诞辰200周年大会上，习近平还讲到，我们要坚定不移走中国特色社会主义政治发展道路，在坚持党的领导、人民当家作主、依法治国有机统一中推进社会主义民主政治建设，不断加强人民当家作主的制度保障，加快推进国家治理体系和治理能力现代化，充分调动人民的积极性、主动性、创造性，更加切实、更有成效地实施人民民主。党的十九届四中全会强调要坚持和完善人民当家作主制度体系，发展社会主义民主政治。必须坚持人民主体地位，确保人民依法通过各种途径和形式管理国家事务，管理经济文化事业，管理社会事务。要坚持和完善人民代表大会制度这一根本政治制度，坚持和完善中国共产党领导的多党合作和政治协商制度，巩固和发展最广泛的爱国统一战线，坚持和完善民族区域自治制度，健全充满活力的基层群众自治制度。

二、坚持和完善人民代表大会制度

人民代表大会制度是按照民主集中制原则建立的国家政体形式，是我国的根本政治制度。毛泽东在 1940 年 1 月的《新民主主义论》中提出了人民代表大会制度的构想，他说："中国现在可以采取全国人民代表大会、省人民代表大会、县人民代表大会、区人民代表大会直到乡人民代表大会的系统，并由各级代表大会选举政府。但必须实行无男女、信仰、财产、教育等差别的真正普遍平等的选举制，才能适合于各革命阶级在国家中的地位，适合于表现民意和指挥革命斗争，适合于新民主主义的精神。这种制度即是民主集中制。"① 这一制度被写进《中国人民政治协商会议共同纲领》，作为我国政权的组织形式。1954 年，在普选的基础上召开了第一届全国人民代表大会，会议通过的《中华人民共和国宪法》，以根本大法的形式，进一步明确了我国的国体和政体。人民代表大会制度作为与人民民主专政的国体性质相适应的政权组织形式得以正式确立。习近平指出："在中国实行人民代表大会制度，是中国人民在人类政治制度史上的伟大创造，是深刻总结近代以后中国政治生活惨痛教训得出的基本结论，是中国社会 100 多年激越变革、激荡发展的历史结果，是中国人民翻身作主、掌握自己命运的必然选择。""中国这样一个有 5000 多年文明史、几亿人口的国家建立起人民当家作主的新型政治制度，在中国政治发展史乃至世界政治发展史上都是具有划时代意义的。"②

根据我国宪法规定，总结人民代表大会成立以来的成功实践经验，我国人民代表大会制度的核心要义包括：一是我国是工人阶级领导的、以工农联盟为基础的人民民主专政的社会主义国家，国家一切权力属于人民，人民行使国家权力的机关是全国人民代表大会和地方各级人民代表大会。二是国家机构实行民主集中制原则。全国人民代表大会和地方各级人民代表大会都由民主选举产生，对人民负责、受人民监督；国家行政机关、监察机关、审判机关、检察机关都由人民代表大会产生，对人大负责、受人大监督。三是中

---

① 《毛泽东选集》第二卷，人民出版社 1991 年版，第 677 页。

② 习近平：《在庆祝全国人民代表大会成立六十周年大会上的讲话》，《人民日报》2014 年 9 月 6 日。

央和地方的国家机构职权的划分，遵循在中央的统一领导下、充分发挥地方主动性积极性的原则。四是坚持各民族一律平等，各少数民族聚居的地方实行民族区域自治，维护和发展平等团结互助和谐的社会主义民族关系。五是实行依法治国，健全社会主义法制，建设社会主义法治国家。六是坚持中国共产党的领导和理论指导，沿着中国特色社会主义道路，把我国建设成为富强民主文明和谐美丽的社会主义现代化强国。

改革开放以来，人民代表大会制度不断得到巩固和加强，在国家政治生活中发挥着越来越重要的作用。同时，我国的人民代表大会制度也需要根据新时代的新要求，不断与时俱进、改革创新，为发展更加广泛、更加充分、更加健全的人民民主提供坚实的制度保障。

党的十九大报告指出，人民代表大会制度是坚持党的领导、人民当家作主、依法治国有机统一的根本政治制度安排，必须长期坚持、不断完善。要支持和保证人民通过人民代表大会行使国家权力。发挥人大及其常委会在立法工作中的主导作用，健全人大组织制度和工作制度，支持和保证人大依法行使立法权、监督权、决定权、任免权，更好发挥人大代表作用，使各级人大及其常委会成为全面担负起宪法法律赋予的各项职责的工作机关，成为同人民群众保持密切联系的代表机关。要加强人民当家作主制度保障。人民代表大会制度是坚持党的领导、人民当家作主、依法治国有机统一的根本政治制度安排，必须长期坚持、不断完善。要支持和保证人民通过人民代表大会行使国家权力。

三、中国特色社会主义协商民主

社会主义协商民主是中国共产党和中国人民的伟大创造，源自中国共产党领导人民进行革命、建设、改革的长期实践。协商是共和政治在中国的基础与基本表现形式。政治协商是我国实现共和政治的必然要求和重要途径。我国的协商民主源于中国共产党的统一战线理论，在中国人民政治协商会议第一届全体会议中得到充分体现。

改革开放以来，政治协商制度建设得到了进一步加强。邓小平在1979年政协五届二次会议上明确提出了新时期统一战线和人民政协的任务。1982年，《政协章程》修订完成。同年，人民政协的性质、作用载入宪法。1987

年召开的党的十三大提出了建立社会协商对话制度。2006 年，《中共中央关于加强人民政协工作的意见》首次以中央正式文件明确了中国人民政治协商会议是我国政治生活中发扬社会主义民主的重要形式。2007 年发表的《中国的政党制度》白皮书指出，选举民主与协商民主相结合是我国社会主义民主的一大特点，拓展了社会主义民主的深度和广度。2011 年，中共中央办公厅转发《中共政协全国委员会党组关于〈中共中央关于加强人民政协工作的意见〉贯彻落实情况的报告》，正式以中央文件形式明确提出协商民主的概念。

2012 年 11 月，党的十八大报告提出要健全社会主义协商民主制度，通过国家政权机关、政协组织、党派团体等渠道，就经济社会发展重大问题和涉及群众切身利益的实际问题广泛协商，广纳群言、广集民智，增进共识、增强合力。这是中共中央首次提出并系统论述"社会主义协商民主制度"的概念，进而对"健全社会主义协商民主制度"进行规划和部署。

2013 年 11 月，习近平在党的十八届三中全会上作工作报告时指出，协商民主是我国社会主义民主政治的特有形式和独特优势，是党的群众路线在政治领域的重要体现。推进协商民主，有利于完善人民有序政治参与、密切党同人民群众的血肉联系、促进决策科学化民主化。全会决定把推进协商民主广泛多层制度化发展作为政治体制改革的重要内容，强调在党的领导下，以经济社会发展重大问题和涉及群众切身利益的实际问题为内容，在全社会开展广泛协商，坚持协商于决策之前和决策实施之中。要构建程序合理、环节完整的协商民主体系，拓宽国家政权机关、政协组织、党派团体、基层组织、社会组织的协商渠道；深入开展立法协商、行政协商、民主协商、参政协商、社会协商；发挥统一战线在协商民主中的重要作用，发挥人民政协作为协商民主重要渠道作用，完善人民政协制度体系，规范协商内容、协商程序，拓展协商民主形式，更加活跃有序地组织专题协商、对口协商、界别协商、提案办理协商，增加协商密度，提高协商成效。

2015 年 2 月，中共中央印发《关于加强社会主义协商民主建设的意见》，明确了社会主义协商民主的本质属性和基本内涵，阐述了加强社会主义协商民主建设的重要意义、指导思想、基本原则和渠道程序，对新形势下开展政党协商、人大协商、政府协商、政协协商、人民团体协商、基层协商、社会组织协商等作出全面部署。

党的十九大报告指出："有事好商量，众人的事情由众人商量，是人民民主的真谛。"①要推动协商民主广泛、多层、制度化发展，加强协商民主制度建设，形成完整的制度程序和参与实践，保证人民在日常政治生活中有广泛持续深入参与的权利。人民政协作为具有中国特色的制度安排，是社会主义协商民主的重要渠道和专门协商机构。人民政协工作要聚焦党和国家中心任务，围绕团结和民主两大主题，把协商民主贯穿政治协商、民主监督、参政议政全过程，完善协商议政内容和形式，着力增进共识、促进团结。

2018年12月，习近平在庆祝改革开放40周年大会上指出："我们要坚持党的领导、人民当家作主、依法治国有机统一，坚持和完善人民代表大会制度、中国共产党领导的多党合作和政治协商制度、民族区域自治制度、基层群众自治制度，全面推进依法治国，巩固和发展最广泛的爱国统一战线，发展社会主义协商民主，用制度体系保证人民当家作主。"②

四、基层民主政治制度建设

基层民主是我国广大人民在城乡社区治理、基层公共事务和公益事业中直接行使民主权利，依法进行自我管理、自我服务、自我教育、自我监督的主要形式，是社会主义民主政治建设的重要组成部分。作为一种基层自治和民主管理制度，它是国家制度民主的具体体现，是社会主义民主广泛而深刻的实践。目前我国已经形成了以村民自治、居民自治为主要内容和形式的基层群众自治制度，以职工代表大会为基本形式的企事业单位民主管理制度。

村民自治是党的十一届三中全会以后随着我国农村经济体制改革的深入开展而形成并逐步发展起来的。1980年2月，广西壮族自治区宜山县（现为宜州市）三岔公社合寨大队（现为屏南乡合寨村民委员会）的果作等6个生产队的85户农民，以无记名投票的方式，选举产生了我国历史上第一个村民委员会——果作村民委员会。这一制度创新得到了中央的肯定。1982年宪法首次确认"村民委员会是基层群众自治组织"。1987年11月，六届

---

① 习近平：《决胜全面建成小康社会　夺取新时代中国特色社会主义伟大胜利——在中国共产党第十九次全国代表大会上的报告》，人民出版社2017年版，第37—38页。

② 习近平：《在庆祝改革开放40周年大会上的讲话》，人民出版社2018年版，第29—30页。

全国人大常委会第二十三次会议通过了《中华人民共和国村民委员会组织法（试行）》，以法律条文的形式将村民自治制度固定下来。1998 年 11 月，九届人大常委会第五次会议通过了正式的《中华人民共和国村民委员会组织法》。

居民自治组织在新中国成立之初就已存在。1954 年 12 月 31 日，第一届全国人大常委会第四次会议通过并颁布了《城市居民委员会组织条例》，确认了居民委员会的自治性质，并规定了其任务和组织形式。1958—1976 年，居民委员会的正常组织机构和工作受到了扭曲和破坏，真正意义上的群众自治难以实现，居民的合法权益难以保障。"文化大革命"结束以后，居民委员会制度得以恢复和发展。1980 年 1 月，全国人大常委会重新颁布了《城市居民委员会组织条例》。1982 年宪法首次以根本大法的形式明确了居民委员会的性质、任务和作用。1989 年 12 月，在总结历史经验的基础上，第七届全国人大常委会第十一次会议通过并颁布了《中华人民共和国城市居民委员会组织法》，使居民委员会制度得到进一步发展和完善，成为我国广大城市居民实行自治和直接民主的重要途径。

2006 年，时任中共浙江省委书记的习近平在衢州调研基层基础工作时说：和谐社会是民主法治的社会，基层历来是民主政治的发源地和实验田。民主精神的培育、民主素质的锻炼、民主实践的操作，都是在基层产生、在基层发展、在基层得到检验的。在推进基层民主政治建设的过程中，难免会出现这样那样的问题。对此，决不能因噎废食，只要切实加强引导，不断完善制度，就能依法行事，稳步推进。人民群众的素质觉悟越高，民主素养越好，基层民主机制越健全，社会就越和谐稳定。

2007 年，党的十七大报告首次将基层群众自治制度与人民代表大会制度、中国共产党领导的多党合作和政治协商制度、民族区域自治制度一起纳入中国特色社会主义政治制度的范畴。报告指出，人民依法直接行使民主权利，管理基层公共事务和公益事业，实行自我管理、自我服务、自我教育、自我监督，对干部实行民主监督，是人民当家作主最有效、最广泛的途径，必须作为发展社会主义民主政治的基础性工程重点推进。2017 年，党的十九大报告强调，巩固基层政权，完善基层民主制度，保障人民知情权、参与权、表达权、监督权。

在 2018 年十三届全国人大一次会议闭幕会上，习近平发表重要讲话指出："我们必须始终坚持人民立场，坚持人民主体地位，虚心向人民学习，倾听人民呼声，汲取人民智慧，把人民拥护不拥护、赞成不赞成、高兴不高兴、答应不答应作为衡量一切工作得失的根本标准，着力解决好人民最关心最直接最现实的利益问题，让全体中国人民和中华儿女在实现中华民族伟大复兴的历史进程中共享幸福和荣光！"①

在 2019 年 1 月中央政法工作会议上，习近平提出要完善基层群众自治机制，调动城乡群众、企事业单位、社会组织自主自治的积极性，打造人人有责、人人尽责的社会治理共同体。②

第五节　社会主义文化建设的兴盛之路

习近平指出，文化是一个国家、一个民族的灵魂。文化兴国运兴，文化强民族强。没有高度的文化自信，没有文化的繁荣兴盛，就没有中华民族伟大复兴。要坚持中国特色社会主义文化发展道路，激发全民族文化创新创造活力，建设社会主义文化强国。③ 中国特色社会主义是全面发展的社会主义，文化建设在中国特色社会主义建设事业中有着举足轻重的地位。党的十一届三中全会以来，党中央始终把文化建设放在党和国家全局工作的战略高度，紧抓意识形态工作建设，坚持物质文明和精神文明两手抓，推动文化事业和文化产业不断向前发展，推进中国特色社会主义文化建设不断取得新成就。经过坚持不懈的努力，逐渐探索出一条中国特色社会主义文化发展道路，极大地提升了全民族的文化自信，增强了国家的文化软实力，为坚持和发展中国特色社会主义、建设社会主义文化强国注入了强大精神动力。

一、社会主义文化建设的成功开启

党的十一届三中全会以后，就文化建设来说，最重要的转变，就是彻底

① 习近平：《在第十三届全国人民代表大会第一次会议上的讲话》，人民出版社 2018 年版，第 6 页。

② 参见《习近平谈治国理政》第三卷，外文出版社 2020 年版，第 32 页。

③ 参见中共中央宣传部编：《习近平新时代中国特色社会主义思想学习纲要》，学习出版社、人民出版社 2019 年版，第 139 页。

否定了"文化大革命"的错误路线，重新回到"以经济建设为中心"的正确路线上来，这就要求文化发展必须与经济发展相适应，坚持"解放思想、实事求是"的思想路线，树立有利于生产力发展的新理念、新观点。

实行改革开放和"以经济建设为中心"的实践，极大地推动了全社会的思想解放，客观上推动了社会主义文化建设的发展前进。但是，一方面，随着改革开放的逐步推进，西方的各种思想观念也大量涌入，其中不乏一些腐朽没落的思想意识、价值观念和生活方式，国内逐渐出现了一些资产阶级自由化的思潮倾向；与此同时，受十年"文化大革命"的影响，社会上存在着一些否定党的领导、否定社会主义制度的错误思潮，这些问题的存在，给社会主义文化建设带来了严峻挑战。另一方面，社会主义现代化建设的全面深入开展，在提升广大人民群众物质生活水平的同时，也对全社会的文化生活水平提出了更高的要求。因此，必须高度重视社会主义文化建设，使之更好地适应改革开放和社会主义现代化建设的需要，满足人民日益增长的精神文化需求。面对这一现实情况，以邓小平同志为主要代表的中国共产党人，提出了建设社会主义精神文明的重大时代命题。

早在改革开放之初，邓小平就指出："我们要在建设高度物质文明的同时，提高全民族的科学文化水平，发展高尚的丰富多彩的文化生活，建设高度的社会主义精神文明。"[①] 他强调，社会主义现代化建设必须坚持物质文明和精神文明两手抓，推动物质文明和精神文明的全面进步。这个重要论断为我国文化发展建设确立了理论基础和行动指南，开启了文化发展的新时代。自此，社会主义精神文明作为社会主义文化建设的代名词，广泛地进入人们的生活中，成为中国特色社会主义现代化建设的基本内容和重要组成部分。

1982 年 9 月，党的十二大报告对社会主义精神文明的内涵作出了全面论述，报告指出："社会主义精神文明是社会主义的重要特征，是社会主义制度优越性的重要表现。""我们在建设高度物质文明的同时，一定要努力建设高度的社会主义精神文明。这是建设社会主义的一个战略方针问题。社会主义的历史经验和我国当前的现实情况都告诉我们，是否坚持这样的方

———————

① 《邓小平文选》第二卷，人民出版社 1994 年版，第 208 页。

针，将关系到社会主义的兴衰和成败。"① 基于这一深刻认识，党中央强调指出，在中国特色社会主义现代化建设中，决不能放松精神文明建设，要坚持物质文明和精神文明两手抓、两手都要硬。

1986 年 9 月，党的十二届六中全会在全面总结党的十一届三中全会以来精神文明建设进展成效和存在问题的基础上，进一步作出了《中共中央关于社会主义精神文明建设指导方针的决议》，根据马克思主义基本原理同中国实际相结合的原则，进一步阐明了社会主义精神文明建设的战略地位、根本任务和基本指导方针。这是中国共产党从社会主义现代化建设的全局出发，特别是在改革开放和经济建设全面展开的新形势下制定的一份重要文件，它引导全党全国人民逐步加深了对社会主义精神文明建设的认识，为在新的历史时期加强社会主义精神文明建设指明了前进方向。

1987 年 10 月，党的十三大提出了我国仍处于并将长期处于社会主义初级阶段的重要论断，并提出了党在社会主义初级阶段的基本路线。根据这一实际，报告指出："必须以马克思主义为指导，努力建设精神文明。我们的现代化建设和改革开放，对社会主义精神文明建设是巨大的促进，同时也对它提出了很高的要求。要努力形成有利于现代化建设和改革开放的理论指导、舆论力量、价值观念、文化条件和社会环境，克服小生产的狭隘眼界和保守习气，抵制封建主义和资本主义的腐朽思想，振奋起全国各族人民献身于现代化事业的巨大热情和创造精神。"② 这些重要思想，进一步推动了社会主义精神文明建设理论与实践的发展。

二、社会主义文化建设的逐步深入

为探索新形势下中国特色社会主义文化建设的有效途径，以江泽民同志为核心的党的第三代中央领导集体，在深入分析和把握时代发展特点和要求的基础上，进一步明确了中国特色社会主义文化的战略地位，创造性地提出了"三个代表"重要思想，并把"代表中国先进文化的前进方向"作为党的先进性建设的根本内容之一，将中国特色社会主义文化发展建设推向了一

---

① 《改革开放三十年重要文献选编》（上），中央文献出版社 2008 年版，第 274、273 页。
② 《改革开放三十年重要文献选编》（上），中央文献出版社 2008 年版，第 477 页。

个新的历史阶段。①

　　面对改革开放以来一段时期内，国外敌对势力在政治、思想、文化等领域对我国的和平演变，以及在我国意识形态领域内出现的资产阶级自由化思潮，党中央作出了加强思想建设，占领思想文化阵地和舆论阵地的重要部署。1989 年 9 月，江泽民在庆祝中华人民共和国成立 40 周年大会的讲话中强调指出："要紧密结合现代化建设和改革开放的实际，结合人们的思想实际，大力加强和改进意识形态领域的工作，加强和改进思想政治工作。""要用马克思主义和社会主义思想去指导理论、宣传、教育、新闻、出版、文学艺术等部门的工作，去占领思想文化阵地和舆论阵地，丰富群众的精神生活。"② 由此，各种思想文化建设活动开始在全国范围内蓬勃开展起来。

　　在纪念中国共产党成立 70 周年大会上，江泽民首次提出了"有中国特色社会主义的文化"，他指出："有中国特色社会主义的文化，必须以马克思列宁主义、毛泽东思想为指导，不能搞指导思想的多元化；必须坚持为人民服务、为社会主义服务的方向和百花齐放、百家争鸣的方针，繁荣和发展社会主义文化，不允许毒害人民、污染社会和反社会主义的东西泛滥；必须继承和发扬民族优秀文化传统而又充分体现社会主义时代精神，立足本国而又充分吸收世界文化优秀成果，不允许搞民族虚无主义和全盘西化。"③ 这一阐述充分体现了我们党在发展和繁荣中国特色社会主义文化事业、确保文化建设始终沿着正确方向前进的探索中取得了长足的进步，实现了思想认识的又一次升华。

　　1992 年 10 月，党的十四大明确提出："精神文明建设必须紧紧围绕经济建设这个中心，为经济建设和改革开放提供强大的精神动力和智力支持。"④ 这为进一步提升文化建设在服务经济建设和改革开放中的作用扫清了障碍。1996 年 10 月，党的十四届六中全会专题讨论了精神文明建设问题，会议全面分析了我国精神文明建设的形势和任务，通过了《中共中央关于加强社会主义精神文明建设若干重要问题的决议》，这份决议是指导新

---

① 参见本书编写组：《中国特色社会主义文化发展道路》，中央文献出版社 2013 年版，第 15 页。
② 《十三大以来重要文献选编》（中），人民出版社 1991 年版，第 626—627 页。
③ 《江泽民文选》第一卷，人民出版社 2006 年版，第 158 页。
④ 《江泽民文选》第一卷，人民出版社 2006 年版，第 238 页。

时期精神文明建设的纲领性文献，它回答了在新的历史条件下，如何建设社会主义精神文明的一系列重大问题，创造性地丰富和发展了社会主义精神文明建设理论。同时，为加强对精神文明建设的协调和指导，1997 年 4 月，中共中央正式成立指导全国精神文明建设的议事机构——精神文明建设指导委员会。1997 年 9 月，党的十五大报告进一步明确指出："有中国特色社会主义的文化，就其主要内容来说，同改革开放以来我们一贯倡导的社会主义精神文明是一致的。文化相对于经济、政治而言。精神文明相对于物质文明而言。只有经济、政治、文化协调发展，只有两个文明都搞好，才是有中国特色社会主义。"[①]

2000 年 2 月，江泽民在广东省考察时，第一次明确提出了"中国先进文化的前进方向"的概念，自此，"代表中国先进文化的前进方向"作为"三个代表"重要思想的内容之一被正式提出，这同时也意味着，中国特色社会主义文化的地位被提升到了前所未有的战略高度。2002 年 11 月，在党的十六大上，江泽民进一步明确提出："在当代中国，发展先进文化，就是发展面向现代化、面向世界、面向未来的，民族的科学的大众的社会主义文化，以不断丰富人们的精神世界，增强人们的精神力量。"[②] 这进一步明确了先进文化在中国特色社会主义事业中的地位和作用，为先进文化的发展指明了方向。

从党的十三届四中全会到党的十六大的这段时间里，既是世界局势风云变幻、经济全球化浪潮风起云涌的时期，也是我国社会主义市场经济体制全面建立、社会主义文化建设蓬勃发展的时期。在这段时期里，中国共产党敢为人先、勇于探索，逐步形成了经济、政治、文化"三位一体"的中国特色社会主义建设格局，提出了"三个代表"重要思想，并不断用中国先进文化的前进方向引领时代潮流，推进了中国特色社会主义文化的发展。

三、社会主义文化建设的创新发展

党的十六大之后，以胡锦涛同志为总书记的党中央把文化建设放在党和

---

①　《江泽民文选》第二卷，人民出版社 2006 年版，第 32—33 页。
②　《江泽民文选》第三卷，人民出版社 2006 年版，第 559 页。

国家全局工作的重要战略地位，先后提出了建设"社会主义核心价值体系"等一系列文化建设新思路，促进文化事业和文化产业共同发展，推动社会主义文化大发展大繁荣，进一步推进了中国特色社会主义文化的创新发展。

新世纪新阶段，文化建设面临着一系列新的机遇和挑战：一方面，人民群众迅速增长的精神文化需求，在给文化建设带来巨大发展机遇的同时，也形成了前所未有的挑战，文化消费快速增长与文化产品供应不足之间的矛盾日益突出；另一方面，随着改革开放的不断推进，国内各种社会思潮日益活跃，各种思想观念相互交织、各种文化相互激荡，社会意识出现多样化的趋势，各种错误思想也沉渣泛起，主流意识形态遭遇重大考验；此外，当今世界，文化竞争在综合国力竞争中的地位日益凸显，激烈的国际文化竞争使得我国在提升文化竞争力、维护国家文化安全等方面的任务愈加繁重。面对新形势新挑战，加强文化建设，成为摆在新时期中国共产党面前的一项重要课题。[1]

2003 年 4 月，胡锦涛在广东省考察时指出："历史和现实都表明，一个没有文化底蕴的民族，一个不能不断进行文化创新的民族，是很难发展起来的，也是很难自立于世界民族之林的。要提高发展水平，增强发展后劲，提高群众生活质量，必须高度重视并全面推进文化建设。"[2] 2003 年 12 月，中央召开全国宣传思想工作会议，胡锦涛在会上全面分析了我国思想文化领域面临的新形势，并明确提出了我国宣传思想工作面临的五大全局性、战略性课题，为文化建设领域的改革发展指明了方向。

2006 年 10 月，党的十六届六中全会首次提出社会主义核心价值体系这一概念："马克思主义指导思想，中国特色社会主义共同理想，以爱国主义为核心的民族精神和以改革创新为核心的时代精神，社会主义荣辱观，构成社会主义核心价值体系的基本内容。"[3] 在基本内容的四个方面中，马克思主义指导思想是灵魂，决定了社会主义核心价值体系的性质和方向；中国特色社会主义共同理想是主题，具有广泛的社会共识和强大的感召力；民族精

---

①　参见本书课题组：《中国特色社会主义文化发展道路》，中央文献出版社 2013 年版，第 200—201 页。

②　《胡锦涛文选》第二卷，人民出版社 2016 年版，第 44 页。

③　《十六大以来重要文献选编》（下），中央文献出版社 2008 年版，第 661 页。

神和时代精神是精髓，是各族人民团结一心、共同奋斗的价值取向；社会主义荣辱观是基础，为全体社会成员确定价值取向提供了基本准则和行为规范。① 社会主义核心价值体系是我们党在中国特色社会主义文化建设中的重大理论创新，推动了对社会主义本质认识的进一步深入。

2007 年 10 月，党的十七大提出了中国特色社会主义经济建设、政治建设、文化建设、社会建设"四位一体"的总体布局，进一步提升了文化建设的地位和作用。大会同时提出兴起社会主义文化建设新高潮、推动社会主义文化的大发展大繁荣的历史任务，并从建设社会主义核心价值体系、建设和谐文化、弘扬中华文化、推进文化创新等方面进行了全面部署。2011 年10 月，党的十七届六中全会通过了《中共中央关于深化文化体制改革推动社会主义文化大发展大繁荣若干重大问题的决定》，明确提出了坚持中国特色社会主义文化发展道路、建设社会主义文化强国的目标要求，强调了文化改革发展要以满足人民精神文化需求为出发点和落脚点，以改革创新为动力，成为新形势下指导我国文化改革发展的纲领性文件。

从党的十六大到党的十八大这段时间里，以胡锦涛同志为总书记的党中央坚持解放思想、实事求是、与时俱进，不断推进马克思主义中国化时代化大众化，形成和发展了中国特色社会主义理论体系；坚持推进社会主义核心价值体系建设，巩固了全党全国各族人民团结奋斗的共同思想道德基础；坚持为人民服务、为社会主义服务的方向和百花齐放、百家争鸣的方针，推动优秀文化产品大量涌现，丰富了人民精神文化生活；坚持推进文化体制改革，推动文化事业全面繁荣、文化产业健康发展，大幅度提高了文化在经济社会发展中的地位和作用；坚持实施文化"走出去"战略，不断增强中华文化国际影响力，提升了我国的文化软实力，使中国特色社会主义文化焕发出前所未有的蓬勃生机。

四、社会主义文化建设的繁荣兴盛

党的十八大提出了扎实推进社会主义文化强国建设的时代号召，强调要坚持社会主义先进文化前进方向，树立高度的文化自觉和文化自信，向着建

---

① 本书课题组：《中国特色社会主义文化发展道路》，中央文献出版社 2013 年版，第 245—246 页。

设社会主义文化强国宏伟目标阔步前进。党的十八大以来，以习近平同志为核心的党中央按照全面深化改革的总体部署，不断坚定文化自信、增强文化自觉，扎实推进思想文化建设，推动文化改革发展各项任务落地见效，朝着社会主义文化强国的建设方向不断迈进。

习近平指出，坚定文化自信，建设社会主义文化强国，必须坚持马克思主义，牢固树立共产主义远大理想和中国特色社会主义共同理想，培育和践行社会主义核心价值观，不断增强意识形态领域主导权和话语权，推动中华优秀传统文化创造性转化、创新性发展，继承革命文化，发展社会主义先进文化，不忘本来、吸收外来、面向未来，更好构筑中国精神、中国价值、中国力量，为人民提供精神指引。

全面加强中国梦宣传教育。2012 年 11 月 29 日，习近平在参观《复兴之路》展览时的讲话中正式提出了中国梦的概念，他指出："每个人都有理想和追求，都有自己的梦想。现在，大家都在讨论中国梦，我以为，实现中华民族伟大复兴，就是中华民族近代以来最伟大的梦想。"① 中国梦的提法一经提出，立刻引起了广泛共鸣，展现出强大的精神力量。随后，中国梦宣传教育活动在全国范围内蓬勃开展，中国梦逐渐深入人心，成为全体中国人共同的精神信仰与追求。中国梦也为文化建设找到了一个新的更高的支点，赋予了文化建设新的使命，为建设社会主义文化强国提供了基本遵循。

全面加强意识形态工作。意识形态决定文化前进方向和发展道路，对一个政党、一个国家、一个民族的生存发展至关重要。2013 年 8 月 19 日，习近平在全国宣传思想工作会议上指出，经济建设是党的中心工作，意识形态工作是党的一项极端重要的工作。他强调，巩固马克思主义在意识形态领域的指导地位，巩固全党全国人民团结奋斗的共同思想基础，是意识形态工作的根本任务。② 互联网是意识形态工作的主战场、最前沿。习近平高度重视网络意识形态工作，他多次指出，过不了互联网这一关，就过不了长期执政这一关，要确保互联网可管可控。围绕意识形态工作，党的十八大以来全党不断加强中国特色社会主义宣传教育，高扬主旋律，唱响正气歌，不断增

---

① 《习近平谈治国理政》第一卷，外文出版社 2018 年版，第 36 页。
② 参见《习近平谈治国理政》第一卷，外文出版社 2018 年版，第 153 页。

强道路自信、理论自信、制度自信、文化自信，马克思主义在意识形态领域的指导地位更加鲜明，中国特色社会主义也更加深入人心。

积极培育和弘扬社会主义核心价值观。核心价值观是一个国家的重要稳定器。如果没有共同的核心价值观，一个民族、一个国家就会魂无定所、行无依归。① 党的十八大报告明确提出社会主义核心价值观的基本内容，即倡导富强、民主、文明、和谐，倡导自由、平等、公正、法治，倡导爱国、敬业、诚信、友善，积极培育和践行社会主义核心价值观。习近平在十八届中央政治局第十三次集体学习时指出，"把培育和弘扬社会主义核心价值观作为凝魂聚气、强基固本的基础工程，继承和发扬中华优秀传统文化和传统美德，广泛开展社会主义核心价值观宣传教育"②。党的十八大以来，培育和弘扬社会主义核心价值观活动得到了广泛深入开展，社会主义核心价值观逐渐成为全社会的思想共识和行动自觉。

党的十八大以来，习近平先后出席了全国宣传思想工作会议、文艺工作座谈会、党的新闻舆论工作座谈会、网络安全和信息化工作座谈会、哲学社会科学工作座谈会等重要会议，并发表了一系列重要讲话，出台了一系列重要文件，极大地推动了思想文化工作的发展，开创了文化建设的新局面，实现了国家文化软实力大幅提升，为实现党和国家各项事业历史性变革作出了重要贡献。

习近平在党的十九大报告中指出，要坚持中国特色社会主义文化发展道路，激发全民族文化创造活力，建设社会主义文化强国。中国特色社会主义文化，源自于中华民族 5000 多年文明历史所孕育的中华优秀传统文化，熔铸于党领导人民在革命、建设、改革中创造的革命文化和社会主义先进文化，植根于中国特色社会主义伟大实践。发展中国特色社会主义文化，就是以马克思主义为指导，坚守中华文化立场，立足当代中国现实，结合当今时代条件，发展面向现代化、面向世界、面向未来的，民族的科学的大众的社会主义文化，推动社会主义精神文明和物质文明协调发展。要坚持为人民服务、为社会主义服务，坚持百花齐放、百家争鸣，坚持创造性转化、创新性

---

① 参见中共中央宣传部编：《习近平新时代中国特色社会主义思想三十讲》，学习出版社 2018 年版，第 196 页。

② 《习近平谈治国理政》第一卷，外文出版社 2018 年版，第 163 页。

发展，不断铸就中华文化新辉煌。[①] 习近平关于文化建设的一系列重要论述，及其在推进中国特色社会主义文化事业发展中作出的一系列重要战略部署，形成了习近平新时代中国特色社会主义思想的重要内容，为我们最终建成中国特色社会主义文化强国提供了强有力的思想武器，必将团结带领全体中华儿女，最终实现中华民族伟大复兴的中国梦。

第六节　社会主义生态文明建设的绿色之路

新中国成立以来，中国共产党在带领全国各族人民进行社会主义现代化建设的实践中不断深化对人与自然关系的认识，探索并提出了一系列关于统筹人与自然关系的生态文明理论和观点，逐渐形成了对生态文明建设的科学认知和系统认识，丰富完善了马克思主义生态观的思想内涵，坚定不移地走绿色发展之路。

一、中国共产党对生态环境保护的早期探索

新中国成立后，面对经济、社会和环境的多重压力，生态治理和环境保护也成了中国共产党治国理政的一项迫切任务，以毛泽东同志为核心的党的第一代中央领导集体有针对性地提出了一些保护生态环境的主张。

1949 年 9 月 29 日，中国人民政治协商会议第一届全体会议通过了起临时宪法作用的《中国人民政治协商会议共同纲领》。其中第三十四条规定："保护森林，并有计划地发展林业。" 1955 年，毛泽东发出"绿化祖国"的号召，要求在一切宅旁、村旁、路旁、水旁以及荒地荒山上，即在一切可能的地方，均要实行绿化。1956 年，一届全国人大三次会议上，与会代表建议设立自然保护区。同年 10 月，全国第七次林业会议批准广东省肇庆市鼎湖山为我国第一个自然保护区，开创了我国自然保护区建设新纪元。

1958 年 8 月，毛泽东在中共中央政治局扩大会议上提出，要使我们祖国的河山全都绿起来，要达到园林化，到处都很美丽，自然面貌要改变过来。同年 11 月，毛泽东在一次会议上讲道："要发展林业，林业是个很了不

---

① 参见习近平：《坚定文化自信，建设社会主义文化强国》，《求是》2019 年第 12 期。

起的事业。""一切能够植树造林的地方都要努力植树造林，逐步绿化我们的国家，美化我国人民劳动、工作、学习和生活的环境。"他还指出，植树造林不是一蹴而就的事情，"一两年怎么能绿化了？用二百年绿化了，就是马克思主义。先做十年、十五年规划，'愚公移山'，这一代人死了，下一代人再搞。"① 1958 年中共中央、国务院发出了《关于在全国大规模造林的指示》，1961 年中共中央制定了《关于确定林权、保护山林和发展林业的若干政策规定（试行草案）》，1963 年 5 月国务院发布《森林保护条例》。

针对千百年来的水患问题，党和政府高度重视，积极开展科学治理。1950 年 10 月 14 日，政务院作出《关于治理淮河的决定》。1951 年，毛泽东题词"一定要把淮河修好"。1952 年 4 月，治理开发长江的第一个大型工程——荆江分洪工程全面开工，该工程成功抵御了 1954 年的长江特大洪水。1955 年 7 月，一届全国人大二次会议批准了国务院提出的关于根治黄河水害和开发黄河水利的综合规划。1963 年 11 月，毛泽东号召"一定要根治海河"。至此，四大河流得以安澜。

1952 年，毛泽东提出"动员起来，讲究卫生，减少疾病，提高健康水平，粉碎敌人的细菌战争"的口号，全国掀起了轰轰烈烈的"爱国卫生运动"。在工业污染防治上，为了应对城市工业项目的"三废"（废水、废气、废渣）等问题，卫生部于 1953 年成立卫生监督室，开展预防性卫生监督工作。1956 年，政府确立了"综合利用工业废物"的方针，成为此后十余年间治理工业污染所遵循的基本方针。

然而由于当时对经济建设和生态环境保护之间的关系认识不足，在"向自然开战"的号召及"人定胜天"等思想的影响下，全国各地出现了"大跃进""全民炼钢"等运动，违背了客观的自然和经济规律，造成了极大的资源浪费、环境污染和生态破坏，给社会主义现代化建设带来了严重的影响。

在经历挫折困难后，中国共产党及时总结经验、拨乱反正，把加强环境保护提上了议事日程。1972 年 6 月，周恩来总理派团出席首届联合国人类环境会议，他要求代表团要了解世界环境状况和各国环境问题对经济、社会

---

① 《毛泽东论林业（新编本）》，中央文献出版社 2003 年版，第 74 页。

发展的重大影响，并作为镜鉴来认识中国的环境问题。在他的推动下，1973年8月，我国召开了第一次全国环境保护会议，会议作出了"环境问题现在就抓、为时不晚"的重要论断，提出了"全面规划、合理布局、综合利用、化害为利、依靠群众、大家动手、保护环境、造福人民"的环境保护工作方针，审议并通过了新中国第一个环境保护文件《关于保护和改善环境的若干规定》。1974年10月25日，国务院环境保护领导小组正式成立。

以毛泽东同志为核心的党的第一代中央领导集体对新中国的生态环境保护与建设进行了初步的探索，既有经验，也有教训，在此过程中，中国共产党逐渐意识到生态环境保护的重要性，并逐步调整到正确的轨道上来，全面开启了新中国生态文明建设事业的伟大征程。

二、改革开放以来对生态文明认识的不断深化

改革开放初期，一方面，由于经历了"大跃进"和"文化大革命"等浩劫，我国许多地方的生态环境破坏严重，水土流失、沙漠化等环境问题日益突出；另一方面，随着社会主义现代化建设的深入开展，在经济社会建设取得辉煌成就的同时，新的环境污染问题也日益凸显。以邓小平同志为核心的党的第二代中央领导集体通过深刻总结新中国成立以来生态环境建设的历史经验与教训，认真思考经济社会发展和生态环境保护协调发展的新思路，并立足于改革开放和社会主义现代化建设的大局，将控制人口、节约资源和保护环境作为我国社会主义现代化建设的重要内容，初步形成了中国共产党关于生态文明建设的基本框架，取得了社会主义生态文明建设的重大进展。

1978年，在修订《中华人民共和国宪法》时，全国人民代表大会正式将"国家保护环境和自然资源，防止污染和公害"写入宪法之中，为我国的生态环境保护工作奠定了根本法制基础和最高法律支持。同年12月，邓小平在中央工作会议上指出："应该集中力量制定刑法、民法、诉讼法和其他各种必要的法律，例如工厂法、人民公社法、森林法、草原法、环境保护法……做到有法可依，有法必依，执法必严，违法必究。"[①] 1979年2月和9月，五届全国人大常委会先后原则通过了《中华人民共和国森林法（试

---

① 《邓小平文选》第二卷，人民出版社1994年版，第146—147页。

行）》和《中华人民共和国环境保护法（试行）》，意味着我国的生态环境保护工作上升到了有法可依的阶段。

1981年，在国务院制定的《关于在国民经济调整时期加强环境保护工作的决定》中，明确要求必须"合理地开发和利用资源"，"保护环境是全国人民根本利益所在"。1983年12月，国务院召开第二次全国环境保护会议，正式将环境保护确定为我国的一项基本国策。1984年5月，国务院正式印发《关于环境保护工作的决定》，对环境保护、污染防治等一系列重大问题作出了明确的规定，环境保护开始纳入国民经济和社会发展计划。1988年，国家环境保护局正式成立，这标志着我国的生态环境保护工作从此迈上了新台阶。

以邓小平同志为核心的党的第二代中央领导集体对生态环境保护工作给予了高度的重视，提出了人与自然协调发展的重要思想，使"环境保护"的概念逐渐深入人心，并推动了我国生态环境保护事业从小到大、不断发展，这些都充分体现了中国共产党对生态文明建设理论和实践探索的不断深化。

党的十三届四中全会之后，在全球性环境问题日益突出并成为世界各国发展共同问题的时代背景下，以江泽民同志为核心的党的第三代中央领导集体立足改革开放以来推进环境保护基本国策和方针政策的实际，进一步深化对我国生态环境问题紧迫性和重要性的认识，把生态环境保护提升到关系社会主义现代化建设全局和人类社会永续发展的战略高度，制定并实施了我国的可持续发展战略，形成了一系列关于生态环境保护的重要战略思想，丰富和发展了中国特色社会主义生态文明建设的理论和实践。

1990年6月，江泽民指出："这个问题（指环境问题）十分重要，关系到人类千秋万代的生存与发展。"① 当年12月，国务院印发《关于进一步加强环境保护工作的决定》指出，保护和改善生产环境与生态环境、防治污染和其他公害，是我国的一项基本国策。

1992年6月，联合国环境与发展大会在巴西里约热内卢召开，大会通

---

① 国家环境保护总局、中共中央文献研究室编：《新时期环境保护重要文献选编》，中央文献出版社、中国环境科学出版社2001年版，第148页。

过了《里约热内卢宣言》和《21世纪议程》两个被称为实现可持续发展的行动纲领。为落实大会精神，1992年8月，我国政府正式提出"中国环境与发展十大对策"，并将实行可持续发展战略作为十大对策之首，成为我国长期坚持的一个重要战略。1994年3月，我国正式发布了《中国21世纪议程——中国21世纪人口、环境与发展白皮书》，成为世界上第一个实质性落实联合国环境与发展大会精神、制定国家级21世纪议程的国家。

1996年7月，江泽民在第四次全国环境保护会议上进一步指出："经济发展，必须与人口、资源、环境统筹考虑，不仅要安排好当前的发展，还要为子孙后代着想，为未来的发展创造更好的条件，决不能走浪费资源和先污染后治理的路子，更不能吃祖宗饭、断子孙路。"[①]在这次会议上，江泽民还提出了"保护环境的实质就是保护生产力"的重要论断，进一步深化了对可持续发展战略的认识。

2002年11月，党的十六大正式将"可持续发展能力不断增强，生态环境得到改善，资源利用效率显著提高，促进人与自然的和谐，推动整个社会走上生产发展、生活富裕、生态良好的文明发展道路"[②]写入报告，并作为全面建设小康社会的四大目标之一加以贯彻实施。

党的十六大之后，面对全面建设小康社会的新形势和新任务，以胡锦涛同志为总书记的党中央深刻把握世情国情，在传承可持续发展战略的基础上，与时俱进地提出了科学发展观这一重大战略思想，并首次提出了"生态文明"的科学概念，主张全面、协调、可持续的发展理念，对统筹促进人与自然和谐发展进行全面布局，推动了中国特色社会主义生态文明建设的创新发展。

2003年10月，胡锦涛在党的十六届三中全会上提出，要坚持以人为本，树立全面、协调、可持续的发展观，促进经济社会和人的全面发展。在党的十六届三中全会的第二次全体会议上，胡锦涛进一步强调："树立和落实科学发展观，这是二十多年改革开放实践的经验总结……也是推进全面建设小康社会的迫切要求。""各级党委和政府一定要坚持科学发展观，不断

---

① 《改革开放三十年重要文献选编》（上），人民出版社2008年版，第855页。
② 《十六大以来重要文献选编》（上），中央文献出版社2005年版，第15页。

探索促进全面发展、协调发展和可持续发展的新思路新途径，进一步提高发展质量，实现更快更好的发展。"① 由此，中国共产党在历史上第一次提出了科学发展观，为全面建设小康社会提供了有力的思想指导武器。

2004 年 3 月，胡锦涛在中央人口资源环境工作座谈会上发表重要讲话，深刻阐述了科学发展观对做好人口、资源、环境工作的重要指导意义。他强调，要统筹人与自然和谐发展，"不能以牺牲环境为代价去换取一时的经济增长，不能以眼前发展损害长远利益，不能用局部发展损害全局利益"②。

面对日益严峻的资源与环境形势，在以胡锦涛同志为总书记的党中央的高度重视下，中国共产党结合国情，按照落实科学发展观的要求，进一步作出了建设资源节约型、环境友好型社会的重大决策。2005 年 10 月，党的十六届五中全会通过的《中共中央关于制定国民经济和社会发展第十一个五年规划的建议》，将"建设资源节约型、环境友好型社会"纳入"十一五"规划纲要，实现了生态文明建设的重大跨越。

随着贯彻落实科学发展观的不断推进，中国共产党在深入探索人口资源环境、可持续发展和两型社会建设等问题的过程中，对生态文明建设的认识逐渐明晰。2007 年 10 月，党的十七大报告正式提出了"建设生态文明，基本形成节约能源资源和保护生态环境的产业结构、增长方式、消费模式"的战略部署，强调要坚持生产发展、生活富裕、生态良好的文明发展道路，建设资源节约型、环境友好型社会，实现速度和结构质量相统一，经济发展与人口资源环境相协调，使人民在良好生态环境中生产生活，实现经济社会永续发展。自此，"生态文明"的科学理念正式被提出，这是中国特色社会主义理论体系的又一次重大创新，也是中国共产党执政兴国理念的又一次创新发展。

2012 年 11 月，党的十八大报告首次独立成篇地对生态文明建设进行系统论述，将生态文明建设提升到前所未有的高度，将其正式纳入中国特色社会主义建设总体布局，使中国特色社会主义建设总体布局由"四位一体"拓展为"五位一体"，使生态文明建设的重要性得到前所未有的提升，并在

① 《十六大以来重要文献选编》（上），中央文献出版社 2005 年版，第 483、484 页。
② 《胡锦涛文选》第二卷，人民出版社 2016 年版，第 171 页。

新的历史条件下焕发出蓬勃的生机。

三、以习近平生态文明思想指导美丽中国建设

党的十八大以来，以习近平同志为核心的党中央高度重视生态文明建设，把生态文明建设作为中华民族永续发展的根本大计，摆在全局工作的突出地位，坚持节约资源和保护环境的基本国策，坚持节约优先、保护优先、自然恢复为主的方针，坚持绿色富国、绿色惠民的原则，为人民提供更多优质生态产品，推动形成绿色发展方式和生活方式，协同推进人民富裕、国家富强、中国美丽。党的十九大将生态文明作为新时代中国特色社会主义思想和基本方略的重要组成部分，提出了实现现代化两个阶段的生态环境保护目标，部署了推进绿色发展、治理突出环境问题、加大生态系统保护和改革生态环境监管体制四大任务，彰显了中国共产党作为最大的发展中国家执政党的绿色执政新理念新思想新战略，特别是展示了中国共产党在世界可持续发展进程中的引领性贡献。

2018 年 5 月 18—19 日召开了全国生态环境保护大会，习近平出席会议并发表重要讲话。这是自 1973 年第一次全国环境保护会议以来，规格最高的一次会议；也是 2018 年党和国家机构改革启动之后有关生态文明建设的最为重要的会议。这次会议标志着习近平生态文明思想的正式确立，也吹响了用习近平生态文明思想全面指引美丽中国建设的前进号角。"生态兴则文明兴，生态衰则文明衰。生态环境是人类生存和发展的根基，生态环境变化直接影响文明兴衰演替。"①

习近平生态文明思想是党的十八大以来，以习近平同志为核心的党中央把生态文明建设作为统筹推进"五位一体"总体布局和协调推进"四个全面"战略布局的重要内容，形成的一系列新理念新思想新战略的理论总结和经验结晶，是新时代的社会主义生态文明观，是当前生态环境保护工作爬坡过坎、攻坚克难的行动指南，也是推动形成人与自然和谐发展现代化建设新格局、奋力开创社会主义生态文明新时代的根本遵循。

习近平生态文明思想是一个系统完整而又与时俱进的科学理论体系，是

---

① 习近平：《推动我国生态文明建设迈上新台阶》，《求是》2019 年第 3 期。

坚持问题导向和注重实践检验的活的思想。这一思想体系包括以下十个方面的内容。

一是坚持生态兴则文明兴、生态衰则文明衰的生态历史观。生态文明建设是关系中华民族永续发展的根本大计。必须充分认识生态文明建设的重要性、紧迫性、艰巨性，不仅把生态文明建设放在突出地位，而且要融入经济建设、政治建设、文化建设、社会建设各方面和全过程；同时坚持节约资源和保护环境的基本国策，坚定走生产发展、生活富裕、生态良好的文明发展道路，为子孙后代留下天蓝、地绿、水净的美好家园。

二是坚持人与自然是生命共同体，人与自然和谐共生是现代化本质属性的生态自然观。自然是生命之母，人因自然而生，人与自然是一种共生关系，自然界是人类社会产生、存在和发展的基础和前提，人类必须敬畏自然、尊重自然、顺应自然、保护自然。人类发展活动若违背了自然规律，就会遭到大自然的报复。我们要像保护眼睛一样保护生态环境，像对待生命一样对待生态环境。必须坚持节约优先、保护优先、自然恢复为主的方针，推动形成人与自然和谐发展现代化建设新格局，让自然生态美景永驻人间，还自然以宁静、和谐、美丽。

三是坚持良好生态环境是最公平的公共产品，是最普惠的民生福祉的生态民生观。生态环境是关系党的使命宗旨的重大政治问题，也是关系民生的重大社会问题。环境就是民生，青山就是美丽，蓝天也是幸福。必须坚持以人民为中心的发展思想，坚持生态惠民、生态利民、生态为民，积极回应广大人民群众对提高生态环境质量的热切期盼，坚决打好污染防治攻坚战，提供更多优质生态产品，提升人民群众的获得感、幸福感和安全感，让人民群众在绿水青山中共享自然之美、生命之美、生活之美。

四是坚持绿水青山就是金山银山，实现经济社会发展和生态环境保护协同共进的绿色发展观。这是发展观的一场深刻革命。绿水青山既是自然财富、生态财富，又是社会财富、经济财富。保护生态环境就是保护生产力，改善生态环境就是发展生产力。要加快转变经济发展方式，改变过多依赖增加物质资源消耗、过多依赖规模粗放扩张、过多依赖高能耗高排放产业的传统发展模式；同时要树立和贯彻新发展理念，处理好发展与保护的关系，加快形成节约资源和保护环境的空间格局、产业结构、生产方式、生活方式，让良好生态环境成为人民生活的增长点、成为经济社会持续健康发展的支撑点、成为展现我国良好形象的发力点。

五是坚持倡导简约适度、绿色低碳的生活方式，反对奢侈浪费和不合理消费的绿色消费观。在全社会开展创建节约型机关、绿色家庭、绿色学校、绿色社区和绿色出行等行动。要加快建立健全以生态价值观念为准则的生态文化体系，加强生态文明宣传教育，强化公民环境意识，推动形成节约适度、绿色低碳、文明健康的生活方式和消费模式，形成全社会共同参与的良好风尚。

六是坚持山水林田湖草系统治理、政府企业公众协同共治的绿色治理观。从治理的对象来看，生态是统一的自然系统，山水林田湖草是一个生命共同体。要按照生态的内在规律，统筹兼顾、整体施策、多措并举，全方位、全地域、全过程开展生态文明建设。在治理主体方面，要坚持政府、企业和社会公众携手合作、共建共治。要充分运用市场化手段，完善资源环境价格机制，建立以产业生态化和生态产业化为主体的生态经济体系。

七是坚持用最严格的制度、最严密的法治保障生态文明的生态制度观。推动绿色发展，建设生态文明，重在建章立制，必须按照源头严防、过程严管、后果严惩的思路，构建产权清晰、多元参与、激励约束并重、系统完整的生态文明制度体系，建立有效约束开发行为和促进绿色发展、循环发展、低碳发展的生态文明法律体系。要加快制度创新，强化制度执行，让制度成为刚性的约束和不可触碰的高压线。

八是坚持"三生共赢"、权责一致的生态政绩观。生态环境保护能否落到实处，关键在各级领导干部。各级领导干部要把实现生产发展、生活富裕、生态良好"三生共赢"作为努力的方向。要建立以改善生态环境质量为核心的目标责任体系，实行自然资源资产离任审计，对那些损害生态环境的领导干部，要真追责、敢追责、严追责，做到终身追责。要建立科学合理的考核评价体系，考核结果作为各级领导班子和领导干部奖惩和提拔使用的重要依据。

九是坚持全民参与、持之以恒的生态行动观。生态文明建设同每个人息息相关，每个人都是践行者、推动者。优美生态环境需要全社会共同建设、共同保护、共同治理、共同享有。同时也要看到，生态文明建设任重而道远，要发扬前人栽树、后人乘凉精神，持之以恒，驰而不息，一年接着一年干，一代接着一代干，绵绵用力，久久为功，实现在 21 世纪中叶建成富强民主文明和谐美丽的社会主义现代化强国的宏伟目标。

十是坚持建设清洁美丽世界的生态全球观。人类是一个命运共同体，建设绿色家园是人类的共同梦想。人类也只有一个地球，保护生态环境、推动可持续发展是各国的共同责任。中国为全球生态安全作出巨大贡献，积极引导应对气候变化等领域的国际合作，成为全球生态文明建设的重要参与者、贡献者和引领者。建设全球生态文明，需要各国齐心协力，共筑生态文明之基，同走绿色、低碳、可持续发展之路，全面落实 2030 年可持续发展议程，为建设美丽世界、构建人类命运共同体作出积极贡献。

第七节　国防和军队现代化建设的强军之路

实现中国梦首先需要实现强军梦。孙子曰："兵者，国之大事也。死生之地，存亡之道，不可不察也。"建设巩固国防和强大军队，是中国共产党几代领导人和全党、全军、全国人民的共同愿望，是中国现代化建设的战略任务，是国家和平发展和中华民族伟大复兴的安全保障。在近百年的革命、建设进程中，中国共产党创建并领导着一支忠诚于党、忠诚于人民、忠诚于社会主义祖国的武装力量，形成了毛泽东军事思想、邓小平新时期军队建设思想、江泽民国防和军队建设思想、胡锦涛国防和军队建设思想和习近平强军思想。党的十八大以来，以习近平同志为核心的党中央在习近平强军思想指导下，深化国防和军队改革，使人民军队在中国特色强军之路上不断前进。

一、人民军队的性质、宗旨和任务

我国的人民军队是在马克思主义理论指导下，由中国共产党创建和领导的人民武装力量。人民军队是建立和维护国家主权的重要基石。在革命战争时期，人民军队在党的领导下，经历了长期的艰难曲折的武装斗争，推翻了帝国主义、封建主义和官僚资本主义的统治，建立了中华人民共和国，使广大人民群众翻身做了主人。在社会主义建设时期，中国人民和中国人民解放军战胜了帝国主义、霸权主义的侵略、破坏和武装挑衅，维护了国家的独立和安全，增强了国防。

我国的武装力量由中国人民解放军（现役部队和预备役部队）、中国人民武装警察部队、民兵组成。这种"三结合"的武装力量体制是在中国共产党的领导下，在长期的革命和建设实践中逐步形成和发展起来的。中国人民解放军现役部队是国家的常备军，由陆军、海军、空军、火箭军、战略支援部队组成，主要担负防卫作战任务，必要时可以依照法律规定协助维护社会秩序。人民解放军预备役部队组建于 1983 年，是平时以退役军人、民兵为基础，现役军人为骨干组建起来的战时能够迅速转化为现役部队的武装力量。中国人民武装警察部队组建于 1982 年，担负着维护国家安全和社会稳定、保卫国家重要目标、保卫人民生命财产安全的任务，战时协助人民解放军进行防卫作战。自 2018 年 1 月 1 日零时起，中国人民武装警察部队由党中央、中央军委集中统一领导，实行中央军委—武警部队—部队领导指挥体制。民兵是人民解放军的后备力量，在军事机关的指挥下担负战备勤务、防卫作战任务，协助维护社会秩序。

中国人民解放军从南昌起义诞生之日起就宣告为中国工农大众而战。1929 年 6 月，中国工农红军第四军司令部、政治部颁发布告，宣告红军以帮助工人、农民及一切被压迫阶级得到解放为宗旨。同年 12 月，古田会议决议更加明确地规定了红军的宗旨和任务，指明中国红军是一个执行革命的政治任务的武装集团，除了打仗之外，还要担负宣传、组织、武装群众，帮助群众建立革命政权，以及建立共产党的组织等项重大的任务。1945 年 4 月，毛泽东在中国共产党第七次全国代表大会上所作的《论联合政府》的报告中，把中国人民解放军的宗旨概括为"紧紧地和中国人民站在一起，全心全意地为中国人民服务"。

坚持中国共产党对人民解放军和其他人民武装力量的绝对领导，是我国军事制度的鲜明特色和根本原则。人民军队是中国共产党一手缔造和领导的。1927 年八一南昌起义时，党在起义军中成立了前敌委员会，并从军、师、团直到有的连队建立了党的组织。在同年 9 月的"三湾改编"时，毛泽东创造性地提出了"支部建在连上"的原则，建立了班、排设党小组，连队设党支部，营、团设党委的制度。1929 年 12 月，毛泽东主持起草的古田会议决议，系统阐明了党对军队绝对领导的原则及其重要意义，并从政治上、思想上、组织上确立了实现这一原则的制度和措施。在 1938 年 11 月 6 日召开的党的六届六中全会上，毛泽东再次强调指出：决不允许枪指挥党，而只能党指挥枪。

新中国成立后，根据《中国人民政治协商会议共同纲领》和《中华人民共和国中央人民政府组织法》的规定，设立中央人民政府人民革命军事委员会，作为国家最高军事领导机关，统一管辖并指挥中国人民解放军及其他武装力量。毛泽东作为中国共产党中央委员会主席、中华人民共和国中央人民政府主席、人民革命军事委员会主席，是武装力量的最高统帅。

1954 年 9 月 20 日通过的中华人民共和国第一部宪法规定，中华人民共和国主席统率全国武装力量，担任国防委员会主席，不再设立中央人民政府人民革命军事委员会。一届人大一次会议决定，设立国防委员会和国防部。9 月 28 日中共中央政治局决定在中央政治局和书记处之下成立党的军事委员会，担负整个军事工作的领导。毛泽东担任中共中央主席、国家主席、中共中央军委主席、国防委员会主席，是武装力量的最高统帅。

1958 年 7 月，中共中央军委扩大会议通过的《关于改变组织体制的决议》规定，中央军委是中共中央的军事工作部门，是统一领导全军的统率机关，军委主席是全军统帅。国防部是军委对外的名义。在 1959 年 4 月和 1965 年 1 月召开的第二、第三届全国人民代表大会上，刘少奇当选为国家主席和国防委员会主席。毛泽东不再担任上述两个职务，但仍担任中共中央主席和中共中央军委主席，统率着全国武装力量。

1975 年和 1978 年通过的《中华人民共和国宪法》规定，中华人民共和国武装力量由中国共产党中央委员会主席统率。国家未再设国防委员会。

1982 年 9 月，第五届全国人民代表大会第五次会议通过的第四部宪法规定，设立中华人民共和国中央军事委员会，领导全国的武装力量。中央军事委员会实行主席负责制，主席由全国人民代表大会选举或罢免，对全国人民代表大会和全国人民代表大会常务委员会负责。与此同时，中共中央军事委员会继续存在，其职能和人员组成均与国家中央军委完全相同。这表明中央军委同时有两个名义：一个是中共中央军委，一个是国家的中央军委，从而确立了党和国家高度集中统一地行使领导职权的国防领导体制。

建军90多年来，人民军队之所以能始终保持强大的凝聚力、向心力、战斗力，经受住各种考验，不断从胜利走向胜利，最根本的就是靠党的坚强领导。这是人民解放军的军魂和命根子，永远不能变，永远不能丢。2012年11月，习近平在中央军委扩大会议上强调，保证党对军队的绝对领导，关系我军性质和宗旨、关系社会主义前途命运、关系党和国家长治久安。任何时候任何情况下，都必须铸牢听党指挥这个强军之魂，坚持党对军队绝对领导的根本原则和人民军队的根本宗旨不动摇。

中国武装力量的根本任务，是巩固国防、抵抗侵略、保卫祖国。保卫人民的和平劳动，参加国家建设事业，全心全意为人民服务，是宪法和法律赋予中国武装力量的重要任务。中国武装力量也始终是维护世界和平和地区稳定的坚定力量，在国际政治和安全领域发挥积极作用。[①]

中国军队有效履行新的历史时期军队使命，坚决维护中国共产党的领导和中国特色社会主义制度，坚决维护国家主权、安全、发展利益，坚决维护国家发展的重要战略机遇期，坚决维护地区与世界和平，为全面建成小康社会、实现中华民族伟大复兴提供坚强保障。

中国军队主要担负以下战略任务：应对各种突发事件和军事威胁，有效维护国家领土、领空、领海主权和安全；坚决捍卫祖国统一；维护新型领域安全和利益；维护海外利益安全；保持战略威慑，组织核反击行动；参加地区和国际安全合作，维护地区和世界和平；加强反渗透、反分裂、反恐怖斗争，维护国家政治安全和社会稳定；担负抢险救灾、维护权益、安保警戒和支援国家经济社会建设等任务。

二、国防现代化的发展历程

"落后就要挨打！"近代中国的深刻教训不仅在于经济的落后，还在于国防的疲弱。因此，建设强大的现代化国防，不再受帝国主义的欺压，是近代以来国人的夙愿。

1949年9月21日，毛泽东在第一届全国政协会议上发出了建设强大国

---

① 参见中华人民共和国国务院新闻办公室：《中国武装力量的多样化运用》，人民出版社2013年版。

防的号召："我们的国防将获得巩固，不允许任何帝国主义者再来侵略我们的国土。……我们将不但有一个强大的陆军，而且有一个强大的空军和一个强大的海军。"① 1950 年 9 月 25 日，毛泽东再次强调："中国必须建立强大的国防军，必须建立强大的经济力量，这是两件大事。"②

毛泽东在 1954 年第一届国防委员会第一次会议上说，中国国防现代化曾经过了新军、黄埔军两代，但都失败了，原因是它们脱离了人民，失去了人民支持；国防现代化的历史责任落在了解放军的肩上，相信解放军必能承担起这个责任，原因就在于它是人民的军队，以人民的方向为方向，可以获得人民的支持，因此，中国的国防现代化也就一定能够在解放军这一代得到实现。而解放军保持人民军队性质不变，核心根基就是党的领导。

周恩来总理 1954 年在第一届全国人民代表大会的政府工作报告中，第一次提出了建设现代化国防的号召。1964 年的第三届全国人大第一次会议，进一步明确提出了实现包括国防现代化在内的四个现代化奋斗目标。

1964 年 10 月 16 日，我国成功地爆炸了第一颗原子弹；1967 年 6 月 17 日，成功地爆炸了第一颗氢弹。从原子弹到氢弹，美国用了 7 年时间，苏联用了 4 年时间，而我国只用了 2 年零 8 个月。1970 年 4 月 24 日，我国又成功地发射了第一颗人造地球卫星。"两弹一星"已成为我国尖端技术成就的象征，它反映了我们国家、民族的能力，也是我国兴旺发达的重要标志。

经过不断的努力，到改革开放初期，中国的国防现代化建设取得了巨大的成就，建立了比较完整的国防科研与国防工业体系；中国人民解放军已由过去单一的陆军发展成为包括陆军、海军、空军和战略导弹部队的诸军种、兵种合成军队；武器装备也得到了较大的改善和发展，掌握了导弹核技术和空间技术，进一步增强了遏制战争的能力，提高了中国的国际地位。但由于受"文化大革命"等因素的影响，军队中也存在"肿、散、骄、奢、惰"等问题，更主要的是打赢现代战争能力不够、军官指挥现代战争能力不够。

---

① 《毛泽东文集》第五卷，人民出版社 1996 年版，第 345 页。
② 《毛泽东文集》第六卷，人民出版社 1999 年版，第 95—96 页。

1981 年 9 月，邓小平在华北某地检阅军事演习部队时明确指出，必须把我军建设成为一支强大的现代化、正规化的革命军队。革命化反映的是我军的无产阶级性质的政治性，现代化是新时期我军建设的中心，正规化反映军队组织、管理和军制水平与状态，三者互相联系，互相促进，缺一不可，是构成我军新时期军队建设的鲜明特色。现代化、正规化、革命化建设是进一步提高在现代战争条件下的自卫能力，使我们的军队成为保卫社会主义祖国的钢铁长城的需要。根据邓小平确立的新时期军队建设的目标和任务，我国走出了一条现代化的精兵之路。同时调整军队结构，裁减机关，分流干部，优化重大比例关系；适应现代战争要求，发展海、空力量，组建集团军。强调把教育训练提高到战略地位，实施训练改革，加强军兵种协同演练，推动军队院校教育改革。改革军事人才管理，提升后勤和装备保障水平，提高了军队建设的质量和效益。

1997 年，党中央和中央军委为实现以信息化为核心的军队现代化建设目标，提出了"三步走"的战略构想。第一步，从 1997 年到 2010 年，用十几年时间，努力实现新时期军事战略方针提出的各项要求，为国防和军队现代化打下坚实基础；第二步，21 世纪的第二个 10 年，随着国家经济实力的增长和军费的增加，加快军队质量建设的步伐，适当加大发展高技术武器装备的力度，完善武器装备体系，全面提高部队素质，进一步优化体制编制，使国防和军队现代化建设有一个较大发展；第三步，再经过 10 年的努力，到 21 世纪中叶，基本实现国防和军队的现代化。

进入新世纪以来，为适应世界军事发展新趋势，人民解放军把推进中国特色军事变革作为军队现代化发展的必由之路，实施科技强军战略，逐步实现由数量规模型向质量效能型、由人力密集型向科技密集型转变，走以机械化为基础、以信息化为主导的跨越式发展道路，重点加强信息化、联合化和职业化建设。2007 年 8 月 1 日，胡锦涛在庆祝中国人民解放军建军 80 周年暨全军英模代表大会上的讲话中指出，新世纪新阶段，国防和军队现代化建设的发展，必须是融入国家现代化战略全局、与国家安全和发展利益相适应的发展，是注重全面建设、革命化现代化正规化相统一的发展，是坚持以人为本、推动军队建设与促进官兵全面发展相一致的发展，是走中国特色精兵之路、速度质量效益相协调的发展，一句话，必须努力实现国防和军队现代化建设又好又快发展。2011 年 4 月，中央军委印发《2020 年前军队人才发展规划纲要》，以积极稳妥推进中国特色军官职业化为牵引，从分类管理、职业发展、培养开发、考评选拔、调控配置、待遇激励等方面，对未来 10 年军事人才政策制度改革创新作了框架设计。

三、新时代的强军目标

2012 年 11 月 15 日，习近平在党的十八届一中全会上当选为中共中央军事委员会主席。在当天主持召开的新一届军委班子第一次常务会议上，他强调指出要始终以改革创新精神开拓前进，努力夺取军事竞争主动权。由此，新一轮国防和军队改革拉开了序幕。

2012 年 11 月 29 日，习近平在参观《复兴之路》展览时，提出了实现中华民族伟大复兴就是中华民族近代以来最伟大的梦想。10 天之后，他在会见驻穗部队师以上领导干部时特别指出，这个梦想是强国梦，对军队来说，也是强军梦。我们要实现中华民族伟大复兴，必须坚持富国和强军相统一，努力建设巩固国防和强大军队。2013 年 3 月，在十二届全国人大一次会议解放军代表团全体会议上，习近平郑重宣告：建设一支听党指挥、能打胜仗、作风优良的人民军队，是党在新形势下的强军目标。

2013 年 11 月，党的十八届三中全会对全面深化改革作出整体部署。习近平提出，将国防和军队改革纳入国家全面深化改革的总体布局。这是国防和军队改革作为单独一部分写入中央全会决定。全会提出，紧紧围绕建设一支听党指挥、能打胜仗、作风优良的人民军队这一党在新形势下的强军目标，着力解决制约国防和军队建设发展的突出矛盾和问题，创新发展军事理论，加强军事战略指导，完善新时期军事战略方针，构建中国特色现代军事力量体系。要深化军队体制编制调整改革，推进军队政策制度调整改革，推动军民融合深度发展。

2014 年 3 月 15 日，中央军委深化国防和军队改革领导小组成立，习近平任组长，主持召开第一次全体会议并发表重要讲话。他强调，深化国防和军队改革，要把思想和行动统一到党中央和中央军委的决策部署上来，坚持用强军目标审视改革、以强军目标引领改革、围绕强军目标推进改革。

2015 年 7 月 22 日、29 日，习近平分别主持召开中央军委常务会议和中央政治局常委会议，审议和审定《深化国防和军队改革总体方案》。2015 年 10 月 16 日，习近平再次主持中央军委常务会议，审议通过《领导指挥体制改革实施方案》。2015 年 11 月 24—26 日，中央军委改革工作会议在北京召开，习近平发出深化国防和军队改革的动员令——全面实施改革强军战略，坚定不移走中国特色强军之路。军改正式进入实施阶段。

2015 年 12 月 31 日，中国人民解放军陆军领导机构、中国人民解放军火箭军、中国人民解放军战略支援部队成立大会在八一大楼举行。中共中央总书记、国家主席、中央军委主席习近平向陆军、火箭军、战略支援部队授予军旗并致训词。

2016 年 1 月，中央军委总部机关调整为多部门制，原有的总参谋部、总政治部、总后勤部、总装备部 4 个总部，改为军委办公厅、军委联合参谋部、军委政治工作部、军委后勤保障部、军委装备发展部、军委训练管理部、军委国防动员部、军委纪律检查委员会、军委政法委员会、军委科学技术委员会、军委战略规划办公室、军委改革和编制办公室、军委国际军事合作办公室、军委审计署、军委机关事务管理总局 15 个职能部门。

2016 年 2 月 1 日，中国人民解放军战区成立大会在八一大楼举行。习近平向东部战区、南部战区、西部战区、北部战区、中部战区授予军旗并发布训令，强调建立五大战区，组建战区联合作战指挥机构，是党中央和中央军委着眼实现中国梦强军梦作出的战略决策，是全面实施改革强军战略的标志性举措，是构建我军联合作战体系的历史性进展。这标志着人民解放军新的领导管理体系构建完成。国防和军队改革取得历史性突破，形成军委管总、战区主战、军种主建新格局，人民军队组织架构和力量体系实现革命性重塑。

2016 年 7 月 1 日，习近平在庆祝中国共产党成立 95 周年大会上的讲话中指出，建设同我国国际地位相称、同国家安全和发展利益相适应的巩固国防和强大军队，是我国社会主义现代化建设的战略任务。我们要统筹经济建设和国防建设，全面加强军队革命化、现代化、正规化建设。要坚持党对军队的绝对领导，牢牢把握党在新形势下的强军目标，全面实施政治建军、改革强军、依法治军，拓展和深化军事斗争准备，着力培养有灵魂、有本事、有血性、有品德的新一代革命军人，努力建设一支听党指挥、能打胜仗、作风优良的人民军队。①

2017 年 10 月，党的十九大鲜明提出习近平强军思想，并确立其在国防和军队建设中的指导地位。习近平强军思想，是习近平新时代中国特色社会主义思想的重要组成部分，是党的军事指导理论最新成果，开辟了马克思主义军事理论和当代中国军事理论的新境界，为实现党在新时代的强军目标提供了科学指南和行动纲领。

习近平强军思想可以概括为"十个明确"：一是明确强国必须强军，巩固国防和强大人民军队是新时代坚持和发展中国特色社会主义、实现中华民族伟大复兴的战略支撑；二是明确党在新时代的强军目标是建设一支听党指挥、能打胜仗、作风优良的人民军队，必须同国家现代化进程相一致，力争到 2035 年基本实现国防和军队现代化，到 21 世纪中叶把人民军队全面建成世界一流军队；三是明确党对军队绝对领导是人民军队建军之本、强军之魂，必须全面贯彻党领导军队的一系列根本原则和制度，确保部队绝对忠诚、绝对纯洁、绝对可靠；四是明确军队是要准备打仗的，必须聚焦能打仗、打胜仗，创新发展军事战略指导，构建中国特色现代作战体系，全面提高新时代备战打仗能力，有效塑造态势、管控危机、遏制战争、打赢战争；五是明确作风优良是我军鲜明特色和政治优势，必须加强作风建设、纪律建设，坚定不移正风肃纪、反腐惩恶，大力弘扬我党我军光荣传统和优良作风，永葆人民军队性质、宗旨、本色；六是明确推进强军事业必须坚持政治建军、改革强军、科技兴军、依法治军，更加注重聚焦实战、更加注重创新驱动、更加注重体系建设、更加注重集约高效、更加注重军民融合，全面提高革命化现代化正规化水平；七是明确改革是强军的必由之路，必须推进军队组织形态现代化，构建中国特色现代军事力量体系，完善中国特色社会主义军事制度；八是明确创新是引领发展的第一动力，必须坚持向科技创新要战斗力，统筹推进军事理论、技术、组织、管理、文化等各方面创新，建设创新型人民军队；九是明确现代化军队必须构建中国特色军事法治体系，推动治军方式根本性转变，提高国防和军队建设法治化水平；十是明确军民融合发展是兴国之举、强军之策，必须坚持发展和安全兼顾、富国和强军统

---

① 参见习近平：《在庆祝中国共产党成立 95 周年大会上的讲话》，《人民日报》2016 年 7 月 2 日。

一，形成全要素、多领域、高效益军民融合深度发展格局，构建一体化的国家战略体系和能力。①

党的十九大对新时代国防和军队建设作出了战略安排，到 2020 年基本实现机械化，信息化建设取得重大进展，战略能力有大的提升，力争到 2035 年基本实现国防和军队现代化，到 21 世纪中叶把人民军队全面建成世界一流军队。这个战略安排清晰勾画出实现党在新时代的强军目标的时间表、路线图，为新时代人民军队建设发展指明了方向。

国防和军队现代化建设是一个系统工程，必须坚持政治建军、改革强军、科技兴军、依法治军。政治建军是立军之本，必须坚持党对军队绝对领导，全面贯彻党领导人民军队的一系列根本原则和制度；改革是强军的必由之路，必须着力解决制约国防和军队建设的体制性障碍、结构性矛盾、政策性问题，加快构建中国特色现代军事力量体系，完善和发展中国特色社会主义军事制度；科技创新是核心驱动，必须提高科技创新对军队建设和战斗力的贡献率，建设创新型人民军队；依法治军是强军之基，必须强化全军法治信仰和法治思维，构建中国特色军事法治体系，实现治军方式根本性转变。

2019 年 7 月，我国发表《新时代的中国国防》白皮书，这是自 1998 年以来我国政府发表的第十部国防白皮书，也是党的十八大以来发表的首部综合型国防白皮书。白皮书全面介绍了新时代中国防御性国防政策，首次构建形成了中国国防政策体系，清晰地向世界表明了中国国防和军队建设的战略指向、基本遵循和世界意义。

白皮书指出，世界多极化、经济全球化、社会信息化、文化多样化深入发展，和平、发展、合作、共赢的时代潮流不可逆转，但国际安全面临的不稳定性不确定性更加突出，世界并不太平。在这种时代背景下，坚决捍卫国家主权、安全、发展利益，是新时代中国国防的根本目标；坚持永不称霸、永不扩张、永不谋求势力范围，是新时代中国国防的鲜明特征；贯彻落实新时代军事战略方针，是新时代中国国防的战略指导；坚持走中国特色强军之路，是新时代中国国防的发展路径；服务构建人类命运共同体，是新时代中

---

① 参见中共中央宣传部编：《习近平新时代中国特色社会主义思想三十讲》，学习出版社 2018 年版，第 265—270 页。

国国防的世界意义。白皮书说，进入新时代，中国军队依据国家安全和发展战略要求，坚决履行党和人民赋予的使命任务，为巩固中国共产党领导和社会主义制度提供战略支撑，为捍卫国家主权、统一、领土完整提供战略支撑，为维护国家海外利益提供战略支撑，为促进世界和平与发展提供战略支撑。

第　七　章

中国特色社会主义的成功经验

改革开放以来，中国特色社会主义之所以取得伟大的历史性成就，归根到底在于在中国共产党的领导下，中国特色社会主义的优势得到充分彰显，在经济、政治、文化、社会、生态文明建设以及党的制度建设等方面作出了科学的决策部署。特别是党的十八大以来，以习近平同志为核心的党中央带领全国人民为实现社会主义现代化强国目标而奋斗，形成习近平新时代中国特色社会主义思想，开辟了马克思主义新境界、中国特色社会主义新境界、治国理政新境界和管党治党新境界，取得全方位、开创性的历史成就，彰显了我国国家制度和国家治理体系的显著优势，党的十九届四中全会将这些显著优势概括为 13 个方面。这种优势既体现为对于资本主义的优势，证实了唯物史观所揭示的社会主义是代替资本主义的更先进的社会制度；同时也体现了中国特色社会主义对传统社会主义模式的超越，为广大发展中国家走向现代化提供了成功经验。

第一节　党的领导是中国特色社会主义
成功的最根本经验

中国共产党是中国工人阶级的先锋队，同时是中国人民和中华民族的先锋队，是中国特色社会主义事业的领导核心。习近平在党的十九大报告中指出："中国特色社会主义最本质的特征是中国共产党领导，中国特色社会主义制度的最大优势是中国共产党领导，党是最高政治领导力量"①。他在庆祝改革开放 40 周年大会上再次强调："改革开放 40 年的实践启示我们：中国共产党领导是中国特色社会主义最本质的特征，是中国特色社会主义制度的最大优势。"② 习近平在党的十九届四中全会上进一步指出，我国国家制度和国家治理体系具有"坚持党的集中统一领导"的显著优势。中国共产党领导是全方位的领导，渗透到中国特色社会主义的经济发展、政治领导、文化建设、理论指导和国家治理等方方面面，因而成为中国特色社会主义其他方面优势的根源。

一、中国共产党是中国革命、建设和改革事业的领导核心

中国共产党的领导地位是由党的工人阶级先锋队性质决定，是经过长期斗争考验形成的。正是在中国共产党成立并担负起救亡图存的历史使命之后，中国人民才走上了争取民族独立、人民解放的道路。

（一）党的领导核心地位是历史和人民的选择

中国共产党的领导地位是与其所肩负的伟大历史使命紧密联系在一起的。我们党从建立之初到领导全国各族人民取得革命、建设和改革的伟大胜利，一直是团结、凝聚各族人民，朝着坚定的理想目标奋斗的核心领导力量。中国共产党在领导人民进行革命、建设和改革中经历过艰难曲折，但从总体上始终坚持以马克思主义为指导思想，一切从实际出发，在中国社会主义革命、建设、改革的各个发展阶段，都提出了符合中国实际的纲领、路线、方针、政策，团结带领中国人民不断推进社会主义事业的发展。

党在社会主义初级阶段的任务，就是建设有中国特色的社会主义，把我国建设成为富强、民主、文明、和谐、美丽的社会主义现代化强国。"过去的革命问题解决得好不好，关键在于党的领导，现在的建设问题解决得好不好，关键也在于党的领导。"③ "要把十几亿人的思想和力量统一和凝聚起

---

① 《习近平谈治国理政》第三卷，外文出版社 2020 年版，第 16 页。
② 习近平：《在庆祝改革开放 40 周年大会上的讲话》，人民出版社 2018 年版，第 22 页。
③ 《邓小平文选》第一卷，人民出版社 1994 年版，第 264 页。

来，共同建设有中国特色社会主义，没有中国共产党的统一领导是不可设想的。"① 党要完成这一历史任务，就必须坚持党的领导地位。

（二）党的领导地位是由其优秀特质决定的

从自身特质看，中国共产党有资格有能力担负起中国特色社会主义事业领导核心的历史重任。中国共产党鲜明的领导特质表现在许多方面，最主要的有以下几个方面。

一是中国共产党是以科学理论武装起来的政党，并且有着远大理想信念。中国共产党始终坚定对马克思主义的信仰、对社会主义和共产主义的信念，坚守共产党人的精神追求，把它作为共产党人的政治灵魂和安身立命的根本。马克思主义既是指导理论，也是坚定的理想信仰。中国共产党是无产阶级政党，马克思、恩格斯认为，作为无产阶级政党，"在理论方面，他们胜过其余无产阶级群众的地方在于他们了解无产阶级运动的条件、进程和一般结果"②。理想信念坚定，"骨头就硬""腰杆就直"，在胜利和顺境面前就不会骄傲和急躁，在困难和逆境面前就不会消沉和动摇，就能经受住任何风浪的考验，就有强大的凝聚力、吸引力、感召力，就能够鼓舞、动员广大党员和人民群众为了远大理想而拼搏、奉献。

二是中国共产党没有自己的私利。始终同人民在一起，为人民利益而奋斗是马克思主义政党同其他政党的根本区别。马克思认为，"在无产阶级和资产阶级的斗争所经历的各个发展阶段上，共产党人始终代表整个运动的利益"，"他们没有任何同整个无产阶级的利益不同的利益"③。中国共产党自成立之日起，就是为了民族的独立、人民的幸福和国家的富强而不懈奋斗。

三是中国共产党拥有卓越的执政团队。西方式民主依靠选举上台的领导者，只要口才好，能言善辩，提出的政纲能够吸引眼球，拥有选举的金钱财富资源，尽管没有什么执政经验，也能上台，但治国能力和水平就不好保证了。而在中国，进入中央领导层的领导者，往往要从基层历练起，经过层层筛选，因而治国理政能力强。④ 目前，中国共产党有9000多万名党员，集中

① 《江泽民文选》第二卷，人民出版社2006年版，第262页。
② 《马克思恩格斯选集》第1卷，人民出版社2012年版，第413页。
③ 《马克思恩格斯选集》第1卷，人民出版社2012年版，第413页。
④ 参见许耀桐：《中国国家治理体系现代化总论》，国家行政学院出版社2016年版，第118页。

了全国众多的先进分子和各方面的优秀人才，这是巨大的组织资源和组织优势。我们党按照马克思主义建党原则，建立了由党的中央组织、地方组织和基层组织构成的科学严密的组织体系，坚持民主集中制原则，具有强大的组织与动员能力，以及自上而下的强大支配能力。发挥好广大党员的先锋模范作用和领导干部的骨干带头作用，党和国家事业发展就有了可靠的组织保证。

四是中国共产党具有战胜困难的优良作风。我们党在长期实践中形成了理论联系实际、密切联系群众、批评与自我批评、艰苦奋斗、谦虚谨慎的优良作风，着力解决党自身存在的突出问题，具有自我革命的政治勇气和自我净化、自我完善、自我革新、自我提高的能力。我们党一贯重视学习、善于学习，注重实践探索，敢于直面问题和战胜困难，勇于应对风险和挑战，善于总结经验和教训，不断推进理论创新，能够有效地实现指导思想、政策与制度的继承与创新，具有实践思维、理论思维、创新思维和与时俱进的品格。

二、中国共产党长期保持政治领导优势的根本原因

中国共产党之所以长期处于领导地位，最根本的原因在于能够坚持从严治党，坚决维护党中央权威和集中统一领导。

（一）始终坚持从严治党

中国共产党自成立之日起，在革命、建设、改革各个时期，始终坚持从严治党。改革开放以后，中央文献中首次出现从严治党是在 1985 年，中共中央整党工作指导委员会发布的《关于农村整党工作部署的通知》第九条提出："要从严治党，坚决反对那种讲面子不讲真理，讲人情不讲原则，讲派性不惜牺牲党性的腐朽作风。"① 1987 年，党的十三大针对党内存在的腐败问题，明确提出要从严治党。1989 年，邓小平说，"要聚精会神地抓党的建设，这个党该抓了，不抓不行了"②。1992 年，党的十四大把从严治党写入党章。2002 年，党的十六大强调"全面推进党的建设新的伟大工程"；

---

① 《中共中央整党工作指导委员会关于农村整党工作部署的通知》，《人民日报》1985 年 11 月 25 日。

② 《邓小平文选》第三卷，人民出版社 1993 年版，第 314 页。

2007 年党的十七大提出"以改革创新精神全面推进党的建设新的伟大工程"。我们党一次次拿起手术刀革除自身病症,一次次依靠自身力量和与群众结合的力量解决自身问题,攻克了一个又一个看似不可攻克的难关,创造了一个又一个彪炳史册的人间奇迹。

针对新形势下党执政面临的许多新的重大风险考验和党内存在的腐败等突出问题,2012 年,党的十八大提出了"全面提高党的建设科学化水平"的要求。党的十八大以后,以习近平同志为核心的党中央深入开展党的群众路线教育实践活动和"三严三实"专题教育,推进"两学一做"学习教育常态化制度化,严厉整治"四风",发挥巡视利剑作用,"打虎""拍蝇""猎狐",管党治党克服了"宽松软",实现了"严紧硬",使党内政治生活气象更新,党内政治生态明显好转,党的面貌焕然一新。2017 年,习近平在党的十九大报告中强调新时代坚持和发展中国特色社会主义的基本方略,其中第一条就是"坚持党对一切工作的领导",第十四条是"坚持全面从严治党";在党的十九大报告的最后部分强调,坚定不移全面从严治党,不断提高党的执政能力和领导水平,"全面从严治党永远在路上"①。

(二)坚决维护党中央权威和集中统一领导

世界上曾有很多国家陷入政党纷争、政局动荡的旋涡中,议而不决、决而不行、行而不果,根本原因就在于社会缺乏权威,难以实现有机的社会整合。还有些国家虽然形成了塑造稳定权威的制度机制,但制度推动经济社会发展的能力却表现不佳。

坚持党中央权威和集中统一领导是我们党在长期实践中形成的优良传统和独特优势。党的建设最重要的一条经验,就是要坚持党中央权威和集中统一领导。马克思、恩格斯在领导欧洲工人运动和创立科学社会主义理论、建立无产阶级政党的实践中,始终强调"权威"的重要性。"没有权威,就不可能有任何的一致行动。……没有这种统一的和指导性的意志,要进行任何合作都是不可能的。"② 恩格斯在《论权威》中谈到联合生产时反问道:"联合活动就是组织起来,而没有权威能够组织起来吗?"③ 维护党中央权威和

---

① 《习近平谈治国理政》第三卷,外文出版社 2020 年版,第 48 页。

② 《马克思恩格斯文集》第 10 卷,人民出版社 2009 年版,第 372 页。

③ 《马克思恩格斯选集》第 3 卷,人民出版社 2012 年版,第 275 页。

集中统一领导与维护党的领袖的权威和核心地位是一致的。基于对中国特色社会主义建设经验教训的总结，邓小平指出："任何一个领导集体都要有一个核心，没有核心的领导是靠不住的。"① 在实践中形成党的坚强领导核心并坚决维护其权威，是把中国共产党建设成为世界上最强大政党的鲜明特质。

自党的十八大以来，党和国家事业取得新的伟大进步。中央制定、修订近百部党内法规，把坚持党中央集中统一领导贯穿党的领导和党的建设各方面、全过程。党的十八届六中全会制定了《关于新形势下党内政治生活的若干准则》，进一步增强了全党"四个意识"，旗帜鲜明地维护党中央权威，严明党的政治纪律和政治规矩，严肃查处党内一批野心家、阴谋家，清除了重大政治隐患，党内政治生活气象更新，政治生态明显好转，党的团结统一更加巩固。党的十九大报告明确提出，中国特色社会主义进入新时代，"保证全党服从中央，坚持党中央权威和集中统一领导，是党的政治建设的首要任务"②。要取得新时代中国特色社会主义建设的更大胜利，必须更加自觉地维护党的集中统一领导和领袖权威。党的十九届四中全会进一步提出，要"完善坚定维护党中央权威和集中统一领导的各项制度"③，从制度建设层面进一步提升了对党中央权威和集中统一领导的维护。

三、坚持中国共产党的领导才能集中力量办大事

集中力量办大事是中国特色社会主义的显著优势。1992 年，邓小平在南方谈话中分析当时我国的国内外形势时说："现在，我们国内条件具备，国际环境有利，再加上发挥社会主义制度能够集中力量办大事的优势，在今后的现代化建设长过程中，出现若干个发展速度比较快、效益比较好的阶段，是必要的，也是能够办到的。"④

（一）中国共产党具有强大的政治动员能力

中国共产党具有强大的政治协调力，能够对社会发展中出现的多层次、

---

① 《邓小平文选》第三卷，人民出版社 1993 年版，第 310 页。
② 《习近平谈治国理政》第三卷，外文出版社 2020 年版，第 48—49 页。
③ 《中共中央关于坚持和完善中国特色社会主义制度、推进国家治理体系和治理能力现代化若干重大问题的决定》，人民出版社 2019 年版，第 7 页。
④ 《邓小平文选》第三卷，人民出版社 1993 年版，第 377 页。

多领域和全方位的矛盾和冲突进行有效化解，从而实现个人、集体和国家之间在利益、价值等方面的有机统一。

相比于资本主义制度，中国特色社会主义制度可以举全国之力办大事，避免出现资本主义社会中决策周期长，繁冗拖沓、涣散低效的情况。集中力量办大事不仅是简单的力量累加，而且是资源整合、各尽其能。大事也不限于大活动、大场面，还包括大型基础设施建设等惠及民生的举措。整合资源的能力决定了举国体制最终能形成的"合力"大小。中国特色举国体制是在解决制约我国经济社会发展的突出矛盾，完成国计民生相关重大紧急任务中形成的体制机制；是为应对紧张复杂的外部环境和完成国家民族生存发展战略，在一定时期内集中有限的人力、物力和财力，充分调动各方面积极性与创造力，科学有效配置资源，全国上下形成合力，为在关键领域和重大项目取得突破性进展而形成的管理体系与运行机制。

改革开放以来，中国经济社会取得的一系列举世瞩目的重大成就，如神舟、嫦娥、天宫等各类科技创新工程，以及诸多规模庞大的基础设施投资和建设，如三峡枢纽、西气东输、西电东送、青藏铁路、高速铁路和高速公路网络及雄安新区建设、京津冀一体化、长三角一体化、粤港澳大湾区建设等，无一不蕴含着集中力量办大事的科学思维。集中力量办大事的最大好处就是认准了就能够大胆地向前走，不争论，不耗费时间。

我国举国体制既符合基本国情，又服务于不同历史时期国家战略，它紧跟时代条件变化和经济社会发展需要逐步调整完善，在国家各项事业中提供根本依托和持久保障。举国体制是经过实践检验的具有独特竞争优势的体制机制，为提升国际影响力和综合国力发挥了关键作用，彰显了社会主义制度的优越性。

（二）只有坚持中国共产党的领导才能实现后发超越

我国是后发现代化国家，在当前国际竞争空前激烈的情况下，如果不集中力量，就办不成大事。如，工业化是实现国家富强、民族振兴、人民幸福的头等大事。工业化必须通过集中力量才能实现。这是因为，当前生产社会化的程度越来越高，社会分工越来越精细化，生产必须有组织、有协同。在当前还不能完全实行彻底的生产资料公有制的历史前提下，经济发展中存在垄断、外部性等因素，这就会在一定程度上造成市场失灵。而要解决市场失灵问题，就必须集中力量办大事。作为后发国家，我国在当今世界市场的分工体系中处于不利的地位，我们已经不可能完全依靠市场自发作用实现工业化。同时，由于我国面临的国际环境更为复杂，特别是随着我国发展逐步接近世界前沿，一些重大核心技术和关键装备是买不来的，靠市场自发的力量是搞不起来的，必须发挥集中力量办大事的制度优势，才能推动我国工业化不断迈上新水平。

（三）只有坚持中国共产党的领导才能应对重大风险挑战

"一方有难，八方支援"是社会主义制度集中力量办大事的具体展现。党的坚强、有力、高效的领导，保证了"全国一盘棋"，保证了集中力量办大事的社会主义制度优越性，是中国特色社会主义制度的最大优势。邓小平指出：没有四项基本原则这四个坚持，特别是党的领导，什么事情也搞不好，会出问题。出问题就不是小问题。社会主义市场经济优越性在哪里？就在四个坚持。四个坚持集中体现在党的领导，"党的领导是个优越性"[①]。在中国这样的大国，要把十几亿人口的思想和力量统一起来建设社会主义，如果"没有一个由具有高度觉悟性、纪律性和自我牺牲精神的党员组成的能够真正代表和团结人民群众的党，没有这样一个党的统一领导，是不可能设想的，那就只会四分五裂、一事无成"[②]。1998 年的抗洪抢险体现出"一方有难，八方支援"和"全国一盘棋"的大团结、大协作精神。2008 年的抗击汶川特大地震和灾后重建同样彰显出这种独特的政治优势。2019 年底，面对新冠肺炎疫情肆虐的严峻形势，党中央"对症下药"，采取"一省包一市"的对口支援，很快扭转了疫情蔓延的局势，取得了抗疫斗争的重大胜利。

（四）坚持和完善中国特色社会主义制度必须坚持党的领导

党的十九届四中全会通过的《中共中央关于坚持和完善中国特色社会主义制度、推进国家治理体系和治理能力现代化若干重大问题的决定》提出："坚持和完善中国特色社会主义制度、推进国家治理体系和治理能力现

---

① 《邓小平年谱：1975—1997》（下），中央文献出版社 2004 年版，第 1363 页。
② 《邓小平文选》第二卷，人民出版社 1994 年版，第 341—342 页。

代化，是全党的一项重大战略任务。"① 党的十九届四中全会所描绘的中国特色社会主义制度图谱由 13 个部分组成，其中"坚持和完善党的领导制度体系，提高党科学执政、民主执政、依法执政水平"居于首位，充分彰显出党的领导制度是国家的根本领导制度，统领和贯穿其他 12 个方面的制度。制度的生命力，无论是制度的制定和完善，还是制度的具体执行即治理探索，都必须坚持在党的统一领导下进行。

四、中国共产党领导一切是中国特色社会主义事业成功的根源

改革开放以来中国特色社会主义建设所取得的伟大成就，都是在中国共产党的领导下实现的。2000 年 1 月，江泽民在中纪委第四次全体会议上发表重要讲话时，就强调了"工农兵学商，党是领导一切的"思想。出于对中国特色社会主义建设所取得伟大成就基本经验的总结，党的十九大把"坚持党对一切工作的领导"作为新时代坚持和发展中国特色社会主义的基本方略，进一步提出："党政军民学，东西南北中，党是领导一切的。"② 在纪念改革开放 40 周年大会上，习近平强调："坚决维护党中央权威和集中统一领导，把党的领导贯彻和体现到改革发展稳定、内政外交国防、治党治国治军等各个领域。"③ 改革开放以来，中国特色社会主义在各方面的成功实践和巨大成就雄辩地证明了中国共产党的执政能力。实践证明，只有坚持中国共产党的领导，才能坚定道路自信、理论自信、制度自信和文化自信，才能使中国道路与"中国奇迹""中国经验""中国方案"一同得到国际社会认同，才能保证我国政治民主、经济发展、文化繁荣、理论创新、社会团结和稳定，才能推动我国国家治理现代化。总之，坚持中国共产党的领导是中国特色社会主义一切优势的根源之所在，是中国特色社会主义的最大优势，也是中国特色社会主义在经济、政治、文化、社会、生态文明等方面所取得一切成功经验的根源。

---

① 《中共中央关于坚持和完善中国特色社会主义制度、推进国家治理体系和治理能力现代化若干重大问题的决定》，人民出版社 2019 年版，第 42 页。
② 《习近平谈治国理政》第三卷，外文出版社 2020 年版，第 16 页。
③ 习近平：《在庆祝改革开放 40 周年大会上的讲话》，人民出版社 2018 年版，第 23 页。

第二节　人民当家作主和科学民主
决策的政治建设经验

马克思主义创始人高度重视民主和民主发展。马克思、恩格斯在《共产党宣言》中指出："工人革命的第一步就是使无产阶级上升为统治阶级，争得民主。"① 列宁说："民主是国家形式，是国家形态的一种。"② 社会主义民主是其他任何国家形态的民主都不能比拟的最广泛的民主。社会主义民主的本质和核心是人民当家作主，人民民主是社会主义的生命。改革开放以来，党团结带领人民在推进政治体制改革、发展社会主义民主政治方面取得了重大进展，成功开辟和坚持了中国特色社会主义政治发展道路，为实现最广泛最真实的人民民主确立了正确方向。

一、人民当家作主是社会主义民主政治的本质特征

我国是工人阶级领导的、以工农联盟为基础的人民民主专政的社会主义国家，国家的一切权力属于人民。邓小平说："没有民主就没有社会主义，就没有社会主义的现代化。"③ 因此，必须切实发扬社会主义民主，切实保证人民当家作主的权利。江泽民在党的十六大报告中指出："发展社会主义民主政治，最根本的是要把坚持党的领导、人民当家作主和依法治国有机统一起来。"④

（一）人民代表大会制度是保证人民当家作主的根本政治制度

人民代表大会制度是人民当家作主的根本途径和最高实现形式，也是党在国家政权中充分发扬民主、贯彻群众路线的最好实现形式，具有强大的生命力和巨大的优越性。

一是有利于加强和改善党对国家事务的领导。党支持人大依法履行职责，保障人大代表依法行使职权，人大通过充分发扬民主，依照法定程序，

---

① 《马克思恩格斯选集》第1卷，人民出版社2012年版，第421页。
② 《列宁选集》第3卷，人民出版社2012年版，第201页。
③ 《邓小平文选》第二卷，人民出版社1994年版，第168页。
④ 《江泽民文选》第三卷，人民出版社2006年版，第553页。

把党的主张和人民意志统一起来。按照人民代表大会制度，在人民代表大会统一行使国家权力的前提下，明确划分国家的行政权、审判权、检察权。我国的国家行政机关、审判机关、检察机关，都由作为国家权力机关的人大产生，对人大负责，受人大监督。国家机关这种合理分工，充分体现了民主和效率的统一，既有利于充分发扬民主、避免权力过分集中，又可以集中力量办大事、提高工作效率，使国家的各项工作协调一致地进行，避免相互扯皮，保证了国家机关协调高效地运转，保证国家统一有效地组织各项事业。

二是有利于切实保障人民当家作主。人民代表大会制度有利于动员全体人民以国家主人翁的地位投身社会主义建设。我国各级人大代表通过民主选举产生，包括了各地区、各民族、各阶层、各方面的人士，具有广泛的群众基础和代表性，对人民负责，受人民监督，能够从制度上保障人民当家作主。国家保证人民依法管理国家事务和社会事务、经济和文化事业，保证人民享有宪法和法律规定的广泛的民主、权利和自由，极大地调动了人民群众建设社会主义的积极性、主动性、创造性，把全国各族人民的力量凝聚起来，在中国共产党领导下，团结一心、艰苦奋斗，有领导、有秩序地朝着国家的发展目标前进。人民代表大会通过把各地区、各阶层、各民族、各方面的代表人物吸纳到国家政权中发挥作用，维护国家的政治稳定和长治久安。

实践证明，人民代表大会制度是符合中国国情、体现中国社会主义国家性质、能够保证中国人民当家作主的根本政治制度，也是党在国家政权中充分发扬民主、贯彻群众路线的最好实现形式，是维护人民根本利益和我国能够经得起各种风险、克服各种困难的可靠保证。

（二）多党合作和政治协商制度是保证科学民主决策的基本政治制度

中国共产党领导的多党合作和政治协商制度是我国的一项基本政治制度。新中国成立前夕，中国共产党召开了中国人民政治协商会议。中国人民政治协商会议是在中国共产党领导下，由中国共产党、八个民主党派、无党派民主人士、人民团体、各少数民族和各界的代表，台湾同胞、港澳同胞和归国侨胞的代表，以及特别邀请的人士组成，具有广泛的社会基础。人民政协是中国共产党领导的多党合作和政治协商制度的组织形式，它根据中国共产党同各民主党派和无党派人士"长期共存，互相监督，肝胆相照，荣辱与共"的方针，对国家的大政方针和群众生活的重要问题进行政治协商，并通过建议和批评发挥科学民主决策和民主监督作用。

一是有利于民主决策。中国政党制度的本质是充分发扬各阶层人民民主。每年 3 月召开的中国人民政治协商会议是各党派、各阶层、各民族共商国家大事的盛会。习近平指出，实现民主的形式是丰富多样的，不能拘泥于刻板的模式，更不能说只有一种放之四海而皆准的评判标准。人民是否享有民主权利，要看人民是否在选举时有投票的权利，也要看人民在日常政治生活中是否有持续参与的权利；要看人民有没有进行民主选举的权利，也要看人民有没有进行民主决策、民主管理、民主监督的权利。社会主义民主不仅需要完整的制度程序，而且需要完整的参与实践。中国人民政治协商会议就是人民运用协商民主的形式行使管理国家权利的生动实践。

二是有利于科学决策。兼听则明，偏听则暗。任何重大决策必须听取各方面意见，中国共产党领导的多党合作和政治协商制度就提供了这样一个制度平台，通过制度化、程序化、规范化的安排集中各种意见和建议、推动决策科学化民主化，有利于充分发挥各民主党派及无党派人士的政治智慧和卓越才能，有效地避免了决策的盲目性，尽可能避免决策的失误，充分显示了中国政党制度的优越性。

三是有利于社会稳定。中国共产党领导的多党合作和政治协商制度是"多与一"相结合的政党制度结构模式。它既不是一党独揽，也不是多元竞争，而是把领导核心的一元性与结构的多元性有机地统一起来，形成了共产党领导，多党派合作。中国共产党同各民主党派的关系不是执政党同在野党或反对党的关系，而是执政党同参政党的关系，是领导与被领导的关系，是友党关系。这种和谐的新型政党关系，决定了政党之间不会为争夺政权而勾心斗角，争权夺利，互相拆台，不会出现各个政党轮流执政的局面，因而避免了政治危机中经常出现的政局不稳、政权频繁更迭、政治秩序混乱等现象，能够避免在大政方针上的朝令夕改，大起大落，左右摇摆，使国家政策保持连续性和稳定性。

西方政党制度实行两党制或多党制，这被很多人看作民主政治的核心标志。事实上，西方国家的政党只不过是工具，不同的政党代表不同选民的利益，制定和实施不同的政策。西方资产阶级民主制度的性质决定了其民主在本质上是为资产阶级的利益服务的。对于广大人民来说，只不过是有权利每隔几年选择哪个政党来实施为资产阶级利益服务。广大人民只有选择政党的权利，而无参与国家管理的权利。

二、民主集中制是政治领导优势的根本保障

《中国共产党章程》明确规定，民主集中制是党的根本组织原则。《中华人民共和国宪法》也明确规定：中华人民共和国的国家机构实行民主集中制的原则。民主集中制是既科学又有效的制度，是我们党最大的制度优势。将"民主基础上的集中和集中指导下的民主相结合"的民主集中制具有巨大的组织和领导优势。

（一）民主集中制是中国共产党的根本组织制度

中国共产党自建党以来，全部活动都是以民主集中制为原则。实行正确的集中，就是保证全党、全国的团结统一和行动一致，保证党和政府的决定、决策得到迅速有效的贯彻执行。这种既有民主又有集中的组织制度，既避免了决策的盲目性、非理性，又避免了西方政府的那种"互相牵扯、议而不决、决而不行"的情况。"民主集中制是我们党的根本组织制度和领导制度，它正确规范了党内政治生活、处理党内关系的基本准则，是反映、体现全党同志和全国人民利益与愿望，保证党的路线方针政策正确制定和执行的科学的合理的有效率的制度。因此，这是我们党最大的制度优势。"[1]

一方面，民主集中制坚持集中指导下的民主，有利于科学民主决策。坚持集中指导下的民主，不仅可以保障全体人民依法管理国家事务和社会事务、管理经济和文化事业，使人民群众能够畅通表达利益要求，使社会各方面能够有效参与国家政治生活，还有利于引导民众围绕社会利益和社会共同关注的问题建言献策，集思广益，使政府制定的方针政策、作出的重大决策有充分的民意基础。通过民主集中制，执政党能及时了解人民群众所想、所需，把握社会动向，防止错误决策和政策。中国共产党的长期历史已经充分证明，什么时候民主集中制运行得好，什么时候党和国家各项重大决策就制定得好。

另一方面，民主集中制坚持民主基础上的集中，有利于党和国家形成统

---

① 习近平：《始终坚持和充分发挥党的独特优势》，《求是》2012 年第 15 期。

一意志。在我们这个幅员辽阔、人口众多的发展中大国，党面临艰巨复杂的改革发展稳定任务，既要广泛发扬社会主义民主，又要防止跌入无视党纪国法的"大民主"行为，必须"把民主和集中、民主和法制、民主和纪律、民主和党的领导结合起来"①。维护党和国家的集中统一极为重要。民主集中制不仅可以保障党和政府领导权威和领导作用，还有利于统筹兼顾各方面利益诉求，克服彼此的分歧，凝聚社会力量，最大限度地调动和运用各种社会资源，使党和政府决策部署得到迅速有效的贯彻执行，从而提高治理效率。邓小平说："社会主义国家有个最大的优越性，就是干一件事情，一下决心，一做出决议，就立即执行，不受牵扯。……我们的效率是高的，我讲的是总的效率。这方面是我们的优势，我们要保持这个优势，保证社会主义的优越性。"②

（二）协商民主是社会主义民主政治的独特优势

所谓协商民主，就是在中国共产党领导下，人民内部各方面围绕改革发展稳定重大问题和涉及群众切实利益的实际问题，在决策之前和决策实施之中开展广泛协商，努力形成共识的重要民主形式。在中国特色社会主义制度下，"有事好商量，众人的事情由众人商量，找到全社会意愿和要求的最大公约数，是人民民主的真谛"③。协商民主适应了我国经济社会发展在不同历史时期的实际需要，是中国共产党和中国人民的伟大创造，是中国特色社会主义民主政治中独特的、独有的、独到的民主形式。与名为"一人一票"实为"少数人专政"的资本主义民主相比，社会主义协商民主是切实保障人民当家作主的制度安排，具有不可比拟的优越性。

社会主义协商民主有利于实现人民当家作主的权利。在人民内部各方面广泛商量的过程，既是发扬民主、集思广益的过程，也是统一思想、凝聚共识的过程，还是科学决策、民主决策的过程，更是实现人民当家作主的过程。近年来，我们通过立法协商、行政协商、民主协商、参政协商、社会协商等多种社会主义协商民主形式，让最广大的人民参与到重大决策中来，进

---

① 《邓小平文选》第二卷，人民出版社 1994 年版，第 176 页。
② 《邓小平文选》第三卷，人民出版社 1993 年版，第 240 页。
③ 习近平：《在庆祝中国人民政治协商会议成立 65 周年大会上的讲话》，人民出版社 2014 年版，第 13 页。

行平等的、充分的协商，为国家治理获得了广泛和坚实的群众基础。

社会主义协商民主有利于科学民主决策。在人民内部广泛商量的过程就是发扬民主、集思广益的过程，就是统一思想、凝聚共识的过程。通过社会主义协商民主，能够吸纳社会公众特别是利益相关方参与决策，凝聚各方面的智慧，提高决策的针对性，能够吸收专家学者、智库机构的意见进行决策，提高决策的科学性。

社会主义协商民主有利于化解社会矛盾。协商民主为社会各界提供了对话交流的平台，不同利益相关方可以充分表达利益诉求，有助于化解分歧、增进共识，形成顺民心、合民意的政策措施；能够使不同利益方在关注自身利益的同时，也关注他人利益、理解公共利益，从而能够从源头上预防和化解可能产生的矛盾和冲突，促进社会和谐稳定。

第三节　又好又快发展和兼顾效率与
公平的经济发展经验

根据历史唯物主义基本原理，评价社会制度是否优越、进步的首要标准或最高标准，就是看它能否推动生产力发展，尽快地发展。一个社会制度与其他制度比较起来是否具有更大优越性和更大活力，关键是能否更有效地促进社会生产力的发展、满足最广大人民群众的根本利益以及最大限度实现全体民众的共同富裕。对此，社会主义经济制度作出了肯定性回答。

一、又好又快发展是经济发展优势的最显著特征

中国特色社会主义的优越性表现在重视生产力发展的速度和质量的统一上。邓小平在谈到这个优越性时说："社会主义制度优于资本主义制度。这要表现在许多方面，但首先要表现在经济发展的速度和效果方面。没有这一条，再吹牛也没有用。"[①]

（一）经济发展速度优势

在现实世界中，中国特色社会主义与资本主义到底哪个能使生产力发展

① 《邓小平文选》第二卷，人民出版社 1994 年版，第 251 页。

得更快？毛泽东曾指出："社会主义和资本主义比较，有许多优越性，我们国家经济的发展，会比资本主义国家快得多。"① 发达资本主义国家经过几百年的发展，其生产关系对生产力的推动作用正在逐步减弱，并且在许多方面阻碍着生产力的发展，国民经济发展缓慢，经济增长速度一般只有1%—4%。而发生经济危机时，就变成负增长。

1978年9月，邓小平在视察东北三省及唐山、天津等地时反复强调，现在中国面临的最迫切的任务就是发展生产力。他指出："现在在世界上我们算贫困的国家，就是在第三世界，我们也属于比较不发达的那部分。我们是社会主义国家，社会主义制度优越性的根本表现，就是能够允许社会生产力以旧社会所没有的速度迅速发展，使人民不断增长的物质文化生活需要能够逐步得到满足。……如果在一个很长的历史时期内，社会主义国家生产力发展的速度比资本主义国家慢，还谈什么优越性？"② 我国资源禀赋并不丰厚，人口众多，基础薄弱。改革开放后，邓小平反复强调要发展生产力，指出只有坚持以经济建设为中心，才是真正的坚持社会主义。他说："近三十年来，经过几次波折，始终没有把我们的工作着重点转到社会主义建设这方面来，所以，社会主义优越性发挥得太少，社会生产力的发展不快、不稳、不协调，人民的生活没有得到多大的改善。"③

1987年，党的十三大正式确立了以"一个中心，两个基本点"（以经济建设为中心，坚持四项基本原则，坚持改革开放）为核心的社会主义初级阶段的基本路线。中国特色社会主义坚持以经济建设为中心，特别是把社会主义制度与市场经济有机结合起来，在坚持社会主义制度的基础上，解放和发展生产力，2010年经济总量跃居世界第二，人民生活水平显著提高。邓小平在总结毛泽东探索中国特色社会主义道路的经验教训时指出，多少年来我们吃了一个大亏，这个大亏就是忽视发展生产力。他强调："贫穷不是社会主义，发展太慢也不是社会主义。"④ "社会主义的优越性归根到底要体现在它的生产力比资本主义发展得更快一些、更高一些，并且在发展生产力

---

① 《毛泽东文集》第八卷，人民出版社1991年版，第302页。
② 《邓小平文选》第二卷，人民出版社1994年版，第128页。
③ 《邓小平文选》第二卷，人民出版社1994年版，第249页。
④ 《邓小平文选》第三卷，人民出版社1993年版，第255页。

的基础上不断改善人民的物质文化生活。"①

经过 70 多年的建设改革发展，2019 年我国国内生产总值达到 99 万亿元，相当于 14.4 万亿美元，约相当于美国的 67%，占世界经济的比重为 16.6%。人均国内生产总值 70892 元，按年平均汇率折算达到 10276 美元，首次突破 1 万美元大关，与高收入国家差距进一步缩小。经济增速在世界主要经济体中名列前茅。2019 年，我国国内生产总值比上年增长 6.1%，明显高于全球经济增速，在经济总量 1 万亿美元以上的经济体中位居第一；对世界经济增长贡献率达 30% 左右，成为持续推动世界经济增长的主要动力源。②

（二）注重经济发展质量和效益

经济发展速度是经济发展的数量表现，经济效益是经济发展的质量指标，质和量两方面是统一的。但是，数量必须在一定质量的前提下才有意义。改革开放以来我国经济建设从低水平起步，基础差、底子薄，长期处于相对封闭状态。受经济发展所处阶段及整体技术水平的限制，我国经济增长在相当长的时期内主要依靠增加要素投入和物质消耗，靠简单劳动支撑推动。经济建设中，长期存在重速度、轻效益，重外延扩张、轻内涵提高，重铺新摊子、轻原有企业技术改造，重产品数量增长、轻产品质量提高的现象，由此使我国经济发展呈现出高投入、高增长、低效益的状况，带有明显的粗放特征。

针对经济发展中的问题，党中央及时提出，要正确处理增长的数量和质量、速度和效益的关系，不断探索促进全面发展、协调发展和可持续发展的新思路、新途径。2006 年，中央经济工作会议引人注目地提出了"又好又快发展"，这与过去"又快又好发展"的提法有所改变。"好"与"快"两字之调意义深远，反映的是中国经济发展理念的一大转变，即由过去更多地强调发展的速度，转为更注重发展的效益，增长的质量，实现科学发展。把经济的快速发展建立在重视质量、效益、结构的基础上，也使中国特色社会主义的优越性更加显著。

---

① 《邓小平文选》第三卷，人民出版社 1993 年版，第 63 页。
② 参见《中华人民共和国 2019 年国民经济和社会发展统计公报》，《人民日报》2020 年 2 月 29 日。

2012 年开始，我国经济发展进入新常态，经济发展条件出现新的变化。生产要素的相对优势，从过去更多依靠劳动力低成本转向更多依靠人力资本质量和技术进步；市场竞争的特点，从过去以数量扩张和价格竞争为主转向以质量型、差异化竞争为主；资源环境约束，从过去能源资源和生态空间相对宽松转向环境承载力达到或接近上限，人民群众对良好生态环境的期待和要求迅速上升。这些新变化，要求在经济发展中必须坚持以提高质量和效益为中心。2012 年 11 月，习近平在党外人士座谈会上强调："经济增长必须是实实在在和没有水分的增长。"① 党的十八大以来，我国企业生产经营和整体经济增长的质量效益不断提高。党的十九大进一步提出了建立现代化经济体系的要求："我国经济已由高速增长阶段转向高质量发展阶段，正处在转变发展方式、优化经济结构、转换增长动力的攻关期，建设现代化经济体系是跨越关口的迫切要求和我国发展的战略目标。"②

二、基本经济制度是经济发展优势的根本保障

党的十九届四中全会明确提出："公有制为主体、多种所有制经济共同发展，按劳分配为主体、多种分配方式并存，社会主义市场经济体制等社会主义基本经济制度，既体现了社会主义制度优越性，又同我国社会主义初级阶段社会生产力发展水平相适应，是党和人民的伟大创造。"③ 这段表述，第一次把分配方式和社会主义市场经济体制纳入基本经济制度范畴，是我们党的一个重大理论创新。

（一）公有制主体地位保证发挥国有经济主导作用

与资本主义经济制度不同，资本主义生产方式越是占有统治地位，越是发展，"社会化生产和资本主义占有的不相容性，也必然越加鲜明地表现出来"④。社会主义经济制度是建立在生产资料公有制基础上的一种经济制度，代表着先进生产力的发展要求。改革开放以前，全民所有制经济和集体所有

---

① 《习近平谈治国理政》第一卷，外文出版社 2018 年版，第 111 页。
② 《习近平谈治国理政》第三卷，外文出版社 2020 年版，第 23 页。
③ 《中共中央关于坚持和完善中国特色社会主义制度、推进国家治理体系和治理能力现代化若干重大问题的决定》，人民出版社 2019 年版，第 18 页。
④ 《马克思恩格斯选集》第 3 卷，人民出版社 2012 年版，第 658 页。

制经济占所有制结构的主体。经过改革，逐步确立了以公有制为主体、多种所有制经济共同发展的格局。调整和完善所有制结构，积极探索公有制多种实现形式，通过大力发展股份制，吸引和组织社会资本，放大国有资本的功能，提高国有经济的控制力、影响力和带动力。建立现代产权制度，保障所有市场主体平等的法律地位和发展权利，为多种所有制经济平等的竞争和发展提供制度保障。不断增强国有经济活力、控制力、影响力，使国家经济发展保持可持续性，即使遇到大的危机与风险，也能扛得住。国家控制国民经济命脉，国有经济的控制力、影响力和竞争力得到增强。在社会主义经济中，国有经济的作用不是像资本主义制度那样，只能从事私有企业不愿意经营的部门，补充私人企业和市场机制的不足，而是为了实现国民经济的持续、稳定、协调发展，巩固和完善社会主义制度。国有经济主要集中于能源、交通、通信、金融、基础设施和支柱产业等关系国民经济命脉的重要行业和关键领域，在这些行业和领域有"绝对的控制力"或"较强的控制力"，"保持独资或绝对控股"或"有条件的相对控股"。公有制为主体、多种所有制经济共同发展的基本经济制度，是中国特色社会主义制度的重要支柱，也是社会主义市场经济体制的根基，适应了我国现阶段生产力发展水平，充分调动了各方面积极性，极大地解放和发展了社会生产力。

（二）社会主义市场经济体制激发了市场活力

改革开放以后，社会主义市场经济体制的确立经过了一个探索过程。在如何认识社会主义制度与市场经济的关系问题上，邓小平说："社会主义和市场经济之间不存在根本矛盾。问题是用什么方法才能更有力地发展社会生产力。"[①] "社会主义同资本主义比较，它的优越性就在于能做到全国一盘棋，集中力量，保证重点。缺点在于市场运用得不好，经济搞得不活。"[②] 1992 年，党的十四大提出，我国经济体制改革的目标是建立社会主义市场经济体制。经过 20 多年的实践探索，党的十八届三中全会最终提出"市场在资源配置中起决定性作用和更好发挥政府作用"[③]。"社会主义市场经济体

---

① 《邓小平文选》第三卷，人民出版社 1993 年版，第 148 页。
② 《邓小平文选》第三卷，人民出版社 1993 年版，第 16—17 页。
③ 《中共中央关于全面深化改革若干重大问题的决定》，人民出版社 2013 年版，第 5 页。

制是同社会主义基本制度结合在一起的。"① 市场经济与社会主义基本制度的结合，有效发挥市场在资源配置中的基础性作用，催生了大量的企业主体、市场主体，这些企业主体和市场主体为寻求生存与发展的空间，不断开拓进取，从而促使中国经济持续发展。微观经济主体活力显著增强。现代企业制度逐步建立，大多数国有企业实行了股份制改造，转换了经营机制，成为自主经营、自负盈亏、自担风险的生产者和经营者，企业活力不断增强。虽然国有企业数量减少，但国有经济总体效益反而持续提高，控制力和影响力增强，资产规模不断增加。个体、私营等非公有制企业快速发展，成为促进增长、扩大就业、繁荣市场的重要力量，其中不乏具有相当实力的大型企业，日益显现出旺盛的生命力。多元化的市场主体符合社会主义初级阶段生产力发展的内在要求，一大批具有国际竞争力的企业正在茁壮成长。形成了国有经济带动民营经济、民营经济促进国有经济发展的良性的所有制结构，塑造了国有企业与非公企业、国有企业与国有企业、非公企业与非公企业之间相互竞争的态势，使经济发展始终保持一种盎然向上的动力。这些优势使经济发展既保持可持续性、稳定性，又保持效率和活力。

（三）所有制和分配制度保障社会公平和正义

马克思在《共产党宣言》中对资本主义生产资料私有制所造成的各种丑恶现象进行了深刻揭露，并明确指出："它用公开的、无耻的、直接的、露骨的剥削代替了由宗教幻想和政治幻想掩盖着的剥削。"② 这种剥削导致的后果就是富者越富而穷者越穷，社会呈现两极分化。"社会主义的目的就是要全国人民共同富裕，不是两极分化。如果我们的政策导致两极分化，我们就失败了；如果产生了什么新的资产阶级，那我们就真是走了邪路了。"③ 在改革开放进程中，邓小平反复强调："在改革中，我们始终坚持两条根本原则，一是以社会主义公有制经济为主体，一是共同富裕。"④ 按照这样的思路，我们逐步突破了单一所有制结构，逐步鼓励支持和引导非公有制经济的发展，打破平均主义，形成以公有制为主体、多种所有制经济并存，以按

① 《江泽民文选》第一卷，人民出版社 2006 年版，第 227 页。
② 《马克思恩格斯选集》第 1 卷，人民出版社 2012 年版，第 403 页。
③ 《邓小平文选》第三卷，人民出版社 1993 年版，第 110—111 页。
④ 《邓小平文选》第三卷，人民出版社 1993 年版，第 142 页。

劳分配为主体、多种分配方式并存的基本经济制度。这样的基本经济制度使得劳动者和劳动资料相统一，而不是相分离；消除了企业内部组织生产的有序性与整个社会生产的无政府状态的矛盾，从而使得广大劳动民众共同占有了生产资料等社会财富和共同占有了生产这些社会财富的能力。打破平均主义"大锅饭"的收入分配关系，鼓励一部分地区和一部分人先富起来，逐步走共同富裕的道路。

三、后发赶超是实现经济现代化发展的必然选择

在先进国家和地区与落后国家和地区并存的情况下，后进国家和地区具有内在的、客观的有利条件。后发优势主要是从时间维度来说的，即后进国家和地区之所以存在后发优势就是因为它们在发展水平上比先进国家和地区落后，落后也为其跨越式发展提供了潜在的优势。

（一）有效利用发达国家先进的科学技术和知识

先发现代化国家的发展成绩对后发现代化国家具有榜样和激励的作用。不论是先发国家还是后发国家，现代化进程中本民族的内在动力才是发展的根本。由于发达国家的崛起，才给了后发国家沉痛并强烈的教训，使其深刻地感受到了自己的落后。后发国家人民的赶超意识和忧患意识被巨大的经济和其他方面的压力唤起，强烈的民族向心力和压力感被激发，进而迸发出民族的超越精神，驱使后发国家充分发挥出自身所具有的社会、文化和政治因素等方面的潜力。

发达国家的先进科学技术和知识对后发国家是一个有利的条件。后发国家可以通过引进先进技术，提高物质技术基础。不用再花费大量的人财物和时间去研究和开发，而是可以根据实用性的原则，直接引进先进的技术，吸收再创新。这既能节约发展中国家的大量资源，也缩短了它们与发达国家的技术差距，使发展中国家能够比发达国家发展得更快。

（二）学习借鉴发达国家先进管理制度和经验

发达国家现代化建设的过程中，在资本积聚、人力资源利用、技术创新以及经济发展模式等方面都积累了大量的经验，从而形成了许多属于整个人类社会的文明成果。后发国家还可以学习和借鉴发达国家的先进管理制度和经验，从先发国家的现代化过程中借鉴经验教训，从而制定更加理性的发展

策略，节省在实践中摸索和试验的时间和资源。后发国家可以较为明确地预见它们在现代化过程中将会经历的工业化、现代化的前景，并以此为参照，制定更为合理的发展战略，从而缩短摸索的时间，提高现代化的速度，以较小的代价取得更大的成果。

从世界历史看，已经实现现代化的国家和地区，其现代化大多经历了产业革命以来近300年时间才逐步完成，而我国要用100年的时间走完发达国家几百年走过的现代化路程，这种转变不但速度、规模超乎寻常，变化的广度、深度和难度也超乎寻常。正是由于充分利用了后发优势才使得我们国家能够实现后来居上。

第四节　马克思主义指导下的中华文化建设经验

中国是一个有着5000多年文明史的大国，在世界四大文明古国中，唯有中华文化未曾中断。中华优秀传统文化是中华民族的"根"和"魂"，是中华民族的突出优势。中华民族几千年的优秀文化传统与社会主义先进文化相结合，是中国特色社会主义始终坚守中华文化立场，坚持走自己的路，形塑和传播中国价值，在社会主义基础上实现中华民族伟大复兴的独特优势。习近平特别重视文化建设，他指出："没有先进文化的积极引领，没有人民精神世界的极大丰富，没有民族精神力量的不断增强，一个国家、一个民族不可能屹立于世界民族之林。"①

一、伟大的中华民族精神是中华文化的核心

民族精神是民族文化的核心。习近平在第十三届全国人大一次会议上的重要讲话深刻阐述了中国人民的伟大创造精神、伟大奋斗精神、伟大团结精神、伟大梦想精神，赋予了伟大民族精神以新的时代内涵。中华民族精神的不间断的连续性，使得中华民族精神以其独具的价值功能持久地作用于中国社会，是新时代中国特色社会主义建设的精神力量。

---

① 习近平：《在文艺工作座谈会上的讲话》，人民出版社2015年版，第5页。

（一）坚定文化自信，反对历史和文化虚无主义

中华文明是人类历史上唯一一个绵延5000多年至今未曾中断的灿烂文明。改革开放以来，受西方价值观的影响，历史和文化虚无主义思潮企图否定中华文明、破坏民族团结、丑化人民群众、歪曲党史国史、诋毁国家形象、否定中国特色社会主义道路、否定中国共产党的执政合法性。中国共产党坚定地领导开展了揭露和批驳历史虚无主义的斗争，并且将它作为一项重要的政治任务一直持续至今。1978—1994年，主要是反对以"非毛化"为代表的历史虚无主义错误倾向，加强党史国史研究、宣传与教育。1995—2011年，主要是反对以"告别革命"论为代表的历史虚无主义思潮，在"马工程"建设中加强马克思主义史学的主流地位。[①] 文化的力量是反对历史和文化虚无主义的内生动力。习近平强调："文化是一个国家、一个民族的灵魂。历史和现实都表明，一个抛弃了或者背叛了自己历史文化的民族，不仅不可能发展起来，而且很可能上演一幕幕历史悲剧。"[②] 党的十八大以来，针对歪曲攻击党和国家的历史、抹黑毛泽东等领袖人物、否定革命英雄等历史虚无主义现象，中国共产党高举马克思主义旗帜，大力弘扬爱国主义、集体主义等民族优秀文化，全面掀起反对历史虚无主义和文化虚无主义的斗争，并取得重大胜利，进一步坚定了中国特色社会主义的道路自信、理论自信、制度自信和文化自信。

（二）传承伟大的梦想精神

传承伟大的梦想精神，是确立中华民族伟大复兴中国梦的精神动力。中国人民是伟大的人民，素来有着深沉厚重的精神追求，具有伟大的梦想精神。自新中国成立以来，我们党先后提出四个现代化、小康社会、全面建成小康社会、和谐社会的现代化发展目标。党的十八大提出全面建成小康社会的发展目标，与全面深化改革、全面依法治国、全面从严治党一起构成"四个全面"战略布局，为推动我国改革开放和社会主义现代化建设迈上新台阶提供了强力保障。习近平在担任总书记之后的记者会上指出，中国共产党人的初心和使命，就是为中国人民谋幸福，为中华民族谋复兴，实现中华

---

① 参见王爱云：《改革开放以来中国共产党领导反对历史虚无主义的实践与经验》，《马克思主义研究》2018年第5期。

② 习近平：《在中国文联十大、中国作协九大开幕式上的讲话》，《人民日报》2016年12月1日。

民族伟大复兴的中国梦。中国梦是国家的梦、民族的梦，归根到底是人民的梦。党的十九大提出要在 2020 年全面建成小康社会的基础上，再奋斗 15 年，到 2035 年基本实现社会主义现代化；从 2035 年到 21 世纪中叶，在基本实现社会主义现代化的基础上，再奋斗 15 年，把我国建设成为富强民主文明和谐美丽的社会主义现代化强国。这成为新时代全国人民为实现中华民族伟大复兴奋斗目标的愿景蓝图。

（三）传承伟大的奋斗精神

中华民族的伟大奋斗精神是中国人民走独立自主发展道路的精神支撑。伟大的梦想精神，需要通过伟大奋斗精神来追求、来实现。中华民族是具有奋斗精神的民族。中国人自古就明白，世界上没有坐享其成的好事，要幸福就要奋斗。中国人始终相信，山再高，往上攀，总能登顶；路再长，走下去，定能到达。中国的事情要依靠中国人自己的力量来办。"独立自主，自力更生，无论过去、现在和将来，都是我们的立足点。中国人民珍惜同其他国家和人民的友谊和合作，更加珍惜自己经过长期奋斗而得来的独立自主权利。任何外国不要指望中国做他们的附庸，不要指望中国会吞下损害我国利益的苦果。"① 中国有独特的国情、独特的历史文化传统，我们把国家和民族发展放在自己力量的基点上，经过长期探索，中国人民找到了适合自己的发展道路，就是在中国共产党领导下，走中国特色社会主义道路。伟大奋斗精神也是中华民族克服改革开放中一切困难、实现中华民族伟大复兴的精神动力。在实现中华民族伟大复兴的征途中，还会有很多"雪山""草地"需要跨越，必须举全党全国之力不懈奋斗。全面建成社会主义现代化强国，更有不少"娄山关""腊子口"需要征服，要破解发展中的各种难题，必须传承伟大的奋斗精神，增强推进改革的信心和勇气。习近平总书记对改革中的困难有清醒的认识，但是他强调"改革再难也要向前推进，敢于担当，敢于啃硬骨头，敢于涉险滩"②，"自力更生是中华民族自立于世界民族之林的奋斗基点"③。

---

① 《十二大以来重要文献选编》（上），人民出版社 1986 年版，第 3 页。
② 《习近平谈治国理政》第一卷，外文出版社 2018 年版，第 101 页。
③ 《习近平谈治国理政》第一卷，外文出版社 2018 年版，第 121 页。

（四）传承伟大的创造精神

创造精神的本质是创新。中华民族是具有伟大创造精神的民族。"创新是一个民族进步的灵魂，是一个国家兴旺发达的不竭动力，也是中华民族最深沉的民族禀赋。"[①] 传承伟大的创造精神，是中国改革开放事业取得伟大成就的精神之源。党的十八大作出了实施创新驱动发展战略的重大部署，强调科技创新是提高社会生产力和综合国力的战略支撑，必须摆在国家发展全局的核心位置。经过多年努力，我国科技水平大幅提升，创新型国家建设成果丰硕，天宫、蛟龙、天眼、悟空、墨子、大飞机等重大科技成果相继问世。"一些重要领域跻身世界先进行列，某些领域正由'跟跑者'向'并行者'、'领跑者'转变。"[②] 虽然取得了很大的成就，但是我国科技创新的基础还不牢。对此，习近平总书记强调："不能总是用别人的昨天来装扮自己的明天。不能总是指望依赖他人的科技成果来提高自己的科技水平，更不能做其他国家的技术附庸，永远跟在别人的后面亦步亦趋。我们没有别的选择，非走自主创新道路不可。"[③]

（五）传承伟大的团结精神

传承伟大的团结精神，是凝聚中国力量，实现中华民族伟大复兴中国梦的根本保障。中华民族是具有伟大团结精神的民族。在几千年历史长河中，中国人民始终团结一心、同舟共济，建立了统一的多民族国家，发展了56个民族多元一体、交织交融的融洽民族关系，各民族交错杂居，形成了"你中有我，我中有你，谁也离不开谁"的多元一体格局。中国是世界上唯一的具有民族多元一体化传统格局的文明古国，具有"像石榴籽一样紧紧抱在一起"的中华民族共同体意识。英国史学家汤因比讲："就中国人来说，几千年来，比世界上任何民族都成功地把几亿民众，从政治文化上团结起来。他们显示出这种在政治、文化上统一的本领，具有无与伦比的成功经验。"[④] 中华民族精神所具有的凝聚力是世界上独一无二的。今天，中国取

---

① 《习近平谈治国理政》第一卷，外文出版社2018年版，第59页。
② 《习近平谈治国理政》第一卷，外文出版社2018年版，第121页。
③ 《习近平谈治国理政》第一卷，外文出版社2018年版，第122页。
④ ［英］汤因比、［日］池田大作：《展望二十一世纪》，荀春生、朱继征、陈国梁译，国际文化出版公司1989年版，第294页。

得的令世人瞩目的发展成就，更是全国各族人民同心同德、同心同向努力的结果。实现中国梦，需要 14 亿中国人的智慧和力量。只有海内外中华儿女紧密团结起来，有力出力，有智出智，团结一心，努力奋斗，才能够汇聚起实现梦想的强大力量。

（六）伟大的改革开放精神丰富了民族精神内涵

在庆祝改革开放 40 周年大会上，习近平指出，"改革开放是我们党的一次伟大觉醒"，"改革开放铸就的伟大改革开放精神，极大丰富了民族精神内涵，成为当代中国人民最鲜明的精神标识！"[①] 改革开放的精神就是不断开拓创新，勇于打破传统藩篱，改革开放精神就是我们的时代精神，它是中国共产党在带领中国人民进行伟大的改革开放的实践过程中，体现出来的精神风貌和优良品格，是激励我们民族奋发图强、振兴祖国、实现中国梦的强大精神动力，改革开放是中国社会发展变化的基本趋势，它体现的是人民共同的心愿、意志和精神追求，是当代中华民族精神。

二、马克思主义使中华文化获得新时代的生命力

优秀传统文化是一个国家、一个民族传承和发展的根本，必须对其进行创造性转化和创新性发展。在当代中国的社会背景下，中华文化与马克思主义相互融合、相互促进，马克思主义因中华文化而有扎实的思想根基，中华文化也因马克思主义而获得新时代的生命力。

（一）马克思主义及其中国化理论成果指导中华文化创新发展

党的十九届四中全会强调，要"坚持马克思主义在意识形态领域指导地位的根本制度"[②]，并作出一系列重大部署。这是我们党第一次把马克思主义在意识形态领域的指导地位作为一项根本制度明确提出来，是关系党和国家事业长远发展、关系我国文化前进方向和发展道路的重大制度创新，集中体现了我们党在领导文化建设长期实践中积累的成功经验和形成的方针原则。

一方面，马克思主义对中华文化的时代性发展具有指导性意义。建设中

---

① 习近平：《在庆祝改革开放 40 周年大会上的讲话》，人民出版社 2018 年版，第 4、13 页。
② 《中共中央关于坚持和完善中国特色社会主义制度、推进国家治理体系和治理能力现代化若干重大问题的决定》，人民出版社 2019 年版，第 23 页。

国特色社会主义是一个长期的过程，需要培育的中华文化精神只有在建设中国特色社会主义的历史进程中才能完成。我们并不能用完全归纳法概括中华文化最新的时代性内容。但是中华文化的时代性发展首先应该有一个大方向，就是必须由中国化马克思主义所规定。坚持中国化马克思主义，有助于对中华文化进行辩证分析，有助于掌握其本质、精神及问题所在。同时坚持中国化马克思主义有助于适应时代要求，不断充实时代内涵，从而做到与时俱进，使中华文化永远保持旺盛活力。例如，我们现在所要大力弘扬的科学精神、公共意识、创新精神、现代民主和法治观念等现代中华文化意识都是符合中国马克思主义基本精神的。

　　另一方面，马克思主义指导中华文化在中国特色社会主义建设中发挥动力功能。要发挥好中华文化在中国特色社会主义建设中的功能，有赖于中国化马克思主义的方法论指导。中国化马克思主义使中华民族精神更多地渗透、体现马克思主义的科学世界观和方法论，有助于提高中华民族的理论思维能力，从而为中国特色社会主义建设提供科学的方法论指导。例如，中华民族的传统和谐思想重视社会整体的稳定，强调整体社会秩序的合理性与重要性，因而反对经商等有可能导致社会不稳定的行为，而在中国化马克思主义的指导下，我们形成的是与否定竞争、革新等传统和谐思想不同的以改革创新为核心的时代精神，它将生产力的发展以及社会的革新作为实现社会和谐的手段。再如，中国古代的民主思想并没有脱离君主制的框架，压抑了个人的主体性；只有在中国马克思主义的指导下，才能将其人民性的内容熔铸于反映人民民主制度和公有制为主体的经济制度的现代民主思想中。

（二）中华文化是马克思主义中国化的思想基础

　　马克思主义中国化是马克思主义与中华文化相融合的过程，中华文化对于中国化马克思主义的形成具有重要的影响作用。中华文化是不断推进马克思主义中国化并坚持和不断发展中国化马克思主义指导地位的精神支撑。

　　一方面，中华文化是坚持并贯彻落实中国化马克思主义的精神动力。由于马克思主义中国化是以中华文化为思想基础的，同时由于中华文化是接近于民族心理的社会意识，中国化马克思主义必然蕴含中华文化的基本价值诉求，并且能够得到最广大人民群众的认可。中国化马克思主义主要是针对中国社会发展问题而表现出来的发展方略和指导原则，侧重于对中国特色社会主义建设的方法论指导。要真正使马克思主义得到落实，必须使其中科学的发展理念及方法论原则转化为百姓日常生产和生活的自觉实践。而中华文化正是社会心理层面的社会意识，是包括对发展的追求在内的更广层面意义上的精神状态，因而能够有效调动人民群众的积极性，有助于推动马克思主义基本方法论原则的现实化。当今在中国化马克思主义的指导下，中国特色社会主义建设取得的伟大成就，均是与中华文化的精神支撑分不开的。而今后要让中国特色社会主义建设中的中国化马克思主义发挥更大的作用，更需要中华文化的支撑。

另一方面，中华文化也推动中国化马克思主义的不断发展。马克思主义具有与时俱进的理论品格。坚持马克思主义的指导地位，需要一种以改革创新为核心的时代精神的支撑。只有在新时代中华文化的精神支撑下，贯彻落实马克思主义才能得到全民族成员的认同和自觉实践，才能有助于实现马克思主义的进一步丰富和发展。在中国特色社会主义建设的历史进程中，中华文化支撑着人们对社会实践的深入探索。在具体的实践探索中，我们不仅能够进一步深化和扩展对马克思主义基本价值内涵的认识，而且一旦人们的生产和生活实践中取得更大的成就，就会对这种能够引领人们在实践中取得成就的富有时代性的民族精神予以理性反思，并将之系统化和理论化，成为进一步丰富和发展马克思主义的重要精神资源和思想基础。可以说，中华文化是中国化马克思主义形成的思想基础，也可以说，中华文化的现当代发展是进一步丰富和完善马克思主义的思想基础，必将不断丰富和完善马克思主义的时代内涵。

（三）马克思主义与中华文化共同成为社会主义精神文明建设的思想基础

社会主义精神文明是社会主义现代化建设的重要内容，能够保证社会主义现代化建设沿着正确的方向进行，能使社会主义制度的优越性得到全面发挥。1982 年，党的十二大明确提出，社会主义精神文明是社会主义的重要特征，是社会主义制度优越性的重要表现。关于社会主义精神文明建设的内容，邓小平曾指出："所谓精神文明，不但是指教育、科学、文化（这是完全必要的），而且是指共产主义的思想、理想、信念、道德、纪律，革命的立场和原则,人与人的同志式关系,等等。"① 正因为马克思主义与中华文化的紧密联系,使得二者共同成为新时期社会主义精神文明建设的思想基础。一方面,建设社会主义精神文明,需要传承中华文化中的优秀因子,需要马克思主义对中华文化的改造和提升;另一方面,建设社会主义精神文明也需要坚持马克思主义的价值导向,需要广大人民群众能够从社会心理层面接受马克思主义,使其真正成为中华文化的一部分。

三、中华文化是建设中国特色社会主义的价值支撑和方法论指导

党的十九大提出的社会主义现代化建设的奋斗目标,绘制的是我们走向实现中国特色社会主义现代化强国的"中国道路"。中国人民比历史上任何时期都更接近、更有信心和能力实现中华民族伟大复兴。实现中华民族伟大复兴,需要从中华文化中汲取营养和智慧。

(一)中华文化为中国特色社会主义建设凝聚民族力量

5000多年源远流长且从未断隔的历史传承,使得中华优秀传统文化已经浸润到每个中国人的骨髓和血脉之中,既成为奠基当代中国发展根本价值的当代中华文化的直接源泉,也成为当代中国人在构建自身现代生活中无法绕开、不可否弃的潜在行为指引与深层社会文化心理依凭。习近平指出:"中华民族从来不是一帆风顺的,遇到了无数艰难困苦,但我们都挺过来、走过来了,其中一个很重要的原因就是世世代代的中华儿女培育和发展了独具特色、博大精深的中华文化,为中华民族克服困难、生生不息提供了强大精神支撑。"② 因此,只有深入挖掘中华优秀传统文化蕴含的思想观念、人文精神、道德规范,结合时代要求继承创新,才能让中华文化展现出永久魅力和时代风采,才能为凝聚、构筑、形塑、提升当代中国发展基本价值提供不可或缺的重要基础与支撑。中华优秀传统文化作为海内外中华儿女共同的精神源泉和情感联系纽带,能更好地促进海内外中华儿女凝聚共识、勠力同心,为推进祖国统一,实现中华民族伟大复兴的中国梦而共同奋斗。今天,以中国发展成就为基础,注入当代中国发展价值的中华优秀

---

① 《邓小平文选》第二卷,人民出版社1994年版,第367页。

② 习近平:《在文艺工作座谈会上的讲话》,人民出版社2015年版,第2页。

传统文化，在联接和汇聚海内外中华儿女为实现中国梦而共同奋斗中，将具有更强的凝聚力与吸引力；以中华优秀传统文化为基本载体，当代中国发展价值在海外才能持续广泛传播并切实有效地发挥其应有的引领与支撑作用。

（二）中华文化为中国特色社会主义建设提供方法和智慧

中国特色社会主义建设并不能直接从中华传统文化中寻找解决问题的方案，但是不能因此否认中华文化中具有有价值的思维方法。如，中华民族的整体性思维对中国特色社会主义建设具有重要方法论意义。中华民族习惯于把人类和万物视为一个整体，在对事物的认识上注重整体思维，注重思维的全面性、整体性、综合性。整体性思维对社会主义建设的方法论启示，就是要树立协调的发展理念，就是要把社会主义的经济、政治、文化、社会、生态文明建设视为一个整体，统筹推进"五位一体"总体布局，协调推进"四个全面"战略布局。"和而不同"的思维方式强调事物的差异性和多样性，也承认事物之间的矛盾和斗争。这对中国特色社会主义建设的启示，就是要正视社会发展中的矛盾和问题，承认社会的多元化发展，积极正视矛盾、化解矛盾。再如，中华文化中的"民为邦本"的思想虽然是为统治阶级的利益服务的，但是对当今"以人民为中心"的执政理念具有重要启示，党员干部无论职位高低，都是人民的公仆，要真正代表人民掌握权、用好权。

（三）中华文化是维护世界和平与发展的精神力量

当前，世界范围内有很多的矛盾和冲突，实现世界和平与发展，应该成为整个人类共同追求的目标。中华优秀传统文化的丰富哲学思想、人文精神、传统美德等，是解决当代人类面临的共同难题的重要思想源泉，为全球治理和治国理政提供有益启发。中华优秀传统文化以其独特的人文精神和对个体直入人心的观照力量，以及其特有的文化形象和独特文化表现形式等，在现代理性主义、工具主义泛滥的大背景下更具有跨文化传播的影响力和魅力。"要使中华民族最基本的文化基因与当代文化相适应、与现代社会相协调，以人们喜闻乐见、具有广泛参与性的方式推广开来，把跨越时空、超越国度、富有永恒魅力、具有当代价值的文化精神弘扬起来，把继承传统优秀文化又弘扬时代精神、立足本国又面向世界的当代中国文化创新成果传播出去。"① 借助注入当代中国发展价值核心元素的中华优秀传统文化的海外传播，有助于增强当代中华文化的竞争力与引领力，对于推进世界发展具有非常重要的意义。党的十八大以来，以习近平同志为核心的党中央坚持和平发展道路，推动构建人类命运共同体，不断完善外交布局，以周边和大国为重点，以发展中国家为基础，以多边为舞台，打造全球伙伴关系网络，最大限度凝聚共识、凝聚智慧、凝聚力量，为新时代中国特色社会主义伟大事业营造和平稳定的外部环境。

总之，5000 多年连绵不断、博大精深的中华文化，包含着中华民族最根本的精神基因，是中华民族生生不息、发展壮大的丰厚滋养。中华民族传统思想文化中的优秀成分，对中华文明形成并延续发展几千年而从未中断，对形成和维护中国团结统一的政治局面，对形成和丰富中华民族精神，对激励中华儿女维护民族独立、反抗外来侵略，对推动中国社会发展进步、促进中国社会利益和社会关系平衡都发挥了重要作用。

第五节　以人民群众为主体的社会力量凝聚团结经验

按照唯物史观的基本理论，人民群众是历史的创造者。创造历史的不是独立的个体，而是作为整体的人民群众。恩格斯指出："无论历史的结局如何，人们总是通过每一个人追求他自己的、自觉预期的目的来创造他们的历史，而这许多按不同方向活动的愿望及其对外部世界的各种各样作用的合力，就是历史。"② 遵从唯物史观人民群众是历史创造者的基本要求，中国共产党坚持人民立场，与人民风雨同舟、生死与共，始终保持血肉联系，坚持和贯彻党的群众路线，对于永葆统一战线的生机和活力，充分凝聚新时代的社会力量，具有十分重要的意义。

一、贯彻群众路线是凝聚社会力量的根本保障

政党的阶级基础和群众基础是政党赖以生存和发展的依托，一个政党能

---

① 《习近平谈治国理政》第一卷，外文出版社 2018 年版，第 161 页。
② 《马克思恩格斯选集》第 4 卷，人民出版社 2012 年版，第 254 页。

否夺取政权，能否巩固执政地位，关键在于能否得到人民群众的普遍拥护和支持，在于是否有巩固的阶级基础和广泛的群众基础。中国共产党坚持和贯彻群众路线，紧紧依靠人民完成了新民主主义革命，进行了社会主义革命和建设，并开创了改革开放新的伟大事业，回答了实现中华民族伟大复兴为了谁、依靠谁、怎么办的问题。

（一）群众路线是中国革命、建设和改革取得胜利的根本保证

党的近 100 年的历史，实质上就是一部依靠群众路线进行革命斗争的波澜壮阔的群众工作史，一部同人民群众生死与共、同甘共苦的奋斗史。从建党初期发动群众，发出的"为天下劳苦大众谋幸福"的铮铮誓言，到抗战时期放手发动群众，以群众性游击战的方式赢得人民战争的伟大胜利；从人民群众用小米哺育延安革命根据地，到人民群众用小车推出三大战役的伟大胜利；从人民群众用"手印"开启改革开放的伟大历史进程，到用"脚印"走出中华民族伟大复兴的坚实步伐，无不展现出在群众路线引领下人民群众的磅礴力量，无不展现出我们党密切联系群众、真诚服务群众、竭力造福群众的美丽华章。党的群众路线的卓越理论意义和巨大实践功效，已为我们党的光辉历史所完全证实。什么时候能真正做好群众工作，密切联系群众，党的工作就胜利，党的事业就发展；什么时候脱离了群众，背离了群众路线，党的工作就要遭受损失，党的事业就会经历挫折甚至失败。

群众路线与实事求是、独立自主共同成为毛泽东思想的活的灵魂，指导中国革命和建设不断向前发展。坚持群众路线，需要群策群力，集思广益，从群众中集中正确的意见，再依靠群众贯彻到实践中去。邓小平指出："如果正确地实行群众路线，使我们得到成功，那末，违背群众路线，就一定要使我们的工作遭受损失，使人民的利益遭受损失。"[①] 江泽民也指出："必须坚持走群众路线，全心全意为人民服务，诚诚恳恳为最广大人民谋利益。"[②]他还强调："把群众路线坚持好、发扬好，这是我们党始终立于不败之地的根本保证。"[③] 胡锦涛告诫："全党同志必须牢记，密切联系群众是我们党的

① 《邓小平文选》第一卷，人民出版社 1994 年版，第 221 页。
② 《江泽民文选》第三卷，人民出版社 2006 年版，第 225 页。
③ 《江泽民文选》第三卷，人民出版社 2006 年版，第 328 页。

最大政治优势，脱离群众是我们党执政后的最大危险。"① 习近平强调："坚持群众路线，就要保持党同人民群众的血肉联系。我们党的最大政治优势是密切联系群众，党执政后的最大危险是脱离群众。"② 我们党是在同人民群众的密切联系中成长、发展、壮大起来的，人民是党的力量之源和胜利之本，党的群众路线是实现党的思想路线、政治路线和组织路线的根本工作路线，实现好、维护好、发展好最广大人民的根本利益是我们党一切工作的出发点和落脚点。

新时代我国社会主要矛盾是人民日益增长的美好生活需要和不平衡不充分的发展之间的矛盾。利益仍是当前我国社会动员的内在基础动因，这也是我国改革开放 40 多年社会动员以利益为导向所证明的事实。党的十八大以来，我们党就是为了人民的福祉而向贫困宣战。习近平总书记强调指出：我们党员干部都要有这样一个意识：只要还有一家一户乃至一个人没有解决基本生活问题，我们就不能安之若素；只要群众对幸福生活的憧憬还没有变成现实，我们就要毫不懈怠团结带领群众一起奋斗。因此，开展社会动员，必须正确认识人民的利益问题。要聚焦人民对美好生活的向往，关注人民利益，妥善调节利益关系，完善利益运行机制，发挥利益对调动人和社会发展的基础动力和群众的组织力。通过民主和科学的程序、高效和公正的方式，使多数人的利益（公共利益）和少数人的权利获得协调与统一。

（二）坚持人民利益至上是贯彻群众路线的根本动力

中国特色社会主义制度的形成和完善，在各个领域、各个环节都凸显着人民利益至上的理念。如：在经济建设方面，制度的完善着眼于在解放和发展生产力基础上走向共同富裕；在政治建设方面，制度的完善着眼于保障人民当家作主的权利和各项合法权益；在文化建设方面，制度的完善着眼于满足人民的精神文化需求，不断丰富人们的精神世界；在社会建设方面，制度的完善着眼于改善民生，实现社会的和谐发展；在生态文明建设方面，制度的完善着眼于人民福祉，为人民创造良好生产生活环境。

中国特色社会主义制度在其形成和完善过程中，弥补以往社会主义制度

---

① 《胡锦涛文选》第三卷，人民出版社 2016 年版，第 532 页。

② 习近平：《在纪念毛泽东同志诞辰 120 周年座谈会上的讲话》，《人民日报》2013 年 12 月 27 日。

忽视个人利益、个人权利的缺陷，在坚持人民利益至上的同时，强调个人利益和整体利益的统一性。在中国特色社会主义制度下，整体是个人的集合，个人利益是社会整体利益的基础，社会整体利益是个人利益的集合与有机联系的统一体。社会整体利益体现着个人的长远的根本利益，个人利益又是社会利益的不可分割的组成部分。把社会整体利益与个人利益结合起来，注重个人利益和社会整体利益的统筹兼顾，既保证整体利益，又保障个人的正当利益，促进个人价值的实现，并力求使个人的个性和才能获得全面和充分的发展。这样，既避免了个人利益至上导致的人与人、人与社会之间的利益对立，也纠正了只注重整体利益而忽视个人利益的倾向，使整个社会产生了新的生机和活力。

2012 年 11 月 15 日，新一届中央领导集体首次亮相时，习近平强调："人民是历史的创造者，群众是真正的英雄。人民群众是我们力量的源泉。……我们一定要始终与人民心心相印、与人民同甘共苦、与人民团结奋斗，夙夜在公，勤勉工作，努力向历史、向人民交出一份合格的答卷。""我们的责任，就是要团结带领全党全国各族人民，继续解放思想，坚持改革开放，不断解放和发展社会生产力，努力解决群众的生产生活困难，坚定不移走共同富裕的道路。"① 正是由于我们党几代领导人始终把维护人民利益，全心全意为人民服务作为自己的最高宗旨，才使得中国共产党具有坚实的群众基础。

二、统一战线是凝聚社会力量的重要手段

统一战线的本质是大团结大联合，是我们党凝聚人心、汇聚力量的政治优势和战略方针，是不断夺取新胜利的重要法宝。群众路线是党的生命线和工作路线，而统一战线是党夺取革命和建设事业胜利的重要法宝之一。习近平在党的十九大报告中指出："统一战线是党的事业取得胜利的重要法宝，必须长期坚持。"② 同时他还把巩固和发展最广泛的爱国统一战线纳入新时代坚持和发展中国特色社会主义的基本方略。

（一）维护平等的民族关系

巩固和发展平等、团结、互助、和谐的社会主义民族关系，必须牢牢把

---

① 《习近平谈治国理政》第一卷，外文出版社 2018 年版，第 5、4 页。
② 《习近平谈治国理政》第三卷，外文出版社 2020 年版，第 31 页。

握各民族"共同团结奋斗、共同繁荣发展"主题，贯彻党的民族政策。

第一，彻底的民族平等。任何民族不论人口、风俗习惯、宗教信仰、经济社会发展程度是否存在差异，都具有同等的地位，依法享有相同的权利，履行相同的义务。55 个少数民族都拥有和汉族平等的地位、权利，可以依法参与党和国家各级政治决策，有共同治理的权利。此外，少数民族公民个体拥有与汉族公民一样的权利与义务。从保障少数民族人权的价值取向出发，结合各民族的历史发展与现实情况，在尊重少数民族意愿的基础上和平协商实行民族自治原则。其核心内容和特点主要是单一体制下的有限自治，有立法权和行政管理权及变通权和拒绝权。保护和传承少数民族传统文化；保障少数民族的语言文字；保障少数民族的教育发展；等等。根据少数民族的经济发展、教育文化等实际情况制定了诸多优惠政策，例如加大对民族自治地方财政转移支付的力度、组织发达地区与民族自治地方开展对口支援、少数民族学生高考加分等，以推进少数民族的繁荣与发展。

第二，坚持民族团结原则。坚持民族团结，是实现社会和谐与国家稳定的内在要求，是保证各民族一起繁荣与发展的前提和条件，鲜明地体现出我们党以中华民族统一和各民族大团结为最高原则的价值取向。党在制定各项民族政策时以民族团结为价值取向，不搞民族主义和大汉族主义，坚决打击民族分裂主义，维护中华民族一体多元格局。民族团结不是靠外力将各个民族强制性地捆绑在一起，而是内化到各个民族心里最深处的信念。民族团结工作是以维护国家统一和全国各族人民的大团结为出发点和落脚点的。

第三，社会主义价值目标是党的民族政策中坚定不移的核心价值取向。这一价值取向在社会主义建设时期，甚至新民主主义革命时期，都表现出强大的理论先导作用和实践功能。在政治上具有动员整合功能；在经济文化上具有发展功能；在民族关系上具有调节功能。新中国成立后中国共产党实行一系列措施改变历史上遗留下来的各少数民族在政治、经济和文化上的落后状态，努力使各民族逐步达到事实上的平等。

（二）理顺宗教关系

团结、争取和教育宗教界人士历来是中国共产党领导的最广泛的爱国统一战线的重要组成部分。民族宗教工作本质上是群众工作，要把少数民族和信教群众团结在党的周围。习近平强调：维护民族团结、反对民族分裂，必须依靠包括少数民族群众在内的各族人民，敌对势力越是想借民族、宗教问题做文章，我们就越是要让各族群众像石榴籽一样紧紧抱在一起，把信教群众紧紧团结在党的周围。宗教团体是党和政府团结、联系宗教界人士和广大信教群众的桥梁和纽带，要为他们开展工作提供必要的支持和帮助，尊重和发挥他们在宗教内部事务中的作用，努力建设政治上可信、作风上民主、工作上高效的高素质领导班子。要坚持政治上靠得住、宗教上有造诣、品德上能服众、关键时起作用的标准，支持宗教界搞好人才队伍建设。

因此，党和国家十分重视培养爱国宗教教职人员队伍，发挥他们在党和政府与信教群众之间的桥梁作用，宗教界人士中的各级人大代表、政协委员，在参政议政方面发挥了重要作用。最重要的是加强党对宗教工作的领导，党是宗教政策制定的主体，领导宗教工作，统筹宗教工作全局。

（三）做好党外知识分子和新的社会阶层工作

一是做好党外知识分子的工作。党外知识分子工作是统一战线的一项基础性、战略性工作，尤其要重点做好有代表性、有影响的党外知识分子的工作，并通过他们做好广大党外知识分子的工作。统战部门在党外知识分子工作方面的主要职责是：反映情况、掌握政策、协调关系、举荐人才，密切同党外知识分子的关系，充分听取他们的意见和建议，帮助他们在自己的专业领域和社会上发挥更大作用。

二是团结新的社会阶层。新的社会阶层人士是建设中国特色社会主义的重要力量。新的社会阶层包括民营企业和外资企业的管理人员、中介组织和社会组织从业人员、自由职业人员、新媒体从业人员四大群体。党要充分认识新的社会阶层人士统战工作的重要意义。非公有制经济人士作为我国新社会阶层的代表，在推动经济社会发展中的作用日益明显。加强对非公有制经济发展的服务引导，创造公平宽松的发展环境，是正确处理好新社会阶层关系的关键。充分发挥统一战线凝聚人心、汇聚力量的独特优势，引导新的社会阶层人士主动作为，充分发挥智力和技术优势，积极创新创业，参与改革发展，为经济社会发展、社会和谐稳定作出积极贡献。

三是构建新型政商关系。习近平总书记把新型政商关系精辟而深刻地概括为"亲""清"两字，提供了政商交往的新标尺。"官""商"交往要有道，相敬如宾，而不要勾肩搭背、不分彼此，要划出公私分明的界限。各级工商联组织和广大非公有制经济人士一起共同推动新型政商关系的构建，积极搭建政企沟通平台，推动党政部门建立和非公有制经济人士的联系机制，增进政企互信。广大非公有制经济人士发挥自我学习、自我教育、自我提升的主体作用，积极参加非公有制经济人士理想信念教育实践活动、"万企帮万村"精准扶贫行动，争做爱国敬业、守法经营、创业创新、回报社会的典范。

三、新时代寻求最大公约数，画出最大同心圆

党的十八大以来，面对错综复杂的国内国际形势和多元多样的利益格局、思想观念、价值取向，以习近平同志为核心的党中央审时度势，从战略高度提出寻求各方面的最大公约数，要求各级领导干部要善于以最大公约数的思想方法研究问题、解决问题，聚合众力、融合众智。

（一）正确处理一致性和多样性的关系

党的十八大以来，以习近平同志为核心的党中央先后召开了中央统战工作会议、中央民族工作会议、全国宗教工作会议、第二次中央新疆工作座谈会、中央第六次西藏工作座谈会和全国新的社会阶层人士统战工作会议，颁布了党关于统一战线的第一部党内法规《中国共产党统一战线工作条例（试行）》，出台了一批规范性文件，统一战线不断创新发展、巩固壮大，在中国特色社会主义事业中发挥了重要的法宝作用。习近平强调，要坚持正确处理一致性和多样性关系的重大方针。一致性体现在中国特色社会主义道路、理论体系和制度方面，多样性体现在当今我国社会所有制、阶层利益、价值取向等方面。正确处理一致性和多样性的关系，就是要在坚持党的领导和中国特色社会主义政治底线的前提下，最大限度地包容多样性，寻求最大公约数，画出最大同心圆。《中国共产党统一战线工作条例（试行）》将同心圆的最外层从原来的"拥护祖国统一的爱国者"扩大为"拥护祖国统一和致力于中华民族伟大复兴的爱国者"，有利于巩固和发展最广泛的爱国统一战线，实现更高程度、更广范围的大团结大联合。正确处理一致性和多样性的关系，用统战方式找到各方面的最大公约数。最大公约数是习近平大统战理念的集中体现和灵活运用，是应对和破解国内国际复杂问题的一把"金钥匙"，是指导我们"啃硬骨头"、渡过改革难关的重大方法论，是通过

大团结大联合实现中华民族伟大复兴中国梦的战略思维。是对党治国理政理念的科学把握和不断深化，开启了统一战线发展新阶段，开辟了统一战线理论新境界。

（二）提出构建大统战工作格局

习近平在 2015 年中央统战工作会议上指出："要坚持党委统一领导、统战部牵头协调、有关方面各负其责的大统战工作格局，形成工作合力。"①

一是统战的对象更多。习近平在中央统战工作会议上将"新三类人"（留学人员、新媒体中的代表性人士、非公有制经济人士特别是年轻一代等）作为统战工作新的着力点、重点团结的新对象，明确指出应纳入统战工作对象的 12 类人员。统战工作对象的及时拓展，既丰富了统战工作的含义，又最大限度地团结了一切可以团结的力量。

二是统战的范围更广。从领域上看，长期以来，党的统战工作偏重于政治领域，对社会公共领域关注较少。大统战格局要求我们的统战工作不能仅仅局限于政治领域，而是要广泛地贯彻到党的所有工作之中，包括经济、文化、社会、祖国统一、国防、外交等各个领域，渗透到人们生活的方方面面。从空间上看，统战空间不能仅仅局限于国内，还要走出国门，统筹国内国际两个大局。

三是统战体制更顺畅。为了加强党对统一战线工作的集中统一领导，充分发挥党对统一战线工作的集中统一领导，充分发挥党统揽全局、协调各方的领导核心作用，2018 年党的十九届三中全会通过的《中共中央关于深化党和国家机构改革的决定》对统一战线的相关机构作出改革：为加强党对民族工作的集中统一领导，将民族工作放在统战工作大局下统一部署、统筹协调、形成合力，更好贯彻落实党的民族工作方针，更好协调处理民族工作中的重大事项，将国家民族事务委员会归口中央统战部领导；为加强党对宗教工作的集中统一领导，全面贯彻党的宗教工作基本方针，坚持我国宗教的中国化方向，统筹统战和宗教等资源力量，积极引导宗教与社会主义社会相适应，将国家宗教事务局并入中央统战部；为加强党对海外统战工作的集中

---

① 《习近平在中央统战工作会议上强调巩固发展最广泛的爱国统一战线　为实现中国梦提供广泛力量支持》，《人民日报》2015 年 5 月 21 日。

统一领导，更加广泛地团结联系海外侨胞和归侨侨眷，更好发挥群众团体作用，将国务院侨务办公室并入中央统战部。①

中国特色社会主义进入新时代。我国社会主要矛盾已经转化为人民日益增长的美好生活需要和不平衡不充分的发展之间的矛盾，社会结构和利益格局深刻变化，新的社会阶层不断涌现，思想观念日益多样，改革发展稳定任务依然艰巨繁重。肩负历史使命、实现新的目标，需要我们运用好统一战线这一重要法宝，最大限度地凝聚共识、凝聚人心、凝聚智慧、凝聚力量，最大限度地调动积极因素，激发创造活力，万众一心，拧成一股绳，以必胜的信心、昂扬的斗志、扎实的努力投身新的历史进程。

第六节　坚持和发展马克思主义的思想理论建设经验

社会主义建设必须坚持科学的理论指导，正如恩格斯所说，"我们党有个很大的优点，就是有一个新的科学的世界观作为理论的基础"②。列宁也一再强调："只有以先进理论为指南的党，才能实现先进战士的作用。"③ 指导中国特色社会主义建设的先进理论就是马克思主义。马克思主义揭示了人类社会发展规律，特别是揭示了资本主义与社会主义发展规律，是科学的世界观和方法论，是认识世界和改造世界的强大思想武器。中国共产党自成立之日起就把马克思主义作为自己的指导思想。长期以来，马克思主义在中国之所以显示出强大生命力，最根本的就是我们党把坚持马克思主义和发展马克思主义有机统一起来，做到既不忘老祖宗，又讲出新话，不断实现马克思主义的创新和发展。

一、马克思主义指引中国特色社会主义的前进航向

理想、信念、政治方向是人们的精神支柱和精神动力。马克思主义关于共产主义社会的理想是中国共产党人的信念，是指引中国特色社会主义前进

---

①　参见《中共中央关于深化党和国家机构改革的决定》，《人民日报》2018年3月5日。

②　《马克思恩格斯选集》第2卷，人民出版社2012年版，第10页。

③　《列宁选集》第1卷，人民出版社2012年版，第312页。

的思想灯塔。

（一）对马克思主义的坚定信仰是社会主义革命、建设、改革成功的基础

俄国十月革命以后，马克思主义传入中国。1921 年中国共产党诞生。中国共产党坚定不移地信仰马克思主义，始终把马克思主义这一科学理论作为自己的行动指南，因而得以摆脱以往一切政治力量追求自身特殊利益的局限，以唯物辩证的科学精神、无私无畏的博大胸怀领导和推动中国革命、建设、改革走向胜利。在马克思主义指导下，在中国共产党领导下，中国人民经过几十年的艰辛奋斗，取得了新民主主义革命的胜利，建立了新中国。新中国成立后，在马克思主义指导下，继续探索社会主义革命和建设规律，取得了重要成就。党的十一届三中全会重新确立了马克思主义思想路线、政治路线和组织路线，开启了改革开放历史新时期。正如邓小平所说："过去我们党无论怎样弱小，无论遇到什么困难，一直有强大的战斗力，因为我们有马克思主义和共产主义的信念。有了共同的理想，也就有了铁的纪律。无论过去、现在和将来，这都是我们的真正优势。"①

马克思说："批判的武器当然不能代替武器的批判，物质力量只能用物质力量来摧毁；但是理论一经掌握群众，也会变成物质力量。"② 马克思主义中国化的过程，同时也是中国社会认同马克思主义、接受马克思主义的过程。在当代中国，即使最为普通的民众，对中国的未来也总是充满了信心。同时也不难发现，各种非马克思主义、反马克思主义的社会思潮，因为它们从根本上背离了马克思主义话语体系，成为脱离群众、高高在上的"火星语"，即使是所谓的"高端学术"和"精英理论"，也不过是自弹自唱、自娱自乐、贻笑大方而已。

（二）与时俱进推进马克思主义中国化是理论优势的根本保障

中国共产党之所以能够带领全国人民完成和推进革命、建设、改革三件大事，是因为坚持解放思想，实事求是，与时俱进，求真务实，坚持一切从实际出发，理论联系实际，在实践中坚持和发展真理，不断推进马克思主义

---

① 《邓小平文选》第三卷，人民出版社 1993 年版，第 144 页。
② 《马克思恩格斯选集》第 1 卷，人民出版社 2012 年版，第 9 页。

中国化，丰富和发展马克思主义，分别形成了毛泽东思想和中国特色社会主义理论体系这两大理论成果。前者系统回答了在一个半殖民地半封建的东方大国，如何实现新民主主义革命和社会主义革命的问题，并且对建设什么样的社会主义、怎样建设社会主义进行了艰辛探索，以创造性的内容为马克思主义宝库增添了新的财富，为新的历史时期开创中国特色社会主义提供了理论准备；后者系统回答了在中国这样一个十几亿人口的发展中大国建设什么样的社会主义、怎样建设社会主义，建设什么样的党、怎样建设党，实现什么样的发展、怎样发展等一系列重大问题，是对毛泽东思想的继承和发展，为中国特色社会主义道路的开辟和拓展提供了科学的理论指导。

党的十八大以来，以习近平同志为核心的党中央，紧紧围绕坚持和发展中国特色社会主义，大力推进理论创新和实践创新，提出实现中华民族伟大复兴的中国梦成为引领全体人民团结奋斗的鲜明旗帜，统筹推进经济建设、政治建设、文化建设、社会建设、生态文明建设"五位一体"总体布局；提出协调推进全面建成小康社会、全面深化改革、全面依法治国、全法从严治党的"四个全面"战略布局，成为中国治国理政的总方针；提出树立和落实创新、协调、绿色、开放、共享的新发展理念，一系列新思想、新论断形成习近平新时代中国特色社会主义思想。习近平新时代中国特色社会主义思想，"是马克思主义中国化最新成果，是党和人民实践经验和集体智慧的结晶，是中国特色社会主义理论体系的重要组成部分，是全党全国人民为实现中华民族伟大复兴而奋斗的行动指南，必须长期坚持并不断发展"①。

二、中国特色社会主义理论的内在品质和基本特征

中国特色社会主义理论是在和平与发展成为时代主题，世界多极化和经济全球化的趋势在曲折中发展，科技进步日新月异，综合国力竞争日趋激烈，世界的力量组合和利益分配正在发生新的深刻变化，国内经济体制深刻变革、社会结构深刻变动、利益隔绝深刻调整、思想观念深刻变化等新的历史条件下，在中国特色社会主义现代化建设的长期实践中形成和发展起来

---

① 《习近平谈治国理政》第三卷，外文出版社 2020 年版，第 16 页。

的，其内在品质具有鲜明的特征，是理论优势的所在。

（一）将对科学社会主义基本原则的传承和与时俱进发展统一起来

实践是认识的来源和发展的动力，是检验理论真理性的唯一标准。邓小平曾经指出："一个新的科学理论的提出，都是总结、概括实践经验的结果。没有前人或今人、中国人或外国人的实践经验，怎么能概括、提出新的理论？"[①] 中国特色社会主义既坚持了科学社会主义的基本原则，又根据我国实际和时代特征赋予其鲜明的中国特色，是马克思主义基本原理和科学社会主义基本原则、中国实际和中国特色、时代潮流和时代特征的有机统一和辩证结合。一方面，中国特色社会主义坚持科学社会主义的基本原则，"中国特色社会主义是社会主义而不是其他什么主义，科学社会主义基本原则不能丢，丢了就不是社会主义"[②]；另一方面，它始终坚持解放思想、实事求是、与时俱进的思想路线，根据实践的发展，科技的新进步、哲学文化的新成果，与时俱进地发展马克思主义，不断地形成马克思主义中国化的新成果。

（二）将坚持社会主义共性与保持中国个性统一起来

中国特色社会主义不是中国特色的资本主义或者民主社会主义，它始终坚持科学社会主义基本原则，坚决反对走否定科学社会主义基本原则的"改旗易帜"的邪路。中国特色社会主义也没有拘泥于马克思主义经典作家基于当时的具体历史情况得出的关于社会主义的个别观点、具体结论和行动纲领，没有迷信苏联社会主义建设的模式、道路和经验，坚决反对教条主义和僵化保守，始终坚持立足于中国国情和实际，坚持反映时代潮流和时代特征，在科学社会主义基本原则指导下，走中国特色社会主义建设道路。

（三）将展现理论的民族性与保持理论的时代性统一起来

中国特色社会主义理论体系是在全球化的背景下，在中国改革开放的实践中形成的。中国特色社会主义理论是马克思主义基本原理与中国实际相结合的产物，具有中国语言、中国风格、中国气派。但是，中国特色社会主义理论不是狭隘的、故步自封的、自说自话的封闭僵化体系，而是始终站在时

---

① 《邓小平文选》第二卷，人民出版社1994年版，第57—58页。

② 《习近平谈治国理政》第一卷，外文出版社2018年版，第22页。

代的最前沿，反映时代精神，把握时代矛盾，解释时代规律，并且注重与世界上各种文明进行交流和对话，借鉴和吸收人类创造的一切文明成果，在全球化与本土化、世界化与中国化之间保持必要的张力。

三、思想政治工作是加强思想理论建设的根本途径

思想政治工作是党的工作的重要组成部分，是经济工作和其他一切工作的有力保证。中国共产党近 100 年的历史，是一部不懈探索、艰苦奋斗的历史，也是不断进行思想政治工作创新的历史。面对不同历史时期的新情况、新问题，党坚持把马克思主义的普遍原理和中国的具体实际相结合，不断丰富、深化和发展思想政治工作的理论和实践，使思想政治工作具有鲜明的中国特色和时代特征。

（一）马克思主义是思想政治工作的指导思想和根本内容

思想政治工作的目的不是教育人们通过确立科学的理想和信念、科学的方式和方法去获取物质利益的满足，而是教育人们有更高的追求，这也就是我们所熟知的信念和理想。长期以来，我们通过思想政治工作，使人们认识到在社会主义条件下，个人利益与集体利益、局部利益与整体利益是一致的。人们在实现个人利益的时候，必须要讲国格、人格和风格，也要讲思想境界。我们的思想政治工作在讲个人利益的同时，更要讲全局利益，鼓励人们要依法获取个人利益，发扬勇于奉献的精神。要讲尽义务的原则，在争取个人利益的同时，必须先把对国家、集体、社会的义务和责任放在个人利益之前，全力发扬爱集体、爱国家的共产主义精神；要有勇于牺牲的精神，必须肯于牺牲个人利益，要懂得牺牲小局以保大局的道理。

思想政治工作是一项以马克思主义理论为基础，党性、阶级性、综合性和实践性都很强的工作。早在 1981 年党的十一届六中全会通过的《关于建国以来党的若干历史问题的决议》中就明确提出，要加强和改善思想政治工作，用马克思主义世界观和共产主义道德教育人民和青年。马克思主义理论是工人阶级的科学世界观和全人类精神文化最优秀的成果。由于马克思主义理论具有革命性和科学性的高度统一，因此为无产阶级政党服务的思想政治教育工作必须由马克思主义理论来统领。无产阶级在建立自己的政治统治和经济统治的同时也要建立自己的思想统治，"思想领域的阵地马克思主义不去占领，非

马克思主义和反马克思主义的东西就会去占领"①，因此，"加强和改造思想政治工作，最根本的是坚持和巩固马克思主义在意识形态领域的指导地位"②。

（二）思想政治工作是党的建设的重要任务

高度重视和发挥思想政治工作的生命线作用，是中国共产党的基本经验和优良传统。民主革命时期，思想政治工作对实现党的领导和完成党的各项任务起到重要保证作用，毛泽东指出："掌握思想教育，是团结全党进行伟大政治斗争的中心环节。如果这个任务不解决，党的一切政治任务是不能完成的。"③ 新中国成立后，中国共产党更紧密地把思想政治工作与治国理政的各个方面工作相结合，更全面地发挥思想政治工作的优势，"政治工作是一切经济工作的生命线"④ 的作用得到集中体现。新中国成立初期，党的思想政治教育使党的路线方针政策深入人心、家喻户晓，不仅有力地保证了党的中心任务的胜利完成，而且促进了良好社会风气的形成，使得新中国成立头 7 年成为我们党历史上最好的时期之一。

改革开放后，面对社会转型、体制转轨的巨大变迁，邓小平高度重视党的思想政治工作的重要性，他指出："在工作重心转到经济建设以后，全党要研究如何适应新的条件，加强党的思想工作，防止埋头经济工作、忽视思想工作的倾向。"⑤ "思想政治工作和思想政治工作队伍都必须大大加强，决不能削弱。"⑥ 1981 年 6 月，党的十一届六中全会决议明确指出，思想政治工作是经济工作和其他一切工作的生命线。在 1983 年党的十二届二中全会上，邓小平针对当时不少人埋头于经济工作的同时忽视思想政治工作的现象，强调在工作重心转移到经济建设以后，全党要研究适应新的条件，加强党的思想政治工作，要求全党"一定要把思想政治工作放在非常重要的地位，切实认真做好，不能放松"⑦。1992 年邓小平发表南方谈话，从理论上深刻地回答了长期困扰和束缚人们思想的许多重大认识问题。同年 10 月，

---

① 《中共中央关于加强和改进思想政治工作的若干意见》，《人民日报》1999 年 9 月 29 日。
② 张蔚萍：《新编思想政治工作概论》，中共中央党校出版社 1996 年版，第 2 页。
③ 《毛泽东选集》第三卷，人民出版社 1991 年版，第 1094 页。
④ 《毛泽东文集》第六卷，人民出版社 1999 年版，第 449 页。
⑤ 《邓小平文选》第三卷，人民出版社 1993 年版，第 48 页。
⑥ 《邓小平文选》第三卷，人民出版社 1993 年版，第 145 页。
⑦ 《邓小平文选》第二卷，人民出版社 1994 年版，第 342 页。

党的十四大的召开，确立了我国经济体制改革的目标是建立社会主义市场经济体制，给党领导的改革大业扶正了船头，党的思想政治工作拨云见日，沿着正确的方向破浪前进。党的十五大确立了邓小平建设有中国特色社会主义理论在全党的指导地位，实现了思想政治工作的与时俱进。

1999 年 9 月颁布的《中共中央关于加强和改进思想政治工作的若干意见》，深刻阐述了加强和改进思想政治工作的重要性，总结了一段时期以来思想政治工作的经验教训，阐明了思想政治工作应坚持的方针、原则、内容和方法，大大推动了思想政治工作的规范化和制度化建设。2000 年 6 月，党中央召开了新中国成立以来以中央名义举行的第一次思想政治工作会议，强调党的思想政治工作是经济工作和其他一切工作的生命线，是团结全党和全国各族人民实现党和国家各项任务的中心环节，是我们党和社会主义国家的重要政治优势。改革开放以来，我们党先后开展了整党、"三讲"教育、先进性教育活动、学习实践科学发展观活动、群众路线教育实践活动等，推进"两学一做"学习教育常态化制度化，通过集中性教育和经常性教育相结合，不断强化党的理论学习、教育、武装工作。

四、党的十八大以来思想理论建设进一步加强

习近平强调："理论创新每前进一步，理论武装就要跟进一步。"[①] 党的十八大以来，习近平在继承和发扬党的思想政治工作基本经验的基础上，结合党治国理政新阶段"进行伟大斗争、建设伟大工程、推进伟大事业、实现伟大梦想"的新要求，将党的思想政治工作提升到国家治理现代化的战略高度，更进一步激发出思想政治工作的治理价值，在理论和实践上进行了许多创造性发展。

（一）中央马克思主义理论研究和建设工程取得新进展

以习近平同志为核心的党中央从坚持和发展中国特色社会主义的高度，对深入实施马克思主义理论研究和建设工程作出了新的决策部署。马克思主义理论研究和建设工程工作座谈会在北京召开，强调"思想理论建设是党

---

① 习近平：《在"不忘初心、牢记使命"主题教育工作会议上的讲话》，人民出版社 2019 年版，第 2 页。

的根本性建设，中国特色社会主义事业永不停息地向前发展，马克思主义中国化的进程也会持续不断地向前推进，要把马克思主义理论研究和建设工程作为一项长期的战略任务，为实现中华民族伟大复兴的中国梦提供理论支持"①。马克思主义理论研究和建设工程得到了进一步加强，马克思主义学科建设快速发展，高水平研究成果进一步丰富，学科点规模进一步扩大，涌现出一批中青年马克思主义理论骨干人才，使我们党更加牢固地掌握了意识形态工作的领导权和主动权，使我国意识形态领域某些方面曾经存在的被动局面得到根本扭转，社会主义核心价值观深入人心，中华优秀传统文化广泛弘扬，主旋律更加响亮，正能量而更加强劲，文化自信得到彰显，全党全社会思想上的团结统一更加巩固。习近平新时代中国特色社会主义思想为马克思主义理论研究和建设进一步指明了前进方向，提供了强大精神动力，开辟了无比广阔的发展空间，也提出了更高的要求，必将引领马克思主义理论研究和建设取得新的更大成绩。

（二）始终坚持围绕党和国家工作大局开展思想政治工作

讲大局、顾大局，从全局出发制定战略、运用策略，是我们党的优良传统和制胜之道。党的十八大以来，思想政治工作始终坚持在大局下思考、在大局下行动，紧紧围绕统筹推进"五位一体"总体布局和协调推进"四个全面"战略布局，围绕党中央重大决策部署，扎实开展工作，为改革发展稳定提供了有力的思想保证、舆论支持、精神动力和文化条件。各地区各部门认真贯彻《党委（党组）意识形态工作责任制实施办法》，制定实施细则，将意识形态工作责任制纳入党的巡视工作安排，确保责任落地。各级党委宣传部门和新闻单位坚持团结稳定鼓劲、正面宣传为主，广泛深入开展中国特色社会主义道路、"两个一百年"奋斗目标和中国梦的宣传；认真组织中央全会、"两会"等重要会议和 G20 杭州峰会、"一带一路"国际合作高峰论坛等重大活动的宣传；浓墨重彩开展庆祝中国共产党成立 95 周年、庆祝中国人民解放军建军 90 周年、庆祝中华人民共和国成立 70 周年等大型群众活动。中央和地方有关部门、主要新闻单位认真实施网络内容建设工程，

①　刘云山：《深入实施马克思主义理论研究和建设工程　为实现中华民族伟大复兴的中国梦提供理论支持》，《人民日报》2013 年 10 月 21 日。

壮大网上正面声音，最大限度地激发网络空间正能量，形成网上网下正面舆论强势，进一步弘扬了主旋律、凝聚了推进改革发展的强大正能量。2019年，中央又以全党县处级领导干部为重点，开展了"不忘初心、牢记使命"主题教育活动，极大推动了用习近平新时代中国特色社会主义思想武装全党。

（三）始终坚持以人民为中心的思想政治工作导向

党的十八大以来，思想政治工作认真贯彻习近平在全国宣传思想工作会议、文艺工作座谈会、党的新闻舆论工作座谈会等会议上的重要讲话精神，始终坚持以人民为中心的工作导向，不断丰富人民精神世界、增强人民精神力量、满足人民精神文化需求。中央和地方主要新闻媒体持续开展"走基层、转作风、改文风"活动，组织广大新闻工作者走进生活深处，提炼生活真味，升华创作心境和思想，推出了一批有思想、有温度、有品质的作品。各地区各有关部门扎实开展"深入生活、扎根人民"主题实践活动，组织广大文艺工作者深入基层体验生活、采风创作，积极参加文化进万家、欢乐下基层等活动，推出一大批反映时代呼声、展现人民奋斗、振奋民族精神、陶冶高尚情操的精品力作。持续深化文化供给侧结构性改革，增强公共文化服务能力，推动文化小康建设迈上新台阶。各地区各部门坚持把解决思想问题同解决实际问题结合起来，从群众最关心的问题入手，认真听取群众呼声、了解群众诉求，为群众排忧解难，做了许多得人心、暖人心、稳人心的好事实事。

（四）理论优势转化为话语优势

在马克思主义传入中国并与中国革命和建设实践相结合的历史进程中，我们党不仅重视传承马克思主义经典话语，也重视贴近社会现实不断作出新的理论概括。以人民为中心、科学发展、国家治理体系和治理能力现代化等概念范畴，混合所有制经济、负面清单管理等创新表述，都体现了我们在实践探索、理论扬弃基础上的话语创造。党的十八大以后，我们积极应对传播形态、传播格局变革带来的挑战，统筹推进国内国际传播能力建设，不断创新传播手段、开辟传播平台、拓展传播渠道，基本形成了多层次、立体化的现代传播体系。尤其是大力推动传统媒体和新型媒体融合发展，把发挥传统媒体内容优势和新型媒体传播优势紧密集合起来，推动我国媒体传播能力得到了大幅提升，马克思主义理论优势有效转化成为了大众话语优势。

第七节　强化执政党使命和责任
担当的国家治理经验

改革开放以来，中国共产党领导全国各族人民始终沿着中国特色社会主义道路不断向前发展，中国开始步入新时代。在新时代，中国特色社会主义制度更加完善，国家治理体系和治理能力现代化水平明显提高，充分彰显了国家治理优势。"我们的国家治理体系和治理能力总体上是好的，是有独特优势的，是适应我国国情和发展要求的。"①

一、把建立完善的国家治理格局作为国家治理的现实基础

随着社会主义市场经济的发展以及政治民主化的推进，我国建成了由政党、政府、市场和社会治理体系构成的完善的国家治理结构。这几个方面在国家治理结构中各自发挥不同的作用：政党治理体系是国家治理结构的政治前提，中国共产党作为执政党始终掌握着治理大局；政府治理体系是以政府为核心，大力转变政府治理结构，重塑政府职能；市场和社会治理体系在国家治理结构中处于基础地位，能否充分发挥市场的决定性作用、社会治理的好坏决定了国家治理能否实现现代化。这几个系统之间相互制约、相互促进，使国家治理结构系统完备。

（一）坚持治国与治党相统一是国家治理优势的根本前提

"治国必先治党，治党务必从严"，体现了中国特色社会主义建设的一对重要关系，即党的领导与国家治理二者之间有机统一的重要关系。在国家治理现代化中，中国共产党肩负着艰巨的历史使命、担当着重大的领导责任。领导和执政的双重角色赋予中国共产党治国理政的责任和使命。"在我国，党的坚强有力领导是政府发挥作用的根本保证。"② 中国党和政府之间的关系也反映出二者在国家治理中角色之差异，党在国家治理中发挥总揽全

---

① 《习近平谈治国理政》第一卷，外文出版社 2018 年版，第 105 页。
② 《习近平谈治国理政》第一卷，外文出版社 2018 年版，第 118 页。

局、协调各方的作用，而国家的大政方针则需要由政府来具体执行。在推进国家治理现代化进程中，我们党以提高执政能力为重点，把加强自身建设与提高国家治理能力紧密结合起来。正如习近平所指出的："只有以提高党的执政能力为重点，尽快把我们各级干部、各方面管理者的思想政治素质、科学文化素质、工作本领都提高起来，尽快把党和国家机关、企事业单位、人民团体、社会组织等的工作能力都提高起来，国家治理体系才能更加有效运转。"①

（二）政府是国家治理的组织者和实施者

政府是国家治理的组织者和实施者，对国家治理现代化的成效起到总体性推动作用。为了实现有效治理，中国十分强调各级政府的作用。

党的十八届三中全会通过的《中共中央关于全面深化改革若干重大问题的决定》指出，政府的职责和作用主要是保持宏观经济稳定，加强和优化公共服务，保障公平竞争，加强市场监管，维持市场秩序，推动可持续发展，促进共同富裕，弥补市场失灵。各级政府把发展战略、规划、政策、标准等的制定和实施，加强市场活动监管，加强各类公共服务作为自己的主要职责。近年来，中国政府大力推进简政放权改革，使市场主体释放出更大的活力。政府作用的突出发挥，凸显了社会主义制度集中力量办大事的制度优势。2018年，全国人民代表大会通过了新中国成立以来党和国家机构改革重组新建力度最大的改革方案，标志着中国共产党治国理政体系的整体升级与全新构建，有助于构建起真正适合中国长远发展需要的科学合理高效的现代化国家治理体系，更加充分地展现了中国特色社会主义的制度优势。

国家治理是中国共产党领导下不同主体的合作共治。不同主体在参与公共事务的过程中涉及利益整合与协调问题，政府作为公共权力的代表，具有无可替代的权威性，因此政府要承担起多元主体的协调人的角色。只有不同主体之间优势互补、相互配合，才能达到"善治"的理想状态。党的十九大重新剖析了中国当前的社会主要矛盾，即人民日益增长的美好生活需要和不平衡不充分的发展之间的矛盾。提供基本公共服务，保障人民福祉是政府的基础性责任。在经济发展的客观条件下，以公平公正的方式让改革发展成

---

① 《习近平谈治国理政》第一卷，外文出版社2018年版，第105页。

果惠及全民。政府既要保持好国家治理现代化的总执行人的角色，还要发挥同其他主体协同共治的总协调人的职责。

（三）政府治理坚持了鲜明的市场化、社会化导向

改革开放以来，我们一直将转变政府职能作为行政改革的核心，目标就是按照社会主义市场经济的要求，科学定位政府与市场、社会的职能边界，真正使市场在资源配置中发挥决定性作用，充分发挥社会活力。40多年来，我国的行政改革着力转变政府职能、理顺权责关系、创新管理方式、增强行政人员素质和专业化水平，创建了中国特色社会主义行政管理制度体系，"在凸显国家权力公共性价值取向的前提下，排除了那种国家与社会间截然对立、零和竞争的博弈选项，而致力于不断扩大两者根本利益的交集，追求国家与社会团结协作，共同应对治理挑战的局面"[1]。这是我国实现治理体系现代化目标的最大优势。

我国也基本建成了具有中国特色的社会治理体制。中国特色社会治理体制坚持系统治理，社会治理不仅是政府的工作职能，要调动社会各界一起参与，从政府包揽向政府负责、社会共同治理转变；坚持依法治理，从管控规制向法治保障转变；坚持综合治理，从单一手段向多种手段综合运用转变；坚持源头治理，从根本上解决矛盾、防微杜渐。党的十八大以来，进一步建立健全了党和政府主导的维护群众权益机制、社会利益协调机制、预防和化解社会矛盾机制、社会风险评估机制、突发事件监测预警机制，极大提高了社会治理社会化、法治化、智能化、专业化水平。

二、把坚持以人民为中心作为国家治理的根本理念

中国共产党自成立以来，始终与人民同呼吸、共命运，中国革命、建设、改革的重大胜利，都是在人民群众的拥护和支持下取得的。中国的国家治理也始终有一条红线贯穿其中，即以人民为中心。特别是党的十八大以来，以习近平同志为核心的党中央坚持以人民为中心的国家治理理念，大力推进各方面改革，推动国家治理体系和治理能力现代化迈上新高度、达到新水平。

---

[1] 肖贵清等：《坚持和发展中国特色社会主义二十讲》，湖南人民出版社2015年版，第88页。

（一）以人民为中心的国家治理理念

第一，人民生活幸福是国家治理的奋斗目标。人民追求更加美好的生活是社会发展的永恒动力，中国共产党决不谋求一党的私利，除了人民的利益外没有自身的利益，实现好、发展好、维护好人民利益，成为衡量党的路线、方针、政策和一切活动的最高标准。2012年11月，习近平在担任总书记后的中外记者见面会上，鲜明地宣示："人民对美好生活的向往，就是我们的奋斗目标。"① 国家治理所取得的一切发展成果由人民共享。"创新、协调、绿色、开放、共享"五大发展理念也集中体现了以人民为中心的思想，特别是共享发展理念，体现的是促进共同富裕，维护公平正义，这是中国特色社会主义的本质要求。

第二，人民是国家治理的依靠者和主体力量。毛泽东说："人民，只有人民，才是创造世界历史的动力。"② 历史上，中国共产党领导革命、建设、改革之所以取得成功，靠的是人民群众的支持；今天，实现"两个一百年"奋斗目标和中华民族伟大复兴的中国梦也必须充分尊重人民所表达的意愿、所创造的经验、所拥有的权利、所发挥的作用。正如习近平所要求的，共产党员和领导干部要从内心深处把人民群众当"主人"、当"先生"，"在人民面前，我们永远是小学生，必须自觉拜人民为师"。③ 一切国家治理活动，都尊重人民主体地位，尊重人民首创精神，拜人民为师，把政治智慧的增长、治国理政本领的增强深深扎根于人民的创造性实践之中，使各方面提出的真知灼见都能运用于治国理政。

第三，国家治理成效的好坏要由人民来评判。习近平说："我们党的执政水平和执政成效都不是由自己说了算，必须而且只能由人民来评判。人民是我们党的工作的最高裁决者和最终评判者。"④ 今天，人民群众是否真正得到了实惠，人民生活是否真正得到了改善，人民权益是否真正得到了保障，人民群众的"获得感"和"幸福感"的高低已成为评价中国党和政府工作成效的最高标准，也成为国家治理成效的最高标准。

---

① 《十八大以来重要文献选编》（上），中央文献出版社2014年版，第70页。
② 《毛泽东选集》第三卷，人民出版社1991年版，第1031页。
③ 习近平：《在纪念毛泽东同志诞辰120周年座谈会上的讲话》，《人民日报》2013年12月27日。
④ 习近平：《在纪念毛泽东同志诞辰120周年座谈会上的讲话》，《人民日报》2013年12月27日。

（二）以人民为中心的国家治理实践

第一，把以改革促发展作为破解与人民利益相关的一切难题的基础。国家治理决不能是空中楼阁，必须以发展为基础。中国把发展作为治国理政的第一要务，始终坚持以经济建设为中心，坚持稳中求进工作总基调，大力推进供给侧结构性改革，深化创新驱动，优化经济结构，质量和效益不断提升，保持了经济发展稳中向好的态势。经济发展不仅直接改善了人民的生活，为全面建成小康社会打下坚实的物质基础，而且为政治、文化、社会、生态等各领域深化改革打下基础。经济、政治、文化、社会、生态文明、国防军队、党的制度建设等各个领域的改革不断深化，呈现出全面发力，多点突破，纵深推进的良好态势。我们解决了许多长期想解决而没有能够解决好的难题，办成了过去想办而没有能够办成的大事，有效维护了人民利益。

第二，大力推进民生建设和维护社会公平正义。中国党和政府注重解决人民群众最关心的与自身现实利益相关的教育、医疗、就业、社会保障、生态环境等问题，推出了一系列"民生工程"，建成了世界上规模最大的基本医疗网、养老保险网，全面实现九年免费义务教育，着力促进基本公共服务标准化、均等化，进一步繁荣文化事业、文化产业，人民群众的精神文化生活日益丰富，人民享受改革发展的红利日益充分，获得感不断增强。特别是，我们实施脱贫攻坚战略，大力推进精准扶贫，使中国年均减贫1300多万人，2020年中国实现全面建成小康社会，这是为人类发展作出的重要贡献。

第三，充分发挥人民群众在中国共产党自身建设中的作用。中国共产党领导是中国特色社会主义最本质的特征。习近平常讲，"打铁还需自身硬"，以人民为中心的国家治理理念对全面从严治党提出了新的更高要求，针对党内存在的腐败现象，中共中央出台了预防腐败的"八项规定"，大力开展党的群众路线教育实践活动，密切党群关系、干群关系，树立牢固的群众观，为全面深化改革、推进国家治理体系和治理能力现代化提供坚实的群众基础。

三、把坚持依法治国作为国家治理的基本方略

法治是国家治理体系和治理能力的重要依托，是治国理政的基本方式。

世界上一些国家虽然一度实现过快速发展，但由于缺乏法治保障，最终没有能够顺利迈进现代化的门槛，或者说迈进了现代化的门槛，没有到达现代化的中堂，甚至落入了这样那样的陷阱。

（一）对依法治国重要性的认识不断深化

改革开放以来，党对民主与法治关系的认识不断深化和完善。邓小平在1978年底的中央工作会议上指出："为了保障人民民主，必须加强法制。必须使民主制度化、法律化，使这种制度和法律不因领导人的改变而改变，不因领导人的看法和注意力的改变而改变。"①　1982年，党的十二大重申新党章关于"党必须在宪法和法律的范围内活动"是一项极其重要的原则。1987年，党的十三大明确提出，"应当通过改革，使我国社会主义民主政治一步一步走向制度化、法律化"②。1992年，党的十四大确立了我国经济体制改革的目标是建立社会主义市场经济体制，强调把法制建设作为我国经济发展特别是社会主义市场经济体制建立和发展的规律性要求来看待。1997年，党的十五大正式把依法治国确立为党领导人民治理国家的基本方略并界定它的内涵。党的十五大报告还把依法治国的目标由"建设社会主义法制国家"改为"建设社会主义法治国家"，极其鲜明地突出了法治。1999年，九届全国人大二次会议通过了宪法修正案，将"依法治国，建设社会主义法治国家"载入宪法。2002年，党的十六大提出，依法治国是党领导人民治理国家的基本方略。当代中国，推进国家治理体系现代化建设需要打破各种利益藩篱，而打破利益藩篱的重要手段就是推进法治建设。依法治国要求我们要在法治的基础上推进改革，使改革最广泛地惠及广大人民。

党的十八大以来，进一步作出全面依法治国的重大战略部署，把国家和社会各个领域都纳入制度化、法治化的轨道。2014年2月28日，习近平在主持召开中央全面深化改革领导小组第二次会议时强调，凡属重大改革都要于法有据。2014年10月，党的十八届四中全会通过了《中共中央关于全面推进依法治国若干重大问题的决定》。2017年，党的十九大提出，"全面依法治国是中国特色社会主义的本质要求和重要保障。必须把党的领导贯彻落

---

① 《邓小平文选》第二卷，人民出版社1994年版，第146页。

② 《十三大以来重要文献选编》（上），人民出版社1991年版，第47页。

实到依法治国全过程和各方面，坚定不移走中国特色社会主义法治道路，完善以宪法为核心的中国特色社会主义法律体系，建设中国特色社会主义法治体系，建设社会主义法治国家"①。2019 年，党的十九届四中全会把"坚持和完善中国特色社会主义法治体系，提高党依法治国、依法执政能力"② 作为推进国家治理体系和治理能力现代化的重点任务之一提出来。

总之，在整个改革过程中，党和政府都始终高度重视运用法治思维和法治方式，发挥法治的引领和推动作用，加强对相关立法工作的协调，确保在法治轨道上推进改革。坚持依法治国、依法执政、依法行政共同推进，坚持法治国家、法治政府、法治社会一体建设，坚持党的领导、人民当家作主、依法治国有机统一。中国特色社会主义法治体系日益完善，为经济社会健康发展提供了根本性、全局性、长期性的制度保障。因此，党的十九届四中全会将"坚持全面依法治国，建设社会主义法治国家，切实保障社会公平正义和人民权利"作为中国特色社会主义的显著优势予以概括。

（二）切实维护宪法和法律权威

宪法是党治国理政的总依据，也是治国安邦的总章程。中国现行宪法是在 1954 年宪法的基础上，经过全民讨论，于 1982 年由第五届全国人民代表大会第五次会议通过的。全面依法治国，首先是依宪治国；依法执政，关键是依宪执政。全面贯彻实施宪法，是建设社会主义法治国家的首要任务和基础性工作。在中国，各族人民、一切国家机关和武装力量、各政党和各社会团体、各企业事业组织，都必须以宪法为根本的活动准则，并负有维护宪法尊严、保证宪法实施的职责。1982 年宪法通过后，根据我国改革开放和社会主义现代化建设的实践和发展需要，分别于 1988 年、1993 年、1999 年、2004 年和 2018 年进行了 5 次修改。这 5 次修改，体现了党领导人民进行改革开放和社会主义现代化建设的成功经验，体现了中国特色社会主义道路、理论、制度、文化的发展成果，有力推动和保障了党和国家事业发展，有力推动和加强了我国社会主义法治建设。多年来，中国坚持不懈地开展宣传教

---

① 《习近平谈治国理政》第三卷，外文出版社 2020 年版，第 18 页。

② 《中共中央关于坚持和完善中国特色社会主义制度、推进国家治理体系和治理能力现代化若干重大问题的决定》，人民出版社 2019 年版，第 13 页。

育，弘扬法治精神，加强公民法治意识教育，推动公民梳理法治观念，维护宪法法律权威，在增强全民法治观念、推进平安中国和法治中国建设方面取得显著成就。

（三）依法治国与党的领导和人民当家作主相统一

依法治国与党的领导相统一。坚持党的领导是社会主义法治最根本的保证。只有在党的领导下，依法治国才能充分实现。国家和社会生活法治化才能有序推进。反过来，只有依法治国，才能体现党的宗旨，加强和完善党的领导，实现党的执政目标。党的领导与依法治国辩证统一的基点是人民利益、人民意志。在社会主义中国，法律体现的就是人民政权的意志，维护和保障的就是广大人民群众的根本利益。中国共产党的宗旨就是全心全意为人民服务，所以说，依法治国和党的领导的目的都是一样的，即维护人民利益，体现人民意志。

依法治国与人民当家作主相统一。我国社会主义制度保证了人民当家作主的主体地位，也保证了人民在全面推进依法治国当中的主体地位，我们大力发扬、大力发展社会主义民主政治，把体现人民利益、反映人民愿望、维护人民权益、增进人民福祉，落实到依法治国的全过程，确保法律及其实施充分体现人民的意志，大力推进社会主义民主政治的法治化。

四、把参与并推动全球治理体系变革作为国家治理的必然要求

国家治理与全球治理是密切相关的。有效的国家治理构成中国参与全球治理的基础，有序合理的全球治理为中国的国家治理争取良好的国际环境，两者相得益彰，为新时代中国特色社会主义建设提供双重保障。

（一）积极参与全球治理，推动世界和平与发展

当前，世界面临一系列传统和非传统安全威胁，各种全球性挑战层出不穷；同时，世界各国利益高度融合、彼此相互依存，已经成为你中有我、我中有你的命运共同体。习近平在党的十九大报告中指出，我们生活的世界充满挑战，"没有哪个国家能够独自应对人类面临的各种挑战，也没有哪个国家能够退回到自我封闭的孤岛"①。现行全球治理体系主要建立于第二次世

---

① 《习近平谈治国理政》第三卷，外文出版社 2020 年版，第 46 页。

界大战结束后，跟不上时代发展、不适应现实需要的地方越来越多。全球治理体系和国际秩序变革加速推进，对我国发展的影响也越来越深刻。积极参与并推动全球治理体系变革，是实现我国经济可持续发展的必然要求，也是国际社会对中国的热切期待。2016 年，习近平在新年贺词中以高度的责任和担当指出："世界那么大，问题那么多，国际社会期待听到中国声音、看到中国方案，中国不能缺席。"①

　　中国积极参与全球治理的目的是为了维护世界和平。当今世界政治发生深刻复杂变化，和平与发展仍然是时代主题。世界多极化、经济全球化深入发展，文化多样化、社会信息化持续推进，科技革命孕育新突破，全球合作向多层次全方位拓展，新兴市场国家和发展中国家整体实力增强，国际力量对比朝着有利于维护世界和平的方向发展。中国特色社会主义坚持走和平发展之路，致力于和平解决国际争端和热点问题，反对各种形式的霸权主义和强权政治，永远不称霸，永远不搞扩张。

（二）以国家治理为基础推动全球治理

　　随着中国国家治理体系和治理能力现代化水平的提高，综合国力和国际地位也因此稳步提升，这为中国能够在全球治理中拥有更多的国际话语权打下了坚实的基础，为世界向何处去这一时代课题贡献了中国智慧、提供了中国方案。习近平提出了树立人类命运共同体意识、构建人类命运共同体的倡议，这一理念已经写入联合国安理会社会发展委员会、人权理事会等的决议。中国的共建"一带一路"倡议，成为新形势下中国推进对外开放和国际合作的重要载体，对构建合作共赢的新型国际关系具有重要作用。中国积极深度融入世界，主张全球贸易自由化，反对逆全球化的贸易保护主义。中国在处理国际关系中的这些主张和做法都不仅是为了维护中国自身的国家利益和人民利益，而且是为了维护全人类的共同利益，对改进全球治理体系发挥了重要作用。

　　事实上，国家治理与国际治理是互为条件、相互促动、相得益彰的。一方面，国家治理是国际治理的基础。坚持和完善中国特色社会主义制度，进一步完善国家治理才能有条件推进国际治理。另一方面，国际治理是国家

---

① 《习近平主席新年贺词（2014—2018）》，人民出版社 2018 年版，第 13 页。

治理的重要条件，有序合理的国际治理为国家治理创造良好的国际环境。正如习近平总书记所强调的："推动党和国家事业发展需要和平国际环境和良好外部条件。必须统筹国内国际两个大局，高举和平、发展、合作、共赢旗帜，坚定不移维护国家主权、安全、发展利益，坚定不移维护世界和平、促进共同发展。"①

第八节　坚持和完善中国特色社会主义的制度建设经验

党的十九届四中全会通过的《中共中央关于坚持和完善中国特色社会主义制度、推进国家治理体系和治理能力现代化若干重大问题的决定》，准确把握了我国国家制度和国家治理体系的演进方向和规律，以强烈的问题导向和目标导向，突出守正创新、开拓进取，科学回答了"坚持和巩固什么、完善和发展什么"的重大问题，体现了中国特色社会主义制度建设的科学经验。

一、制度形成维度：将科学社会主义基本原则与中国国情相统一

按照唯物主义基本观点，制度是社会经济关系的产物，是对社会物质生活的反映，本质上是上层建筑。制度创新与理论创新、实践创新是同步前行的。中国特色社会主义制度就是立足于中国国情、在科学社会主义基本原则的指导下，在中国长期革命和建设的历程中形成的。

（一）制度的形成基于实践，是对"走过的道路、积累的经验、形成的原则"的凝练和升华

我们今天的社会制度和各项具体管理制度，是在我国历史传承、文化传统、经济社会发展的基础上长期发展、渐进改善、内生性演化的结果。"中国特色社会主义制度是党和人民在长期实践探索中形成的科学制度体系"②。

---

①《中共中央关于坚持和完善中国特色社会主义制度、推进国家治理体系和治理能力现代化若干重大问题的决定》，人民出版社 2019 年版，第 38 页。

②《中共中央关于坚持和完善中国特色社会主义制度、推进国家治理体系和治理能力现代化若干重大问题的决定》，人民出版社 2019 年版，第 1—2 页。

　　新中国成立 70 多年来，党的历代中央领导集体经过对国家治理的持续探索，积累了国家治理的丰富经验，为完善和发展我国国家制度和治理体系、形成国家治理现代化理论打下了坚实的实践基础。新中国成立后，以毛泽东同志为核心的党的第一代中央领导集体建立了人民民主专政的国家政权，开创了将马克思主义关于国家政权的原理与中国具体国情结合起来的中国实践创新，为新时期开创中国特色社会主义提供了宝贵经验、理论准备、物质基础。三大改造的完成，奠定起社会主义制度的根基，为当代中国一切发展进步奠定了根本政治前提和制度基础。党的十一届三中全会以后，以邓小平同志为核心的党的第二代中央领导集体纠正了"左"的错误，确立了以经济建设为中心的基本路线，成功开辟了中国特色社会主义道路，确定了中国特色社会主义建设的基本思路和基本原则，开启了国家治理的新篇章。"党和国家现行的一些具体制度中，还存在不少的弊端，妨碍甚至严重妨碍社会主义优越性的发挥。如不认真改革，就很难适应现代化建设的迫切需要，我们就要严重地脱离广大群众。"① 邓小平在 1992 年提出，再有 30 年的时间，我们才会在各方面形成一整套更加成熟更加定型的制度。经过多年努力，中国的制度建设取得了很大的成就。以江泽民同志为核心的党的第三代中央领导集体提出了"三个代表"重要思想，成功把中国特色社会主义推向 21 世纪。进入新世纪，以胡锦涛同志为总书记的党中央提出以人为本的科学发展观，国家治理更加注重发展的全面、协调、可持续，成功在新的历史起点上坚持和发展了中国特色社会主义。

　　党的十八大以后，在历代中央领导集体国家治理经验的基础上，以习近平同志为核心的党中央统筹推进"五位一体"总体布局、协调推进"四个全面"战略布局，坚持党对一切工作的领导，坚持以人民为中心，坚持全面深化改革，坚持新发展理念，坚持人民当家作主，坚持全面依法治国，坚持社会主义核心价值体系，坚持在发展中保障和改善民生，等等，取得了中国特色社会主义建设新的伟大历史性成就。纵观 70 多年国家治理的历程，我国国家制度和国家治理体系来自实践。对此，党的十九届四中全会明确强调："中国特色社会主义制度和国家治理体系经过长期实践检验，来之不

---

　　① 《邓小平文选》第二卷，人民出版社 1994 年版，第 327 页。

易，必须倍加珍惜；完善和发展我国国家制度和治理体系，必须坚持从国情出发、从实际出发，既把握长期形成的历史传承，又把握党和人民在我国国家制度建设和国家治理方面走过的道路、积累的经验、形成的原则"①。

（二）制度的形成基于信仰，坚持科学社会主义的基本原则

中国走上社会主义道路超出了马克思的预见。按照马克思、恩格斯的预测，社会主义革命应首先在英、法、德这些工业发达国家同时取得胜利。但第二次世界大战后，欧亚一系列不发达国家却走上社会主义道路。马克思并没有社会主义建设的经验，他关于如何建设社会主义的问题只有原则性的表述，而并没有具体领域的规划。恩格斯在评论《资本论》第一卷出版时曾说："一些读者……可能会以为他从这本书里会知道共产主义的千年王国看来到底是什么样子。谁期望得到这种愉快，谁就大错特错了。"② 尤其是在我们中国这样一个不发达的东方大国，以毛泽东同志为主要代表的中国共产党人，把马克思主义基本原理与中国实际和时代特征结合起来，创造性地发展了马克思主义，走出了一条具有中国特色的新民主主义的革命道路，建立了新中国，并且通过社会主义革命建立了社会主义制度。

马克思主义的理论特征决定了中国特色社会主义建设必须继承马克思主义的基本立场、基本观点和基本方法。只有在坚持科学社会主义基本原则的前提下，中国改革开放才能取得伟大成就，才能充分彰显中国特色社会主义的独特优势。改革开放40多年来，我们坚持"一个中心，两个基本点"的基本路线，大力发展社会主义市场经济，社会主义市场经济体制既具有市场经济的普遍特征，又把社会主义制度和市场经济有机结合起来，是在社会主义条件下发展市场经济的伟大创举。正确处理公平与效率的关系，正确处理市场作用与政府作用的关系，正确处理速度和效益的关系，正确处理坚持党的领导与保证人民主体地位的关系，坚持五大发展理念和"五位一体"总体布局，等等，这些方面的改革举措都体现了科学社会主义的基本原则。

（三）制度的形成基于国情，彰显了中国特色社会主义的独特优势

根据唯物史观的基本原理，制度的形成是社会实践和社会物质生活关系

---

① 《中共中央关于坚持和完善中国特色社会主义制度、推进国家治理体系和治理能力现代化若干重大问题的决定》，人民出版社2019年版，第43页。

② 《马克思恩格斯全集》第16卷，人民出版社1964年版，第243页。

的产物。各国的国情不同，其政治制度也不可能完全一样。各国的制度都是在各个国家历史传承、文化传统、经济社会发展基础上长期发展、渐进改进、内生性演化的结果。世界上不存在完全相同的政治制度，也不存在适用于一切国家的政治制度模式。各国都不能把自己的政治制度强加于人，也没有必要照搬其他国家的政治制度。一种政治制度在一个国家管用，照搬到其他国家未必管用。"完善和发展我国国家制度和治理体系，必须坚持从国情出发、从实际出发……不能照抄照搬他国制度模式，既不走封闭僵化的老路，也不走改旗易帜的邪路，坚定不移走中国特色社会主义道路。"① 中国特色社会主义政治制度之所以行得通、有生命力、有效率，就是因为它是从中国的土壤中生长起来的。

二、制度发展维度：将坚持和巩固制度与完善和发展制度相统一

制度建设既要保持稳定性和连续性，也要勇于创新和发展。这两个方面的统一也就是保持定力和改革创新的统一，也就是守正和创新的辩证统一。

（一）社会主义的不充分性决定了社会主义制度发展的长期性

虽然中国特色社会主义制度具有显著优势，但由于我国社会主义还处于初级阶段，我们的社会主义实践还不充分，必须坚持唯物史观和实践思维，认识到社会主义实践的不充分性和发展的长期性、改革的艰巨性，将制度建设作为长期的历史发展过程。改革是一种渐进式改革、问题倒逼式的改革，"改革是由问题倒逼而产生，又在不断解决问题中而深化"②。改革之初需要迫切加快经济发展，所以经济体制改革是一马当先，这就在一定程度上造成了政治体制、社会体制、生态文明体制等领域的改革相对滞后。这就决定了这些领域的改革实践还不充分，因而需要长期探索。我们的改革也是试错的改革，对于"牵一发而动全身"或者是涉及较大物质利益关系调整领域的改革，都采取了"摸着石头过河"的改革方式。"中国是一个大国，决不能在根本性问题上出现颠覆性错误，一旦出现就无法挽回、无法弥补。"③ 渐

---

① 《中共中央关于坚持和完善中国特色社会主义制度、推进国家治理体系和治理能力现代化若干重大问题的决定》，人民出版社 2019 年版，第 43 页。

② 《习近平关于全面深化改革论述摘编》，中央文献出版社 2014 年版，第 13 页。

③ 习近平：《在全国党校工作会议上的讲话》，人民出版社 2016 年版，第 14 页。

进式的改革方式既说明我们改革的稳健性，也说明改革的艰难性和过程的长期性，这就要求承认"我国社会主义发展中的不足"，"中国特色社会主义制度是特色鲜明、富有效率的，但还不是尽善尽美、成熟定型的"。① 我们"必须面对被人们用西方发达国家的长处来比较我国社会主义发展中的不足并加以指责的现实"②。社会主义实践的不充分性和发展的长期性、改革的艰巨性决定了制度建设的长期性。

（二）中国特色社会主义制度建设做到了"固根基、扬优势"

完成新时代的使命任务，决不能割裂历史。新时代中国特色社会主义建设必须正确对待并有效传承改革开放历史及其经验，重视历史阶段的连续性和改革的一脉相承性。"不能用改革开放后的历史时期否定改革开放前的历史时期，也不能用改革开放前的历史时期否定改革开放后的历史时期。"③毛泽东在领导社会主义建设时期，力图摆脱苏联模式的教条，开始了中国社会主义建设道路的探索，虽然并没有成功，但是却为改革开放积累了经验和教训。"中国特色社会主义是在改革开放历史新时期开创的，但也是在新中国已经建立起社会主义基本制度并进行了 20 多年建设的基础上开创的。""30 多年来，中国特色社会主义取得了巨大成就，加之新中国成立以后打下的基础，这是它得以站得住、行得远的重要基础。"④ 习近平肯定了邓小平、江泽民、胡锦涛历代中央领导集体在中国特色社会主义建设这篇大文章上写下的精彩篇章，并明确提出要求："现在，我们这一代共产党人的任务，就是继续把这篇大文章写下去。"⑤

在历代中央领导集体持续接力、不懈奋斗下，"新中国成立七十年来，我们党领导人民创造了世所罕见的经济快速发展奇迹和社会长期稳定奇迹，中华民族迎来了从站起来、富起来到强起来的伟大飞跃"⑥。"两大奇迹"充

---

① 习近平：《紧紧围绕坚持和发展中国特色社会主义　学习宣传贯彻党的十八大精神》，《人民日报》2012 年 11 月 19 日。
② 习近平：《关于坚持和发展中国特色社会主义的几个问题》，《求是》2019 年第 7 期。
③ 习近平：《关于坚持和发展中国特色社会主义的几个问题》，《求是》2019 年第 7 期。
④ 习近平：《关于坚持和发展中国特色社会主义的几个问题》，《求是》2019 年第 7 期。
⑤ 习近平：《关于坚持和发展中国特色社会主义的几个问题》，《求是》2019 年第 7 期。
⑥ 《中共中央关于坚持和完善中国特色社会主义制度、推进国家治理体系和治理能力现代化若干重大问题的决定》，人民出版社 2019 年版，第 2 页。

分证明了中国特色社会主义制度的优越性，制度的最大优势就是坚持中国共产党的领导。社会发展的长期性、连续性，以及社会主义的优越性对社会主义制度建设提出了稳定性要求。制度建设要重固根基、扬优势，坚守社会主义的根本制度、基本制度和重要制度。社会主义制度和国家治理体系是由很多领域、很多部门、很多单项的制度构成的。每一项制度都经历了实践探索和不断完善的过程，都来之不易，都需要我们以守正的态度对之加以坚持和完善。

（三）中国特色社会主义制度做到了"补短板、强弱项"

社会主义的发展也是具有历史阶段性特征的。这要求承认历史上制定的一定政策制度适用期限的暂时性。2018 年 10 月，习近平在广东考察时要求要掌握辩证唯物主义和历史唯物主义的方法论，以改革开放的眼光看待改革开放，就是要按照辩证唯物主义和历史唯物主义的基本方法论原则来看待改革开放，就是要辩证、客观、实事求是地认识和总结改革开放的历史，既看到改革开放所积累的成功经验和整个改革开放历程的一脉相承性和连续性，也看到改革开放实践探索中的一些改革举措的历史阶段性特征。也就是说，改革中的有些政策和经验是在一定历史时期的实践中被证明是有成效的，但由于这些政策和经验所针对的外部空间和条件发生了变化，却未必能指导未来的改革实践，因而具有阶段性特征。如，在改革初期，政府人为压低劳动力成本、环境成本、税收成本，并且国家保持高投资率的促进经济高速发展的政策已经不适应经济新常态。因此，我们要以科学态度应对未来中国特色社会主义建设中的各种新情况、新问题，承认改革举措的历史阶段性特征，对政策制度的评判一定要放在当时的历史背景中进行。

既然一定的制度、政策都是只能适应特定的历史阶段，那么我们就要根据社会主义新发展阶段的新形势、新任务、新挑战，根据目标发展需要，认真分析现存制度和政策的问题，切实"补短板、强弱项"，创新性发展制度体系。党的十八大以来，中国特色社会主义进入新时代，国内国际形势发生广泛而深刻的变化，改革发展面临着新形势、新任务、新挑战，特别是社会主要矛盾发生变化。相比于过去，新时代的改革"更多面对的是深层次体制机制问题，对改革顶层设计的要求更高，对改革的系统性、整体性、协同性要求更强，相应地建章立制、构建体系的任务更重"①。要坚持根本制度、基本制度、重要制度相衔接，统筹顶层设计和分层对接，善于从全局中定位和把握局部，以局部来服务和促进全局。总之，"建章立制、构建体系"成为当今制度建设的突出特色，适合新时代制度建设改革创新的根本要求，也是"补短板、强弱项"的根本需要。

三、制度运行维度：将完善制度运行与推动制度发展相统一

要把制度优势转化为治理效能，不仅要从制度发展维度考虑制度的完善，也要从制度运行的维度考虑如何发挥制度的最大效能。在制度运行过程中，不仅要考虑如何完善治理方式，也要考虑如何在制度运行中实现制度的发展，也就是要做到"统筹制度改革和制度运行"②。

（一）把科学的制度设计和刚性的制度执行作为提升国家治理能力的基础

完善国家治理体系是提高国家治理能力的基础，有了运行良好的国家治理体系才能提高国家治理能力，二者良性互动才能实现国家有效治理。党的十九届四中全会提出："我国国家治理一切工作和活动都依照中国特色社会主义制度展开，我国国家治理体系和治理能力是中国特色社会主义制度及其执行能力的集中体现。"③ 也就是说，提升国家治理能力必须以完善的国家治理体系为基础，以科学的理论指导和科学的制度设计为引领。制度体系和治理体系的内容十分广泛，相互间的关系十分复杂，而且所有的制度都要保持统一性和规范性，所有的制度体系和治理体系都有顶层设计，统一规划。要把坚持和完善中国特色社会主义制度、完善国家治理制度体系作为一项整体性全局性的任务，必须在党中央统一领导下进行，科学谋划、精心组织，远近结合、整体推进，确保各项制度体系都科学合理。

---

① 《中共中央关于坚持和完善中国特色社会主义制度、推进国家治理体系和治理能力现代化若干重大问题的决定》，人民出版社 2019 年版，第 49 页。

② 《中共中央关于坚持和完善中国特色社会主义制度、推进国家治理体系和治理能力现代化若干重大问题的决定》，人民出版社 2019 年版，第 53 页。

③ 《中共中央关于坚持和完善中国特色社会主义制度、推进国家治理体系和治理能力现代化若干重大问题的决定》，人民出版社 2019 年版，第 2 页。

"制度的生命力在于执行。"① 提升制度的执行力是完善的国家治理体系转化为较高国家治理能力的必须条件。为把制度优势转化为治理效能，就必须强化制度的刚性执行。中央为保证严格执行制度，始终强调各级党委和政府要坚定强化制度意识，坚决维护制度权威，自觉尊崇制度体系，严格执行制度规范，要在制度建设和完善的过程中，不断提高制度的执行能力，提高治理现代化水平。

（二）在制度执行过程中探索科学有效的治理方式

除了保证制度执行的"刚性"以外，还应注重制度运行的灵活性，也就是在制度运行中辅之以一系列具体的活动，注重制度执行的方法和技巧。治理的要诀，就是要根据现实的条件，科学合理地运用这些制度，采取多种多样的方式方法，对国家、社会一系列对象和任务实行具体的管理、控制、调整和巩固，使之达到理想的状态。加强治理主体建设，不断创新治理理念，探索有效的治理方式，"加强系统治理、依法治理、综合治理、源头治理"②，逐步建立起完善的以制度为基础的治理体系和治理方式。

为探索科学有效的治理方式，我们把坚持开拓创新和试点探索相结合。一方面，勇于开拓创新。我国的改革是从易到难推进的，中国特色社会主义进入新时代，社会主要矛盾发生了变化，中国特色社会主义面临的形势和任务也更加艰巨和富有挑战性。面对改革中的难题，既有的制度难以解决问题，我们强调要坚持解放思想、实事求是，坚持改革创新。另一方面，面对新情况，也注重稳扎稳打、采用试点探索、投石问路的改革方式，为完善制度体系奠定经验基础。我们允许地方在执行统一要求的同时，勇于自主探索。"鼓励解放思想，积极探索，对于必须取得突破但一时还不那么有把握的改革，采取试点探索、投石问路的方法，看准了再推开，这是推进改革的一条基本经验。"③

---

① 《中共中央关于坚持和完善中国特色社会主义制度、推进国家治理体系和治理能力现代化若干重大问题的决定》，人民出版社 2019 年版，第 42 页。

② 《中共中央关于坚持和完善中国特色社会主义制度、推进国家治理体系和治理能力现代化若干重大问题的决定》，人民出版社 2019 年版，第 5 页。

③ 中共中央宣传部编：《习近平新时代中国特色社会主义思想三十讲》，学习出版社 2018 年版，第 101 页。

　　制度建设、制度引领与制度运行、治理探索的关系实际上就是理论与实践的关系，它们之间是互相促进、共同发展的。提升国家治理能力，注重制度引领与治理探索的辩证互动：一方面，要遵循理论指导实践的原则，按照制度来行事、坚持以科学制度设计来指导改革开放的伟大实践；另一方面，要遵循理论在实践中进一步完善和发展的辩证法，在制度执行过程中将制度执行方式即治理方式与制度的完善发展结合起来，在有效的治理探索中统筹推进制度运行和治理过程，统筹制度体系建设和治理体系完善，实现制度和治理共生共长，推进中国特色社会主义制度的巩固和完善。

第　八　章

中国特色社会主义的世界贡献

中国特色社会主义是中国共产党领导广大人民长期实践探索的伟大事业，是中国人民和中华民族坚持独立自主走自己的路而开创发展的伟大事业，也是人类社会在追求美好生活中熔铸而成的具有世界历史意义的伟大事业。习近平在党的十九大报告中明确指出：“中国特色社会主义进入新时代，在中华人民共和国发展史上、中华民族发展史上具有重大意义，在世界社会主义发展史上、人类社会发展史上也具有重大意义。”① 在世界历史的大格局中，考察中国特色社会主义对世界的贡献，能够使我们更好地坚定共产主义理想信念，增强中国特色社会主义道路自信、理论自信、制度自信、文化自信，进行伟大斗争、建设伟大工程、推进伟大事业、实现伟大梦想。

第一节　矢志不移重振世界社会主义

只有从世界历史的宏大视野出发，我们才能更准确地定位由中国共产党所开创的中国特色社会主义事业的伟大意义。从空间上而言，这一伟大事业由惠泽十几亿中华儿女进而到影响世界全球发展趋向；从时间上来看，这一伟大事业在坚守中实现了世界社会主义实践走出低谷、重振雄风，进而引领时代潮流风气之先。在风起云涌的社会主义高潮中高举旗帜勇往直前，这固

---

① 《习近平谈治国理政》第三卷，外文出版社 2020 年版，第 10 页。

然值得推崇；但在世界社会主义陷入低谷的时候，依然能够矢志不移，坚守理想，抵制住资本主义狂欢的暴风雨袭击，高擎社会主义的伟大旗帜不动摇，更是弥足珍贵，令人肃然起敬。

一、曲折前行中的社会主义实践

170多年前的1848年，马克思和恩格斯在《共产党宣言》中写道："一个幽灵，共产主义的幽灵，在欧洲游荡。"[①] 共产主义诞生于欧洲，作为共产主义伟大事业的宣言书，由马克思和恩格斯撰写的《共产党宣言》，开启了人类社会发展史上具有史诗意义和具有世界价值的社会主义实践。

走进历史的时空，考察"共产主义的幽灵"在世界的展开，能感受到它所具有的无可比拟的思想魅力。作为一种基于对历史及现实中的不满而形成的现实批判，一种基于对美好生活的想象而生发的未来想象，其对人类社会发展的影响是至为深刻的。当马克思发出"全世界无产者，联合起来！"的号召时，这个"幽灵"尚仅仅在欧洲西部的社会形成了早期的实践探索，共产国际运动也只是在特定地域内形成了一定的影响。巴黎公社正是这一时段中的标志性成就。1871年3月18日，巴黎的工人武装起义，成立了人类历史上第一个无产阶级专政的政权——巴黎公社。巴黎公社是世界上无产阶级武装暴力直接夺取城市政权的第一次尝试。它丰富和发展了马克思主义关于阶级斗争和社会主义的学说，在国际共产主义运动史上写下了光辉而又悲壮的一页。巴黎公社虽然仅存在短暂的72天，但它在战火纷飞的困难条件下，对共产主义实践所作的积极探索，给后人留下了宝贵的经验。马克思在总结巴黎公社的经验时，作出了历史性的预言："即使公社被打败，斗争也只是推迟而已。公社的原则是永存的，是消灭不了的；这些原则将一再凸显出来，直到工人阶级获得解放。"[②]

在马克思去世之后，这个"幽灵"真的从欧洲"游荡"到了全世界，全世界的无产者以前所未有的联合态势，同声相应，同气相求，在全球范围内形成了共产主义的革命浪潮。终于，1917年伟大革命导师列宁领导下的

---

① 《马克思恩格斯选集》第1卷，人民出版社2012年版，第399页。
② 《马克思恩格斯文集》第3卷，人民出版社2009年版，第607页。

布尔什维克武装起义将社会主义革命的伟大实践推向新的历史高度。俄国十月革命建立了人类历史上由马克思主义政党领导的第一个社会主义国家——俄罗斯苏维埃联邦社会主义共和国，革命的胜利开创了人类历史的新纪元，为世界各国无产阶级革命、殖民地和半殖民地的民族解放运动开辟了胜利前进的道路。20世纪上半叶，在十月革命的感召和鼓舞下，无产阶级革命、殖民地和半殖民地的民族解放运动风起云涌。无产阶级开始登上历史舞台，共产党组织纷纷成立，使亚非民族解放运动中出现了新的领导力量。由于殖民地、半殖民地国家统治阶级的残酷镇压和帝国主义势力的直接干涉等原因，共产党的活动受到各种限制，但无畏的共产党人仍坚持不屈不挠的斗争，对各国革命运动起到推动作用，取得了民族革命和社会主义革命的胜利，社会主义国家纷纷诞生，由此，形成了与以美国为首的资本主义阵营相抗衡的以苏联为首的社会主义阵营。在长达半个世纪的冷战时期，以美国和北大西洋公约组织为主的资本主义阵营，与以苏联和华沙条约组织为主的社会主义阵营之间在政治、经济、军事等各个领域展开了全方位的斗争和较量。

伟大的事业从来都不可能是一蹴而就的，总是在曲折中前行，经过千辛万苦的艰难探索而取得的。社会主义实践作为人类社会的革命探索，要突破旧世界的重重枷锁，其艰辛程度远远超出一般的社会运动和建设事业。在《共产党宣言》中，马克思主义的奠基者们就对此有了充分的认识准备："为了对这个幽灵进行神圣的围剿，旧欧洲的一切势力，教皇和沙皇、梅特涅和基佐、法国的激进派和德国的警察，都联合起来了。"① 后来的革命实践表明，联合起来的不仅仅有"旧欧洲的一切势力"，而几乎是全世界的一切守旧势力，特别是资本主义势力。共产主义作为资本主义的掘墓人，必然招致资本主义的疯狂镇压和反扑，这是社会政治领域你死我活的斗争，是社会形态中革命性变革的角力和较量。

进入20世纪后半叶，波澜壮阔、跌宕起伏的社会主义运动由于在国际综合国力竞争中处于劣势，资本主义世界导演的"颜色革命"，以及社会主义国家在政治、经济、社会等领域体制上固守既有的经验或过分理想的模

---

① 《马克思恩格斯选集》第1卷，人民出版社2012年版，第399页。

式，没能及时回应新科技革命的历史潮流，在经济社会发展中的探索出现了不同程度的失误，对民众经济社会生活的改善乏力，最终导致了 20 世纪 80 年代末和 90 年代初的东欧剧变和苏联解体，社会主义政党在多个国家丧失了执政地位，世界社会主义运动进入低潮期。

二、世界社会主义低潮中的中国坚守

在整个冷战时期乃至冷战结束之后，资本主义都在集结力量对共产主义"这个幽灵进行神圣的围剿"，试图将社会主义彻底清除出世界历史的舞台。进入 20 世纪最后十年，由于共产主义遭遇了东欧剧变和苏联解体的挫折，一时唱衰社会主义的种种论调浊浪排空、逆流汹涌。

美国前总统尼克松在其所著的《1999：不战而胜》一书中坦白地说道，应该制定一个在铁幕里面同社会主义国家进行"和平竞赛的战略"，即在军事遏制的基础上，发挥美国的经济优势，以经济援助和技术转让等条件，诱使社会主义国家"和平演变"；开展"意识形态竞争"，打"攻心战"，扩散"自由和民主价值观"，打开社会主义国家的"和平变革之门"。美国前总统国家安全事务助理布热津斯基在"论述共产主义的最后危机的书"——《大失败——二十世纪共产主义的兴亡》中断言："社会主义将终结于二十世纪"。这本书对马克思主义和 100 多年的共产主义运动进行了诋毁，认为 20 世纪大多数时间是被共产主义的激情所支配，然而，共产主义诞生还不到 100 年，就已"开始衰落""信誉全无"，进入了"最后危机"。布热津斯基进而预言："到下个世纪共产主义将不可逆转地在历史上衰亡，它的实践与信条不再与人类的状况有什么关系"，共产主义的"大失败"是历史的必然。美国新保守主义代表人物福山也发表了《历史的终结与最后的人》，抛出了"历史终结论"的理论体系。在他看来，人类社会的发展史，就是一部"以自由民主制度为方向的人类普遍史"。自由民主制度是"人类意识形态发展的终点"和"人类最后一种统治形式"，从此之后，构成历史的最基本的原则和制度就不再进步了。东欧剧变、苏联解体以及冷战的结束，都意味着共产主义已经彻底终结了。福山的"历史终结论"，大言不惭地宣告着资本主义制度的永恒和社会主义制度的落幕，如今已是贻笑大方。

当然，不可否认的是，东欧剧变和苏联解体这一社会主义发展史上所发生的历史性挫折，带来的影响绝不仅仅是一国或数国的政权更迭，也绝不仅仅是社会主义事业在探索中出现曲折，它几乎改变了人类社会的整体命运和发展走向。但是，愈是在风雨如晦的历史时段，愈能考验真正的共产党人的思想信念和社会定力，使坚定的马克思主义者更加坚强。"沧海横流，方显英雄本色。"伟大的中国共产党正是在资本主义乌云压顶、世界社会主义低谷彷徨的历史时刻，以无比坚定的理想信念和大无畏的革命热情，高擎社会主义的大旗不动摇，作出了历史性的抉择，坚定不移地走社会主义道路。邓小平在苏东剧变后指出："不要惊慌失措，不要认为马克思主义就消失了，没用了，失败了。哪有这回事！"[①] 正是经历了如此重大的考验，才凸显出了中国共产党人的理想信念，中国特色社会主义实践才具有无比珍贵的价值，具有世界性的影响和历史性的意义。中国，这个世界东方的大国，顶住了压在社会主义肩上的所有压力，坚定社会主义伟大理想，坚守社会主义道路实践，将中国特色社会主义推向了历史的新高度，开创了"风景这边独好"的史诗般的历史格局，中国成为重振世界社会主义的中流砥柱。

三、坚持和发展中国特色社会主义

"问苍茫大地，谁主沉浮？"在社会主义事业遭遇重大挫折的历史当口，中国共产党不为资本主义世界的强势潮流所动，坚定理想，保持定力，顶住来自国际强势力量的压力，一切从实际出发，摸着石头过河，以求真务实的精神探索符合中国自身的发展道路。正是在这样的历史情境中，中国共产党人边摸索边总结，边总结边摸索，总结经验，吸取教训，在实践中探索，在探索中实践，终于走出了中国特色社会主义道路。进而，立足于中国特色社会主义伟大实践形成了中国特色社会主义理论体系。这一理论与实践相结合的历史进程，为我们坚持和发展中国特色社会主义奠定了坚实的基础。

在东欧剧变和苏联解体之后，无论从地域面积人口数量，还是从世界地位国际影响看，中国都成为世界上最大的社会主义国家，成为社会主义发展

---

① 《邓小平文选》第三卷，人民出版社1993年版，第383页。

的新的风向标。国际局势紧急，苏东剧变后国际力量对比严重失衡，国际共产主义运动陷入了低潮，"历史终结论"甚嚣尘上；国内情况也面临压力，西方资本主义国家利用中国国内出现的暂时困难，打着所谓"制裁"的旗号，千方百计地干涉中国内政，妄图颠覆中国的社会主义制度。此时此刻，中国的抉择，中国共产党的抉择关乎着整个社会主义的命运走向。在此关键的历史节点上，以邓小平同志为核心的党的第二代中央领导集体明确主张："不坚持社会主义，不改革开放，不发展经济，不改善人民生活，只能是死路一条。"① 旗帜鲜明地亮出了对马克思主义、对社会主义的态度，表示"坚持马克思主义对中国十分重要，坚持社会主义对中国也十分重要"，"中国的社会主义是变不了的。中国肯定要沿着自己选择的社会主义道路走到底。谁也压不垮我们。只要中国不垮，世界上就有五分之一的人口在坚持社会主义。我们对社会主义的前途充满信心。"②

面对风云变幻的复杂局势，邓小平提出要"冷静观察，稳住阵脚，沉着应付"，并审时度势对国际局势作出预言性的判断："中国稳住了，而且实现了发展目标，社会主义就显示出优越性"，"中国只要这样搞下去，旗帜不倒，就会有很大影响。"③ 在坚持和发展中国特色社会主义的重大抉择中，邓小平指出，综观全局，不管怎么变化，我们要真正扎扎实实地抓好建设工作。他反复强调，要抓住时机，大力发展自己，尽快把中国经济搞上去。少管别人的事，也不怕制裁。中国能不能顶住霸权主义、强权政治的压力，坚持我们的社会主义制度，关键就看能不能争得较快的增长速度，实现我们的发展战略。历史用雄辩的事实证明了这一判断是伟大的正确的。应该说，中国在这场社会主义发展的历史性危机中，不仅稳住了自己国家的阵脚，而且也稳住了整个社会主义的阵脚。社会主义在中国不但没有停滞和倒退，反而取得了跨越性的大发展，用实践证明了社会主义的生命力和优越性。在世界社会主义面临生死存亡的关键时刻，中国共产党所领导的中国特色社会主义事业发挥了中流砥柱的历史作用。

---

① 《邓小平文选》第三卷，人民出版社 1993 年版，第 370 页。
② 《邓小平文选》第三卷，人民出版社 1993 年版，第 62、320—321 页。
③ 《邓小平文选》第三卷，人民出版社 1993 年版，第 320 页。

四、屹立世界东方的社会主义高地

站在新的历史起点上，在世界的大格局中考察中国特色社会主义的价值，可以说，如果中国共产党领导的中国特色社会主义事业在苏东剧变之后不能站稳脚跟，那么世界社会主义就将经历在黑暗中摸索徘徊的痛苦，真正是陷入"万马齐喑"的境地。历史事实告诉我们，正是由于中国共产党的坚强领导，坚持和发展中国特色社会主义道路不动摇，才在风雨动荡的历史时刻，扭转了被动局面，凸显了社会主义的生命力，成为屹立在世界东方的社会主义高地。

中国特色社会主义是中国共产党带领全体中国人民艰辛探索的实践成果。中国共产党依据马克思主义普遍真理同中国具体实际相结合的原则，总结长期探索所积累的经验，特别是党的十一届三中全会以来的实践，深刻地认识到建设中国特色社会主义的基本规律，在党的十二大上明确地提出了"走自己的路，建设有中国特色的社会主义"的科学论断。随着我国改革开放伟大事业的实践发展，中国特色社会主义的内涵也在不断丰富和完善。党的十三大报告系统阐述了社会主义初级阶段的理论，明确概括了党在社会主义初级阶段的基本路线，"一个中心，两个基本点"，以经济建设为中心，坚持四项基本原则，坚持改革开放；确定了"三步走"的发展战略。党的十四大上，则明确了我国经济体制改革的目标是建立社会主义市场经济体制，对社会主义与市场经济的关系作出根本性的厘定，为我国的经济社会发展确定了方向。党的十五大报告对我国社会主义初级阶段的所有制结构和公有制实现形式，以及依法治国、建设社会主义法治国家等重大问题作出新的阐述，把"三步走"战略的第三步进一步具体化，提出了新的"三步走"发展战略。党的十六大提出了全面建设小康社会的具体目标，明确党的三大历史任务是推进现代化建设、完成祖国统一、维护世界和平与促进共同发展，从而在中国特色社会主义的道路上实现中华民族的伟大复兴。党的十七大把邓小平理论、"三个代表"重要思想、科学发展观等重大战略思想整合为中国特色社会主义理论体系，明确指出高举中国特色社会主义伟大旗帜，最根本的就是要坚持中国特色社会主义道路和中国特色社会主义理论体系。党的十八大报告鲜明地指出，要牢牢把握建设中国特色社会主义的总依据、总布局、总任务和基本要求，着眼于全面建成小康社会、实现社会主义现代化和中华民族伟大复兴，作出推进中国特色社会主义事业"五位一体"总体布局的政治论断。

党的十九大是在全面建成小康社会决胜阶段、中国特色社会主义进入新时代的关键时期召开的一次极为重要的大会。党的十九大报告高举旗帜、立论定向，把握大势、总揽全局，作出了"中国特色社会主义进入新时代"的重大判断，提出了具有全局性、战略性、前瞻性的行动纲领，具有划时代的里程碑意义。新时代中国特色社会主义是继往开来的伟大事业，党的十九大作出的重大政治判断、理论概括和实践总结，确立的重要指导思想，作出的重大决策和重大战略部署、勾勒的光明政治前景将在新时代中国特色社会主义的生动画卷中徐徐展开，中国共产党领导下的中国人民正在用踏踏实实的行动实践书写着世界社会主义更加伟大的历史篇章。

第二节　开始形成对资本主义的优势

马克思明确指出，无产阶级是资本主义社会的掘墓人。这一论断作为科学社会主义的基本原理，形象地揭示出共产主义战胜资本主义的力量源泉。"掘墓人"这一社会历史角色的定位，内涵着对资本主义与社会主义两种社会制度形态的对立立场和发展趋势的科学判断。社会主义从思想到实践都是以对资本主义进行彻底性批判的姿态出现的，以符合历史规律的方式展现自身具有的无限生机，呈现出较之于资本主义无可比拟的优越性。中国特色社会主义的历史事实和现实成就已充分证明了这一点，社会主义事业已走出发展的低谷，开始形成对资本主义的优势。

一、依靠掠夺起家的资本主义历史

马克思主义从历史唯物主义和辩证唯物主义的立场出发，对资本主义作出过极为深刻的客观的分析。在生产力与生产关系及经济基础与上层建筑的双重关系意义上，马克思主义充分认识到了资本主义相对于封建制度所具有的历史进步性。马克思、恩格斯认为，工业化"是促使封建生产方式向资本主义生产方式过渡的一个主要因素"①。人类社会在历史的发展中不断追求着生产力的进步，而生产力则必然对生产关系构成决定作用。正是以蒸汽机革命为肇始的机器大工业时代的到来，决定了封建主义社会的崩溃，使资本主义社会得以确立，并成为生产力高度发达的社会。"自从蒸汽和新的工具机把旧的工场手工业变成大工业以后，在资产阶级领导下造成的生产力，就以前所未闻的速度和前所未闻的规模发展起来了。"② 正是由于资本主义生产关系适应并促进了生产力的历史性变革，"资产阶级在它的不到一百年的阶级统治中所创造的生产力，比过去一切世代创造的全部生产力还要多，还要大。……过去哪一个世纪料想到在社会劳动里蕴藏有这样的生产力呢？"③ 马克思、恩格斯在《共产党宣言》中的这一论断充分肯定了资本主义在历史发展中的价值地位。

然而，马克思主义也正是依循同样的基本原理，宣判了资本主义命运的终结，提出了无产阶级是资本主义社会的掘墓人，指出了在人类社会发展中资本主义社会终将被共产主义社会替代的历史走向。

马克思曾在《资本论》中对"资本"作出过深刻分析："资本来到世间，从头到脚，每个毛孔都滴着血和肮脏的东西。"④ 从资本主义的历史发展过程来看，可以说资本主义的发展史，就是资本剥削劳动、列强掠夺弱国的历史，这种剥夺的历史是用血和火的文字载入人类编年史的。资产阶级利用暴力手段为资本主义的发展创造条件，资本的原始积累主要是通过暴力手段剥夺农民的土地而实现的。进而，资本主义国家通过武力征服海外殖民地，屠杀当地居民，抢掠金银珠宝，大批贩卖黑人，实行关税保护制度，进行商业战争。马克思主义认为，资产阶级的发家史就是一部罪恶的掠夺史。在自由竞争时代，西方列强用坚船利炮在世界范围开辟殖民地，贩卖奴隶，贩卖鸦片，依靠殖民战争和殖民地贸易进行资本积累和扩张。发展到垄断阶段后，统一的、无所不包的世界市场和世界资本主义经济体系逐步形成，资本家垄断同盟为瓜分世界而引发了两次世界大战，给人类带来巨大浩劫。第

---

① 《马克思恩格斯文集》第 7 卷，人民出版社 2009 年版，第 371 页。
② 《马克思恩格斯选集》第 3 卷，人民出版社 2012 年版，第 798 页。
③ 《马克思恩格斯选集》第 1 卷，人民出版社 2012 年版，第 405 页。
④ 《马克思恩格斯选集》第 2 卷，人民出版社 2012 年版，第 297 页。

二次世界大战后，由于社会主义的胜利和民族解放运动的兴起，西方列强被迫放弃了旧的殖民主义政策，转而利用赢得独立和解放的广大发展中国家大规模工业化的机会，扩大资本的世界市场，深化资本的国际大循环，通过不平等交换、资本输出、技术垄断以及债务盘剥等，更加巧妙地剥削和掠夺发展中国家的资源和财富。在当今经济全球化进程中，西方发达国家通过它们控制的国际经济、金融等组织，通过它们制定的国际"游戏规则"，推行以所谓新自由主义为旗号的经济全球化战略，继续主导国际经济秩序，保持和发展它们在经济结构和贸易、科技、金融等领域的全球优势地位，攫取着经济全球化的最大好处。

从资本主义产生和发展的历史轨迹，我们可以看到资本主义的确促进了社会生产力的大发展，将人类社会推进到了机器大工业时代，然而，这一变化不过是以新的掠夺代替旧的剥削，是以新的统治代替旧的压榨，少数剥削阶级统治多数被剥削阶级的社会本质没有根本的变化。

二、问题繁杂丛生的资本主义社会

随着资本主义的不断发展，其在经济、政治、社会、文化等各个领域也都出现了各种繁杂丛生的问题，这些问题不仅没有因资本主义的变革而消弭，而是以日渐激烈的方式呈现出来。而资本逐利导向所刺激生成的过分追求物质消费的倾向更引起了严重的资源环境问题，从根本上威胁着人类的可持续生存和发展。

第二次世界大战以后，资本主义世界迎来了其发展史上的"黄金时代"，经历了几十年的高速发展，使得发达资本主义国家一时以"高收入、高福利、高消费"而志得意满，以为可以逃脱马克思主义所作出的"资本主义必然灭亡"的宿命，资本主义将是不可战胜的"历史终结者"。然而，从20世纪七八十年代开始，高速发展的资本主义逐渐降速，高通胀引发的经济社会问题日渐突出，直至2008年由金融危机引发的全球经济危机则使资本主义的"辉煌"彻底终结，整个资本主义世界陷入了低迷停滞的状态。发端于最强盛的资本主义国家美国，其国际性的金融危机使整个资本主义世界陷入困顿的状态，经济乏力、政治极化、社会分裂、民粹主义泛滥等多重矛盾集中爆发出来，对资本主义世界的国际国内秩序与发展构成了深沉的挑战。当前，整个资本主义世界的经济状况呈现出结构性的困局，"三高三低"即高债务、高失业、高杠杆，低增长、低利率、低通胀成为共同难题。

经济发展乏力必然导致社会问题丛生，资本主义内在的结构性矛盾所导致的贫富悬殊必然导致社会不同阶层的对立加剧，底层社会民粹主义盛行，各种保护主义孤立主义抬头，甚至各种极端主义也疯狂蔓延。法国经济学家托马斯·皮凯蒂认为，资本主义本质上倾向于增强资本所有者的力量，而广大劳动者的利益则受到侵蚀，这是导致社会不平等的根源。据统计，全球最富裕的10%人口消费额占全球总消费的59%，所拥有财富占全球总财富的85%；底层50%人口消费额只占全球总消费的7%，所拥有的财富仅占总财富的1%。① 在这种大背景下，精英层与草根层严重对立，民众"反精英、反建制、反移民、反全球化"情绪强烈，选民求新求变心理突出，资本主义各国的整体社会舆论偏向保守主义、民粹主义和极端主义。这种社会结构和舆论状况进而对资本主义政治制度形成冲击，美国的"非主流人士"唐纳德·特朗普击败希拉里·克林顿当选美国总统，英国独立党、法国国民阵线、德国"另择党"、意大利"五星运动"等民粹、极端主义力量在选举中的支持率大幅升高，而传统的政党则影响力急速下滑，政治极化现象愈加严重，政府失灵、政党失势、媒体失信、民调失真等现象在各个国家都有体现，成为资本主义社会面临的普遍性困境。犯罪、吸毒、同性恋等社会问题的泛滥，多元文化遭到质疑，传统价值观受到冲击，而难民潮泛滥、恐怖袭击频发等新问题的不断出现则使欧洲本已紧张的形势更加险峻。

美欧资本主义国家的经济社会政治问题繁杂丛生，使得资本主义所张扬的自由主义、个人主义、多元文化主义等基础性共识被打破，"保护、驱逐、脱离、本国利益至上"等口号一时甚嚣尘上，社会文化整体走向封闭、孤立、内倾。例如，皮尤研究中心2016年5月的民调显示，57%的美国民众认为，当前美国国内矛盾丛生、困难重重，应更加重视和解决自身存在的诸多问题；这一比例较2010年类似民调结果上升了11个百分点；49%的美国民众明确反对美国参与经济全球化。英国脱欧公投则给欧洲一体化敲响了

---

① 参见［法］托马斯·皮凯蒂：《21世纪资本论》，巴曙松等译，中信出版社2014年版，第627页。

警钟。欧洲政策中心等智库认为，英国脱欧公投是第二次世界大战后西方世界遭遇的严重失败，是西方文明进入发展瓶颈的直接表现，其影响可能远超预期。全球化遭遇逆流，区域一体化出现倒退，整整一代甚至几代欧洲人对西方价值观和制度的信心遭遇到历史性的挫败感，整个社会对资本主义的信心都在面临前所未有的动摇和幻灭。

三、创造经济社会发展的中国奇迹

在马克思主义的论域中，作为资本主义批判者出现的社会主义是适应社会化大生产需要的，能够充分解放和发展社会生产力的具有时代先进性的生产关系。由于社会主义将普通劳动者解放出来，充分尊重他们的主体性，充分激发他们的积极性，因而能够突破资本主义生产关系天然具有的"以资本为中心"的宿命逻辑，克服其所无法克服的经济社会问题，成就其所无法成就的世界历史成就。适应生产力发展的社会主义生产关系具有的先进性，必然形成对资本主义的优势进而形成对其的革命性取代，这是社会历史发展的必然。尽管这一历史过程可能会较为漫长，甚至会有某些形式的反复和曲折，但历史总的方向是不会改变的，从而呈现为螺旋式上升和曲折式发展。社会主义在当代中国所创造的经济社会发展的伟大奇迹用实践雄辩地证明了这一点。

近代中国经历了前所未有的苦难，当船坚炮利的西方强行进入封闭的中华帝国之后，中国沦为了半殖民地半封建社会。只有在中国共产党的领导下，社会主义才拯救了中国，经过艰苦卓绝的努力走出了四分五裂、一盘散沙的悲惨境地，建立了中华人民共和国。建设中华人民共和国的历史进程，就是社会主义社会在中国的实践过程，最终创立了中国特色社会主义的伟大事业。新中国建立以来，特别是改革开放 40 多年来，中国的经济让世人惊叹，创造了伟大的中国奇迹。如今，中国已经从世界最贫困的国家之一，一跃成为全球第二大经济体。作为一个有着 14 亿人口的大国，中国经济的发展关乎世界五分之一人口的命运。因此，中国经济已经成为影响国际形势的一个举足轻重的因素。

从数量规模上看，1978 年改革开放伊始，中国的经济规模仅有 3679 亿元人民币；而到 2019 年，中国国内生产总值已经高达 99.0865 万亿元人民币（相当于 14.4 万亿美元），稳居世界第二大经济体，中国经济总量占世界经济的比重由 1978 年的 1.8% 上升到 2017 年的 16%，仅次于美国。从经济增速角度看，1978—2017 年，中国国内生产总值（GDP）的年均增速高达 14.5%，剔除年均 4.8% 的通胀率，年均实际增速仍高达 9.3%。从经济结构的角度看，中国工业化进程加快，第一产业、第二产业、第三产业的结构日趋合理化，第三产业逐渐占据主导地位。2019 年，中国三产结构的比例分别为 7.1%、39.0%、53.9%。第三产业的发展增幅已经超过第一、第二产业，成为拉动中国经济增长的主要力量。经济学家林毅夫等对"中国的奇迹"作出这样的判断，"以这么高的速度持续这么长时间的增长，人类历史上不曾有过"[①]。经济发展并不仅仅包括经济增长的指标，还需要从社会发展的角度看中国的经济增速问题。从人均 GDP 水平的角度看，1978 年中国人均国内生产总值为 381 元人民币，仅为同期印度人均国内生产总值的三分之二，是当时世界上典型的低收入国家；而 2019 年，中国人均国内生产总值已经高达 70892 元人民币，迈上了 1 万美元的台阶，已经跻身中等偏上收入国家行列。[②] 显然，经济增长的背后还包括了中国经济的显著发展。改革开放 40 多年来，中国农村上亿人摆脱贫困，实现粮食自给自足，这同样是人类发展史上的奇迹。从社会生活水平的角度看，中国经济的快速增长使得中国在能源、交通运输、邮电通信、科教文卫等基础产业、基础设施建设等领域取得诸多辉煌成就。

中国经济社会发展的伟大奇迹，不仅仅使中国自身获得了前所未有的历史性进步，同时也对世界经济社会发展作出了重大的贡献。1978 年，中国进出口贸易额为 355 亿元；2017 年，根据海关总署的统计，中国外贸进出口总值已经达到 27.79 万亿元，是 1978 年的 782.82 倍。其中，进口额由 1978 年的 187.4 亿元上升至 2017 年的 15.33 万亿元；出口额由 1978 年的 167.6 亿元上升至 2017 年的 12.46 万亿元。相关数据统计显示，2011—2016 年，中国进出口货物和服务总额占全球的份额由 8.4% 上升至 9.7%。据 2018 年 4 月世界贸易组织发布的年度全球贸易报告显示，中国商品贸易出

---

① 林毅夫等：《中国的奇迹》，上海三联书店、上海人民出版社 1994 年版，第 3 页。
② 参见《中华人民共和国 2019 年国民经济和社会发展统计公报》，《人民日报》2020 年 2 月 29 日。

口继续位居全球第一位，占全球份额的 12.8%，而中国商品贸易进口仅次于美国，位居全球第二位。显然，中国对外贸易的迅速发展为国际市场和国际贸易的繁荣作出了越来越大的贡献。特别是在 2008 年全球金融危机爆发之后，受到全球经济不景气的影响，全球贸易额增长率长期处于低位。中国进出口贸易相对稳定的增长态势为全球贸易的稳定增长作出了不小贡献。随着中国经济实力的逐步增强，以及中国在全球市场中话语权的不断提高，中国的进出口贸易、对外投资将对全球贸易的增长产生越来越大的影响，日益成为全球经济再平衡的重要力量。[①]

四、成就中国经济社会快速发展的政治逻辑

中国何以能够在如此短的时间内创造如此巨大的经济社会发展成就？这个实践中提出的问题引发了世界各国各个学科的研究和思考，给出的答案也五花八门，比如有发展战略说、资源禀赋说、财政分权说、地方激励说、小农理性说等，这些思考都从特定的角度观察到了中国奇迹背后的某些逻辑，其中既有普遍性意义上的经济规律，也有特殊性价值的中国元素。无论何种，上述的理论假说都与中国特色社会主义制度的特质有某种关联，因为这一基础性的制度结构是生成一切具体要素的母体。这就意味着，我们有必要在整体结构和内在关联的意义上探究和揭示成就中国经济社会发展成就背后的政治逻辑。

对于成就中国经济社会快速发展的政治逻辑，习近平在庆祝中国共产党成立 95 周年大会上作出明确的重要论述："中国特色社会主义制度是当代中国发展进步的根本制度保障，是具有鲜明中国特色、明显制度优势、强大自我完善能力的先进制度。"[②] 中国经济社会奇迹就是当代中国发展进步最直接最鲜明的表征，而这一发展进步的根本制度保障就是中国特色社会主义制度，正是这一制度所具有的优越性决定了中国能够创造出让全世界都惊叹不已的发展奇迹。中国特色社会主义制度作为我们当前政治实践中最重要的制度形态，坚持把根本制度、基本制度同各方面体制机制等重要制度有机结合

---

① 参见张建平、沈博：《改革开放 40 年中国经济发展成就及其对世界的影响》，《当代世界》2018 年第 5 期。

② 习近平：《在庆祝中国共产党成立 95 周年大会上的讲话》，《人民日报》2016 年 7 月 2 日。

起来，坚持把国家层面民主制度同基层民主制度有机结合起来，坚持把党的领导、人民当家作主、依法治国有机结合起来，通过这三重"有机结合"，真正创造出了符合当前中国国情的政治逻辑，集中体现了中国特色社会主义所具有的特点和所展现出的优势。正是从这种意义上讲，创造中国经济社会发展奇迹的不是某一方面某一领域的特定要素，而是中国特色社会主义制度这个根本性的制度体系。实践是检验真理的唯一标准。中国的快速发展和巨大进步，用最为雄辩的事实证明和展现了中国特色社会主义制度的优越性和生命力。

中国特色社会主义制度能够有效保证人民享有更加广泛、更加充实的权利和自由。人民是历史的创造者、社会变革的推动者，是国家和社会的主人。一切为了人民、一切相信人民、一切依靠人民，全心全意为人民谋利益，是中国特色社会主义制度的本质属性。中国特色社会主义制度的各个层面都充分体现了这一本质属性。通过中国特色社会主义制度的完善和发展，让一切社会活力竞相迸发，让一切创造社会财富的源泉充分涌流，让发展成果更多更公平惠及全体人民。这一制度优势，既最大限度地激发人民的创造活力，又最大限度地实现好、维护好、发展好人民的根本利益；既保障人民依法治国、依法管理的主体地位，又保障人民社会监督、权力监督的主体地位；既保障人民改革开放的实践主体地位，又保障人民制度创新的主体地位，为中国特色社会主义制度提供了最广泛最可靠最牢固的群众基础和力量源泉。

习近平指出："这样一套制度安排，能够有效保证人民享有更加广泛、更加充实的权利和自由，保证人民广泛参加国家治理和社会治理；能够有效调节国家政治关系，发展充满活力的政党关系、民族关系、宗教关系、阶层关系、海内外同胞关系，增强民族凝聚力，形成安定团结的政治局面；能够集中力量办大事，有效促进社会生产力解放和发展，促进现代化建设各项事业，促进人民生活质量和水平不断提高；能够有效维护国家独立自主，有力维护国家主权、安全、发展利益，维护中国人民和中华民族的福祉。"[①] 中

---

① 习近平：《在庆祝全国人民代表大会成立 60 周年大会上的讲话》，《人民日报》2014 年 9 月 6 日。

国特色社会主义制度所具有的潜力值得我们作深入挖掘，其所具有的独特优势将是实现全面小康社会和中华民族伟大复兴中国梦的制度保证，它将极大地丰富整个世界的制度文明，并深刻影响世界格局的未来走向。所以，我们说成就中国经济社会发展变革奇迹的并非是经济社会本身，而是中国特色社会主义制度。正是这一制度构成了中国所创造各种奇迹背后的真正奇迹之所在，我们可以称之为根本性的中国制度的奇迹，这种意义上的奇迹才是真正的中国的奇迹。对此，习近平指出："我们要建设的是中国特色社会主义，而不是其他什么主义。历史没有终结，也不可能被终结。中国特色社会主义是不是好，要看事实，要看中国人民的判断，而不是看那些戴着有色眼镜的人的主观臆断。"①

中国特色社会主义制度是中国共产党在实践中经过艰辛探索而形成的制度形态。要理解成就变革的社会主义政治逻辑，又必须充分认识到中国特色社会主义制度背后的中国共产党。中国特色社会主义最本质的特征是中国共产党领导。这一重要论断深刻揭示了中国共产党领导与中国特色社会主义之间内在的统一性。中国共产党是中国特色社会主义的开辟者、领导者和推动者，党的领导是当代中国最大的国情、最大特色和最本质特征，是中国特色社会主义制度的最大优势。美国政治学家亨廷顿对于现代化进程中政治组织的重要作用有过比较分析。在他看来，"发展中国家的现代化会是一个充满动荡和激烈冲突的过程，一个具有现代化取向的政治组织则是推进现代化进程又保持其过程稳定的关键力量"②。我们考察创造中国经济社会发展伟大奇迹的政治逻辑，必须认识到中国共产党的领导是中国奇迹最鲜明的标志，是创造中国奇迹最核心的密码。

第三节　为发展中国家提供全新选择

中国特色社会主义道路是中国共产党在实践中历经艰辛探索而形成的，凝聚着党和人民无穷的智慧和心血。中国特色社会主义道路的选择与坚持为

---

① 习近平：《在庆祝中国共产党成立 95 周年大会上的讲话》，《人民日报》2016 年 7 月 2 日。

② ［美］塞缪尔·P.亨廷顿：《变化社会中的政治秩序》，王冠华、刘为等译，上海人民出版社2008 年版，第 333 页。

广大的与中国处于共同境遇中的发展中国家提供了重要的历史启示。党的十九大报告指出，中国特色社会主义进入新时代，"意味着中国特色社会主义道路、理论、制度、文化不断发展，拓展了发展中国家走向现代化的途径，给世界上那些既希望加快发展又希望保持自身独立性的国家和民族提供了全新选择，为解决人类问题贡献了中国智慧和中国方案"①。这一论断打破了"现代化＝西方化"的发展道路迷思，突破了按照西方国家强加给全世界的发展的制度模式，展现了中国特色社会主义所开创的现代化道路具有深远的世界历史意义。

一、发展中国家的道路选择困境

近代以来，由于西欧国家在产业革命之后迅速崛起，在资本主义逐利性的驱动下，沿着当初航海大发现的通道对全世界展开了殖民扩张过程，各国渐次被以不同的方式纳入新的世界秩序中。传统的世界被改造，旧有的发展模式和秩序形态受到挑战，发展道路成为国家选择的重要主题，这对于早发国家而言是自然演化的过程，对于后发的发展中国家而言则是多重力量作用的结果。由此，从 19 世纪到 20 世纪，成为世界历史发展中的重要转向阶段，广大新兴国家或处于传统转型中的国家都面临道路选择的困境。特别是在资本主义和社会主义两种主导性的意识形态和政治实力的影响下，何去何从的道路选择尤其成为对发展中国家的重要考验，也由此形成了多样化的发展道路。

当大多数亚、非、拉美等的传统国家或主动或被动地走进已被西方主要国家主导的新的世界秩序时，无不面临着如何现代化的道路选择问题。从传统到现代的转型成为世界历史发展的重要主题，怎样在这个世界站稳脚跟，如何在这个世界寻求富强，发展道路的选择是根本性的大问题。如何实现现代化？实现什么样的现代化？这一时代命题横亘在发展中国家面前。历史实践用事实告诉我们，他们的选择各有不同，他们的回答各有不同，这决定了他们分别选择了特定的发展道路，在各自的道路上曲折前行，有的获得了成

---

① 习近平：《决胜全面建成小康社会　夺取新时代中国特色社会主义伟大胜利——在中国共产党第十九次全国代表大会上的报告》，人民出版社 2017 年版，第 10 页。

功，有的遭遇了失败，有的在经历了一段时间的快速发展之后陷入了新的困境，甚至有的国家一直在军事政变、种族冲突、贫富分化等社会的漩涡中不断地经历着动荡。在 20 世纪世界格局的大背景下，这些不同的选择概而言之有两类：一类是以美国为样板，走资本主义发展道路；另一类是亦步亦趋地学习苏联模式，将自己纳入这个制度联盟框架中。后者的发展最终以苏东剧变黯然退场，制度模板的母体及其模仿者们最终放弃了社会主义道路而归入前一条道路的选择中或者开启了新的艰难摸索。

然而，前一类的资本主义道路是否就轻而易举地获得了成功呢？"现代化＝西方化"的制度范式是否是确定的真理呢？西方国家所鼓吹的以私有化为基础的自由民主发展模式是否拯救了发展中国家，是否造福了他们广大的人民呢？历史用事实告诉人们：没有。当广大发展中国家面临发展道路选择的重大考验时，最先完成了现代化的任务，也最先享受到现代化的成果的西方俨然成为掌握了叩开现代化之门的唯一钥匙的学习模板。"走西方的路"，即走资本主义的发展道路，成为很多发展中国家无法抗拒的诱惑。西方国家从维护自己所构建的世界秩序出发，为争取更大的国家利益和资本利润，不仅仅以现代化的先行者和成功者自居，更是以实际的行动推动这一西式现代化的过程，通过各种政治、经济、文化手段深度干预发展中国家的现代化建设，实际上是将他们纳入自己的帝国主义运作逻辑中。最终几乎所有发展中国家的现代化之路都陷入两难选择。面对所谓西方发展模式的强大压力和先发现代化的诱人成果，广大发展中国家要么选择依附性的发展，要么选择固守既有的贫穷。是依附式发展还是孤立式贫穷，成为道路选择的困境。

进入 21 世纪，再回头看看广大发展中国家走过的道路，在比较中人们不难发现，亦步亦趋地学习苏联者，与苏联一道遭遇了失败，经历了新的曲折；以美国为样板的资本主义发展道路，同样没有改变他们在世界格局中从属性的、被掠夺的地位。而积贫积弱的中国却在独立自主的坚守中走出了中国特色社会主义道路，取得了举世瞩目的历史成就，获得了前所未有的世界地位，造福了数十亿的人民群众。正是从这种大格局的世界历史变革中，人们深刻地认识到，需要深入分析在实践中探索形成的中国道路，需要深入思考中国道路所具有的世界历史意义，这一发展道路为发展中国家提供了怎样的全新选择。

二、独立自主走本国发展的道路

其实，中国近代的历史同样也经历了如此的曲折，亲身经历了这一曲折的毛泽东，在《论人民民主专政》一文中有过这样的描述和概括："帝国主义的侵略打破了中国人学西方的迷梦。很奇怪，为什么先生老是侵略学生呢？中国人向西方学习得很不少，但是行不通，理想总是不能实现。多次奋斗，包括辛亥革命那样全国规模的运动，都失败了。"① 这一当下已经成为国人皆耳熟能详的历史反思，是中国共产党人面临现代化选择困境时苦苦寻求未来的心路历程。正是在这样的反思中，中国共产党领导人民开启了独立自主探索自己发展道路的漫漫征程。

十月革命一声炮响，给我们送来了马克思列宁主义。历史和现实都告诉我们，只有社会主义才能救中国，只有中国特色社会主义才能发展中国，这是历史的结论、人民的选择。鸦片战争以来的历史证明，社会主义是唯一行得通、走得好的道路，只有社会主义而没有别的什么主义能够救中国。但是，社会主义建设时期的历史证明，传统的计划经济模式会窒息社会主义的生命力，这样封闭僵化的老路一样发展不了中国、发展不了社会主义。苏东剧变的历史教训证明，与西方接轨不是社会主义的发展方向，走改旗易帜的邪路一定会葬送社会主义。改革开放40多年来的实践证明，中国特色社会主义道路是实现中华民族伟大复兴的必由之路。

回顾中国对发展道路的探索历程，可以清晰地看到，中国是基于自己的独立判断而寻找出路的。我们无法选择资本主义道路，选择了马克思主义指导的社会主义发展道路，但并没有亦步亦趋地跟着苏联模式盲目前行，而是在探索中不断地发展中国自身的特点，结合自己的国情作出调整和改革。新中国成立以来的历史就是一部探索中国特色社会主义发展道路的历史，从毛泽东的"论十大关系"到邓小平的"摸着石头过河"，我们都能感触到中国在道路选择过程中对自身特质的坚守，"走自己的路"，这就是结论。

邓小平指出："我们搞的现代化，是中国式的现代化。我们建设的社会主义，是有中国特色的社会主义。我们主要是根据自己的实际情况和自己的

---

① 《毛泽东选集》第四卷，人民出版社1991年版，第1470页。

条件，以自力更生为主。"① 习近平也曾强调，我们愿意借鉴人类一切文明成果，但不会照抄照搬任何国家的发展模式。中国搞现代化，必须走中国道路，这就是中国特色社会主义道路。我们从未简单地复制西方的发展模式，从未进入西方设定的历史轨迹，也从未简单地套用西方的发展逻辑。我们深刻认识到要独立自主地探索符合自己国家的发展道路，而不是盲从于所谓成功的资本主义模式。惟有实事求是地分析自己国家的国情，自力更生地选择自己国家的发展道路，才不会亦步亦趋、受制于人，甚至邯郸学步、东施效颦，而真正创造属于自己国家的未来。中国特色的现代化道路不是脱离世界发展潮流的旁门左道，而是以"社会主义"为底色、以"中国特色"为标志、以"现代化"为目标的发展道路。中国自主开辟的道路，是完全不同于西方模式的伟大创举。它摆脱了西方的制度框架、政治模式和文明体系，摆脱了殖民、扩张、掠夺、对抗的发展逻辑，摆脱了依附发展、梯度进化的历史宿命，通过"走自己的路"成功崛起，开启了更为壮丽的现代化之路。

"这条道路来之不易，它是在改革开放 30 多年的伟大实践中走出来的，是在中华人民共和国成立 60 多年的持续探索中走出来的，是在对近代以来 170 多年中华民族发展历程的深刻总结中走出来的，是在对中华民族 5000 多年悠久文明的传承中走出来的，具有深厚的历史渊源和广泛的现实基础。"② 习近平所阐发的这一重要思想论断，从中国大历史的时间格局中呈现了"走自己的路"的艰辛探索。当我们在世界比较的空间视野中对这段论述进行观照时，则能够深刻体会到我们如何独立自主地探索我们发展道路的坚守与自信。正因如此，中国道路才具有了世界价值和意义。

三、探索道路选择的实践价值思考

中国特色社会主义道路的选择不是自然而然的，同样，社会主义道路的坚持也不是轻而易举的，都要经历曲折，承受考验，付出代价才能换来。对这一发展道路作深入思考，就不仅仅需要知道这一道路是怎样的，有何特质，更需要走进历史对其探索道路选择的实践过程作出分析，从中洞察道路

---

① 《邓小平文选》第三卷，人民出版社 1993 年版，第 29 页。

② 习近平：《在第十二届全国人民代表大会第一次会议上的讲话》，《人民日报》2013 年 3 月 18 日。

选择的规律和奥秘。这既是经验总结，也是理论提炼，根本着眼点在于通过对实践价值的思考，做到道路选择的理性自信。这从为发展中国家提供全新选择的角度而言，同样具有宝贵的参考价值。

考察中国特色社会主义道路的探索实践，其中最为基础也最为核心的结论就是：从中国国情出发选择适合自身发展需要的现代化道路，要在道路选择中确立发展的自主性，要对自己国家的国情有深刻认识，要对未来发展愿景有坚定的持守。各国历史积淀、文化传统、现实条件不同，决定了现代化道路不可能完全一样。走自己的路，是中国特色社会主义取得成功的重要经验。我们要实现社会的发展和国家的进步，就必须从本国的历史积淀、文化传统、发展基础等因素出发选择发展道路。脱离国情、照搬他国模式，不仅会水土不服，而且会带来严重后果，延缓现代化进程。中国特色社会主义道路从一开始就强调从国情出发进行探索，保持道路选择的自主性，没有照搬别国的政治制度和发展模式。中国共产党在推进现代化过程中一直坚定而清晰地认识到我国处于社会主义初级阶段这一基本国情，进而将这一基本国情作为我国探索现代化道路的基本依据，既不盲目冒进，追求不切实际的发展目标，也不妄自菲薄，缺乏对未来发展的前行信心和奋斗热情。

中国共产党正是坚持从社会主义初级阶段的国情、发展中国家的实际出发，制定出了符合中国发展实际的现代化目标，努力追求实现国家富强、民族振兴、人民幸福，并以此为奋斗目标引领中国的现代化进程。人民对美好生活的向往就是我们的奋斗目标，这一看似朴素的道理实际蕴含着深刻的道路选择的哲理，那就是不以他国的制度模板为目标，而是以自身国家人民的幸福为确立目标的根本依归，这就能够做到实事求是，不盲从。在推进现代化发展的进程中，中国共产党依然坚持从初级阶段的国情出发，依据现代化的目标和任务将这一过程划分为不同发展阶段，通过阶段性目标的实现保障总目标的完成。将现代化这一总目标分解为若干具体任务，依据任务将现代化过程划分为若干具体阶段，积小步为大步，以渐进求突破。

在根据具体国情确立现代化道路、方向和目标之后，更为重要的是要深入分析自身所具有的优势劣势，可以依托的力量，需要规避的风险，从而在不同的要素禀赋中寻找支撑发展前行的结构性资源，进而将其整合到行动框架之中。中国特色社会主义的成功实践告诉我们从来都不要寄希望于外力来推动国家现代化，那样只会受制于人，在别人划定的框架中完成有限的规定动作，并不能实现真正的发展进步。我们探索的道路着眼于自力更生、独立自主，依托的是人民的力量，就是通过改革开放的道路选择，不断地改革创新，不断地探索发展，中国共产党的坚强领导构成了推动现代化变革的核心力量，尊重和发挥人民群众的主体作用，为现代化进程提供不竭的动力。人民群众的积极性、主动性、创造性及其实践智慧和实践经验，是中国特色社会主义的力量源泉。习近平在党的十九大报告中强调："人民是历史的创造者，是决定党和国家前途命运的根本力量。"[1] 中国特色社会主义道路的成功依托的是人民的力量、人民的智慧、人民的精神。正是因为在中国共产党的领导下，我们切实调动了人民群众的积极性、主动性、创造性，汇聚了人民群众的智慧与创造，才实现了中国现代化发展的伟大胜利。

习近平指出："改革开放是当代中国发展进步的活力之源，是我们党和人民大踏步赶上时代前进步伐的重要法宝，是坚持和发展中国特色社会主义的必由之路。"[2] 改革是现代化的内生动力，每个国家走向现代化都离不开改革，要充分依托改革创新的内生力量。通过改革激发内生发展动力，以创新获得持续前进动力，不断推进理论创新、实践创新、制度创新、文化创新以及其他各方面创新，激发各方面的蓬勃活力。现代化涉及发展转型、制度重塑、利益调整、理念更新，需要有效协调现代化过程中的重大关系，化解各种矛盾冲突。在推进中国特色社会主义的实践中，中国共产党根据具体国情，团结一切可以团结的力量，集中一切可以集中的资源，实现了经济社会发展的内在平衡协调，为全面深化改革释放出了广阔的空间。

四、中国发展道路的世界历史意义

将中国特色社会主义道路放在世界变革的大历史中去考察，中国特色社会主义道路既避免了社会主义传统模式的僵化问题，又摒弃了西方现代化模式的弊病和缺陷。中国特色社会主义道路的确立和发展意味着中国独立自主开辟的现代化道路的成功。这一发展道路是坚持马克思主义的立场观点，坚

---

① 习近平：《决胜全面建成小康社会　夺取新时代中国特色社会主义伟大胜利——在中国共产党第十九次全国代表大会上的报告》，人民出版社 2017 年版，第 21 页。

② 《习近平关于全面深化改革论述摘编》，中央文献出版社 2014 年版，第 3 页。

持社会主义的价值追求，继承中华文化的优良传统，通过对西方现代化的积极扬弃，在中国特色社会主义的历史性改革实践中确立起来的。中国发展道路的成功表明，没有任何一种模式能够适用于所有的国家，必须彻底打破"西方中心主义"的思维惯性，发展中国家必须走适合自己国情的道路。

世界的发展道路是丰富多彩的。当前西方遭遇的巨大困境和中国特色社会主义发展道路的成功实践，揭示了人类文明发展的多样性，打破了西方所谓的"历史终结论"，表明西方模式并非唯一道路，中国特色社会主义为广大发展中国家提供了积极示范。中国既没有与西方"脱钩"，又没有依附西方；既选择融入国际社会，又没有滑向西方的发展轨道；既大胆借鉴资本主义国家文明成果，又没有失去自主性。20世纪八九十年代，人类历史将终结在资本主义制度的主观臆断曾一时呐喊鼓噪。然而，人类历史的发展并非如西方国家所料，中国特色社会主义事业取得的巨大成就深刻表明，社会主义不会死灭，它具有强大的生命力和创造力。中国独立自主开辟的现代化道路的成功具有重大而深远的世界意义，它重塑了社会主义在全世界的形象，在全世界高高举起了中国特色社会主义伟大旗帜；它动摇了西方经验支撑的发展模式的至尊地位，也动摇了基于西方经验的制度文明和价值观念的普世地位，改写了"现代化=西方化"的发展公式，为广大发展中国家走自己的路注入了信心和底气。[①]

中国共产党团结领导人民不断推进中国特色社会主义道路、理论、制度、文化发展，形成了一套明显区别于西方发展模式的中国方案，为人类社会应对21世纪的各种挑战贡献了中国智慧，为发展中国家走向现代化提供了全新选择。当发展中国家依然在道路选择的困境中徘徊彷徨时，中国特色社会主义的伟大实践证明：西方的现代化道路绝不是人类通往现代化的唯一道路，西方的私有化模式绝不是唯一的选择，西方的价值实现形式绝不是普世的方案。相对于西方发展道路，中国的发展实践对于发展中国家更有启发性，更契合发展中国家的现实需要，更能有效助推发展中国家发展改革实践，对于丰富发展中国家实现现代化的路径选择有重要的参考价值。中国特色社会主义道路的成功不仅仅是为发展中国家提供了新的选择方案，更为重

---

① 参见陈曙光：《为发展中国家走向现代化提供全新选择》，《经济日报》2018年1月18日。

要的是，这一道路探索中所展现出来的内在精神和宝贵经验将为广大发展中国家提供探索自身发展道路的重要启示。

第四节　推动当代全球治理的发展

当今世界正在发展成为互联互通的共同体，各国所面临的治理与发展问题需要在全球层面上加以沟通协商解决。尽管近来各种单边主义、贸易保护主义、逆全球化思潮甚嚣尘上，但"地球村"的现实存在决定了各国利益交融、命运与共、合作共赢是大势所趋。没有哪个国家能够单枪匹马解决一切国际问题，单边主义、零和博弈的全球扩张即使能得利于一时，终究不能抵抗历史兴衰的"周期律"。中国特色社会主义正以新的治理观念倡导者和新的治理行动践行者的角色深刻改变着全球治理格局。习近平在党的十九大报告中指出，中国秉持共商共建共享的全球治理观，倡导国际关系民主化，中国将继续发挥负责任大国作用，积极参与全球治理体系改革和建设，不断贡献中国智慧和力量。

一、在求同存异中推动和平共处

自古以来，中国就以世界大国的角色在人类文明的传承和发展中发挥着重要作用，任何时代都不应低估中国对世界治理所具有的影响力。在新中国成立之初，我们就在分析世界秩序格局的基础上，审时度势地提出了以求同存异为精神内核的"和平共处五项原则"，为维护世界和平与发展，特别是第三世界国家的交流合作奠定了基本行动框架，深刻影响了当时的世界力量对比和结构格局。这一主张在美苏两个超级大国对抗冲突的时代，凸显了中国作为大国的重要地位和深远影响力，构成了社会主义中国推动全球治理时代来临的重要贡献。

和平共处五项原则（即"互相尊重主权和领土完整、互不侵犯、互不干涉内政、平等互利、和平共处"）是1953年周恩来总理在会见印度代表团时第一次提出的。这五项原则是在建立各国间正常关系及进行交流合作时应遵循的基本原则，得到中国、印度和缅甸政府共同倡导。在1955年印尼万隆召开的亚非会议上，和平共处五项原则得到了引申和发展，并被吸纳进会议通过的处理国际关系的十项原则之中。和平共处五项原则的提出，是中国独立自主外交政策的完整体现，标志着中国外交政策的成熟。几十年来，中国不仅是和平共处五项原则的倡导者，而且是其忠诚的奉行者。在这五项原则的基础上，中国与绝大多数邻国解决了历史遗留的边界问题，与世界上大多数国家建立了外交关系。和平共处五项原则经受了不同历史时期国际风云变幻的考验，显示了强大的生命力。和平共处五项原则不仅成为中国奉行独立自主和平外交政策的基础，而且也被世界上绝大多数国家接受，成为规范国际关系的重要准则，在促进世界和平与国际友好合作方面发挥了巨大作用。

和平共处五项基本原则所主张的"互相尊重主权和领土完整、互不侵犯、互不干涉内政、平等互利、和平共处"五个原则相互联系，互为补充发展，具备了比单一原则更丰富全面的内容。"互相尊重主权和领土完整"强调任何国家不得以任何借口损害和剥夺别国的主权、侵犯和吞并别国的领土，这是国际关系的基础。"互不侵犯"和"互不干涉内政"是从主权原则中引申发展而来的，是对它的保障，强调国家关系中的非暴力、非武力的原则，要求不得干涉他国的内外事务。"平等互利、和平共处"原则作为总目标，以其他原则为保障，从而形成了完善的国际法基本原则体系。提出和平共处五项原则最初的出发点，就是运用国际法律准则维护弱小国家在国际社会的正当权益，这为和平解决国际争端、推动国际合作、维护地区和世界和平作出了重大的贡献。在求同存异中推动和平发展，这一基本原则成为中国外交政策的重要基石。虽然中国的国家实力和国际地位在半个多世纪的发展中已经实现了根本性的改观，我们已经成为具有国际影响力的大国，也前所未有地走近世界舞台中心，但这一基本原则依然是我们对外交往和参与全球治理的基础，为推动世界的和平与发展一如既往地贡献着其巨大的正能量。

二、在互利共赢中实现和平崛起

改革开放以来，中国通过制度的变革创新激发了社会经济的巨大潜力，创造了中国的奇迹，以更为开放的格局进入世界政治经济大环境，在国际社会中扮演着越来越重要的角色。中国秉持着在求同存异中坚持和平共处的外交理念，深度参与到世界秩序的维护和建构中，倡导互利共赢的和平外交，国际地位不断提升，世界影响力越来越大。中国一直以来都是世界和平与发展的坚持者和维护者，中国的快速崛起并不会走传统国际大国的暴力掠夺乃至发动战争的扩张路线，而是坚持在合作共赢基础上和平崛起，寻求共同的发展利益，维护共同的和平态势。这是中国特色社会主义在大国外交和国际交往领域对全球治理的重大贡献。

随着经济发展，中国的综合国力得到快速提升，在国际领域的活动也越来越受到重视，其世界影响力越来越大，这本来是自然而然的事。然而，西方国家抱着冷战思维的政客们都视中国的发展为对西方秩序的最大挑战。一时"中国威胁论"的论调拨弄是非、蛊惑人心："强大了必称霸"，必然"挑战世界既定秩序"，必须"遏制中国的快速崛起"。正是在这样的国际格局和舆论背景下，中国提出要在互利共赢中实现和平崛起。近代以来，大国争霸的历史似乎证明了大国的崛起往往导致国际格局和世界秩序的急剧变动，这其实似是而非，其原因在于这些国家是依靠发动侵略战争起家，实行的是对外扩张的道路。而中国的快速发展依靠的是自身的改革开放，中国的国际影响力靠的是互利共赢，实现的是和平的崛起。和平崛起就是要争取和平的国际环境来发展自己，又以自身的发展来维护世界和平。2005 年 9 月，胡锦涛在联合国成立 60 周年首脑会议上的讲话中指出："新的世纪为人类社会发展展现了光明前景。在机遇和挑战并存的重要历史时期，只有世界所有国家紧密团结起来，才能真正建设一个持久和平、共同繁荣的和谐世界。""中国将始终不渝地把自身的发展与人类共同进步联系在一起。"① 中国外交政策的宗旨，是维护世界和平，促进共同发展。中国外交工作的目标是要积极争取一个较长时期的和平环境，以推进中国的现代化建设，并与各国共同致力于建设一个持久和平、共同繁荣的和谐世界。党的十八大报告中对于和平崛起的中国外交政策和国际观念有集中而凝练的表述：中国将继续高举和平、发展、合作、共赢的旗帜，坚定不移致力于维护世界和平、促进共同发展。中国将始终不渝走和平发展道路，坚定奉行独立自主的和平外交政策。中国反对各种形式的霸权主义和强权政治，不干涉别国内政，永远不称霸，

① 胡锦涛：《努力建设持久和平、共同繁荣的和谐世界——在联合国成立 60 周年首脑会议上的讲话》，《人民日报》2005 年 9 月 16 日。

永远不搞扩张。中国将坚持把中国人民利益同各国人民共同利益结合起来，以更加积极的姿态参与国际事务，发挥负责任大国作用，共同应对全球性挑战。习近平强调，中华民族血液中没有侵略他人、称霸世界的基因，中国人民不接受国强必霸的逻辑，愿意同世界各国人民和睦相处、和谐发展，共谋和平、共护和平、共享和平。中国将坚持走和平发展道路，同时也将推动各国共同坚持和平发展。

　　和平崛起的中国必然会对世界未来的格局和走向产生较大的影响，但这种影响是正面的、积极的，在总体上是有利于国际社会和人类发展进步事业的。中国的和平崛起会使世界局势更加稳定，使世界和平更有保障，因为当今的中国在国际社会中是负责任的大国，在国际秩序的建设与变革中是积极参与者和建设者，是维护世界和平与稳定的坚定力量。中国经济持续快速发展已经而且必将继续给国际社会带来更多的机遇、更大的合作空间，形成更多的利益共同体和利害共同体，从而有利于世界经济的繁荣，有利于促进各国的共同发展。中国的和平崛起为国际社会提供的是一个全新的发展模式，即不是通过传统的军事扩张、争霸或称霸，而是通过和平的方式、渐进的方式，在与经济全球化紧密相连的进程中因势利导，趋利避害，即向整个国际社会实行全方位的开放，中国对内寻求和谐，对外寻求和平。中国需要争取和平的国际环境来发展自己，又会以自身的发展来维护世界和平，促进共同发展。中国的和平崛起之路是对全球治理与发展的重大贡献，对国际社会具有巨大的启迪意义。

三、国际体系的参与者和建设者

　　无论是作为和平共处的倡导者，还是作为和平崛起的行动者，中国在自身的国际定位和角色扮演上都与当下的国际体系有着内在的契合。正如习近平指出的："中国是现行国际体系的参与者、建设者、贡献者，同时也是受益者。"[1] 作为国际体系的参与者和建设者，中国所倡导的改革和完善现行国际体系，并不意味着要另起炉灶，另搞一套，要挑战既有的世界秩序，恰恰相反，是要推动它朝着更加公正合理的方向发展。作为一个负责任的大国，

---

[1] 《习近平同美国总统奥巴马会晤》，《人民日报》2015年9月26日。

中国对自身在国家体系中的这一定位，决定了其将在推动世界治理中扮演的必然是正向力量，这对世界和平与发展起着举足轻重的作用。

当今国际体系以联合国宪章、宗旨、原则及其相关机构为核心载体，这些都逐步形成于世界反法西斯战争期间。中国是世界反法西斯战争的东方主战场，中国是重要战胜国之一，是联合国创始成员国，是当时第一个在《联合国宪章》上签字的国家。1971年，中国恢复在联合国的合法席位，开启了中国不断扩大参与当今国际体系的历史进程。联合国从此成为中国参与国际事务、开展大国外交的重要舞台。随着中国在20世纪80年代加入国际货币基金组织和世界银行，特别是2001年加入世界贸易组织（WTO），中国扩大参与当今国际体系，从政治、安全，向经济、金融扩展，从接受遵守国际规制阶段，步入在维护的同时参与创新和帮助推动国际规制变革的新阶段。我们坚决维护以联合国宪章、宗旨、原则为核心的国际秩序和国际体系。作为国际体系的参与者和建设者，中国特色社会主义的外交工作在国际体系的多层次、宽领域、全方位上都取得了巨大成就。从全球层面看，中国在发挥联合国的主导作用、推动联合国机构改革、实现联合国千年发展目标、参与联合国授权的国际维和行动、解决全球性和国际热点等问题上，发挥了引领和建设性的作用。从地区和领域性分体系层面看，中国倡议建立上海合作组织，积极支持和参加东盟地区论坛、亚信会议、中非论坛，推动建立多层次的亚太多边安全制度等，充分发挥了引领和构建作用。在应对气候变化等全球性问题上，中国也作出了巨大努力。

在我们前所未有地走近世界舞台中心的历史时刻，中国所扮演的国际体系的参与者和建设者的角色越来越重要。在"逆全球化"和保护主义思潮上升背景下，中国坚持奉行互利共赢的开放战略，倡导建设开放型经济，推动经济全球化进程再平衡，在共建"一带一路"中为全球发展繁荣作出了重要贡献。在处理国际事务中，中国坚持走和平发展道路，为解决国际地区热点问题提出中国方案。中国作为负责任大国，以前所未有的自信和定力，在国际体系和秩序的变革中，担当世界和平的坚定捍卫者和时代潮流的坚定推动者，为维护世界和平与安全而贡献力量。不断影响和构建新型国际关系，努力推动全球经济治理体系改革与完善，争取让世界各国，特别是广大的发展中国家享有均等的发展机会。

四、世界秩序的贡献者和引领者

随着国际影响力前所未有的提升，中国前所未有地走近世界舞台中心。中国作为国际体系的参与者和建设者，其所承担的世界秩序的贡献者和引领者的责任也越来越凸显出来。2017 年，习近平在国家安全工作座谈会上指出，"要引导国际社会共同塑造更加公正合理的国际新秩序""引导国际社会共同维护国际安全"。这"两个引导"的论述凸显了中国作为世界秩序的贡献者和引领者的历史担当，就是要从世界历史发展的大格局为中国的国家地位作新的定位，以更深切的历史责任感推动国际秩序向更加公正更加合理的方向努力。党的十九大报告指出，中国已经进入日益走近世界舞台中央、不断为人类作出更大贡献的新时代。我们要秉持共商共建共享的全球治理观，继续发挥负责任大国作用，积极参与全球治理体系改革和建设，不断贡献中国智慧和中国方案。

当今世界是一个变革的世界，是一个新机遇新挑战层出不穷的世界，是一个国际体系和国际秩序深度调整的世界，是一个国际力量对比深刻变化并朝着有利于和平与发展方向变化的世界。中国正处于逐步从大国走向强国的新时期，在走近世界舞台中心的过程中，核心任务是必须在确保国家利益的同时，肩负起为全人类争取更加公正合理的国际秩序的重要历史使命。我们要始终不渝奉行互利共赢开放战略，通过深化合作促进世界经济强劲、可持续、平衡增长。这种"互利共赢"包括：改善和发展同发达国家关系，拓宽合作领域，妥善处理分歧，推动建立长期稳定健康发展的新型大国关系；坚持与邻为善、以邻为伴，巩固睦邻友好，深化互利合作，努力使自身发展更好惠及周边国家；坚持把中国人民利益同各国人民共同利益结合起来，发挥负责任大国作用，共同应对全球性挑战。习近平在党的十九大报告中指出："中国秉持共商共建共享的全球治理观，倡导国际关系民主化，坚持国家不分大小、强弱、贫富一律平等"①。中国主张世界命运应该由各国共同掌握，国际规则应该由各国共同书写，全球事务应该由各国共同治理，发展

---

① 习近平：《决胜全面建成小康社会 夺取新时代中国特色社会主义伟大胜利——在中国共产党第十九次全国代表大会上的报告》，人民出版社 2017 年版，第 60 页。

成果应该由各国共同分享。全球治理中国方案的基本点就是：各国携手建设相互尊重、公平正义、合作共赢的新型国际关系，共同构建人类命运共同体。[①]

必须强调的是，中国以更加积极的姿态参与国际事务，努力担当起世界秩序的贡献者和引领者的角色，并不是要彻底改革世界秩序格局，而是优化这一格局使其更为完善，能够为世界各国发展提供更多的交流合作的空间，共同应对全球挑战，努力为全球发展作出贡献。正如习近平所指出的：改革和完善现行国际体系，不意味着另起炉灶，而是要推动它朝着更加公正合理的方向发展。中国提出的"一带一路"、亚洲基础设施投资银行倡议，都是开放、透明、包容的，有利于有关国家发展经济，增加就业，减少贫困，欢迎包括美国在内的有关各方积极参与。当然，我们在担当起贡献者和引领者的同时，对于国际责任的承担依然要量力而行，不能超出自身发展阶段和实际条件。我们要按照权利与义务相一致的原则，力所能及地承担更多国际责任，进一步在国际上发挥好中国的积极建设性作用。我们要把握好世界格局变化中的战略机遇期，通过自身的勤奋努力实现和平崛起，在发展自己的过程中，推进国际秩序的合理变革，为全球发展作出中国的贡献。

第五节　为解决人类问题贡献智慧和方案

人类社会发展到今天，世界各国相互联系、相互依存的程度空前加深，我们生活在同一个地球村里，生活在历史和现实交汇的同一个时空里，越来越成为你中有我、我中有你的命运共同体。当整个人类紧密联系在一个"命运共同体"中时，解决人类所面临的问题就需要更为开阔的胸怀和视野，需要更为开放的智慧和方案，唯有如此才能引领整个人类命运共同体的未来走向。习近平总书记在党的十九大报告中将"推动构建人类命运共同体"作为新时代坚持和发展中国特色社会主义"十四条基本方略"之一，对人类命运共同体思想的丰富内涵及其时代价值作了详细的阐述，明确提出要呼吁各国人民同心协力，构建人类命运共同体，建设持久和平、普遍安

---

① 参见苏长和等：《全球治理中国方案的世界意义》，《人民日报》2017 年 11 月 5 日。

全、共同繁荣、开放包容、清洁美丽的世界。

一、人类命运与共的"地球村"时代

不同的历史时代，人类发展呈现为不同的核心主题。在传统的农业劳作时代，人们过着"日出而作，日落而息"的自然经济生活，社会交往的范围非常有限，每个相对封闭独立的小的社群就是"整个世界"，此外的一切似乎与己并不相关。进入工业文明时代，交通的便捷和社会分工的深度发展，使人们逐渐意识到世界各国有着更为深刻的内在关联，社会交往的扩大引导着人们走出国门，在世界范围内寻找新的增长点和发展空间成为社会发展的趋向。而进入 21 世纪，信息技术的飞速发展，人类的交往几乎彻底突破了时空的限制，即使是普通人也被深刻地纳入这个由各种物质或精神所构造的网络世界中，地球村的时代真正到来了。人类的命运紧紧地关联在了一起，大家都生活在同一个"地球村"之中，命运与共不再是浪漫的想象，而是真切的实在。不同文明、不同宗教信仰、不同社会制度、不同发展水平的国家是一个相互依存的命运共同体。人类如何相互尊重、平等合作、互利共赢、融合包容成为最重要的时代命题。

从整个人类社会治理与发展的角度来看，各国相互联系、相互依存的程度空前加深，当今世界正处于大发展大变革大调整时期，全球的治理体系与国际秩序的变革正加速推进，世界各国相互联系与依存也日益加深，国际力量更趋平衡，并且和平与发展的大势不可逆转。各国之间政治、经济、社会、文化等各个领域的交往已经完全越出了人为建构的主权边界，而呈现为相互交织合作的新型关系样态，世界各国人民生活在历史和现实交汇的同一个时空里，越来越成为你中有我、我中有你的命运共同体。这使得我们对于人类命运共同体的构建有了基本的信心和基础。与此同时，世界所面临的不稳定性与不确定性也非常突出，全球增长动力不足，贫富分化严重，恐怖主义问题、网络安全问题、传染性疾病问题等威胁蔓延，当今人类面临着许多共同的挑战。这是构成我们倡导人类命运共同体的全球现实依据，全球的问题需要人类共同面对、共同应对，没有哪个国家能够单独应对面临的各种挑战。这要求我们必须对人类命运共同体的构建有更为迫切的使命担当。

2017 年 1 月，习近平在联合国日内瓦总部演讲时，对"地球村"时代之人类命运与共的共同体构建作出过具有时代责任感的论述："世界经济增长乏力，金融危机阴云不散，发展鸿沟日益突出，兵戎相见时有发生，冷战思维和强权政治阴魂不散，恐怖主义、难民危机、重大传染性疾病、气候变化等非传统安全威胁持续蔓延"，面对如此的全球问题，"世界命运应该由各国共同掌握，国际规则应该由各国共同书写，全球事务应该由各国共同治理，发展成果应该由各国共同分享"。正是站在世界历史高度上，他提出："构建人类命运共同体，关键在行动。"① 必须坚持对话协商，建设一个持久和平的世界；坚持共建共享，建设一个普遍安全的世界；坚持合作共赢，建设一个共同繁荣的世界；坚持交流互鉴，建设一个开放包容的世界；坚持绿色低碳，建设一个清洁美丽的世界。

二、构建人类命运共同体的倡议

在党的十八大报告中，人类命运共同体的政治理念成为中国共产党执政兴国的重要指导思想。这一理念的提出，充分体现了中国共产党作为马克思主义政党对人类前途命运的关注和追求世界大同的奋斗精神，充分体现了中国作为负责任大国的担当意识。党的十八大以来，习近平多次在外交场合阐释人类命运共同体理念，不断丰富着人类命运共同体的思想内涵。习近平于2015年9月28日出席第七十届联合国大会一般性辩论，发表《携手构建合作共赢新伙伴　同心打造人类命运共同体》的重要讲话，强调构建以"合作共赢"为核心的"新型国际关系"，打造"人类命运共同体"，并系统提出了"人类命运共同体"的五大支柱。2017年1月，习近平在日内瓦联合国总部发表了《共同构建人类命运共同体》的主旨演讲，深刻、全面、系统阐述了人类命运共同体理念，强调建设一个持久和平、普遍安全、共同繁荣、开放包容、清洁美丽的世界，并提出"构建人类命运共同体，关键在行动"的重要论断。在党的十九大报告中，他提出构建人类命运共同体，建设持久和平、普遍安全、共同繁荣、开放包容、清洁美丽的世界，进而系统阐述了怎样构建人类命运共同体的政治主张。党的十九大修订通过的

---

① 《习近平主席在出席世界经济论坛2017年年会和访问联合国日内瓦总部时的演讲》，人民出版社2017年版，第21、24页。

《中国共产党章程》特别强调指出：推动构建人类命运共同体，推动建设持久和平、共同繁荣的和谐世界。

从世界历史发展的格局观照构建人类命运共同体的倡议，我们能够更为深刻地认识到中国与世界在现时代的内在关联。中国发展离不开世界，世界繁荣稳定离不开中国，中国的命运与世界的命运紧密相连。中国与外部世界密不可分、患难与共，中国与世界各国都是命运共同体中的重要一员。改革开放以来，无论从广度还是深度来说，中国越来越融入经济全球化。中国未来的经济发展必须坚持开放发展，更加全面地融入世界经济体系中。中国的发展要秉持开放包容、合作共赢的新发展观，努力把本国利益同世界各国共同利益结合起来，在追求本国利益时兼顾他国合理关切，努力扩大各方共同利益的汇合点，增进人类共同利益。中国在主动融入世界的同时，也在为世界的经济和社会发展负起应尽的责任，发挥着日益重要和不可替代的作用，中国的前进步伐将给整个世界带来更多希望。中国转型发展、扩大内需的增长，将成为世界经济增长的主要动力源。构建人类命运共同体，交融于实现中华民族伟大复兴的中国梦。而中国梦是和平、发展、合作、共赢的梦，实现中国梦的过程将为世界各国发展注入更多活力。中国梦的实现与世界的和平与发展紧密相连、互为机遇。中国的命运与世界的命运紧密相连，在各国相互依存、休戚与共的"地球村"时代，只有牢固树立命运共同体意识，坚持同舟共济，才能顺应时代潮流，把握正确方向，实现互惠共赢。

习近平指出："人类命运共同体，顾名思义，就是每个民族、每个国家的前途命运都紧紧联系在一起，应该风雨同舟，荣辱与共，努力把我们生于斯、长于斯的这个星球建成一个和睦的大家庭，把世界各国人民对美好生活的向往变成现实。"[①] 作为人类社会的努力方向，构建人类命运共同体是全人类的共同事业，需要世界各国的共同努力。中国作为构建人类命运共同体的首倡者，应当在推动构建人类命运共同体上发挥引领作用，为世界各国树立实现国家善治的榜样。

---

① 习近平：《携手建设更加美好的世界——在中国共产党与世界政党高层对话会上的主旨讲话》，人民出版社 2017 年版，第 4 页。

三、中国智慧为世界发展提供方案

习近平在党的十九大报告中指出："中国共产党是为中国人民谋幸福的政党，也是为人类进步事业而奋斗的政党。中国共产党始终把为人类作出新的更大的贡献作为自己的使命"，"中国将继续发挥负责任大国作用，积极参与全球治理体系改革和建设，不断贡献中国智慧和力量。"① 人类命运共同体思想，承载着中国对建设美好世界的崇高理想和不懈追求，反映了世界各国人民对和平公正新秩序的美好期待。我们倡导构建人类命运共同体的目的就是希望为人类作出新的更大的贡献，为构建全球公平正义的新秩序贡献中国智慧和中国方案。人类命运共同体思想无论对中国的和平发展，还是世界的繁荣进步，都具有重大的时代价值和深远的历史意义。人类命运共同体思想是对中国优秀传统文化的创造性转化和创新性发展，是对马克思主义的继承、创新和发展，是对新中国成立以来我国外交经验的科学总结和理论提升，蕴含着深厚的中国智慧。

人类命运共同体思想是对中华文明基因特质的继承和发展。中华民族追求和睦、爱好和平、倡导和谐，"亲仁善邻""协和万邦"，数千年文明史造就了独树一帜的"和"文化。"和"文化蕴含着天人合一的宇宙观、协和万邦的国际观、和而不同的社会观、人心和善的道德观。中国优秀传统文化富含"仁""爱""和""天下一家"的卓越思想。这些优秀传统文化，是中华文明得以传承和繁荣的精神支柱，也是构建人类命运共同体的思想渊源。人类命运共同体的思想理念是对这些优秀传统文化的创造性转化和创新性运用。习近平在联合国阐述构建人类命运共同体的基本原则时，提出伙伴关系要"平等相待、互商互谅"，文明交流要"和而不同、兼收并蓄"，生态体系要"尊崇自然、绿色发展"，就是对和平、仁爱、天下一家等优秀传统文化的创造性转化和创新性发展。

人类命运共同体思想是对全人类共同价值的中国回应。和平、发展、公平、正义、民主、自由，是全人类共同的价值追求。近代以来，建立公正合

---

① 习近平：《决胜全面建成小康社会　夺取新时代中国特色社会主义伟大胜利——在中国共产党第十九次全国代表大会上的报告》，人民出版社 2017 年版，第 57—58、60 页。

理的国际秩序，维护世界和平，实现共同繁荣，是人类孜孜以求的目标。随着经济全球化深入发展，特别是国际性挑战日益突出，世界各国利益交融、安危与共，命运共同体意识日益增强，成为推动国际协调合作的强大正能量。中国传统文化强调"和合"理念，主张"和而不同""天下为公""己所不欲，勿施于人"，推崇不同国家、不同文化"美美与共，天下大同"，蕴含着丰厚的人类命运共同体思想特质。习近平创造性提出构建人类命运共同体思想，既反映了当代国际关系现实，又将人类共同价值和中华优秀传统文化在新高度上弘扬光大；既反映了国际社会的普遍愿望和共同心声，又体现了中华民族的积极担当，日益产生广泛而强烈的国际共鸣。

人类命运共同体思想为世界发展和人类未来指明了前进方向。当前，世界发展面临各种问题和挑战，国际社会面临重要考验，中国与世界的关系正站在新的历史起点上。中国高举和平、发展、合作、共赢的旗帜，坚定不移在和平共处五项原则基础上，主动参与国际合作，顺应世界格局演变的趋势，应世界各国的强烈呼吁而积极参与国际事务，维护世界和平，推动建设相互尊重、公平正义、合作共赢的新型国际关系。构建全球公平正义的新秩序，必须秉持共商共建的发展新理念。人类命运共同体思想积极回应国际社会的共同诉求，准确把握中国与世界关系的历史性变化，以高瞻远瞩的全球治理观为人类和平与发展的崇高事业贡献中国方案和中国智慧。

四、推动人类命运共同体走向未来

人类命运共同体思想作为中国特色社会主义为解决人类问题而贡献的智慧和方案，深刻体现了中国共产党人的历史眼光和世界胸怀，引领人类社会的发展走向，构建人民对美好生活的向往。构建人类命运共同体，建设持久和平、普遍安全、共同繁荣、开放包容、清洁美丽的世界。构建人类命运共同体，关键在行动。中国作为构建人类命运共同体的首倡者，应当在推动构建人类命运共同体中发挥引领作用。这种引领作用，既要体现在积极倡导人类命运共同体这个理念以及与之相应的人类共同价值上，也要体现在不断探索、推动、创新国际合作机制上，更要体现在推进国家治理体系和治理能力现代化上，从而为世界各国树立实现国家善治的榜样。

习近平在党的十九大报告中，明确提出"各国人民同心协力，构建人类命运共同体"，构建人类命运共同体的目标是"建设持久和平、普遍安全、共同繁荣、开放包容、清洁美丽的世界"，进而从五个方面提出了如何构建人类命运共同体的战略构想，即"要相互尊重、平等协商，坚决摒弃冷战思维和强权政治，走对话而不对抗、结伴而不结盟的国与国交往新路。要坚持以对话解决争端、以协商化解分歧，统筹应对传统和非传统安全威胁，反对一切形式的恐怖主义。要同舟共济，促进贸易和投资自由化便利化，推动经济全球化朝着更加开放、包容、普惠、平衡、共赢的方向发展。要尊重世界文明多样性，以文明交流超越文明隔阂、文明互鉴超越文明冲突、文明共存超越文明优越。要坚持环境友好，合作应对气候变化，保护好人类赖以生存的地球家园"。① 在人类命运与共的"地球村"时代，相互尊重、平等协商应该成为处理国际矛盾和争端的首要原则。在人类命运共同体中，国家彼此之间不再有壁垒分明的界限，而是你中有我、我中有你的利益共同体，国与国之间更多的是相互依赖和相互往来。以对话解决争端、以协商化解分歧，共同应对传统和非传统安全威胁及一切形式的恐怖主义，这事关整个人类命运共同体的生存与发展。中国所倡导的新安全观是国际社会处理安全领域问题的中国方案。促进贸易和投资自由化便利化，推动经济全球化朝着更加开放、包容、普惠、平衡、共赢的方向发展。国与国之间的经济来往必须基于互利互惠的互信关系，经济全球化必须秉持共商共建共享的发展新理念，构建公平正义的新秩序，反对逆全球化的保守主义倾向，避免不公正的贸易战争。尊重世界文明多样性，以文明交流超越文明隔阂、文明互鉴超越文明冲突、文明共存超越文明优越。在人类命运共同体中、各国家各民族的文明，只有特色之别，没有优劣之分；只有尊重、包容、交流，而不能分裂、对立、排他，更不能消灭异己。中国政府倡导"和而不同"的文明观，促进文明交流、文明互鉴、文明共存，就是要致力于人类命运共同体构建和实践，共同维护国际公平正义。人类命运共同体，必然是生命共同体、生态共同体。保护好人类赖以生存的地球家园是地球人这个命运共同体的共同使命和责任。

---

① 习近平：《决胜全面建成小康社会　夺取新时代中国特色社会主义伟大胜利——在中国共产党第十九次全国代表大会上的报告》，人民出版社 2017 年版，第 58—59 页。

　　构建人类命运共同体的理念，不仅是中国作为社会主义大国应当为人类社会发展担当的历史职责，也是中国共产党人为人类政治文明进步应当担当的历史使命。中国共产党始终把为人类作出新的更大的贡献作为自己的使命，这凸显了中国共产党人的历史自觉、国际视野和世界关怀，展现出中国共产党人把中国人民的幸福与世界人民的幸福紧紧联结在一起的国际主义精神，也彰显着中国特色社会主义所具有的世界关照和人类情怀。

　　大道之行，天下为公。世界命运握在各国人民手中，人类前途系于各国人民的抉择。中国与世界各国同舟共济、同心协力，推动人类命运共同体建设，必将共同创造人类的美好未来。

主要参考文献

一、著　作

1.《马克思恩格斯文集》（第 1—10 卷），人民出版社 2009 年版。

2.《马克思恩格斯选集》（第 1—4 卷），人民出版社 2012 年版。

3.《列宁选集》（第 1—4 卷），人民出版社 2012 年版。

4.《斯大林选集》上、下卷，人民出版社 1979 年版。

5.《毛泽东选集》第一至四卷，人民出版社 1991 年版。

6.《毛泽东文集》第一至二卷、第三至五卷、第六至八卷，人民出版社 1993、1996、1999 年版。

7.《毛泽东同志论党的作风和党的组织》，人民出版社 1983 年版。

8.《邓小平文选》第一至三卷，人民出版社 1994、1993 年版。

9.《邓小平年谱：1975—1997》（上、下），中央文献出版社 2004 年版。

10.《江泽民文选》第一至三卷，人民出版社 2006 年版。

11.《胡锦涛文选》第一至三卷，人民出版社 2016 年版。

12.《习近平谈治国理政》第一至三卷，外文出版社 2018、2017、2020 年版。

13.《习近平总书记系列重要讲话读本》，学习出版社、人民出版社 2016 年版。

14.《习近平总书记重要讲话文章选编》，中央文献出版社、党建读物出版社 2016 年版。

15. 《十七大以来重要文献选编》（上、中、下），中央文献出版社 2009、2011、2013 年版。

16. 《十八大以来重要文献选编》（上、中），中央文献出版社 2014、2016 年版。

17. 《十九大以来重要文献选编》（上），中央文献出版社 2019 年版。

18. 中共中央宣传部：《习近平新时代中国特色社会主义思想三十讲》，学习出版社 2018 年版。

19. 中共中央宣传部：《习近平新时代中国特色社会主义思想学习纲要》，学习出版社、人民出版社 2019 年版。

20. 中共中央党史研究室：《中国共产党历史》（第 1—2 卷），中共党史出版社 2011 年版。

21. 中共中央党史研究室：《中国共产党的九十年：新民主主义革命时期》，中共党史出版社、党建读物出版社 2016 年版。

22. 中共中央党史研究室：《中国共产党的九十年：社会主义革命和建设时期》，中共党史出版社、党建读物出版社 2016 年版。

23. 中共中央党史研究室：《中国共产党的九十年：改革开放和社会主义现代化建设新时期》，中共党史出版社、党建读物出版社 2016 年版。

24. 中共中央文献研究室编：《改革开放三十年重要文献选编》，中央文献出版社 2008 年版。

25. 中共中央文献研究室：《邓小平传（1904—1974）》，中央文献出版社 2014 年版。

26. 本书编写组：《胡锦涛同志"七一"重要讲话学习读本》，中共中央党校出版社 2003 年版。

27. 本书课题组：《中国特色社会主义经济发展道路》，中央文献出版社 2013 年版。

28. 本书课题组：《中国特色社会主义文化发展道路》，中央文献出版社 2013 年版。

29. 本书课题组：《中国特色社会主义生态文明建设道路》，中央文献出版社 2013 年版。

30. 王伟光主编：《开辟当代马克思主义哲学新境界》，中国社会科学出版社 2019 年版。

31. 杨瑞森等编著：《毛泽东哲学思想概况》，中国人民大学出版社 1985 年版。

32. 金春明等主编：《毛泽东思想基本问题》，中共中央党校出版社 2001 年版。

33. 李捷：《毛泽东对新中国的历史贡献》（典藏版），社会科学文献出版社 2015 年版。

34. 高智瑜、李燕奇编著：《邓小平与当代中国改革》，中国人民大学出版社 1990 年版。

35. 李君如：《邓小平治国论》，中国计划出版社、人民出版社 2016 年版。

36. 李忠杰主编：《邓小平理论全书》，中共中央党校出版社 1998 年版。

37. 江金权编著：《江泽民执政党建设思想读本》，人民出版社 2005 年版。

38. 张宇燕主编：《习近平新时代中国特色社会主义外交思想研究》，中国社会科学出版社 2019 年版。

39. 慎海雄主编：《习近平改革开放思想研究》，人民出版社 2018 年版。

40. 魏礼群：《改革开放耕耘录》，中国言实出版社 2018 年版。

41. 魏礼群：《改革论集》，人民出版社 2016 年版。

42. 魏礼群：《行政体制改革论》，人民出版社 2013 年版。

43. 何毅亭：《论中国特色社会主义制度》，人民出版社 2020 年版。

44. 高放、李景治、蒲国良主编：《科学社会主义的理论与实践》（第五版），中国人民大学出版社 2008 年版。

45. 吴易风：《空想社会主义》，北京出版社 1980 年版。

46. 许耀桐：《新世界的思想——空想社会主义分析》，华中师范大学出版社 1995 年版。

47. 许耀桐：《中国国家治理体系现代化总论》，国家行政学院出版社 2016 年版。

48. 郝宇青：《苏联政治生活中的非制度化现象研究》，华东师范大学出版社 2008 年版。

49. 李慎明主编：《执政党的经验教训》，社会科学文献出版社 2008 年版。

50. 柴尚金：《变革中政党：国内外政党建设的经验与教训》，经济科学出版社 2013 年版。

51. 王长江、姜跃等：《现代政党执政方式比较研究》，上海人民出版社 2002 年版。

52. 陆南泉等主编：《苏联真相：对 101 个重要问题的思考》（上、中、下），新华出版社 2010 年版。

53. 江流、徐葵、单天伦主编：《苏联剧变研究》，社会科学文献出版社 1994 年版。

54. 刘洪潮、王德凤、杨鹤祺主编：《苏联 1985—1991 年的演变》，新华出版社 1992 年版。

55. 王建国、王洪江：《社会主义国家执政党建设的历史、理论与实践》，中国社会科学出版社 2008 年版。

56. 金民卿：《马克思主义中国化的思想逻辑》，社会科学文献出版社 2017 年版。

57. 刘明君、郑来春、陈少岚：《多元文化冲突与主流意识形态建构》，中国社会科学出版社 2008 年版。

58. 俞吾金：《意识形态论》（修订版），人民出版社 2009 年版。

59. 王邦佐等：《执政党与社会整合——中国共产党与新中国社会整合实例分析》，上海人民出版社 2007 年版。

60. 邓卓明主编：《改革开放以来中国共产党引领社会思潮研究》，人民出版社 2017 年版。

61. 蔡志强：《价值引导制度：社会和谐与党的执政能力建设》，江苏人民出版社 2013 年版。

62. 黄苇町：《苏共亡党十年祭》（最新版），江西高校出版社 2013 年版。

63. 游龙波等：《中国社会阶层结构的变迁与党的执政基础研究》，中国社会科学出版社 2012 年版。

64. 罗文东、周耀宏、李少奇等：《马克思主义执政党的历史、理论与实践》，中国人民大学出版社 2018 年版。

65. 陈之骅主编：《苏联史纲 1917—1937》上，人民出版社 1991 年版。

66. 谢春涛主编：《中国特色社会主义史》，福建人民出版社 2008 年版。

67. 林尚立：《论人民民主》，上海人民出版社 2016 年版。

68. 韩庆祥：《强国时代》，红旗出版社 2018 年版。

69. 韩庆祥、黄相怀等：《中国道路的世界贡献》，中国人民大学出版社 2018 年版。

70. 任铃、张云飞：《改革开放 40 年的中国生态文明建设》，中共党史出版社 2018 年版。

71. 郭建宁主编：《改革开放与中国特色社会主义》，北京大学出版社 2010 年版。

72. 肖贵清等：《中国特色社会主义制度基本问题研究》，人民出版社 2013 年版。

73. 朱继东：《新时代党的意识形态思想研究》，人民出版社 2018 年版。

74. 徐崇温：《中国特色社会主义研究》，中国社会科学出版社 2013 年版。

75. 曲青山、吴德刚主编：《改革开放四十年口述史》，中国人民大学出版社 2019 年版。

76. 迟福林主编：《中国改革开放全记录：1978—2018》，五洲传播出版社 2019 年版。

77. 林毅夫等：《中国的奇迹：发展战略与经济改革》，上海三联书店、上海人民出版社 1994 年版。

78. 蔡昉：《中国经济发展的世界意义》，中国社会科学出版社 2019 年版。

79. 姚洋：《中国道路的世界意义》，北京大学出版社 2011 年版。

80. 郑永年：《中国模式：经验与挑战》（全新修订版），中信出版社 2016 年版。

81. 鄢一龙、白钢等：《大道之行：中国共产党与中国社会主义》，中国人民大学出版社 2015 年版。

82. 潘维：《信仰人民：中国共产党与中国政治传统》，中国人民大学出版社 2017 年版。

83. ［美］傅高义：《邓小平时代》，冯克利译，生活·读书·新知三联书店 2013 年版。

84. ［美］摩尔根：《古代社会》，杨东莼、马雍、马巨译，商务印书馆 1981 年版。

85. ［苏］维·彼·沃尔金等：《论空想社会主义》，郭一民等译，商务印书馆 1980 年版。

86. ［法］托马斯·皮凯蒂：《21 世纪资本论》，巴曙松等译，中信出版社 2014 年版。

87. ［英］琳达·岳：《中国的增长：中国经济的前 30 年与后 30 年》，鲁冬旭译，中信出版社 2015 年版。

88. ［美］塞缪尔·P.亨廷顿：《变化社会中的政治秩序》，王冠华、刘为等译，上海人民出版社 2008 年版。

89. ［美］亨利·基辛格：《世界秩序》，胡利平等译，中信出版集团 2015 年版。

二、论　文

1. 王伟光：《当代中国马克思主义的最新理论成果——习近平新时代中国特色社会主义思想学习体会》，《中国社会科学》2017 年第 12 期。

2. 朱佳木：《深刻认识中国特色社会主义进入新时代的依据和意义——学习党的十九大报告的一点体会》，《马克思主义研究》2017 年第 11 期。

3. 冷溶：《深刻领会习近平新时代中国特色社会主义思想的历史地位和丰富内涵》，《党的文献》2017 年第 6 期。

4. 韩庆祥：《中国特色社会主义的独特优势——坚定道路自信、理论自信、制度自信》，《中国社会科学》2013 年第 1 期。

后　　记

　　本书关于世界社会主义和中国特色社会主义理论与实践的研究，被列为"中国特色社会主义与实现社会主义现代化强国目标研究"（2016年度马克思主义理论研究和建设工程重大项目与国家社会科学基金重大项目）的第一子课题。承担该重大项目的第一首席专家是国务院研究室原主任，国家行政学院原党委书记、常务副院长魏礼群同志。本子课题组是在他的大力支持和悉心指导下，进行研究及写作工作的。

　　本子课题组成立后，组长许耀桐作了研究框架设计和成员分工安排。课题组成员进行文献检索和资料搜集，完成了各自承担的研究任务和相关章节书稿的撰写。参加各章撰写的作者如下：绪言、第一章：许耀桐（中国行政体制改革研究会）；第二章：杨晶（福建师范大学）、刘燕（中央财经大学）；第三章：许珍（福建师范大学）；第四章：刘明（中共福建省委党校）；第五章：仲亚东、林震（北京林业大学）；第六章：林震、林龙圳（北京林业大学）；第七章：孙文营（中国行政体制改革研究会）；第八章：曹胜（中国行政管理学会）。全书由许耀桐统稿修纂。

　　课题组成员刘燕、杨晶，还参加了书稿其他部分章节的初稿撰写；李文康（中国行政体制改革研究会）、傅景亮（中央民族大学）、孙彦军（北京林业大学博士生）、周隆斌（北京林业大学硕士生）等同志参加了资料搜集和课题的研究讨论并提出相关建议，为课题的成书做了诸多工作。

　　本子课题组聘请我国研究社会主义问题的著名学者担任学术顾问，他们是：中国人民大学荣誉一级教授高放、原中共中央党校教授赵曜、原国家行政学院教授徐鸿武，诚挚感谢他们的支持和帮助！

本书是本子课题组成员对世界社会主义和中国特色社会主义的思考与探索，限于作者的水平，冀望专家学者和广大读者不吝赐教！

本书课题组

2019 年 12 月

责任编辑：刘海静

责任校对：黎　冉

图书在版编目(CIP)数据

社会主义在世界和中国的发展/许耀桐 等 著. —北京:人民出版社,2021.1

ISBN 978－7－01－022218－9

Ⅰ.①社…　Ⅱ.①许…　Ⅲ.①社会主义-研究-世界②中国特色社会主义-研究

Ⅳ.①D507②D616

中国版本图书馆 CIP 数据核字(2020)第 102384 号

社会主义在世界和中国的发展

SHEHUIZHUYI ZAI SHIJIE HE ZHONGGUO DE FAZHAN

许耀桐 等 著

人民出版社 出版发行

(100706　北京市东城区隆福寺街 99 号)

北京汇林印务有限公司印刷　新华书店经销

2021 年 1 月第 1 版　2021 年 1 月北京第 1 次印刷

开本:710 毫米×1000 毫米 1/16　印张:23.5

字数:379 千字

ISBN 978－7－01－022218－9　定价:85.00 元

邮购地址 100706　北京市东城区隆福寺街 99 号

人民东方图书销售中心　电话 (010)65250042　65289539